BAEDEKER

ISTRIEN

Kvarner-Bucht

»

... ein Italien, das nicht in Italien liegt.

«

Pier paolo Pasolini

baedeker.com

DAS IST

TOUREN

LEGENDE

Baedeker Wissen
● Textspecial, Infografik & 3D

Baedeker-Sterneziele
★★ Top-Reiseziele
★ Herausragende Reiseziele

ZIELE

HINTERGRUND

ERLEBEN & GENIESSEN

PRAKTISCHE INFORMATIONEN

ANHANG

PREISKATEGORIEN

Restaurants
Preiskategorien
für ein Hauptgericht

€€€€	über 20 €
€€€	15 – 20 €
€€	10 – 15 €
€	bis 10 €

Hotels
Preiskategorien
für ein Doppelzimmer

€€€€	über 200 €
€€€	150 – 200 €
€€	100 – 150 €
€	bis 100 €

MAGISCHE MOMENTE

ÜBERRASCHENDES

Den Urlaub nach Hause holt man sich mit Meersalz aus Sečovlje..

D
DAS IST …

… *Istrien*

Die fünf großen Themen rund
um die grüne Halbinsel in der blauen Adria.
Lassen Sie sich inspirieren!

Ganz im Süden Istriens ragt
Kap Kamenjak ins Meer hinaus. ▶

DIE BIBEL IN BILDERN

Farbenfrohe Skelette geben mit dem Dudelsack den Takt vor, gefolgt von einer Menschenschar: Bettler, Handwerker und der Papst reihen sich im Totentanz von Beram hintereinander. Das wohl berühmteste Fresko Istriens ist jedoch nur eines von vielen: Auf der Halbinsel gibt es in rund 140 Kirchen Wandmalereien zu entdecken, die auch ohne Worte viel zu erzählen haben.

Der Totentanz in der Kirche von Beran ►

MAN muss schon genau hinsehen, um alles zu erkennen: Das Abbild Jesu, hoch über seiner Apostelschar, ist stellenweise stark abgeblättert. Die Wandmalerei im Kirchlein Sveti Rok (Hl. Rochus) in Roč stammt noch aus einer Zeit, in der die meisten Menschen weder lesen noch schreiben konnten: »Im Mittelalter haben Fresken das **Wort Gottes aus der Bibel bildlich übermittelt**, wie eine Art Comiczeichnung«, sagt Zdenka Majcan. Ihre Reiseagentur Istrianatravel bringt Urlaubern die Tradition istrischer Fresken näher – nicht nur durch Erzählungen.

Die Wandmalereien – die meist Maria, Jesus, die Heiligen, Schutzpatrone oder biblische Motive darstellen – wurden

OBEN: Detail aus der Nikola-Kirche in Pazin
UNTEN: Marienlegende in der Kirche von Bale

nicht nur angebetet. Zugleich mahnten sie die Gläubigen, nicht vom rechten Weg abzukommen: Wer es dennoch tat, musste damit rechnen, eine der abgebildeten Szenen am eigenen Leib zu erleben – etwa die Qual des Jüngsten Gerichts. Diese Furcht wurde während der Blütezeit der Fresken, die in Istrien vom 11. bis 16. Jh. dauerte, durchaus real empfunden

Schicht für Schicht

»Später setzte ein gewisser Fanatismus ein, der dazu führte, dass viele Kirchenwände weiß übertüncht wurden«, erzählt Zdenka Majcan. Mancherorts kratzten die Kirchgänger den auf den Fresken dargestellten Menschen gar die Augen aus. Nachdem sich der mittelalterliche Eifer gelegt hatte, geriet die Freskenmalerei allmählich in Vergessenheit. »Unter mehreren Schichten Putz entdecken wir heute den versteckten Kunstschatz wieder«, so Zdenka Majcan.

Auch eine der bedeutendsten Wandmalereien in Istrien, der Totentanz im **Kirchlein Marija na Škrilinah** (Hl. Maria im Fels) in Beram, unweit von Pazin, wurde erst vor gut 100 Jahren bei Restaurierungssarbeiten entdeckt. Die wunderschönen Wandmalereien waren mit Putz überdeckt: Bei jedem neuen Kunststil wurde der ältere übermalt, so die gängige Praxis.

Überhaupt umfasst die Freskomalerei nicht nur eine Schicht: Vor dem Bemalen wurden die Kirchenwände zunächst grob abgeschmirgelt und anschließend mehrere Male mit Kalkstein und feinem Sand verputzt. Die letzte Schicht kam erst an dem Tag hinzu, an dem die entsprechende, noch feuchte Stelle an der Wand tatsächlich bemalt wurde.

Haus der Fresken

Eine Brücke zwischen Vergangenheit und Gegenwart schlägt das »Haus der Fresken« (Kuća fresaka) **im Dorf Draguć**: Hier wurde ein moderner, für ganz Istrien zentraler Infopunkt eingerichtet. Mit Wechselausstellungen, interaktiven Spielen und Karten wird die mittelalterliche Kunst vermittelt – praktische Tipps, wo es die schönsten Fresken zu entdecken gibt, inklusive.

BAEDEKER INSPIRATION

FRESKEN-WORKSHOP

Kerzenlicht erhellt das Atelier von Hari Vidović, aus den Lautsprechern dringt Renaissance-Musik: So wird der Fresken-Workshop in Roč begleitet. »Jeder kann eine Freske gestalten, auch ohne Vorkenntnisse«, verspricht Organisatorin Zdenka Majcan. Damit alles klappt, wird zunächst eine Skizze gezeichnet und anschließend auf flache, graue Steinplatten, genannt Tavelice, übertragen. Drei Stunden dauert der Fresken-Workshop in Roč, inklusive Kirchenbesichtigung, Anleitung und Materialkosten (auch auf Deutsch möglich, ab 300 Kuna/Person je nach Teilnehmerzahl). Infos: Istriana Travel, Vrh 28, 52420 Buzet, Tel. 052 66 70 22, www.istrianatravel.hr

HABS-BURGER NOST-ALGIE

Alter K.-u.-k.-Glanz hängt über den Seebädern in der Kvarner-Bucht: Die vornehme Pracht der Habsburger Donaumonarchie blüht hier wieder auf mit illustren Fassaden, schmucken Hotels und köstlichen Backtraditionen. Vieles scheint fast wie damals, als der Kaiser noch hier tanzte.

Stilecht begrüßt »Wolferl« im Mozart-Hotel in Opatja. ▶

DAS »Wolferl« darf nicht fehlen: Als Büste thront Mozart in dem nach ihm benannten Hotel in Opatija, hinter herrschaftlicher Gründerzeitfassade. Überhaupt erinnert in dem einst mondänen K.-u.-k.-Seebad vieles an die »Goldenen Jahre« der Donaumonarchie: Opatija, das frühere Abbazzia, wurde bereits 1889 zum »K.-u.-k.-Curort« ernannt. Mit mildem Klima und subtropischer Vegetation lockte der Sehnsuchtsort vor allem in den Wintermonaten Kurgäste an.

Österreichs Riviera

Ab Wien reiste der Adel, später auch das wohlhabende Bürgertum, mit der Südbahn an die »österreichische Riviera«. Weiter ging es vom beschaulichen Vorort Matulj mit der Pferdekutsche nach Opatija. Daran wird heute ein- bis zweimal pro Jahr angeknüpft, wenn der Original K.-u.-k.-Salonzug Majestic Imperator Train de Luxe erneut rollt: rote Teppiche, Kirschholz und schwere Brokatvorhänge verleihen Speisewagen, Rauch- oder Damensalon aristokratisches Ambiente. Schon **Kaiser Franz Joseph I. und Gattin »Sisi«** nutzten die luxuriös ausgestatteten Waggons. Der Kaiser soll sich in Opatija übrigens gerne mit seiner Geliebten, der Wiener Burgtheater-Schauspielerin Katharina Schratt getroffen haben.

Urlauben wie der Kaiser

In Opatija angekommen, residierte die Hautevolee in eleganten Nobelherbergen, etwa im »Kronprinzessin Stephanie«, das heute als Smart Selection Hotel Imperial mit Kronleuchtern und ausladenden Fluren auch weniger betuchte Gäste aufnimmt. Im legendären Kristallsaal des 1884 erbauten Hotels Quarnero, heute Reminisens Premium Hotel Kvarner, wurde Walzer getanzt.
Alljährlich Mitte Juli verwandelt sich nicht nur dieses Hotel, sondern das Herz von Opatija in eine »Kaiserstadt« (Carski grad): Bei dieser **Nostalgie-Nacht** flaniert das Kaiserpaar, gefolgt von anderen Schauspielern in prächtigen Ballroben, durch Opatija, begleitet von klassischer Musik und Tanz unter Sternen. Auch beim **Wiener Ball** im September in Opatija wird im Dreivierteltakt getanzt. Er gilt als Höhepunkt der Wiener Woche, bei der in vielen örtlichen Cafés natürlich »Išleri“« – die berühmten Törtchen aus Opatijas Partnerstadt Bad Ischl –, »Kremšnite« (Cremeschnitten) und andere köstliche Kuchen nicht fehlen dürfen.
Frische Sachertorten wurden einst direkt aus Wien ins frühere Café Glacier angeliefert, das im Juraj Šporer Kunstpavillon untergebracht war. Längst schon werden Kuchen, Strudel und andere Mehlspeisen **in bester K.-u.-k.-Tradition vor Ort gebacken**: Als eine der besten Adressen gilt das nostalgische Café Wagner im Hotel Milenij (Millenium).

Neuer Glanz

Die Blütezeit der K.-u.-k.-Seebäder an der Adria fand mit dem Niedergang der Donaumonarchie 1918 ein jähes Ende. Im sozialistischen Jugoslawien wurden die mondänen Villen verstaatlicht, aus dem »Kronprinzessin Stephanie« wurde für einige Jahre – ehe Tito mit Stalin brach – das »Hotel Moskau«. Erst im neuen Kroatien knüpft man mit wieder herausgeputzten Gründerzeit-Fassaden an die alten Traditionen an.

BAEDEKER INSPIRATION

ALTWIENER KAFFEEHAUSTRADITION

Einmal in das versunkene Österreich am Meer eintauchen: Dazu gibt es wohl keinen nostalgischeren Ort als die Seeterrasse des Café Wagner im Hotel Milenij in Opatija. Kellner in weiß gestärkten Hemden servieren die wohl köstlichste Sachertorte südlich von Wien! Warm eingemummelt, lässt es sich dort schon im Februar unter freiem Himmel gut aushalten, mit Blick auf den palmenbestandenen Park und die Franz-Joseph-Flanierpromenade. Als würde der Kaiser hier gleich vorbeispazieren! (Ul. Viktora Cara Emina 6, Opatija, Tel. 051 20 20 71, So.–Do. 7–22, Fr.–Sa. 7–23 Uhr)

WOHL-FÜHL-PRO-GRAMM

Wenn das nicht verlockend klingt: Die Thalasso-Therapie zaubert mit Algen, Aerosol und Meerwasser nicht nur straffe Haut, sondern mildert auch so manche Beschwerden. Auch bei anderen Kur- und Wellnessanwendungen lässt es sich in der Kvarner-Bucht herrlich entspannen.

BAEDEKER DAS IST …

WELLNESS UNTER FREIEM HIMMEL

Die Schlammpackung mit schwarzgrauem, feinem Schlick spannt beim Trocknen auf dem Körper ein wenig. Nach dem Abbrausen mit Meerwasser fühlt sich die Haut jedoch unglaublich weich an! Ein Tag im Spa von Sečovlje ist Wellness pur! Behandelt wird nur mit Produkten aus den Salinen, an die das Freiluft-Spa angrenzt. Minimalistische Massagepavillons und Holzstege umgeben den zentralen Meerwasserpool. Höchstens 50 Gäste können gleichzeitig verwöhnt werden – mittlerweile stammt jeder fünfte Gast aus Deutschland oder Österreich. Da alles im Freien stattfindet, ist nur bei schönem Wetter geöffnet (Mai bis Oktober, Reservierung mehrere Tage im Voraus empfohlen, Seča 115, 6320 Portorož, Tel. 00386 5 672 13 60, www.thalasso-lepavida.si).

DASS das Meer heilende Kräfte besitzt, entdeckte schon Hippokrates im antiken Griechenland: Der »Vater der Heilkunde« behandelte Fischer mit Wunden an den Händen – und stellte fest, dass diese mit warmen Meerwasserumschlägen besonders gut abheilten. Hippokrates' Behandlungsmethoden mit Salzwasser gelten als Vorläufer der Thalasso-Therapie.

Heilkraft des Meeres ...

Auf diese setzt man in den mondänen K.-u.-k.-Seebädern **Opatija** und **Crikvenica**: Schon die feine Gesellschaft der Österreichisch-Ungarischen Monarchie schätzte die Heilwirkung des Meeres (griech. Thalassa) und nutzte die Anwendungen vorbeugend, aber auch heilend. Eine Thalasso-Therapie ist jedoch nicht nur ein Badeurlaub am Meer, sondern basiert auf mehreren Säulen – auch wenn der Begriff nicht geschützt ist und die Anwendungen schon in den Schweizer Bergen angeboten werden.
Eine **echte Thalasso-Therapie** könne jedoch nur an der Küste durchgeführt werden, sagt Ivana Mijatović, die das Thalasso Spa Lepa Vida in den Salinen im slowenischen **Sečovlje** leitet. Diese Auflage fordert auch der Europäische Heilbäderverband: maximal 300 m vom Meer entfernt, unbehandeltes Meerwasser in der Wanne oder im Pool, allergenarme Seeluft, Schlick- oder Algenpackungen und Aerosol, zerstäubte Meerespartikel in der Luft, zudem eine Heliotherapie mit natürlichen Sonnenstrahlen. Eine Kombination dieser Faktoren soll sich vor allem positiv auf Rheuma, Neurodermitis oder allgemeine Erschöpfungszustände auswirken.
Im Thalasso Spa Lepa Vida kommt zudem Salzlake auf die Haut, so genanntes **acqua madre**, das bei der Meersalzgewinnung in den angrenzenden Salzbecken zurückbleibt. Es kann bis zu zehn Mal dickflüssiger als Wasser sein. Zudem sei dieses sehr mineralstoffreich, so Ivana Mijatović. Überhaupt enthält Meersalz über 80 Mineralien und Spurenelemente, die einen positiven Effekt haben.

... der Pflanzen ...

Doch nicht nur die Thalasso-Therapie kommt an der Adria zum Einsatz. Die Insel **Lošinj**, wo schon im späten 19. Jh. der Habsburger Adel lustwandelte und später über 30 000 Kinder aus der DDR ihr Asthma im örtlichen Sanatorium kurierten, setzt heute auf mehr als 1000 Pflanzenarten: Deren ätherische Öle vermengen sich mit dem Aerosol in der Luft – und schaffen so eine **»kostenlose Aromatherapie«**. Das Zusammenspiel von mediterranen Kräuterdüften, Sonne, Salzwasser und mildem Klima wird hier, aber auch anderswo in der Region, als »Kvarner-Effekt« vermarktet.

... und des Thermalwassers

Nicht nur an der Küste hat der Gesundheitstourismus eine lange Tradition: Im inneren Istrien sprudeln die einzigen Thermalquellen, **Istarske Toplice.** Schon die Römer nutzten sie für medizinische Kuren. Und natürlich locken die Wellness-Zentren in den großen Hotels mit globalen Entspannungstrends wie Hot-Stone-Massagen mit heißen Lavasteinen, japanischen Shiatsu-Körperanwendungen oder Detox-Behandlungen – Wellness pur!

ÜBERRA-SCHUN-GEN IN DER UNTER-WELT

Der Weg ans Meer führt durch eine wildromantische Karstlandschaft: Im wasserlöslichen Kalkstein haben sich eigenartige geologische Formen herausgebildet. In den verschlungenen Höhlensystemen tief im Erdinnern lebt ein ungewöhnlicher Zeitgenosse – der Grottenolm.

◄ Phantastische Unterwelt in Postojna

BEIM angekündigten Besuch des österreichischen Kaisers sollte alles glänzen: Eine Gruppe von Arbeitern wurde abgestellt, um den Höhleneingang der **Postojnska jama** feierlich zu beleuchten. Einer von ihnen, der slowenische Lampenwart Luka Čeč, entfernte sich jedoch von seinen Kollegen und stieg durch eine Wand in einen bislang unbekannten Höhleneingang. Als er wiederkam, rief er: »Hier ist eine neue Welt, hier ist das Paradies!« An jenem Tag im April 1818 entdeckte Luka Čeč, dass die Karsthöhle Postojnska jama weit mehr als die bis dahin bekannten 300 m umfasst – sondern sich als imposantes Höhlensystem über rund 24 km Länge unter der Erdoberfläche ausbreitet.

Ein merkwürdiger Geselle

Das unterirdische Labyrinth wurde schon bald mit Strom und einer Elektrobahn ausgestattet, die Besucher ins Erdinnere bringt – mehr als 36 Millionen Gäste waren es in den vergangenen 200 Jahren. Das dürfte einem scheuen Zeitgenossen nicht ganz recht sein: dem **Grottenolm**. In freier Wildbahn bekommt man das Tierchen kaum zu Gesicht, dafür jedoch im »Konzertsaal«, einer Halle in der Höhlenwelt von Postojna: Dort lebt der pigmentlose, weißlich-fleischfarbene Schwanzlurch in einem Aquarium. Hübsch ist er nicht gerade, dafür umso faszinierender: Er ist blind, benötigt kein Licht und kommt gar mehrere Jahrzehnte (!) ohne Nahrung aus. Sein asketischer Lebenswandel im Dunkel der Karstwelt lässt ihn bis zu 100 Jahre alt werden.

Zauberhafte Tropfsteine

Dass im Erdinneren ein eigenes, ganz gemähliches Tempo vorherrscht, zeigen auch die Tropfsteinformationen: **Stalaktiten und Stalagmiten** wachsen nur einen Zentimeter – pro Jahrhundert! Das Wahrzeichen der Postojnska jama, der fünf Meter hohe Stalagmit »Brilliant«, der vom Boden empor ragt,

BAEDEKER INSPIRATION

REISE INS INNERE DER ERDE

Die Postojnske jame sind ein Besuchermagnet, ohne Zweifel. Fernab der gut besuchten Haupthöhlen, die mit dem Besucherzug erkundet werden, wartet jedoch ein anderes Abenteuer: »Auf den Spuren von Luka Čeč« heißt eine recht anspruchsvolle Führung. Mit orangefarbenem Schutzoverall und gelbem Helm ausgestattet geht es durch die Tiefen der Höhle – inklusive Klettern und Abseilen. Das Besondere daran: Die Tour wird in ihrem Verlauf immer einfacher, dank der Hilfsmittel, die in den vergangenen 200 Jahren – also seit Luka Čeč die Postojnske jame entdeckt hat – entwickelt wurden (www.postojnska-jama.eu/de/avanture-de-de).

Ein ebenso scheues wie geheimnisvolles Wesen: der Grottenolm

benötigte entsprechend 50 000 Jahre, bis er seine heutige stattliche Größe erreicht hat! Solche Tropfsteinformationen entstehen durch feine Risse im durchlässigen, wasserlöslichen Kalkstein, der die Karstlandschaft dominiert: Sickert das kalkhaltige Wasser in die unterirdischen Hohlräume und vermengt sich dort mit der Luft, kommt es zu solchen Tropfsteingebilden.

Dolinen, Ponor und Polje

Weit verzweigte Höhlensysteme sind die bekannteste Eigenheit einer Karstlandschaft. Stürzen die unterirdischen Hohlräume ein, entsteht ein trichterförmiges Tal, das Doline genannt wird. Dieser international gebräuchliche Fachbegriff stammt übrigens aus der Gegend: Unweit der Höhlen von Postojna erstreckt sich die **Velika dolina** (»Große Doline«) in den Škocjanske jame (Höhlen von Škocjan) als eines der beeindruckendsten Naturphänomene dieser Art. Die 165 m tiefe Einsturzdoline entstand, als ein unterirdischer Hohlraum einbrach. Das ist gut 100 000 Jahre her. Seither hat der Fluß Reka hier eine 2,5 km lange Schlucht durch die Kalksteinlandschaft ausgewaschen. An deren Ende verschwindet er in einer Felswand und kommt erst 34 km weiter, nahe der Adria, wieder an die Erdoberfläche. In der Fachsprache heißt solch ein **Schluckloch** Ponor, ebenfalls ein Begriff aus dem Südslawischen. Größere eingestürzte Hohlräume nennt man Polje (dt. Feld); als eines der größten weltweit gilt die gesamte Lika im Hinterland von Rijeka.

KORALJ
PULA

TITOS GEIST UND KOKIS HUSTEN

Der jugoslawische Ministerpräsident Josip Broz Tito war ihrem Charme erlegen: Mindestens vier Monate pro Jahr verbrachte der ebenso charismatische wie umstrittene Ex-Staatschef auf den Brijuni-Inseln. Dort ließ er von Häftlingen luxuriöse Villen ausbauen, bekochte Hollywood-Stargrößen und empfing die politische Weltelite. Titos Geist ist bis heute auf der Inselgruppe allgegenwärtig.

◄ Gleich legt das Boot ab zu den Inseln.

WENN Koki hustet, ist das kein beliebiges Krächzen. Der Gelbhauben-Kakadu, Jahrgang 1959, imitiert nämlich den Raucherhusten von Tito! Auch wenn der frühere jugoslawische Staatschef seit bald vier Jahrzehnten nicht mehr lebt, erinnert sich Koki ebenso daran wie an dessen Lachen und Fluchen. So umgarnt der legendäre Papagei die Besucher des Nationalparks Brijuni, wo sein Käfig in Hafennähe auf der Hauptinsel Veli Brijun steht – damit ihm nicht langweilig wird.
Koki, den Tito seiner Enkelin Šaša zum 9. Geburtstag schenkte, ist nicht der Einzige, der den ehemaligen Staatschef noch erlebte: Die Elefantendame Lanka, die im Safaripark gerne Ball spielt, war ein Staatsgeschenk von Indira Ghandi. Aus Somalia kamen Schafe, die Queen brachte Shetland-Ponys mit.

Spaghetti für Sophia Loren

Marschall Tito lud gerne illustre Staatsgäste auf die Brijuni-Inseln ein, die er 1947 als Sommerresidenz entdeckt hatte. Im Gästebuch stehen mehr als **90 Staatsoberhäupter** - darunter Fidel Castro, Leonid Breschnjew oder Winston Churchill. Trotz Kaltem Krieg gelang Tito, der Jugoslawien ebenso geschickt wie brutal zusammenhielt, ein Spagat zwischen Ost und West. Den politischen Balanceakt unterstrich er 1956, gemeinsam mit dem indischen Premier Nehru und dem ägyptischen Staatschef Nasser, durch die Gründung der Blockfreien Staaten – auf den Brijuni-Inseln. Das Tito-Museum hält diesen Moment auf vielen Fotos fest – und pflegt den Personenkult um Tito bis heute.
Auf den Inseln umgab sich der Marschall aber nicht nur mit den politisch Mächtigen, sondern auch mit den Schönen und Berühmten, hatte er doch **eine Schwäche für Glamour**: Hier kochte er für Schauspiel-Ikone Sophia Loren Spaghetti und Zagorske štrukli, Quarkstrudel aus seiner nordkroatischen Heimatregion Zagorje. Zum berühmten Freundeskreis gehörten auch Gina Lollobrigida, Elizabeth Taylor und Richard Burton.

Tito einst und jetzt

Die schönste Zeit seines Lebens sei jene auf den Brijuni-Inseln gewesen, sagte Tito mehrfach. Hohen Staatsbesuch empfing er in der Weißen Villa (Bijela Villa) auf Veli Brijun. Sein **privates Paradies** ließ er auf Vanga errichten: 1952 entdeckte Tito das Inselchen, so groß wie 27 Fußballfelder; es war zugewachsen und unbewohnt. Zu dieser Zeit lebten auf Veli Brijun noch rund 280 Menschen, die schon bald umgesiedelt wurden, da die Inseln militärisches Sperrgebiet waren. Auf Vanga baute Tito mit Leidenschaft Mandarinen an, die er an Pioniere verteilte, und Trauben, aus denen Wein für Empfänge gekeltert wurde. Sein geliebtes Inselchen überließ er 1977 seiner vierten Ehefrau **Jovanka Broz**, zu der er nicht das beste Verhältnis hatte.
Tito starb 1980. Drei Jahre später wurden die Brijuni zum Nationalpark erklärt, der Tourismus hielt wieder Einzug. Während das Anwesen auf Vanga in einen Dornröschenschlaf fiel, um das sich Titos Nachfolger kaum kümmerten, werden die repräsentativen Villen auf Veli Brijun bis heute für staatliche Anlässe genutzt und die ehemaligen Gästehäuser an Hotelgäste vermietet. Wer einen Ausflug auf die Inseln bucht, kommt am Tito-Museum nicht vorbei und an Koki, der Besuchern buchstäblich einen hustet, erst recht nicht.

BAEDEKER DAS IST …

BRAND NEW CADILLAC – BEINAHE

Blankpoliert, mit mächtiger Motorhaube und bequemen Lederpolstern, wartet er direkt vor dem Tito-Museum auf Veli Brijun auf Mitfahrer: Das dunkelgrüne Cadillac-Eldorado-Cabrio, Baujahr 1953, produziert in 530 Exemplaren, war Titos Lieblingsauto. Mit der Luxuskarosse kutschierte er seine illustren Gäste über die Insel, von Willy Brandt bis Sophia Loren. Heute kann das Gefährt für Spritztouren gebucht werden (www.np-brijuni.hr)! Das Vergnügen hat jedoch seinen Preis: Gut 360 Euro kostet die Fahrt – von 30 Minuten!

T

TOUREN

Durchdacht, inspirierend, entspannt

Mit unseren Tourenvorschlägen
lernen Sie Istriens beste Seiten kennen.

Hinein geht's in die Altstadt von Rovinj ▶

KOMPAS

UNTERWEGS IN ISTRIEN UND DER KVARNER-BUCHT

Blau und Grün

Keck wippt die blau-grüne Ziege, das Markenzeichen der größten kroatischen Halbinsel, auf allen Broschüren: Sie symbolisiert das blaue Istrien, wie die Küstenregion werbewirksam genannt wird, sowie das grüne Istrien im Hinterland. Dieses schätzen insbesondere Feinschmecker wegen der Trüffeln, Weine, Olivenöle und ihrem ur-

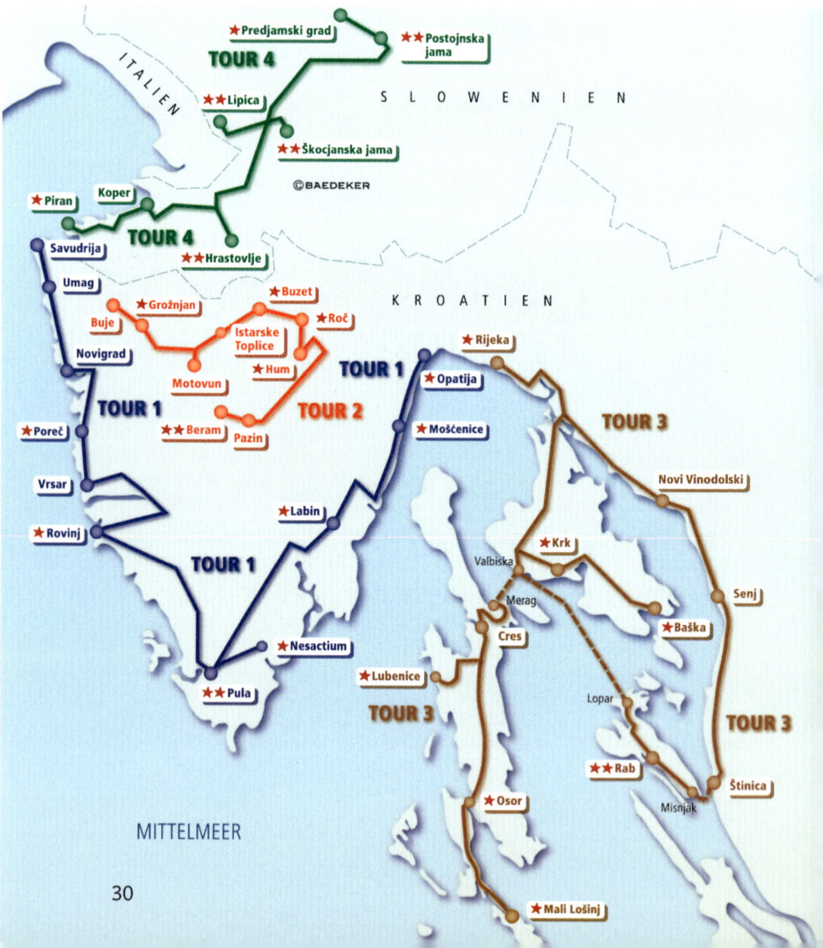

sprünglichen Charme. Lebhafter geht es im blauen Istrien zu, wo sich vor allem an der Westküste hübsche Badeorte und weitläufige Feriensiedlungen abwechseln. Die Ostküste mündet mit der nostalgischen K.-u.-k.-Riviera von Opatija in die Kvarner-Bucht. Unmittelbar hinter der geschäftigen Hafenstadt Rijeka erheben sich Natur- und Nationalparks im waldreichen Bergland. Badespaß und Erholung versprechen die Kvarner-Inseln. Slowenisch-Istrien im Nordwesten der Halbinsel besticht mit schmucken Seebädern an der Küste, während im Hinterland der Karst mit seinen Höhlenlabyrinthen und Tropfsteinformationen begeistert. Und Triest, die Stadt der Winde, gilt als die österreichischste Stadt Italiens, mit gelebter Wiener Kaffeehauskultur.

Welches Verkehrsmittel?

Vor allem wenn man in abgelegenen Landgasthöfen oder bei Winzern im Hinterland einkehren möchte, benötigt man ein Auto. Bei Anreise mit dem Flugzeug empfiehlt sich ein Mietwagen, die größeren Orte sind auch gut mit regionalen Bussen angebunden. Dagegen sind Bahnverbindungen in Istrien und in der Kvarner-Bucht eher dürftig. Am schönsten nähert man sich der Region mit dem eigenen Boot, das auch mit Skipper gechartert werden kann – er kennt bestimmt die versteckten Badebuchten, in denen man herrlich entspannen kann.

KÜSTENPERLEN: DAS BLAUE ISTRIEN

Start und Ziel: Von Savudrija nach Opatija | **Länge:** ca. 220 km
Dauer: 4 – 5 Tage

Tour 1

Umrunden Sie die herzförmige Halbinsel Istrien doch einmal an der Küste! Die Route durch das blaue Istrien verbindet antike Küstenstädte, gemütliche Fischerorte und schöne Strandpromenaden miteinander. Wenn man mit dem Auto unterwegs ist, hat man die Freiheit, überall dort zu stoppen, wo man am liebsten einfach einen tiefen Seufzer ausstoßen würde, wie schön es hier ist. Machen Sie sich auf viele Seufzer gefasst!

Westlichster Punkt Kroatiens

Der westlichste Ort Kroatiens, ❶ **Savudrija**, begrüßt seine Besucher mit einem alten Leuchtturm von 1818. Hier, wo die Bucht von Triest abschließt, beginnt Kroatien. Die Küstenstraße schlängelt sich südlich nach ❷ **Umag**, vorbei an den großen Ferienanlagen rund um die Stadt, die mit hübschen Stränden locken. Stopp! Die beste Zeit für einen Cocktail an der Uferpromenade von Umag ist der Sonnenuntergang. Zum Abendessen lohnt die Weiterfahrt nach ❸ **Novigrad**: In der »neuen Stadt« zeugen die Reste einer zinnenbewehrten Festungsmauer davon, wie bedeutsam der Ort einmal war. In den vergangenen Jahren hat sich Novigrad mit seiner verwinkelten Altstadt als neue Feinschmecker-Destination an der Küste etabliert. Gleich mehrere Restaurants, wie das Damir e Ornella, das Pepenero oder die kleine, freundliche Konoba Čok haben sich hier mit kreativer, gehobener Küche einen Namen gemacht.

Frühchristliche Kunst

Auf dem Weg nach ❹ ★ **Poreč** verschwindet das Meer aus dem Blickfeld, da die Straße größtenteils durch das Hinterland verläuft. Am Etappenziel beeindruckt die frühchristliche Euphrasius-Basilika mit ihren schönen Mosaikböden. In der antiken Altstadt zeugen Tempelreste und ein römischer Grundriss von der langen Besiedelung der Gegend. Wer eine Verschnaufpause braucht, fährt mit dem Wassertaxi zum Baden auf das Inselchen Sveti Nikola, gegenüber der Uferpromenade von Poreč.

Muscheln und Austern

Der nächste Stopp lohnt in ❺ **Vrsar**, einem reizenden Städtchen mit quirliger Hafenpromenade, das Giacomo Casanova in seinen Memoiren lobend erwähnt. Danach macht die Küstenstraße einen Knick ins Landesinnere – am Limski kanal entlang, über den es keine Brücke gibt. Die schmale, fjordartige Bucht ist für ihre frischen Muscheln und Austern bekannt. Diese werden in den traditionsreichen Restaurants Fjord und Viking serviert – ein kulinarisches Highlight!

Mittelalterpracht

Nächster Halt ist das wohl malerischste Küstenstädtchen Istriens: ❻ ★ **Rovinj**, dessen Altstadt auf einer Halbinsel ins Meer hineinragt, gekrönt vom höchsten Campanile Istriens. Mittelalterliche Häuser dicht an dicht bis an die Wasserlinie bilden einen hübschen Kontrast zur lebhaften Hafenpromenade.

Von der Antike bis zur K.-u.-k.-Zeit

Ganz im Süden Istriens folgt ❼ ★★**Pula**, eine lebhafte Hafenstadt, die auf antiken Grundmauern steht. Am Amphitheater, das einst 30 000 Zuschauern Platz bot, führt kein Weg vorbei! Unterirdische Kellergewölbe und ein Marinefriedhof erinnern an die einstige K.-u.-k.-Präsenz. Ein Abstecher an die Südspitze Istriens lässt sich mit einem Snack in der legendären Safari-Bar verbinden. Archäologisch Interessierte sollten auf der Weiterfahrt an die Ostküste Istriens einen Abstecher zur antiken Ausgrabungsstätte ★ **Nesactium** machen. Nach einer Fahrt über Land folgt die Hügelstadt ❽ ★ **Labin**, deren aufmüpfige Bewohner sie 1921 als Stadtrepublik ausriefen, was immerhin 36 Tage Bestand hatte. Von dort geht es zum Badeort **Rabac** hinunter, der mit seinen komfortablen Hotels und weitläufigen Kiesstränden punktet.

Die winzige Altstadt von 9 ★ **Mošćenice** thront hoch über der Küstenstraße auf einer Bergkuppe. Wer zum Strand möchte, kann 760 Stufen zum Fischer- und Badeort Mošćenička Draga hinabsteigen. Hier reicht der Učka-Gebirgszug fast bis ans Meer.

Adlerhorst

Dahinter beginnt die etwa 30 km lange Riviera von Opatija. Die Küstenstraße führt durch das hübsche Lovran, vorbei an Villen, eleganten Kaffeehäusern und reichlich altösterreichischer Nostalgie. Nahtlos gehen die Prachtbauten mit Fassadenstuck und Pal-

Viel Nostalgie

men in den Vorgärten in das alte K.-u.-k.-Seebad ⑩ ★★**Opatija** über – wo ein Stück Sachertorte im Hotel Milenij die Istrien-Tour krönen sollte!

ENTDECKUNGEN IM HINTERLAND

Start und Ziel: Von Brtoniglia nach Beram | **Länge:** ca. 130 km
Dauer: 3 – 4 Tage

Tour 2

Romantiker vergleichen das Hinterland Istriens gerne mit der Toskana: Malerische mittelalterliche Städtchen thronen hier auf Bergkuppen, umgeben von grünen Tälern, sanften Rebhängen und mediterranen Olivenhainen. Die Vielfalt des grünen Istriens haben Feinschmecker, Kunstliebhaber und Naturfreunde längst schon für sich entdeckt – auch außerhalb der heißen Sommermonate, etwa zur Spargelzeit im Frühjahr oder wenn weiße Trüffeln den Herbst einläuten.

Kulinarische Highlights

Kulinarische Entdeckungen gehören mitunter zu den Höhepunkten einer Reise durch das Landesinnere Istriens. Zunächst erfährt man in der alten Ölmühle im Provinzstädtchen ❶ **Buje** einiges über die Olivenverarbeitung. Das köstliche Olivenöl, für das Istrien so berühmt ist, lässt sich in **Brtonigla** in gleich drei hervorragenden Konobas testen. Eine Stichstraße schlängelt sich ins nordöstlich gelegene Dörfchen **Momjan** hinauf: Die Gegend ist vor allem für den strohgelben, lieblichen Muskatwein bekannt.

Kunst und Musik

Nächster Stopp ist das überaus pittoreske Künstlerstädtchen ❷ ★**Grožnjan**. In den mit Kopfstein gepflasterten Gassen reihen sich Galerien und Ateliers aneinander, die eine ganz eigene Atmosphäre schaffen. Das gilt umso mehr, wenn Konzerte des Musiksommers die Altstadt klangvoll erfüllen.

Trüffelhochburgen

Schon von Weitem sieht man das vielleicht hübscheste Hügelstädtchen Istriens, ❸ **Motovun**, auf einer Bergkuppe empor ragen. Von der verwinkelten Altstadt, wo man sich u. a. mit Trüffeln eindecken kann, bietet sich ein Rundum-Blick auf das Mirna-Tal. Wer Trüffel-Spezialitäten mag – und das entsprechende Urlaubsbudget hat –, fährt nach **Livade**, ein winziges Dörfchen unterhalb von Motovun, um im bekanntesten kroatischen Trüffelrestaurant Zigante fürstlich

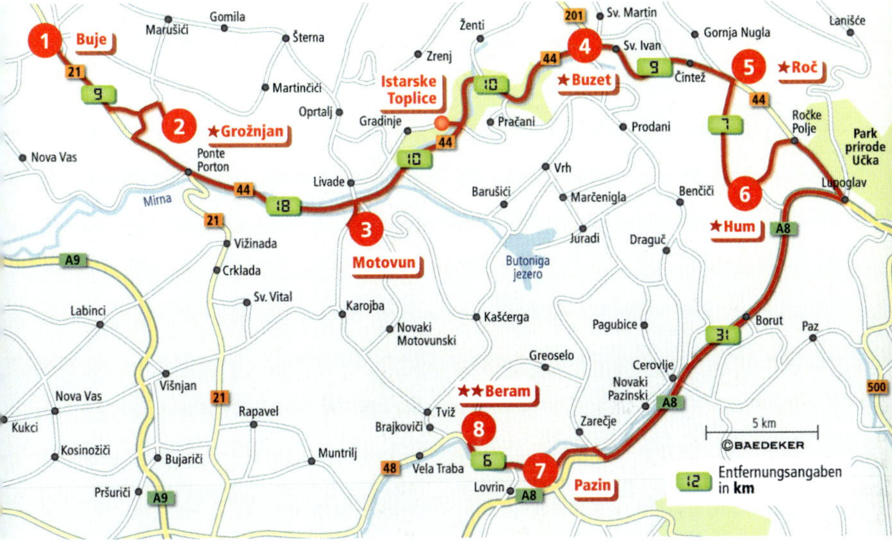

zu speisen. Ein kurzer Abstecher von der Hauptstraße führt zum einzigen Thermalbad Istriens, **Istarske Toplice.** Die steile Felswand oberhalb des Kurkomplexes haben die Kletterer für sich entdeckt. Auch ❹ ★ **Buzet** ist für gute Trüffeln und Wein bekannt – die hier im Herbst groß gefeiert werden.

Zeugnisse der Vergangenheit

Die Straße nach Westen zweigt nach wenigen Kilometern links nach ❺ ★ **Roč** ab, einem alten Zentrum der Glagoliza-Schrift. Die Allee der Glagoliter, ein Skulpturenweg, verbindet Roč mit ❻ ★ **Hum**, der kleinsten Stadt der Welt. Der Mistelschnaps Biska in der gemütlichen Humska Konoba beim Stadttor ist über die Region hinaus bekannt.

Geografisches Zentrum

Die Schnellstraße nach Südwesten führt ins geografische Zentrum Istriens, nach ❼ **Pazin**. Hoch über der ★ **Schlucht** thront das einst größte und bedeutendste Kastell Istriens, heute ein Museum. Reichlich Adrenalin wird auf der Zipline, einer Seilbahn über die Schlucht, ausgeschüttet.

Beeindruckende Fresken

Das letzte Highlight dieser Tour ist das winzige Marienkirchlein ein wenig außerhalb des Örtchens ❽ ★★ **Beram** nordwestlich von Pazin. Der wunderbar erhaltene Freskenzyklus stellt einen Totentanz dar – bei dem Gevatter Tod sogar Lyra spielt.

RADELN AUF KAISERLICH-KÖNIGLICHER BAHNTRASSE

Wo einst die alte Parenzana-Dampflok quer über die Hügelkette Istriens schnaufte, kommen heute Radfahrer aus der Puste. Über steinerne Bogenbrücken und durch stillgelegte Tunnels hindurch führt die 123,1 km lange ehemalige Eisenbahntrasse vom italienischen Triest, an der slowenischen Küste vorbei bis ins kroatische Poreč (ital. Parenzo). Ein echtes Abenteuer, für das man sich drei bis vier Tage Zeit lassen sollte!

Bergauf und bergab: Über erhebliche Steigungen dampfte die kaiserlich-königliche Parenzana-Schmalspurbahn ab 1902 durch Istrien. Dabei musste der Regionalzug, der eine Spurbreite von 760 mm hatte, ganz schöne Herausforderungen überwinden: Mehr als 600 Kurven, 9 Tunnels, 11 Brücken und 6 Viadukte trennten Triest von Poreč. Nach dem Ersten Weltkrieg übernahm die italienische Staatsbahn den Betrieb. Mussolini ließ die Gleise 1935 stilllegen, demontieren und ins eroberte ostafrikanische Abessinien (heute Äthiopien) verfrachten. Dort sollten sie für die Feldbahnen der Faschisten verwendet werden, so die Pläne. Man sagt, dass sie dort jedoch nie ankamen ...

Wo geht's lang?

Heute gehört die ehemalige Parenzana-Bahntrasse, die auch »Weg der Gesundheit und Freundschaft« genannt wird, Radfahrern und Wanderern. Während die Route durch Slowenien und Kroatien fast durchweg entlang der alten Zugstrecke verläuft, wurde der italienische Abschnitt, vor allem in Triest, größtenteils überbaut. Der Zustand der Strecke ist unterschiedlich: In Slowenien ist der Weg recht gut asphaltiert, in Kroatien hingegen vielerorts eine holprige Schotterpiste – Mountainbikes werden daher empfohlen. Der Ausbau dauert noch an.

Ausgangspunkt Triest

Start der Radtour ist in der italienischen Hafenstadt: Zur Einstimmung bietet sich ein Besuch im Eisenbahnmuseum auf dem Campo Marzio an, wo sich einst der Parenzana-Startbahnhof, St. Andrae, befand. Die Bahn fuhr an den Hafenanlagen von Triest entlang über die Ortschaft Muggia (Km 11) bis zur slowenischen Grenze hinauf. Die Strecke führt u. a. durch die Industrie- und Hafenanlagen, eine Beschilderung sucht man hier vergeblich, daher sollte man mit einer guten Karte oder GPS ausgerüstet sein!

In Slowenien

In Slowenien ist die Strecke asphaltiert und ausgeschildert: D-8 steht in weißer Schrift auf blauem Schild. Am slowenischen Bahnhof von **Koper** (Km 22) erinnert eine Dampflokomotive vom Typ U37 an alte Zeiten. In **Izola** (29 km) im Parenzana- und Modelleisenbahn-Museum erzählt der Sammler Josip Mihelič Besuchern leidenschaftlich interessante Anekdoten über die alte Bahntrasse (Ulica Alme Vivode 3). Ein Muss für alle Eisenbahn-Freunde!

In Kroatien

In Kroatien ist die Beschilderung weiß mit schwarzem Rand und der Aufschrift Parenzana. Hinter den Salzfeldern von Sečovlje (Km 42) geht es bergauf nach **Buje**, eine anstrengende Etappe, doch die Belohnung erfolgt umgehend: Der Ausblick ist einfach wunderbar. Nach Buje (Km 58) folgt ein steiler Anstieg ins Städtchen **Grožnjan** (Km 65), wo der Bahnhof heute als Wohnhaus dient. Der Kalcini-Tunnel (293 m ü. d. M.) ist die höchste Stelle der Tour.
Der Bahnhof des Trüffeldörfchens **Livade** (Km 85) zeigt in einer kleinen Ausstellung Meilensteine, alte Fotografien und Postkarten aus einstigen Bahnzeiten.Bei Livade überquert die Trasse den Fluss Mirna, um dann den Hügel von **Motovun** (Km 90) recht steil bergauf zu führen. Der alte Bahnhof von Motovun ist heute ebenfalls bewohnt. Über **Rakotule** (Km 97) klettert die Trasse weiter hinauf bis zum alten Bahnhof von **Vižinada** (Km 102). Dort steht ein Nachbau der Parenzana-Lokomotive U20 in Originalgröße (3 m hoch, 7 m lang). Die Route verläuft nun über **Baldaši** (Km 105) und **Višnjan** (Km 111) bis zum Endpunkt **Poreč** (Km 123) – hier lockt ein Bad im Meer!

Infos

Geschichte, Verlauf, Tipps und aktuelle Radtouren hält die Website auch auf Deutsch bereit: www.parenzana.net

Nicht immer geht es so flott voran. Ab und zu hat es ordentliche Steigungen.

INSELHÜPFEN IN DER KVARNER-BUCHT

Start und Ziel: Rijeka | **Länge:** ca. 340 km | **Dauer:** 7 – 8 Tage

Tour 3 *Das Festland bleibt zurück, während die Fähre auf die Inselwelt der Kvarner-Bucht ablegt: Herrliche Sandstrände verspricht die Insel Rab, auf Krk gibt es guten Wein, auf Cres ursprüngliche Natur und auf Lošinj schmucke Seefahrervillen. Alle vier größeren Kvarner-Inseln sind einen Stopp wert!*

Entlang der Adria

Über den bunten Wochenmarkt flanieren, sich in einem der vielen Museen inspirieren lassen und zum Abschluss noch einen Espresso am Hafen trinken – ❶ ★**Rijeka**, ist ein guter Auftakt für eine Tour in der Kvarner-Bucht. Östlich der Stadt beginnt nach wenigen Kilometern der Badeurlaub: ❷ **Novi Vinodolski**, einst Sitz des Frankopanen-Adelsgeschlechts mit Kastell, ist ein beliebter Ferienort.

Zur Roten Zora

Die Adria-Küstenmagistrale führt weiter nach ❸ **Senj**, das mit einer beeindruckenden Festung aufwartet Wer sich noch an den Kinderbuch-Klassiker »Die Rote Zora und ihre Bande« erinnert: Die TV-Serie wurde in den 1970er-Jahren in Senj gedreht, ein spezieller Stadtplan führt zu den Drehorten. Bis zum Fährhafen ❹ **Stinica** sind es noch gut 35 km, hier geht es an Bord.

Paradiesstrand

Nach einer gut 15 Minuten erreicht man die erste Insel: ❺ ★★**Rab**, mit dem gleichnamigen schmucken Hauptort, der für seine vier markanten Kirchtürme bekannt ist. Ganz im Norden führt die Inselstraße nach Lopar, dessen sandiger und sehr flacher Paradiesstrand (Rajska plaža) zu den schönsten Kroatiens gehört.

Beliebte Ferieninsel

Bei Lopar legt die Autofähre nach Valbiska auf ❻★ **Krk** ab. Die gleichnamige Inselhauptstadt Krk besitzt eine große Kathedrale und malerische Altstadtgassen. Die Hauptstraße der Insel führt, vorbei an der kreisrunden Klosterinsel Košljun, zum beliebten Ferienort ❼★ **Baška** im Süden, mit einem der schönsten und längsten Kieselstrände Kroatiens. In einer kleinen Kirche ganz in der Nähe wurde die berühmte Tafel von Baška entdeckt, das älteste erhaltene Zeugnis der glagolitischen Schrift. Heute ist hier eine Kopie der Tafel als Altarschranke zu sehen.

Viel Natur

Zurück in Valbiska, geht es mit der Autofähre nach Merag auf ❽ **Cres**. In der gleichnamigen Inselhauptstadt dreht sich alles um den alten, von bunten Häusern gesäumten Hafen. In der Kirche des malerischen

Fischerdörfchens **Valun** wird eine altkroatische Tafel verwahrt. Steil bergauf schlängelt sich eine schmale Asphaltstraße ins Dörfchen **Lubenice**, das dramatisch über einem Felsen thront.

Bei ★ **Osor** führt eine Drehbrücke auf die südliche Nachbarinsel **9** ★★ **Lošinj**. Bei Nerezine ist der 588 m hohe Televrin-Gipfel ein Ziel für Wanderer. Ganz im Süden lockt das stimmungsvolle Seefahrerstädtchen ★ **Mali Lošinj** zum Bummel am Wasser entlang, während das benachbarte Veli Lošinj bei leckerem Grillfisch den Blick auf bunte Boote im schmalen Hafenbecken freigibt.

Berg-tour oder Stadtbummel

Zurück nach Rijeka, geht es über die drei Inseln Lošinj, Cres und Krk, dann über eine 1,43 km lange Brücke aufs Festland – während die Inselidylle im Rückspiegel zurückbleibt.

KARST, KÜSTE UND EDLE RÖSSER

Start und Ziel: Von Postojnska jama nach Piran | **Länge:** ca. 130 km
Dauer: 3 – 4 Tage

Tour 4

Zerklüftete Karstlandschaften mit bizarren Tropfsteinhöhlen, die berühmten Lipizzaner-Pferde, bemerkenswerte Kirchen und Burgen hoch über der Adria, alte Seebäder und moderne Ferienorte sind die Highlights auf dieser abwechslungsreichen Route durch Sloweniens Südwesten.

Faszinierende Höhlen

Höhlenforscher horchen auf, wenn entlang der Autobahn A1 von Ljubljana nach Süden das Schild »Postojna« auftaucht. Schon wenig später steht man am Eingang der ❶ ★★ **Postojnska jama**. Die elektrische Minibahn fährt an faszinierenden Tropfsteinformationen vorbei durch das riesige Karsthöhlenlabyrinth. Wieder an der Erdoberfläche, führt ein Abstecher 9 km nordwestlich zum ❷ ★ **Predjamski grad**. Die »Burg vor der Höhle« duckt sich unter einer steilen Felswand und dient im Sommer als Kulisse für ein Ritter-Festival. Höhlenforscher lieben auch die zum UNESCO-Weltnaturerbe erklärten ❸ ★★ **Škocjanske jama** bei Matavun. Besonders fasziniert der unterirdische Canyon mit dem Fluss Reka.

Hohe Reitkunst

Rund 30 km westlich davon erreicht man über Nebensträßchen das welweit berühmte Gestüt von ❹ ★★ **Lipica**. Hier werden die weißen Lipizzaner-Pferde gezüchtet, deren Anmut und Eleganz beim Vorführen von Levaden, Kapriolen und Piaffen deutlich wird. Eine Besichtigung des Gestüts ist ein Muss für Pferdefreunde!

Kirchenschatz

Eine gute halbe Stunde dauert die Autofahrt zum nächsten Highlight: Im Dörfchen ❺ ★★ **Hrastovlje** hütet die winzige Dreifaltigkeitskirche einen wunderbaren gotischen Freskenzyklus mit Motiven aus der Bibel und einem sehr eindrucksvollen »Totentanz«.

Schmucke Bauten

Die Tour führt nun nach Westen, an die slowenische Adriaküste: Der Hauptplatz des belebten Studenten- und Hafenstädtchens ❻ **Koper** besticht mit schöner venezianischer Architektur. Die Küstenstraße verläuft südwestlich über Izola mit schmucken Palazzi ins alte Seebad **Portorož** mit seiner langen Uferstraße.

Venezianischer Charme

❼ ★ **Piran**, die »Perle der slowenischen Adria«, ist der letzte Höhepunkt dieser Tour: Reichlich venezianischer Charme und eine Altstadt auf einer spitz zulaufenden Landzunge prägen diesen Sehn-

suchtsort. Auf dem zum Hafen offenen Hauptplatz hat man die Wahl: Ein Espresso? Ein Besuch in der Muschelausstellung? Oder doch lieber ein Souvenir aus dem Schoko-Geschäft?

Z
ZIELE

Magisch, aufregend, einfach schön

Alle Reiseziele sind alphabetisch geordnet. Sie haben die Freiheit der Reiseplanung.

Nur zu Fuß kommt man in die Bucht von Klančac – Erholung garantiert. ▶

★ BRIJUNI

Höhe: 0 – 55 m ü. d. M. | **Inselfläche:** 7,42 km² | Kroatien

Ein Sumpf, den die Malaria unbewohnbar gemacht hatte: So sahen die Brijuni-Inseln aus, als sie der Tiroler Industrielle Paul Kupelwieser im 19. Jh. recht günstig erworben hatte. Im nahegelegenen K.-u.-k.-Hafen Pula hielt man ihn für einen Narren. Kupelwieser glaubte jedoch an die Zukunft der wunderschön gelegenen Inseln und holte sich Hilfe vom deutschen Bakteriologen Robert Koch, dem es gelang, die Malaria auf den Brijuni auszurotten. Damit war der Grundstein für ein mondänes Ferienparadies gelegt, in dem die Oberschicht der K.-u.-k.-Monarchie zur Sommerfrische anreiste. Bis heute sind die Inseln ein beliebtes Ausflugsziel.

Natur pur

Die Mischung macht's: Eine mediterrane Landschaft mit Olivenbäumen und schattigen Wäldchen, kristallklaren Buchten und gepflegtem Rasen, auf dem freilaufende Rehe grasen – so idyllisch präsentiert sich die Natur im heutigen Nationalpark Brijuni (ital. Brioni). Fast noch spannender ist die Geschichte des Inselarchipels, mit Dino-Spuren, römischen Ruinen, K.-u.-k.-Nostalgie und Tito-Kult.
Die Brijuni sind ein **blühendes Paradies**: Mediterrane Stechpalmen, Erdbeerbäume, Manna-Eschen, Myrten oder die in Istrien gefährdete Eselsgurke gedeihen hier, aber auch importierte libanesische Zedern, Palmen und Kakteen. Hinzu kommen gepflegte Parks und Rasenflächen, die mehr als 200 km Spazierwegen durchziehen. Im Mediterranen Garten (Brijunski mediteranski vrt), der zum Programm der geführten Inseltour zählt, wachsen 170 Pflanzenarten. Jede davon ist auch auf Deutsch benannt, ein QR-Code gibt weitere Auskunft.
Ein Olivenbaum auf Veli Brijun hält den Altersrekord unter den Pflanzen: Er wird auf 1700 Jahre geschätzt! Aus seinen Früchten werden heute noch bis zu 14 l Olivenöl pro Jahr gewonnen, das ganz besonderen Gästen vorbehalten ist. Als ein Blitzschlag den antiken Baum in den 1970er-Jahren spaltete, wurde er mit Beton gekittet.

Mit Tour oder auf eigene Faust?

Überblick

Mit **14 kleineren Inseln** erstreckt sich der Brijuni-Archipel vor der Südwestküste Istriens. Auf gleicher Höhe liegen, gegenüber auf dem Festland, Pula im Süden und Fažana im Norden, wo die organisierten Ausflugsschiffe der Nationalpark-Verwaltung ablegen. Nach 20 Min. ankern diese auf der Hauptinsel **Veli Brijun** (Großes Brijun). Die Besucher erwartet eine dreistündige, geführte Tour mit deutscher Reiseleitung. Davon verbringt man gut eine Stunde in der Lilliput-Bahn,

die über die Insel tuckert. Solche Touren sind zwar bequem, freie Zeit zur Inselerkundung bleibt dabei jedoch kaum. Wer das autofreie Veli Brijun lieber auf eigene Faust entdecken möchte, sollte sich in einem der Hotels in Hafennähe einquartieren. Mit einer guten Inselkarte ausgestattet, lässt sich ein herrlicher Tag beim Baden oder mit dem Leihfahrrad (früh kommen, da die Anzahl begrenzt ist!) verbringen.

Am Anfang war die Malaria

Paul Kupelwieser kannte die Brijuni-Inseln, da er die K.-u.-k.-Marine in Pula belieferte. Und er wettete mit dem Mediziner **Robert Koch**, dass es diesem nicht gelingen werde, die Malaria auszurotten. Das Gegenteil war der Fall: Angestiftet durch die Wette, identifizierte Koch zunächst die Anopheles-Mücke als Überträgerin, legte die Sümpfe mittels Petroleum trocken und rottete so die Malaria aus. Kupelwieser ließ mehrere Hotels mit Lift, ein Strandbad mit Meerwasser und einen Hafen errichten. Der Hamburger Zoo-Pionier **Carl Hagenbeck** legte einen Tierpark mit weitläufiger Parklandschaft an. Der Nachtzug aus Wien brachte adelige Sommerfrischler bis an die Mole, wo das Schiff auf die Brijuni ablegte. Zu den Glanzzeiten des Brijuni-Tourismus erschien sogar eine deutschsprachige Inselzeitung.
Der Niedergang des Ferienparadieses kam mit dem Ersten Weltkrieg: Die K.-u.-k.-Kriegsmarine nutzte die Inseln als U-Boot-Stützpunkt,

BRIJUNI ERLEBEN

NACIONALNI PARK BRIJUNI (NATIONALPARK-VERWALTUNG)

Karten für die Inseltour gibt es im Büro der Nationalparkverwaltung in Fažana, auf der gegenüber liegenden Festlandseite der Brijuni. In der Hauptsaison unbedingt ein bis zwei Tage im Voraus reservieren!
Brionska 10, 52212 Fažana
Tel. 052 52 58 88
www.np-brijuni.hr

Juli/Aug.: Theaterfestival Ulysses, Festung Minor, Mali Brijun
www.ulysses.hr.

VILLEN BRIJUNI €€€€

Die legendären Vier-Sterne-Villen auf den Inseln sind inzwischen Feriendomizile: Lovorka, frisch saniert, mit großer Terrasse (6 Pers.), Dubravka mit Meeresblick (4 Pers.) oder Primorka, das in einem üppigen Park liegt (8 Pers.).
Tel. 052 52 58 88, www.brijuni.hr

VILLETTA PHASIANA €€€

Geschmackvolles Boutique-Hotel in historischem Gemäuer; der Glockenturm nebenan ist allerdings nichts für Langschläfer!
Trg Sv. Kuzme i Damjana 1
52212 Fažana, Tel. 052 52 05 58
www.villetta-phasiana.hr

RESTORAN ALLA BECCACCIA €€€€

Schnörkellose istrische Küche kommt in diesem Landgasthaus mit hübschem Garten auf den Tisch. Stammgäste schätzen das Wild aus den umliegenden Wäldern – auch Schnepfen – oder die hausgemachten Ravioli. Leider ist das Lokal kein Geheimtipp mehr, daher empfiehlt sich eine Reservierung.
Pineta 25, 52212 Valbandon
Tel. 052 52 07 53
www.beccaccia.hr

RESTORAN OFFICINA DEL PESCE €€€€

Der Oktopus »alla diavola« lässt keine Wünsche offen, wenn man gerne scharf isst. Überhaupt hat sich das heimelige Restaurant im Ortskern von Fažana qualitativ sehr gutem Meeresgetier und Fisch verschrieben.
Piazza Grande 11, Fažana
Tel. mobil 095 904 35 31
https://www.facebook.com/OfficinadelPesceFazana

RESTORAN GALIJA €€

Das renommierteste der Inselrestaurants auf den Brijuni liegt unweit des Landungsstegs. Hinter Panoramafenstern oder auf der Terrasse genießt man traditionelle mediterrane Küche.
Veli Brijun
Tel. 052 52 58 88

nach Kriegsende fielen die Brijuni Italien zu. Paul Kupelwieser verstarb 1919 in Wien. Sein Sohn Karl versuchte zwar in den Zwischenkriegsjahren, die K.-u.-k.-Tourismustradition mit Golfplatz, Poloanlage und Casino wiederzubeleben – doch es war vergeblich. Die Zeiten hatten sich geändert, die Wirtschaftskrise trug ihr Übriges dazu bei und Karl Kupelwieser beendete sein Leben mit einem Jagdgewehr. Im Zweiten Weltkrieg wurden die Brijuni mehrfach von den Alliierten bombardiert. Mit **Josip Broz Tito** brach eine neue Ära an: Der jugoslawische Staatschef entdeckte die Inselwelt 1947 für sich, verlegte seine offizielle Sommerresidenz auf Veli Brijun und sein privates Refugium auf die Nachbarinsel Vanga. Segelboote mussten einen großen Umweg um das Archipel machen, um nicht Bekanntschaft mit jugoslawischen Patrouillebooten zu schließen – denn die Brijuni waren zu Titos Lebzeiten für die Öffentlichkeit gesperrt. 1983, drei Jahre nach seinem Tod, wurden die Inseln zum Nationalpark erklärt und die Besucher kehrten wieder zurück (▶ S. 24)

Wohin auf Veli Brijun?

Auftakt zur Inseltour

Rund um den Hafen

An der Ostküste der Insel geht es lebhaft zu, wenn die Ausflugsschiffe anlegen. In Begleitung von Reiseführern geht es zunächst zur **gotischen Kirche Sv. German** (Germanus). Dort sind die Kopien der berühmtesten Fresken aus Istrien und der Kvarner-Bucht zu sehen, etwa der Totentanz von Beram (▶ S. 152). Eine Gedenktafel im alten Steinbruch unweit des Kirchleins erinnert an Robert Koch und sein segensreiches Wirken für die Inseln.

Titos Hinterlassenschaften

Tito-Museum

Die ehemalige Wäscherei ist heute ein Museum: Im Erdgeschoss werden präparierte Raubkatzen oder Hirschgeweihe aufbewahrt, die Tito aus aller Welt erhalten hat.
Ganz gleich, wie man zu dem einstigen Präsidenten stehen mag: Die **Fotoausstellung** »Tito auf den Brijuni« im Obergeschoss ist ein Stück Zeitgeschichte. Sie huldigt den Personenkult um Tito: Dieser liebte weiße Anzüge, hübsche Frauen und umgab sich gerne mit Schauspielern und Stars. Fotografisch festgehalten ist auch der Augenblick, in dem die Blockfreien Staaten Wirklichkeit werden: Tito, der indische Ministerpräsident Jawharlal Nehru und der ägyptische Präsident Gamal Abdel Nasser unterzeichnen gerade die sogenannte Brioni-Deklaration. Vertreter aus mehr als 60 Ländern hatten hier einst vorgesprochen, was die entsprechenden Flaggen im Museum belegen.In dem glänzenden **Cadillac**, Baujahr 1953, vor dem Museum ließ Tito seine Besucher über die Insel kutschieren. Heute kann er für Spritztouren gemietet werden. (▶ S. 24)

Golfen mit Rehen

Golfplatz

Eine Lilliput-Bahn befördert Besucher über die Insel, vorbei am 1922 angelegten 18-Loch-Golfplatz (PAR71). Für dessen Standort wählte

Das hätte sich Tito kaum träumen lassen: In seinem einst sozialistischen Privatparadies wird heute gegolft.

Paul Kupelwiesers Sohn Karl die Tiganj-Bucht nördlich des Hafens. Die recht naturbelassene Anlage kommt bis heute weitgehend ohne Rasenmäher aus, da sich Rehe um die Pflege kümmern. Als Hindernisse dienen Bäume und Meer. Golfausrüstung kann geliehen werden, Greenfee-Karten gibt es in der Geschäftsstelle des Nationalparks in Fažana.

Safaripark

Tiere aus aller Welt

Im Safaripark am nordwestlichen Ende von Veli Brijun sind die lebenden Staatsgeschenke für Tito – oder deren Nachfahren – zu Hause: somalische Schafe aus Äthiopien, indische Kühe, Strauße, Zebras, Lamas, die legendäre Elefantendame Lanka, ein Geschenk der indischen Staatschefin Indira Gandhi und einige heimische Tiere wie das istrische Ur-Rind Boškarin oder die Pramenka-Schafe.

Hier ließ es sich prächtig leben

Bijela vila

Bei der Weiterfahrt rücken in der Ferne alte Herrenhäuser ins Blickfeld, darunter Titos Weiße Villa (Bijela villa) aus den 1950er-Jahren. Der Name stammt vom weißen, marmorähnlichen Kalkstein, der schon von den Römern abgebaut wurde. Titos ehemaliges Anwesen auf dem Nachbarinselchen Vanga wird noch für Staatsempfänge genutzt und kann daher nicht besichtigt werden.

Spuren der Vergangenheit

★ Byzantinisches Kastrum

Ebenfalls an der Westküste der Insel ist der ausgedehnte **Ruinenkomplex** des byzantinischen Kastrums zu sehen, das vom 6. bis zum 14. Jh. bewohnt war. Nahebei erinnern Steinmauern an die Basilika Sv. Marija (Maria) aus dem 5./6. Jh. n. Chr. und an das im 10. Jh. entstandene Benediktinerkloster daneben. Es gehörte dem Tempelritterorden bis zu dessen Auflösung 1312.

Vielfältige Fauna

Saline-Bucht

Die Sumpfgebiete in der Saline-Bucht, im Süden von Veli Brijun, dienen vielen Vögeln als Brutrevier. Mehr als 250 Vogelarten nisten hier. Beim Durchstreifen der Hauptinsel begegnen immer wieder freilaufende Damhirsche, Rehe, Mufflons, Pfauen und Feldhasen. Gelegentlich tauchen Delfine vor der Küste auf. Übrigens: Der in Jugoslawien legendär gewordene Gelbhauben-Kakadu Koki, der Titos Husten imitieren kann, krächzt heute gegenüber dem Café Školja, in Hafennähe.

Historische Mauern

Villa rustica

Von dem prunkvollen römischen Villenkomplex (1. Jh. n. Chr.) in der malerischen Verige-Bucht an der Ostküste ist nur noch wenig übrig. Auf dem weitläufigen Areal waren Wohn- und Wirtschafträume des alten Landguts angelegt. Da das Wasser jährlich minimal, aber stetig steigt, liegt die antike Kaimauer heute bereits etwa 1 m unter dem Meeresspiegel.
Etwa in der Mitte der Insel steht auf ihrer höchsten Erhebung (55 m ü. d. M.) die **Tegethoff-Festung**, errichtet 1864 – 1868, als Pula der Hauptmilitärhafen der K.-u.-k.-Monarchie war.

Dinosaurier lassen grüßen

★ Dinosaurier-Spuren

Schon die Dinosaurier hinterließen ihre Spuren auf Veli Brijun: An vier Stellen wurden mehr als 200 Fußabdrücke gefunden, deren Alter auf 100 – 125 Mio. Jahre geschätzt wird. Der Abdruck in einem Kalksteinblock, der an der Hafenmole zu sehen ist, stammt möglicherweise von einem Theropoden, einem Fleischfresser.

Theaterfestival in einmaliger Kulisse

Mali Brijun

Ein nur 150 m breiter Kanal trennt die Hauptinsel von der Nachbarinsel Mali Brijun (Kleines Brijun). Im Sommer stellt die alte Verteidi-

BAEDEKER ÜBERRASCHENDES

6X DURCHATMEN

Entspannen, wohlfühlen, runterkommen

1. WANDERN ÜBER GRENZEN

Von Slowenien bis Albanien verläuft der **Fernwanderweg Via Dinarica**, immer entlang der Dinarischen Gebirgskette. Im Hinterland der kroatischen Adriaküste quert man das Velebit-Gebirge. (www. viadinarica.com.)

2. RUHE VOR DEM STURM

Blühende Inselwelten, einsame Buchten und ein Glas Wein – wer im Nationalpark **Brijuni** übernachtet, hat die Insel fast für sich. Zumindest am Abend, wenn die Ausflugsboote längst abgelegt haben und die Insel nur den Hotelgästen gehört. (► **S. 44**)

3. MIT DEM BOOT ZUM BADEN

Sightseeing in Poreč macht Spaß. Zur Abkühlung geht es danach mit dem Wassertaxi auf die **Badeinsel Sveti Nikola**: Mit direktem Blick auf die Uferpromenade taucht man in die Adria ein. (►**S.171**)

4. ENTSPANNUNG AM STRAND

Von Anfang bis Mitte August, wenn Kroaten und Italiener rund um Mariä Himmelfahrt (15. August) frei haben, ist Trubel angesagt. **Ab dem 1. September** beginnt in Kroatien wieder die Schule, dann ist die ganz große Sommerhitze meist vorbei – und der Rummel am Strand auch.

5. REIF FÜR DIE INSEL

Das Festland bleibt zurück, die Erholung beginnt auf der Insel: Ursprünglich wie **Cres**, sattgrün wie **Losinj** oder mit herrlichen Sandstränden wie auf **Rab** – hier findet jeder Ruhe ganz nach seinem Geschmack.

6. ERNTEHILFE

Schilder mit der Aufschrift **»agroturizam«** weisen den Weg zu Unterkünften, in denen man sich gleich wohlfühlt. Gäste dürfen hier oftmals bei der Weinlese oder bei der Olivenernte im Herbst mithelfen!

gungsbastion Brioni Minor die hübsche Kulisse für Theateraufführungen: Die **Ulysses-Festspiele** werden vom kroatischen Schauspieler serbischer Abstammung Rade Serbedžija (»Mission Impossible II«) organisiert. Der Festivalname ist eine Hommage an den irischen Schriftsteller James Joyce (»Ulysees«), der 1905 einen Ausflug auf die Insel unternommen hatte.

Wohin auf dem Festland?

Rund um die Sardine

Fažana (ital. Fasana)

Bunte Fassaden säumen den Hafen von Fažana (3000 Einw.). Im Kanal zwischen dem Festland und den Brijuni-Inseln gedeihen Sardinen besonders gut. Die perfekte Zubereitung wird im Rahmen von besonderen Sommerakademien gezeigt. Der Sardine ist sogar ein eigenes Fest gewidmet und ein kleiner Skulpturenpark (Park sardela). Der Fisch geriet einige Jahrzehnte fast in Vergessenheit. Heute steht das »Arme-Leute-Essen« auf vielen Speisekarten der Restaurants in Fažana. Die Sardine heißt auf Kroatisch übrigens sardela, weshalb es oft zu Verwechslungen mit der Sardelle (Inćun) kommt.

Einen Besuch lohnt die **gotische Kirche** Sv. Kuzma i Damjan (Cosmas und Damian) mit Renaissancefresken. Wandmalereien birgt auch die kleine Kirche der Muttergottes vom Berg Karmel (Gospa Karmelska, 9. Jh.). Die Loggia davor stammt aus dem 14. Jh. Gebadet wird an einem 300 m langen Kiesstrand, der in Betonflächen übergeht.

BUJE

Höhe: 222 m ü. d. M. | **Einwohner:** 3000 | Kroatien

Der kaiserliche Hof in Wien soll seinerzeit Kutschen mit leeren Weinflaschen in die Umgebung von Buje entsandt haben. Diese wurden mit köstlichem Muskateller befüllt und streng bewacht auf die Rückreise geschickt. Bis heute kommen Weinliebhaber um Buje kaum umhin: Das Bergstädtchen im hügeligen Hinterland Nordistriens wird von fruchtbaren Rebhängen eingerahmt. Eine Weinstraße macht mit den besten Winzern und Restaurants der Region bekannt - ein kulinarisches Erlebnis.

Hochburg des Weins

Buje inmitten sonniger, fruchtbarer Hügel ist eines der bedeutendsten Weinanbauzentren in Istrien: Gut zwei Dutzend Winzer haben sich in der näheren Umgebung angesiedelt, darunter die viel gelob-

ten Weingüter Kozlović oder Kabola. Die ausgeschilderte **Weinstraße** lässt sich auch gut mit dem Fahrrad bewältigen. Gelegentlich bietet die Touristeninformation in Buje geführte Wanderungen »Istria Wine & Walk« zu mehreren Erzeugern an.
Buje erstreckt sich an der Kreuzung alter Handelswege zwischen europäischem Festland und Meer. Der venezianische Markuslöwe erinnert ebenso wie architektonische Spuren daran, dass die Serenissima hier zwischen 1412 und 1797 das Sagen hatte. Als die Reblaus im 19. Jh. praktisch die gesamte Rebfläche in der Region zerstörte, wanderten viele Bewohner aus. Wirtschaftlichen Aufschwung brachte der Anschluss der Stadt an die **Parenzana-Bahn** im frühen 20. Jahrhundert. Nach dem Ersten Weltkrieg gehörte Buje zu Italien, nach dem Zweiten Weltkrieg zum »Freien Territorium Triest«, um das man sich zankte – ehe das Städtchen 1954 Jugoslawien einverleibt wurde.

Wohin in Buje?

Markante Wahrzeichen

Trg Sv. Servola

Wie graue Eulen schmiegen sich die **venezianischen Patrizierhäuser** in der Altstadt von Buje dicht aneinander. Die schönsten Bauwerke gruppieren sich rund um den Hauptplatz, Trg Sv. Servola (Servulus): Mächtig erhebt sich hier die spätbarocke **Pfarrkirche**, die ebenfalls dem hl. Servulus geweiht ist, mit ihrer prunkvollen Ausstattung. Als ein Meisterwerk gilt die Orgel des bekannten italienischen Orgelbauers Gaetano Callida aus dem 18. Jahrhundert. Die vordere Fassade wirkt, bis auf den barocken Türbogen, allerdings recht schlicht und verwittert. Der freistehende **Kirchturm** von 1519 ist dem Campanile von Aquilea nachempfunden. Mit seiner imposanten Höhe von 50 m gilt er als zweithöchster in Istrien – und ist ein perfekter Aussichtsturm. Das schönste Wohnhaus am Hauptplatz ist ein schmuckes Palais im venezianisch-gotischen Stil aus dem 15. Jahrhundert.

Bummel durch die mittelalterliche Altstadt

Wehrmauer

Wer durch die mittelalterlichen, mit Steinen gepflasterten Altstadtgassen von Buje bummeln möchte, muss zunächst die mächtige Wehrmauer durchqueren. Diese spannt sich seit dem Mittelalter um die flachen Häuserzeilen und ist noch recht gut erhalten. Das gilt auch für die Überreste eines venezianischen Turms und für das Westtor, das in die Stadt führt.

Die Geschichte von Paolo Razizza

Sv. Majka Milosrđa

Vor der Altstadt steht die Kirche zur Barmherzigen Muttergottes von 1498. Das Gotteshaus hat einen eigenen Kirchturm im venezianischen Stil und ist hübsch renoviert, mit schmucker Kassettendecke und acht Wandgemälden aus dem frühen 18. Jahrhundert. Der

Standort geht auf eine Legende zurück: Als der Kaufmann Paolo Razizza aus Venedig zurückkehrte, wo er eine Skulptur der Muttergottes erworben hatte, war das Stadttor schon geschlossen und er musste davor nächtigen. Am Morgen ließ sich die Statue nicht mehr von der Stelle bewegen, man sah dies als Zeichen und errichtete hier die Marienkirche.

Wein- und Olivenanbau

Etnografski muzej

Ganz in der Nähe der Kirche dreht sich alles um den Wein- und Olivenanbau, der das istrische Binnenland seit jeher prägt: Im Ethnografischen Museum erfährt der Besucher, wie Oliven traditionell verarbeitet wurden und welche Geräte die Menschen dabei nutzten. Das Museum wurde über einem Straßendurchgang errichtet, der mit der Wehrmauer verbunden ist.

Ulica 1. svibnja, im Sommer i. d. R. tgl. 10 - 12, 16 - 18 Uhr
Eintritt: 10 Kuna

Buje hat einen klangvollen Namen unter denFreunden des Muskatellers.

BUJE ERLEBEN

TOURISTINFORMATION

1. svibnja 2, 52460 Buje
Tel. 052 77 33 53
www.coloursofistria.com

Febr./März: Karneval, Buje
Mitte Sept.: Weinlese mit Volksfest, Buje
11. Nov.: Volksfest: Sankt Martin segnet den jungen Wein, Momjan

Die Adresse für **Trüffelspezialitäten** in Buje ist das Feinkostgeschäft Zigante (Ul. J. B. Tita 12, 9 – 20 Uhr). Entlang der **Wein- und Olivenölstraße** lohnt sich ein Besuch bei lokalen Erzeugern, etwa bei Familie Smilović im Dörfchen Baredine bei Buje, die in fünfter Generation strohgelbes bis zartgrünes Olivenöl herstellt (Agro Millo, Baredine, Tel. 052 77 42 56, www.agro-millo.hr).

CASA ROMANTICA LA PARENZANA €

Das einladende Bike- und Landhotel im Dörfchen Volpia logiert in einem alten Steinhaus. Nur wenige Meter weiter verläuft die Parenzana-Strecke, daher steigen hier gerne Radfahrer und Wanderer in einem der 16 Zimmer ab. Im hoteleigenen Restaurant werden traditionelle istrische Gerichte serviert – natürlich auch mit Trüffeln. Tipp: Fleisch und Fischgerichte aus der Peka (vorbestellen!).
Volpia bb, Buje
Tel. 052 72 51 00
www.parenzana.com.hr

KONOBA ASTAREA €€€€

In der gemütlichen Gourmet-Konoba dreht sich alles um die offene Feuerstelle, auf der Fisch, Wild, Fleisch und sogar Apfelstrudel zubereitet werden. Die frischen Jakobsmuscheln, die nicht aus Zuchtbeständen, sondern der Bucht von Novigrad stammen, bekommen durch das Feuer ein interessantes Röstaroma.
Ronkova 9, Brtonigla
Tel. 052 77 43 84
www.konoba-astarea-brtonigla.com

KONOBA MORGAN €€€€

Fleisch und weitere regionale Zutaten werden von Marko Morgan nach alten Rezepten verarbeitet. Saisonale Gerichte wie Pasta mit Maronipüree oder Wildschwein mit Polenta sind hier sehr beliebt.
Baracanija 1, Brtonigla
Tel. 052 77 45 20
www.konobamorgan.eu
Di. Ruhetag

RESTORAN SAN ROCCO €€€€

Das bekannte Gourmet-Restaurant hat sich mit vorzüglichem Fleisch, Fisch und Gemüse aus eigenem Anbau einen Namen gemacht. Die Küche ist modern, dennoch fest mit den kulinarischen Traditionen Istriens verbunden.
Srednja ulica 2, Brtonigla
Tel. 052 72 50 00
www.san-rocco.hr
Mo. Ruhetag

BEER- & STEAKHOUSE SAN SERVOLO €€€

Die kleine, 2013 gegründete Privatbrauerei San Servolo stellt ihre großen Konkurrenten jedoch in den Schatten: Helles, dunkeles oder rotes Bier wird nach eigener Rezeptur und deutschem Reinheitsgebot von 1516 gebraut. Im holzgetäfelten Brauerei-Pub an der Straße zwischen Buje und Momjan wird der Gerstensaft serviert, er passt am besten zu Balkan-Fleischtellern wie Pljeskavica mit istrischem Sauerkraut.

Momjanska ulica 7, Buje
Tel. 052 894 60 65
www.bujska-pivovara.com
Di. Ruhetag

KONOBA MALO SELO €€€

Familie Marušić setzt in ihrer urigen Konoba auf verfeinerte Regionalküche, die ansprechend serviert wird: Einfache Schokoladensauce wird auf dem Dessertteller zu einem Notenschlüssel gegossen. Die recht üppigen Steaks – am liebsten mit Trüffeln – sind der Hauptgrund, warum viele Gäste schon seit Jahren wiederkommen.

Kaldanija 1, Fratrija
Tel. 052 77 73 32
www.konobamaloselo.hr

AGROTURIZAM SAN MAURO €€

Familie Sinković verwöhnt ihre Gäste auf der großen Terrasse ihres Agroturismus mit vielen eigenen Produkten wie Olivenöl, Gnocchi, Fuži und Fleisch vom istrischen Boškarin-Rind. Und natürlich mit ihrem preisgekrönten Wein, der schon seit Jahrhunderten auf dem Anwesen gekeltert wird.

San Mauro 157, 52462 Momjan
Tel. 052 77 90 33
www.sinkovic.hr

Leckerer Tresterschnaps erinnert auch zu Hause an den Agroturizam San Mauro.

Rund um Buje

Gute Tropfen

Momjan (ital. Momiano)

Über dem Dragonja-Tal, 6 km nordöstlich von Buje, erhebt sich Momjan. Einen überregionalen Namen hat sich das Städtchen mit seinem herausragenden **Muskateller-Weißwein** (Momjanski muškat) gemacht. Der Höhepunkt des Jahres ist das Fest des jungen Weins, das um den 11. November, den Martinstag, stattfindet. Wer ihn probieren und einkaufen möchte, kann das Weingut Kabola aufsuchen.
Einige Patrizierhäuser aus venezianischen Zeiten sind in dem Dörfchen noch erhalten. Sehenswert sind der barocke Hauptaltar und einige wertvolle Statuen in der Pfarrkirche Sv. Martin, die einen 22 m hohen Glockenturm hat. Von den einst vier Türmen des Kastells Momjan ist nur noch einer geblieben.
Weingut Kabola: Kanedolo 90 | Tel. 052 77 92 08 | www.kabola.hr

Im schwarzen Garten

Brtonigla (ital. Verteneglio)

Das beschauliche Hügeldorf Brtonigla, 6 km südwestlich von Buje, eignet sich als Ausgangspunkt für **Wanderungen** durch das Mirna-Tal. Zu römischen Zeiten hieß der Ort aufgrund seiner dunklen Erde Hortus Niger, schwarzer Garten. Die Gegend ist wegen ihres Reichtums an Wild bei Jägern beliebt. Nicht von ungefähr gibt es hier mehrere gute Restaurants und Konobas. In einer nach ihm benannten **Galerie** ist ein Querschnitt des in Zagreb geborenen Bildhauers Aleksandar Rukavina (1934 – 1985) zu sehen. Er gehört zu den Mitbegründern des berühmten istrischen Künstlerdörfchens ▶ Grožnjan.
Ul. Aleksandra Rukavina 9 | Juni – Aug. Mi., Fr. 17 – 20, Do. 9 – 13 Uhr
Tel. 052 77 43 07 | Eintritt: frei

Auf Schusters Rappen

Naturpark Škarline

Das Flüsschen Škarline bahnt sich seinen Weg durch eine grüne Schlucht mit zwei kleinen Seen, Wasserfällen und einer Brücke. Wanderwege schlängeln sich ab Brtonigla oder Nova Ves durch den Naturpark (Prirodni park Škarline, freier Zugang).

Bizarre Unterwelt

Grotta Mramornica

Ein schachtartiger Einstieg führt in die Marmorhöhle, 5 km südwestlich von Buje, hinein. Mächtige Tropfsteinformationen gliedern den 93 m langen und 5 m hohen Höhlenraum. Interessant ist eine Sintersäule, die bei einem Erdbeben entzweigebrochen ist. Der tiefste Punkt der Schauhöhle befindet sich 20 m unterhalb des Höhleneingangs. Ein Pullover empfiehlt sich, da die Temperatur konstant nur 14 °C beträgt.
Stancija Drušković 20, Brtonigla | April, Okt. tgl. 10 – 16, Mai, Juni, Sept. tgl. 10 – 17, Juli – Aug. tgl. 10 – 18 Uhr | Tel. mobil 099 2 50 29 58 | Eintritt: 50 Kuna (inkl. 30 Min. Führung) | www.agroturizamsterle.hr

★ BUZET

Höhe: 158 m ü. d. M. | **Einwohner:** 1700 | Kroatien

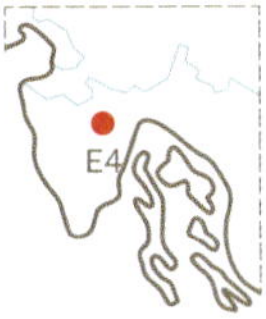

Auf einem kegelförmigen Hügel hoch über dem Mirna-Tal erhebt sich die mittelalterliche Altstadt von Buzet (ital. Pinguente), kurz vor der slowenischen Grenze. Das Städtchen am Fuße des Čičarija-Gebirges schätzen nicht nur Aktivurlauber, die hier gerne wandern, mountainbiken oder klettern, sondern auch viele Feinschmecker: In der Umgebung gibt es mehrere herausragende Trüffelrestaurants!

Stadt der Trüffel

Der Beiname »Stadt der Trüffel« kommt nicht von ungefähr: In den umliegenden Wäldern der Buzeština, wie die Gegend genannt wird, gedeiht die Edelknolle besonders gut. Insbesondere im Herbst lockt die weiße Trüffel Feinschmecker hierher. Die Saison läutet am zweiten Samstag im September ein berühmtes Volksfest ein: Bei der Subotina (▶ Abb. S. 309) wird ein rekordverdächtiges Trüffelomelett in einer Pfanne mit stolzen 2,5 m Durchmesser gebacken. 2018 werden 2018 Eier sowie 10 kg schwarze Trüffeln zugegeben, jedes Jahr kommt ein weiteres Ei hinzu. Ganzjährig wird der Edelpilz in einigen vorzüglichen Restaurants in der Umgebung serviert. Etliche gehören dem Tatufo-vero-Club an, in dem sich Trüffelrestaurants aus Istriens Trüffelgebiet zusammengeschlossen haben.
In der Gegend siedelten bereits illyrische Stämme, ehe die Römer das Militärlager Pinguentum befestigten. Alte Grabstätten zeugen von der byzantinischen Herrschaft. Ab dem 9. Jh. war Buzet, gemeinsam mit den Städtchen Hum und Roč, ein **Zentrum der glagolitischen Schrift**. Der venezianische Militärkommandant Capitano di Raspo baute hier ab 1511 die Grenze zum Osmanischen Reich aus: Die umliegenden Dörfer wurden verwüstet, Buzet selbst blieb jedoch unversehrt.

Wohin in Buzet?

Architektonische Besonderheiten

★ Altstadt

Beim Bummel durch die mittelalterliche Altstadt von Buzet sind es immer wieder Details, die dem Städtchen schmeicheln. Dazu gehören vor allem die vielen Wappen und Reliefs an den Fassaden. Betritt man den historischen Stadtkern durch das **Große Stadttor** (Vela vrata, 1547), lässt sich das Relief des Stadtpatrons Sv. Juraj (Georg) erkennen. Rechterhand davon fällt der **Bembo-Palast** (Palača Bembo, 1728) als eines der schönsten Gebäude auf: Im unteren Fassadenabschnitt prangt ein schmuckes Wappen des einstigen Hausherrn, Kapitän Vin-

BUZET ERLEBEN

TOURISTINFORMATION
Trg Vladimira Gortana 9
52420 Buzet
Tel. 052 66 23 43
www.tz-buzet.hr

3. Juli-Wochenende: National Open Championship Paragliding, Raspadalica
Wochenende nach dem 8. Sept.: Subotina-Festival, Buzet
1. Wochenende nach Allerheiligen (1. Nov.): Trüffelfest, Buzet
Herbst: Mit speziell ausgebildeten Hunden geht es zur **Trüffelsuche** in den Wald (auf Anfrage auch auf Deutsch). Einen guten Ruf haben Goran und Radmila Karlić (Paladini ul. 14, Buzet, Tel. 052 66 73 04, www.karlictartufi.hr) oder Vanda Prodan (Prodan Tartufi, Sv. Ivan, Praščari 43, Buzet, Tel. 091 768 52 12, http://prodantartufi.hr).

Im Aura-Shop kann man die Herstellung feiner **Destillate** beobachten und diese natürlich auch verkosten (II. Istarske brigade 2, Buzet).
In der Produktionsstätte von **Natura Tartufi** gibt es einen kleinen Trüffelladen (9 – 19 Uhr; Srnegla 21, Mala Huba/ 2 km westlich von Buzet, Tel. 052 66 29 75, www.naturatartufi.com).

HOTEL VELA VRATA €€
Direkt neben dem namensgebenden Großen Stadttor (Vela vrata) versteckt sich dieses schmucke Boutique-Hotel. Die 18 Zimmer sind stilvoll eingerichtet, mit Parkett, goldgerahmten Spiegeln, antiken Möbeln und Liebhaberstücken. Das dazu gehörende Restaurant mit gehobener Küche serviert – wie sollte es in einem Trüffelstädtchen anders sein – Gerichte mit der Edelknolle.
Šetalište Vladimira Gortana 7
Buzet
Tel. 052 49 47 50
www.velavrata.net

KNOBA TOKLARIJA €€€€
Die Anreise in das Dörfchen Sovinjak, 10 km südwestlich von Buzet, ist jeden Kilometer wert. Schon beim Betreten der 600 Jahre alten Ölmühle kommt heimelige Atmosphäre auf. Restaurantchef Nevio Sirotić erzählt gerne die Geschichte seines Anwesens und berät, welcher Wein zu welchem der bis zu sieben Gänge passt. Die Menüs sind saisonal geprägt, die Zutaten kommen von heimischen Erzeugern aus dem Umland.
Sovinjsko Polje 11, Sovinjak
Tel. 052 66 30 31
Di. Ruhetag

KONOBA VRH €€€€
Das Trüffelparadies liegt im Dörfchen Vrh, 12 km südwestlich von Buzet: Großzügig wird die schwarze (in der Saison auch die weiße) Edelknolle über hausgemachte Fuži oder Gnocchi gehobelt. Das kulinarische Erlebnis wird durch weiße (!) Trüffeln auf köstlichem Schokoladenkuchen abgerundet.
Vrh 2, Vrh
Tel. 052 66 71 23, www.vrh.hr
Mo. Ruhetag

RESTORAN STARA OŠTARIJA €€€

Wer Trüffeln mag, ist hier, in der Altstadt von Buzet, richtig: Die schmackhafte Trüffelsuppe, aber auch das Panna Cotta mit Trüffelhonig sind erprobt! Der Salat wird mit einem wunderbaren Olivenöl zubereitet.

Petra Flega 5, Buzet
Tel. 052 69 40 03
Di. Ruhetag

AGROTURIZAM MLINI €€

Die erste Gelegenheit, um gute bodenständige istrische Hausmannskost in Kroatien zu probieren ist hier. Zu den Spezialitäten gehören Kaninchen-Sugo, Wildschwein-Schinken oder mit Brennnesseln gefüllte Ravioli. Zu den hausgemachten Fuži sucht man sich einfach eine Sauce aus: Die Variante mit Rohschinken und Rotwein ist schön würzig.

Mlini 44, Mlini
Tel. mobil 098 900 84 30
www.agroturizam-mlini.hr
(8 km westlich von Buzet, kurz vor dem Grenzübergang Požane)

---

cent Bembo. Rechterhand kann man ein Reliefportal über einer Holztür entdecken (1670).
Ihr barockes Aussehen bekam die **Pfarrkirche Uznesenje Marijino** (Mariä Himmelfahrt) 1784. Eine gotische Monstranz von 1453 gilt als Rarität. Sehenswert sind Wandgemälde aus dem 18. Jh., die Orgel stammt vom berühmten italienische Orgelbauer Gaetano Callida 1787.

Wasserversorgung von einst

Trg Vele šterne

Ziemlich genau in der Mitte der Altstadt stößt man auf den Trg Vele šterne. Der Platz ist nach der Großen Zisterne benannt, die der Stadt schon zu venezianischen Zeiten als Wasserspeicher diente. 1789 wurde die Zisterne, die Regenwasser auffing, zwar erneuert, geblieben ist jedoch der steinerne venezianische Markuslöwe.

Istrische Schätze

Zavičajni muzej

Südwestlich des Platzes zeigt das **Heimatmuseum** in der Palača Bigatto von 1639 seine Schätze. Auf drei Stockwerken werden eine alte istrische Küche, traditionelles Handwerksgerät, Fresken aus den Ruinen von Petrapiloza und ein Lapidarium mit glagolitischen Abschriften präsentiert. Der »Ohrring von Buzet« (Buzetska naušnica), gefunden in frühmittelalterlichen Gräbern aus dem 7./8. Jh., wird hier als silberne Replik verkauft.

Trg rašporskih kapetana 5 | Juli – Aug. Mo. – Fr. 9 – 15, 17 – 20, Sa. – So. 9 – 12, übrige Zeit nur Mo. – Fr. 9 – 15 Uhr | am Wochenende nach Vereinbarung (n.V.), Tel. 052 66 27 92 | Eintritt: 15 Kuna

Die Wunder des hl. Anton von Padua

Sv. Juraj

Am nordöstlichen Rand der Altstadt steht die Kirche Sv. Juraj (Georg) von 1611. Die Überreste eines älteren Gotteshauses wurden in eine Wand mit eingebaut. Sehenswert sind die Gemälde mit den

Wundertaten des hl. Anton von Padua (benannt nach dem Berg Padua in der Nähe).

Rund um Buzet

Einsam und karg

★ Ćićarija-Gebirge

Touristisch noch wenig erschlossen ist das **Karstmassiv** Ćićarija, nordöstlich von Buzet, das Istrien von der Kvarner-Region abgrenzt. Raue Winde, kalte Winter und ein wenig Landwirtschaft prägen den 40 km langen und bis zu 15 km breiten Gebirgszug, der seinen Namen von den Ćiribirci, auf Deutsch Tschiribiren oder Istrorumänen, entlehnt hat. Für den spärlichen Bewuchs sorgte auch der jahrhundertelange Raubbau während der venezianischen Herrschaft. Das geschlagene Holz verwendete man für den Bau von Schiffsrudern und als Fundament für Venedig. Auf den Kalkböden gedeihen Kastanien, Föhren und Flaumeichen, aber auch seltene Orchideen.

Sportler gefragt

Raspadalica

Einige Kilometer nordöstlich von Buzet liegt in der Nähe des Dörfchens Slum das **Extremsportzentrum** Raspadalica. Drachen- und Gleitschirmflieger finden ringsum etliche ideale Startplätze. Kletterer begeistern sich für die Steilwände, Höhlenfans können in Begleitung eines Führers diverse Kalksteinhöhlen erkunden, Mountainbiker finden ausgewiesene Routen.
Am Extremsportzentrum beginnen Wanderwege unterschiedlicher Länge mit schönen Aussichtspunkten. Übernachten kann man auf einem wildromantischen Campingplatz ohne Strom (http://outdoor-mania.hr/de/accomodation/kamping/raspadalica).

Sekt vom feinsten

Vrh

Klima und Bodenbeschaffenheit im Dörfchen Vrh, 12 km südlich von Buzet, sind ideal für die Herstellung eines vorzüglichen Schaumweins. Angeblich hat ein Mädchen aus Vrh einen französischen Soldaten während der napoleonischen Besatzung zu Beginn des 19. Jh.s gepflegt – aus Dankbarkeit soll er sie in die Kunst der Sektherstellung eingewiesen haben. Panoramablick und ein sehr gutes Restaurant lohnen den Weg hinauf.

Ein berühmter Ort

Draguć (ital. Draguccio)

Der Eine oder Andere wird dies noch kennen: Eine offene Wunde wurde mit Jod eingepinselt, was ordentlich brannte! Dieses Verfahren verdanken wir im Wesentlichen dem in Draguć geborenen Chirurg Antonio Grossich (1849 – 1926). Er führte 1908 die Jodtinktur als Desinfektionsmittel bei Operationen ein, was so manche Komplikation verhinderte.

Die Wälder rund um Buzet stecken voller Trüffel – aber nur Spezialisten finden sie auch.

Das pittoreske Aussehen und die malerische Lage (358 m ü. d. M.) lockten seit den 1970er-Jahren schon mehrfach Filmproduzenten in das mittelalterlichen Städtchen, 15 km südlich von Buzet. Dies brachte Draguć den Spitznamen »Hollywood Istriens« ein. Das mag zwar ein wenig hochtrabend klingen, doch immerhin standen hier schon Gerard Depardieu und Nastassja Kinski (»La Femme Musketeer«, 2002) vor der Kamera.
Heute flanieren vereinzelte Reisende durch die wenigen blumengeschmückten Gässchen und eng aneinander gedrängten Häuschen. Den ruhigen Hauptplatz ziert ein **Bürgermeistertisch**. Die Wände der einschiffigen Kirche Sv. Rok (Rochus) bedeckte der Wandermaler Anton aus Padua 1529 komplett mit Heiligenbildern und Szenen aus dem Leben Jesu. Das romanische Friedhofskirchlein Sv. Elizej (Elisäus) am Ortseingang bewahrt Fresken aus dem 13. Jahrhundert. Das moderne **Haus der Fresken** (Kuća fresaka) informiert über die schönsten Wandmalereien in ganz Istrien und ist zentraler Anlaufpunkt für Besucher.

CRES

Höhe: 0 – 648 m ü. d. M. | **Einwohner:** 3000 | Kroatien

Cres, Nordspitze: Die Autofähre legt im winzigen Hafen an, um die Blechkolonne aus ihrem Bauch zu entlassen, die eilig nach Süden rollt. Sobald das letzte Auto am Horizont der langen Inselstraße verschwunden ist, stellt sich ein Gefühl tiefer Entschleunigung ein. Graue Weiten, durchzogen von alten Trockenmauern, zeichnen sich am türkisblauen Sommerhimmel ab. Hier und da tauchen zottige Schafe auf, die Wildkräuter kauen. Auf Cres wirkt alles recht ursprünglich, fast wie aus einer anderen Zeit.

Ursprünglicher Charme

Mit ihren kahlen Hügeln erinnert die Kvarner-Insel Cres im nördlichen Teil stellenweise an eine Mondlandschaft. Schuld daran ist der kühle Bora-Fallwind, der vom Festland her über die Insel peitscht und die Inselspitze im Norden geschliffen hat. Silbrig schimmernde Olivenhaine, immergrüne Zypressen und blühender Lavendel verleihen dem südlichen Teil hingegen ein **mediterraneres Flair**. Hotels gibt es auf der Insel nur wenige, übernachtet wird in Privatzimmern oder auf Campingplätzen. Die meisten Urlauber, die über die Insel Cres rollen, haben ohnehin ein anderes Ziel: Die südlicher gelegene Schwesterninsel Lošinj – und übersehen dabei oftmals den wildromantischen Charme von Cres.

Traditionelle Erwerbsquelle

Schafzucht

Die **Schafe** auf Cres ernähren sich von wildwachsenden mediterranen Kräutern, etwa Salbei, Lorbeer oder Minze. Entsprechend würzig schmeckt das Lammfleisch, für das die Insel bekannt ist. Früher sicherten Schaffleisch und Wolle den Einwohnern das Auskommen, heute gelten die verbliebenen rund 20 000 Tiere längst als gefährdet. Schuld daran ist der Jagdtourismus, infolge dessen Wildschweine angesiedelt wurden, die große Schäden anrichten und Lämmer anfallen. Auch die Schafswolle fand keine Abnehmer mehr. Dem wollte die **Initiative Ruta** in Cres-Stadt etwas entgegensetzen: Sie bietet seit einigen Jahren regelmäßige Filzkurse an (auch für Urlauber!) und verkauft selbst gestrickte Wollsocken – um alte Traditionen zu bewahren (www.ruta-cres.hr).

Neben den Schafen prägen **uralte Trockenmauern** (Gromače) die Landschaft: Mühsam aufeinander aufgeschichtet, halten die Abgrenzungen nicht nur Schafe fern, durch das Baumaterial werden auch die Parzellen von Steinen gesäubert. Die Mauern schützen überdies die spärlichen Waldreste vor stürmischen Winden und Regenfluten.

Die Bora lässt nicht viel gedeihen auf Cres. Schafe fühlen sich trotzdem wohl.

Wenig Touristen

Geschichte

Einst war Cres noch mit der südlichen Nachbarinsel Lošinj verbunden, wurde unter den Römern durch den Bau eines 11 m breiten Kanals bei Osor jedoch getrennt, um die Handelsroute durch die Adria zu verkürzen. Die Kroaten entdeckten die Insel im 7. Jh., später hatten hier die Franken, die Venezianer und Österreicher das Sagen. Während der Tourismus den übrigen drei großen Kvarner-Inseln Krk, Rab und Lošinj zu jugoslawischen Zeiten aufblühte, blieb Cres vom Massentourismus bis heute weitgehend verschont.

Wohin in Cres-Stadt?

Ein Kaffee muss sein

★ Mandrač

Im Hauptort Cres-Stadt, wo mehr als zwei Drittel aller Inselbewohner wohnen (2300 Einw.), dreht sich alles um den **alten Hafen**. Dort schaukeln weiße Boote vor pastellfarbenen Renaissance- und Gotikbauten aus venezianischer Zeit. Die geschützte Bucht öffnet sich nach Westen, was den Venezianern gefiel: Sie verlegten 1459 kurzerhand den Gouverneurssitz von Osor nach Cres. Heute trifft man sich an der **Promenade (Riva)** und dem Hauptplatz (Placa) auf eine Tasse Kaffee. Südlich davon liegt eine moderne Marina.
Zwischen Riva und Placa steht die **Loggia** aus dem 16. Jh. mit schlanken Säulen unter einer Bogenhalle. Hier verkaufen meist ältere Frauen hausgemachtes Olivenöl, Essig, Likör und getrocknete Feigen.

Entdeckungen in der Altstadt

Gradska vrata

Nebenan führt das **Stadttor** mit einem Uhrturm im Stil der Renaissance (16. Jh) von der Seeseite in die Altstadt hinein. Das Tor gehörte einst zur Stadtmauer, die Cres im Mittelalter in fünfeckiger Form umspannte und zum Teil erhalten ist. Die Nische über dem Durchgang des Stadttors war nicht immer so leer wie heute. Früher prangte hier der venezianische Markuslöwe. Die Skulptur wurde jedoch nach dem Fall der Dogenrepublik 1797 im Meer versenkt; an diese Vergangenheit wollte man nicht mehr erinnert werden.
Das Stadttor führt zur dreischiffigen **Pfarrkirche hl. Maria Schnee**, (15. Jh.) die eine spätgotische hölzerne Pietà aus demselben Jahrhundert besitzt. Der frei stehende Campanile kam erst im 18. Jh. hinzu.
Im **Stadtmuseum** in der Palača Arsan werden antike Amphoren aus dem 2. Jh. v. Chr. gezeigt, die auf Meeresgrund geborgen wurden, ein kleines Lapidarium und archäologische Funde. Im Gebäude wurde der Philosoph Franje Petrić (Francesco Patrizi da Cherso, 1521 – 1567) geboren.
Ribarska 7 | Mitte Juni – Mitte Sept. Di. – So. 9 – 11, 20 – 23 Uhr | sonst kürzer | Eintritt: 15 Kuna | www.tzg-cres.hr

CRES-STADT ERLEBEN

TOURISTINFORMATION
Cons 10, 51557 Cres
Tel. 051 57 15 35, www.tzg-cres.hr

Anf. Juni – Ende Sept. (Di. u. Fr.): Creska budega (Verkauf und Verkostung lokaler Spezialitäten)
Juli: Sommerkarneval
5. August: Hl. Maria Schnee, Volksfest mit Markttag (»Semenj«)

In der **Fischhalle Trljica** am südlichen Hafenbecken wird jeden Morgen ab 7 Uhr fangfrische Ware angeboten. Guten **Honig** von regionalen Erzeugern gibt es an zwei Ständen in Hafennähe. Der Verein Ruta verkauft selbstgemachte Pantoffeln, Socken und anderes aus **Filz und Wolle** von heimischen Schafen (nach Absprache; Zazid 4a, Cres, Tel. mobil 098 313029, www.ruta-cres.hr).

GOSTIONICA BELONA €€€
Hier essen auch die Einheimischen gerne: Fangfrischer Fisch ist die Visitenkarte dieser heimeligen Gaststätte. Der schmackhaft gewürzte Oktopus-Salat kommt ansprechend in einer Muschel serviert auf den Tisch. In der Hauptsaison empfiehlt sich eine Reservierung!
Šetalište 23. travnja 24
Cres-Stadt
Tel. 051 57 12 03

RESTORAN AL BUON GUSTO €€€
Liebevoll zusammengewürfelte Gebrauchsgegenstände im Vintage-Stil prägen dieses Altstadtrestaurant und verleihen ihm seinen Charme. Eine Entdeckung ist auch das Essen, alles frisch, bevorzugt aus dem Meer: Die Scampi auf Buzara-Art mit einer würzigen Sauce sind ein Gedicht. Verzichten Sie lieber auf die Vorspeise als auf den hausgemachten Kuchen! Viel Andrang!
Sveti Sidar 14, Cres-Stadt
Tel. 051 57 18 78

Wie wird das Wetter?

Franjevački samostan

Das Franziskanerkloster (um 1300) südöstlich der Altstadt birgt eine Sammlung alter Büchern und Kunstgegenstände. Der Glockenturm deutet mit Gesichtern die Wetterrichtungen an: Die missmutig dreinblickenden sind dem Südwind Jugo ausgesetzt, der oft Wolken und Gewitter bringt, während die freundlicheren an der Nordseite von Tramontana und Bora angepustet werden – die bringen schönes Wetter.
Trg Sv. Frane 6, im Sommer tgl. 8 – 19 Uhr | Eintritt: Kloster frei, Museum: 15 Kuna | www.cres-samostan.com

Die Kunst der Olivenverarbeitung

Olivenöl-produktion

Mehr als 150 000 Olivenbäume wachsen auf Cres. Die steinernen Gefäße, in denen das kostbare Olivenöl früher gelagert wurde, dienen

Doch, ein Stopp für einen Kaffee am alten Hafen von Cres-Stadt ist wirklich eine gute Idee..

heute vielfach als Blumenkästen vor den Häusern. Das sieht man in Cres-Stadt besonders schön. Hier steht auch die letzte von einst 20 öffentlichen Ölpressen auf der Insel. Die örtliche Genossenschaft verarbeitet dort bis zu 2000 kg Oliven pro Stunde – und führt Besucher gerne herum, auch auf Deutsch. Probiert werden darf das Öl natürlich auch.
Šetalište 20. travnja 62, Cres-Stadt | Mo. – Fr. 9 – 15 Uhr
Eintritt: 20 Kuna | www.pz-cres.hr

Inseltour

In exponierter Lage

Beli

Das Dörfchen Beli thront auf einem kleinen Hügel im Norden der Insel, der zur Meerseite steil abfällt. Die alte **Wehrmauer** ist noch teilweise erhalten. In der Kirche Sv. Marija sind mehrere Prozessionskreuze aus dem 13. und 14. Jh. zu bewundern.

Kulturwandern

Eko-stanza Tramuntana

Unterhalb der Ortschaft überspannt ein **Viadukt** aus römischer Zeit (Rimski most) ein ausgetrocknetes Flussbett. Der Rundwanderweg

Öko-Pfad Tramontana führt daran vorbei (Beginn und Ende in Beli). Mitte der 1990er-Jahre geschaffene Steinskulpturen des kroatischen Bildhauers Ljubo de Karina (geb. 1948) schmücken die 20 Stationen am Weg.

Wo sind die Geier?

Gänsegeier-Reservat

An der Steilküste von Cres, auf der Südseite der Nachbarinsel Krk und im Velebit-Gebirge auf der gegenüberliegenden Festlandseite leben noch etwa 50 Gänsegeier-Paare in freier Wildbahn, die von Biologen beobachtet werden. Zum Erhalt dieser selten gewordenen Vögel hat die Schafzucht auf Cres beigetragen: Die Geier ernähren sich nämlich von deren Aas. Der gewaltige Vogel wird gut 1 m hoch, wiegt bis zu 15 kg und hat eine Flügelspannweite von bis zu 2,80 m! Seine Fluggeschwindigkeit beträgt 40 km/h und sogar auf 10 km Entfernung soll er noch potenzielle Nahrung erkennen können. Ein Öko-Besucherzentrum in Beli kümmerte sich um verletzte Gänsegeier, es hat jedoch seit längerem geschlossen – eine Wiedereröffnung ist geplant. Die Tiere werden derzeit auf der gegenüberliegenden Festlandseite, südlich von Senj, im Grifon centar (▶ S. 224) aufgepäppelt.

Ferienort mit Kulturhighlight

Valun

15 km südwestlich der Inselhauptstadt liegt das malerische, autofreie Fischerdörfchen Valun (68 Einw.). Kulturgeschichtlich interessant ist die **Tafel von Valun** (Valunska ploča) in der örtlichen Pfarrkirche. Die Grabinschrift aus dem 11. Jh. gilt als bedeutendes Schriftdenkmal, denn es weist die parallele Verwendung von slawischer und romanischer Sprache auf der Insel nach: Die erste Zeile ist in glagolitischer Schrift, die zweite und dritte Zeile sind in mittelalterlichem Latein gehalten.

Der wunderschöne **flache Kieselstrand** am Ende der Bucht lädt mit glasklarem Wasser zum Baden ein, dahinter erstreckt sich ein kleiner Campingplatz.

Beliebtes Ausflugsziel

★ Lubenice

Im winzigen Lubenice fühlt man sich fast wie in eine altertümliche Puppenstube hineinversetzt: Hoch oben, 7 km südwestlich von Valun, thronen **alte Steinhäuser** auf der Spitze eines Felsplateaus. Auf 378 m ü. d. M. hat man eine wundervolle Aussicht! Über Kopfsteinpflaster führt der Weg an Hauseingängen vorbei, vor denen selbstgekochte Marmelade und Likör verkauft werden. Aus Lubenice sollen zudem die **besten Inselweine** stammen! Der kreisförmige Rundweg mündet in der winzigen gotischen Kirche (15. Jh.) am Ortseingang, die dem Einsiedler Sv. Antun Pustinjak (Anton der Einsiedler) geweiht ist. Die dreischiffige Kirche Sv. Marija (Maria) besitzt einige ältere Holzskulpturen aus dem 15. Jahrhundert. Hungrige können zwischen zwei Konobas wählen.

Unterhalb der steilen Felswand von Lubenice öffnet sich der wunderschöne **Strand Sv. Ivan** mit feinstem Kies. Der Abstieg dauert zwar eine Stunde – Getränke nicht vergessen! –, lohnt sich aber! Weiter südlich gelangt man zur Bucht Žanja mit ebenso schönem Strand und der **Blauen Grotte** (Plava grota) auf Meereshöhe. Die Sonne schimmert hier durch ein Loch, wodurch das Wasser in unwirklichem Blau glitzert. Ein Schild weist den Weg. Eine Alternative sind Schiffsausflüge ab Cres-Stadt, meist in Kombination mit einem »Fisch-Picknick« und einem Badestopp am Strand Sv. Ivan.

Rätselhaft

Vransko jezero

Der **Süßwassersee** von Vrana ist ein interessantes Phänomen: Seine Oberfläche liegt über dem Meeresspiegel, der Seegrund hingegen 74 m darunter. Vermutlich wird der 5 km lange und 1,5 km breite See durch unterirdische Flüsse gespeist. Da er Cres und Lošinj mit Trinkwasser versorgt, ist der Zutritt verboten. Von einer Stichstraße östlich des Sees lässt sich ein Blick erhaschen.

Hier spielt die Musik

★ Osor

Das Museumsstädtchen Osor ist zum Synonym klassischer Musikkonzerte im Sommer geworden: Schon seit 1976 wird hier im Juli und August in der örtlichen Kathedrale beim **»Musiksommer von Osor«** musiziert. Bronzeskulpturen Musizierender begrüßen im Ortskern die Besucher. Das Städtchen, direkt am Übergang auf die Insel Lošinj gelegen, war in der Antike eine Metropole mit 20 000 Einwohnern. Heute leben gerade einmal gut 60 Bewohner hier. Eine Drehbrücke am Ortsausgang verbindet Osor mit der Nachbarinsel. Zwei Mal pro Tag (9 und 17 Uhr) öffnet sie sich für durchfahrende Boote. Patrizierwappen zeugen an vielen Hauseingängen von vergangenen Zeiten. Die barockisierte **Kathedrale Sv. Marija** von 1497 erhielt erst über 150 Jahre später ihren frei stehenden Kirchturm. Ein Altarbild im Inneren zeigt den Sv. Gaudencij (Gaudentius) mit einer Schlange: Der Schutzheilige des Orts soll nämlich einer Legende zufolge einst sämtliche Giftschlangen von der Insel verbannt haben, um die Bewohner zu schützen. Auf dem Hauptplatz fällt eine alte Zisterne auf. Das Rathaus gegenüber mit überdachter Loggia beherbergt die **Archäologische Sammlung** (Arheološka zbirka). Gezeigt werden römische Silbermünzen, Ausgrabungen und ein Lapidarium.
Übrigens hat die **kroatische Währung** ihren Ursprung in Osor: Die Kroaten bezahlen in Kuna, was »Marder« bedeutet. Osor kaufte sich 1018 von Venedig frei, musste im Gegenzug jedoch jährlich 40 Marderfelle liefern, die in der Lagunenstadt sehr beliebt waren. Heute erinnert eine Skulptur in Osor an das Tierchen.

Stadtmuseum: 15. Juni – 15. Sept. Di. – So. 10 – 13, 19 – 22, Mitte Sept. bis Anf. Okt u. Ostern – 14. Juni: 9 – 14 Uhr | Eintritt: 35 Kuna
www.muzej.losinj.hr

CRES (INSEL) ERLEBEN

Die Autofähre verkehrt zwischen Brestova (Istrien) und Porozina (Insel Cres) in 20 Min.
Die Verbindung zwischen Valbiska (Insel Krk) und Merag (Insel Cres) benötigt 25 Min.
Der Katamaran Rijeka – Mali Lošinj stoppt in Cres-Stadt, in der Hauptsaison auch in Martinšćica (1 Std. 20 Min.).

Guten **Salbei-Honig** (Med) gibt es bei Erzeugern im Dörfchen Belej (Aufschrift am Haus).

Ende Mai: Festival der traditionellen Dudelsäcke (meh), Nerezine
Mitte Juli – Mitte Aug.: Musikabende, Lubenice
Juli – Aug.: Musikabende, Osor (www.osorfestival.eu)

GOSTIONICA BUKALETA €€€

Ob gegrillt, gebraten oder paniert: In dieser rustikalen Konoba dreht sich alles um Lammgerichte. Dazu passen selbstgebackenes Brot und ein Glas Hauswein. Wenn es im grünen Gastgarten zu kühl wird, findet sich ein gemütlicher Platz an der offenen Feuerstelle im Inneren.
Loznati 9a
Loznati
Tel. 051 57 16 06
www.bukaleta.hr

KONOBA TOŠ JUNA €€€

Ein Mühlstein im Gastraum der rustikalen Konoba in der Bucht von Valun erinnert daran, dass hier früher Olivenöl gepresst wurde. Heute spielt das Öl noch immer eine Rolle, etwa für die gegrillten Doraden. Glagolitische Steintafeln schmücken die rebenumrankte Terrasse, die nur wenige Schritte vom kleinen Fischerhafen entfernt ist.
Valun 65
Valun
Tel. 051 52 50 84

BISTRO LEUT €€

Die meisten Autofahrer rauschen einfach durch das Dörfchen Belej hindurch. Was für ein Fehler! Denn sie ahnen nicht, dass ihnen hier das vermutlich beste Spanferkel der Insel entgeht! Dieses dreht sich rauchend am Spieß im Freien, um dann knusprig serviert zu werden – am liebsten auf der schattigen Terrasse.
Belej 49, Belej
Tel. 051 52 41 42

BUFFET LUBENIČKA LOŽA €€

Auf dem Hauptplatz des pittoresken Dörfchens bietet sich die kleine Naturstein-Konoba für ein kühles Getränk und einen kleinen Snack an, etwa lokalen Käse und Schinken, dazu frisches Brot. Köstlich!
Lubenice bb
Lubenice
Tel. 051 84 04 27
www.cresanka.hr

BUFET OSOR €€

Ein verwunschener, im Sommer üppig blühender Garten verbirgt sich hinter einem Gemäuer unweit der Uferpromenade. Es lohnt sich: Meeresfrüchte werden dort köstlich zubereitet.
Osor
Tel. 051 23 72 21

Lubenice sitzt verwegen auf einem Felsplateau.

Lust auf ein Bad?

Punta Križa

Eine Nebenstraße führt zum 11 km entfernt gelegenen, buchtenreichen Südostzipfel von Cres, nach Punta Križa. Die Ortschaft liegt 65 m über dem Meer. Schöne Bademöglichkeiten gibt es am Südende der Buchten Baldarin und Bokinić sowie in der nördlichen Bucht Uvala Ul (www.visitlosinj.hr).

CRIKVENICA

Höhe: 0 – 150 m ü. d. M. | **Einwohner:** 11 000 | Kroatien

Ein Streit machte aus dem Fischerdörfchen Crikvenica ein K.-u.-k.-Seebad: Erzherzog Joseph, der Bruder des ungarischen Königs und österreichischen Kaisers Franz Joseph I., wollte sich diesem widersetzen und gründete – nach dem Vorbild des 40 km westlich gelegenen Opatija – kurzerhand seinen eigenen Kurort. Wo einst der Adel kurte, spielen heute Einheimische und Gäste Beachvolleyball am Sandstrand und genießen den Sommer an der Adria. Die kilometerlange Strandpromenade Lungomare lädt zu Spaziergängen und gemütlichen Kaffeepausen ein.

Crikvenica ist stolz auf seine Bäder- und Kurtradition: Ab den 1890er-Jahren ließ sich vor allem der ungarische Adel hier mit Thalasso-Anwendungen behandeln. An diese Tradition wird heute im stilvollen Hotel Kvarner Palace, unter österreichischer Leitung, wieder angeknüpft. Ansonsten ist der alte K.-u.-k.-Charme nicht wirklich präsent: Crikvenica ist mit modernen Ferien- und Wohnhäusern im Heute angekommen, im Mittelpunkt steht der Badeurlaub.

Wo schon der Adel kurte

Alles konzentriert sich auf den lebhaften **feinsandigen Stadtrand** Crni mol. Dieser fällt flach ab, was vor allem Familien mit Kindern sehr schätzen. Der Strand soll durch Sandanschwemmungen auf natürliche Weise entstanden sein. Ein eigener Abschnitt ist für Hundebesitzer reserviert (Monty`s Dog Beach and Bar). Die kilometerlange Strandpromenade Lungomare entlang der Riviera von Crikvenica lädt zu Spaziergängen und gemütlichen Kaffeepausen ein.

Einst befand sich hier die römische Siedlung Ad Turres mit einer der größten Keramikmanufakturen der Region, in der Weinamphoren gefertigt wurden. Der Grundstein für das moderne Städtchen wurde im 15. Jh. mit dem Bau eines Kirchleins gelegt, das im Dialekt »crikva« (statt crkva) genannt wird und dem Ort zu seinem Namen verhalf.

Wohin in Crikvenica?

Ort der Kirche

Kirche Mariä Himmelfahrt

Den alten Kern von Crikvenica bildet die namensgebende **Kirche Uznesenja Blažene Djevice Marije** (Mariä Himmelfahrt), an der Mündung der Dubračina in die Adria. Im ehemaligen Paulinerkloster (1412) nebenan ist heute das Hotel Kaštel untergebracht. Ein Wappen erinnert an alte Zeiten.

Interessante EInblicke

Muzej grada Crikvenice

Im renovierten Stadtmuseum dreht sich alles um **lokale Traditionen** der Fischer, altkroatische Grabmalkultur und andere Themen.

Ul. Petra Preradovića 1 | 1. Juni – 15. Sept. tgl. 9 – 13, 18 – 22, 16. Sept. – 31. Mai Di. – So. 10 – 14 Uhr | Eintritt: frei | www.mgc.hr

Das Werk von Zvonko Car

Memorijalni atelje Zvonka Car

An die große Bedeutung der Fischerei erinnert eine **bronzene Fischerskulptur** von Zvonko Car (1913 – 1982) im Hafen. Im ehemaligen Atelier des aus Crikvenica stammenden Bildhauers sind weitere sehenswerte Skulpturen ausgestellt. Car war ein Schüler des bekanntesten kroatischen Bildhauers, Ivan Meštrović, er schuf auch das bronzene »Mädchen mit der Möwe«, ein Wahrzeichen von Opatija.

Ulica Bana Jelačića bb | Mitte Juni – Ende Sept. Mo. – Sa. 10 – 13, im Winter n. V.

CRIKVENICA ERLEBEN

TOURISTINFORMATION
Trg Stjepana Radića 1c
51260 Crikvenica
Tel. 051 24 10 51
www.rivieracrikvenica.com

Feb./März: Karneval in Crikvenica, Selce
Juli – Aug.: Fischer- und Musikfeste in Crikvenica, Dramalj, Selce, Jadranovo

HOTEL KVARNER PALACE €€€€
In Schönbrunner Gelb erstrahlt das stilvoll renovierte Nobelhotel aus K.-u.-k.-Zeit mit seinen 114 Zimmern. Etwas Besonderes ist die geräumige 75 m² große Erzherzog-Joseph-Suite! Zum Meer sind es nur wenige Meter, gebadet wird am Privatstrand.
Dr. Sobol 1, Crikvenica
Tel. 051 38 00 00
www.kvarnerpalace.info

HOTEL BALATURA €€
Das deutsch-kroatische Ehepaar Godec hat in einem restaurierten, 300 Jahre alten Anwesen eine sehr charmante Oase für Literaturfans geschaffen: Bekannte Autoren lesen hier in unregelmäßigen Abständen. Die mediterran gestalteten 10 Zimmer haben individuelle Namen. Tipp: Das Lavendel-Zimmer besitzt eine kleine Dachterrasse. Zum Frühstück gibt es hausgemachte Marmelade, am Abend werden drei Gänge serviert – komplett vegetarisch.
Mali Sušik 2, Tribalj
Tel. 051 45 53 40
www.hotel-balatura.hr

BISTRO BURIN €€€
Man kann Risotto einfach mit einem Schöpflöffel aufhäufen. Oder sich etwas einfallen lassen: Im Burin erhebt sich das köstliche schwarze Sepia-Risotto wie ein feines Törtchen auf dem Teller, mit orangefarbener Physalis als Deko.
Dr. Ivana Kostrenčića 10a
Crikvenica
Tel. 051 78 52 09

GOSTIONIKA ZRINSKI €€€
Oktopus, Tintenfisch, Calamari und Co. – das ist die Visitenkarte dieses Traditionsrestaurants. Gründe zum Wiederkommen gibt es genug: nicht nur wegen der Meerestiere und dem frischen Fisch, die ansprechend serviert werden, sondern auch wegen dem freundlichen Ambiente.
Kralja Tomislava 43, Crikvenica
Tel. 051 24 11 16

RESTORAN KLOŠTAR €€€
Auf der Terrasse streift der Blick über die Adria auf die gegenüberliegende Insel Krk. Dazu passt der tagesfrische Fisch. Essen, Portionen und Service stimmen hier.
Ivana Perhata Ričića 8
Jadranovo
Tel. 051 24 63 18
www.restaurant-klostar.com

KONOBA PANDORA €€
Ein Tag am Strand macht hungrig. Das scheint auch der Koch zu wissen, der in diesem Lokal gerne üppige Portionen auftischt: Frittierten Tintenfisch, gegrillte Baby-Calamari oder einfach ein Stück Fleisch mit Pommes Frites gibt es hier.
Vinodolska 11, Crikvenica
Tel. 051 61 59 79

Rund um Crikvenica

Nur zu zweit

Ljubavna cestica

Das »Liebessträßchen« ist ein schöner Rundwander- und Radweg, der nach den vielen Liebespaaren benannt ist, die man hier antreffen kann. Der Pfad beginnt im Zentrum von Crikvenica und verläuft 8 km durch das Hinterland, vorbei an der antiken Ruine Badanj, am Flüsschen Dubračina und mit Panoramablick auf den Stausee Tribaljsko jezero durch das Vinodol-Tal.

Freizeit angesagt!

Tribalj

Vor allem **Angler** zieht es an den Stausee, 6 km nordwestlich von Crikvenica: Die Karpfen im Tribaljsko jezero werden gar 25 kg schwer! Malerische **Wander- und Spazierwege** erstrecken sich rund um den Stausee und das Flüsschen Dubračina.

Ferien mit Einheimischen

Jadra novo

Im kleinen Fischerdörfchen Jadra novo, 9 km nordwestlich von Crikvenica, haben viele Einheimische ihre Ferienhäuser. In der Lokvišće-Bucht finden sich Reste römischer Bauten. Am Hauptstrand im Ort kann man Liegen mieten, Banana-Boot oder Wasserski fahren. An der kleinen Uferpromenade haben sich mehrere Restaurants niedergelassen.

Wer im Kvarner Palace partout nicht ins Meer will, hat eine Alternative.

Wer hat die besten Kirschen?

Grizane

Bekannt ist das Dörfchen Grizane im Vinodol-Tal, rund 5 km nördlich von Crikvenica, für seine saftigen Kirschen (Griške črišnje) und als Geburtsort des **Miniaturmalers Julije Klović** (1498–1578, ► S. 277). Von der mittelalterlichen Festung Grižane sind heute nur noch Reste vorhanden.

Mit dem Tourismus ging es bergauf

Selce

Den kleinen Badeort Selce erreicht man 3 km südöstlich von Crikvenica über eine malerische Uferpromenade. An die lange Besiedelung erinnert eine römische Zisterne. Unter den Fürsten Zrinski entwickelte sich Selce zu einem Hafen mit Zollstelle. Mit der Eröffnung des ersten Hotels 1894 begann der Tourismus, der Selce einen enormen Aufschwung bescherte. Das Restaurant Stari toč hütet eine kleine Kunstausstellung und eine alte Olivenpresse.

★ GORSKI KOTAR

Höhe: bis 1528 m ü. d. M. | Kroatien

Unwegsames Gelände, dichte Wälder, tosende Bäche und tiefe Schluchten brachten der Bergregion den Beinamen »Teufelsgarten« ein. Das Hinterland der Kvarner-Bucht sorgt an heißen Sommertagen für Abkühlung. Ohnehin dünn besiedelt, kämpfte die Region nach dem Zweiten Weltkrieg mit massiver Abwanderung. Inzwischen bemüht man sich mit Wander- und Mountainbike-Routen um Urlauber, die wildromantische Natur schätzen.

Wilde Natur

Der Gorski kotar eignet sich für leichte **Wanderungen** ebenso wie für Alpinisten, die hohe Gipfel wie den Risnjak und Snježnik erklimmen möchten. **Mountainbiker** lieben die Gegend um Fužine und Lokve. Sportangeln und Fliegenfischen ist am Fluss Kupa bis Severin möglich, ebenso Rafting und Kanufahren (www.gorski-tok.hr). Skifahrer nutzen die Gebiete um Bjelolašica mit Olympia-Sportzentrum, Mrkopalj oder Platak.

Wohin im Gorski kotar?

Aussichtsreich ans Meer

★ Lujzinska cesta

Nicht nur Motorradfahrer lieben die serpentinenreiche alte Bergstraße Lujzinska cesta (»Lujzijana«). Ab Karlovac heißt es: Runter von

GORSKI KOTAR ERLEBEN

TOURISTINFORMATION
Lujzinska cesta 47
51300 Delnice
Tel. 051 81 21 56
www.tz-delnice.hr

REGION GORSKI KOTAR
www.gorskikotar.hr

NACIONALNI PARK RISNJAK
Bijela Vodica 48
51317 Crni Lug
Tel. 051 83 61 33
www.np-risnjak.hr

Juni – Sept.: Kultur- und Sportsommer »Ljeto u Fužinama«, Fužine
Mai: Nacht der Frösche (Žabarska noć), Lokve

Rafting: www.rafting.com.hr
Skifahren: www.platak.hr

RESTORAN BITORAJ €€€
Das Hotelrestaurant mit offener Feuerstelle zieht Wanderer oder Autofahrer an. Legendär ist der Blaubeeren-Strudel! Ansonsten stehen regionale, bodenständige Gerichte auf der Speisekarte, etwa Wildgulasch oder Pilzgerichte.
Sveti križ 1, Fužine
Tel. 051 83 00 05
www.bitoraj.hr

BISTRO TRON €€
Natursteinwände im Inneren verleihen dem Bistro einen gemütlichen Charme. Wer hier einkehrt, bestellt gerne Fleisch oder Wild. Die Einheimischen schätzen die Marenda, ein kleines Mittagessen, das recht erschwinglich ist.
Supilova ulica 45, Delnice
Tel. 051 50 82 84
8 – 22Uhr

der Autobahn, hinauf auf die teils steile Straße, die durch schmucke Ortschaften wie Lokve, Delnice und Severin na Kupi führt. Die gerade mal 6 m breite Straße, die Kaiser Franz I. ab 1803 bauen ließ, benannte er nach seiner Tochter Marie-Luise in »Luisenstraße« (Lujzijana). Die alte Route ans Meer hat eine Länge von 18 österreichischen Postmeilen, was ungefähr 135 km entspricht. Nach dem Bau der Autobahn fiel die »Lujzijana« in einen Dornröschenschlaf.

Alles über Kräuter

Eine kleine Ausstellung über die gut 200 Jahre alte Lujzijana-Trasse hat Vid Arbanas im **Haus der Natur** in Kotač zusammengetragen. In dem für die Region typischen Haus werden zudem Bergkräuter getrocknet und als Kräuterlikör (»San Hubert«) mit 57 Zutaten (!) verkostet. Kotač

Kuća Prirode (Haus der Natur): Ul. Rudolfa Strohala 127
Lokve-Kotač | Tel. 051 83 12 11

Auf den Spuren des Luchses

★ Nationalpark Risnjak

Der Luchs, auf Kroatisch **»Ris«**, gab dem 1953 eingerichteten Nationalpark Risnjak seinen Namen. Bis heute streift die Wildkatze durch den dichten Wald, auch Wildschweine, Hirsche, Wölfe, Braunbären, Füchse und Marder sind hier zu Hause. Zu den mehr als 1000 Pflanzenarten gehören Edelweiß und Bergulme. Der höchste Gipfel des Risnjak-Gebirges, der **Veliki Risnjak**, ist 1528 m hoch. Ab Rijeka dauert die Fahrt ca. 1 Stunde, übernachtet werden kann von Mai bis Oktober in der ganzjährig bewirtschafteten Berghütte Schlosserov dom (Tel. 051 83 61 33).

Der Nationalpark lässt sich prima erwandern: Der etwa 4,2 km lange **Lehrpfad Leska** mit 23 Infotafeln beginnt beim Haupteingang, den man über Delnice und Crni Lug oder alternativ über Gornje Jelenje und Mrzla Vodica erreicht. Der einfache und gut ausgeschilderte Weg führt durch dichte Tannen- und Buchenwälder, über malerische Bergwiesen, an Quellen und trichterförmigen Karstsenken vorbei (ca. 2 Std.).

Am Westhang des Risnjak ist die 50 m breite **Quelle des Grenzflusses Kupa** (321 m ü. d. M.) sehenswert, den die benachbarten Slowenen Kolpa nennen. Ein Ausstellungszentrum (Rodna kuća rijeke Kupe) informiert über die Artenvielfalt im Kupa-Tal, wo bis zu 500 Schmetterlingsarten beheimatet sind (Mai – Okt. Mi. – Mo. 9 – 17 Uhr). Die leichte Wanderung beginnt ab dem Parkplatz oberhalb des Dörfchens Razloge: Weiß-rote Punkte markieren den Weg zur Quelle der Kupa, ein Stück weit verläuft der Weg am Fluss entlang, bis zu einer kleinen Brücke. Dort wechselt man die Uferseite, um zurück nach Razloge zu gelangen.

Der **Snježnik** (1506 m ü. d. M.) eröffnet herrliche Ausblicke in alle Richtungen. Der kürzeste Kletterpfad beginnt bei Gornje Jelenje.

Abwechslungsreiche **Mountainbike**-Routen führen in sieben Etappen durch den Gorski kotar. Infos auch in deutscher Sprache unter www.gorskikotarbike.com/de.

Eintritt: 45 Kuna (2 Tage gültig), zu zahlen in Crni Lug oder am Veliki Risnjak | www.np-risnjak.hr

Badestop oder Höhlenbesuch?

Fužine

Mehrere Seen locken Besucher nach Fužine. Der **Bajer-Stausee** (Jezero Bajer) mit einer Promenade und Villen ist der nächstgelegene, während der größte, der **Lepenica-See**, gerne zum Baden genutzt wird. Die **Tropfsteinhöhle Vrelo**, 3 km von Fužine und etwa 3,5 Mio. Jahre alt, ist leicht zugänglich: Sie kann, da ohne Treppen, auch von Rollstuhlfahrern besichtigt werden. Entdeckt wurde sie in den frühen 1950er-Jahren beim Bau des Bajer-Stausees. Selbst im Sommer herrschen hier konstant etwa 8 Grad Celsius – Pullover nicht vergessen!

Sa., So. 13 – 17Uhr | Eintritt: 30 Kuna | www.tz-fuzine.hr

BAEDEKER ÜBERRASCHENDES

6X UNTERSCHÄTZT

Genau hinsehen, nicht daran vorbeigehen, einfach probieren!

1. EIN RIESEN-OMELETTE

Beim **Subotina-Festival** in Buzet wird ein Riesen-Omelette zubereitet. Ganze 10 kg Trüffeln werden entsprechend der Jahreszahl mit ebenso vielen Eiern vermengt: So kommen z. B. 2020 stolze 2020 Eier hinzu. (▶ **S. 309**)

2. BRIONI-ANZÜGE

Auf Italienisch heißen die Brijuni-Inseln **Brioni**. Die danach benannte exklusive Marke für feine Herrenanzüge mag nicht nur James Bond, sondern auch Altkanzler Gerhard Schröder gerne.

3. HAUPTORT DER FRÖSCHE

In **Lokve**, einem Dörfchen im Gorski kotar, ist eine ganze Nacht den Fröschen gewidmet. Bei dem dabei abgehaltenen Weitsprungwettbewerb hält ein Tier mit 140 cm seit 2001 den Rekord. Die übrige Zeit gibt's die (präparierten) Sieger im Froschmuseum zu sehen. (▶ **S. 78**)

4. SCAMPI???

Die Kvarner-Bucht ist für ihre Scampi berühmt. Je nach Übersetzung kommen diese – laut Speisekarte – mal als Langusten, mal als Garnelen auf den Tisch. Aber eigentlich geht es immer um den **Kaisergranat**.

5. SAMANJ

Der größte traditionelle Markt, der jeden 1. Dienstag im Monat in **Pazin** stattfindet, ist kein gewöhnlicher: Hier gibt es nichts, was es nicht gibt – von billiger Kleidung bis zu traditioneller Handwerkskunst. (▶ **S. 152**)

6. SCHLUCKLOCH

Das Flüsschen **Pazinčica** verschwindert in einem Schluckloch und fließt unterirdisch 30 km weiter, um beim Limski kanal wieder ans Tageslicht zu kommen! Das Naturschauspiel inspirierte schon Dante und Jules Vernes, die es in ihren Werken als Schauplatz aufgriffen. (▶ **S.150**)

Winnetou läßt grüßen

Westernstadt

Nur wenige hundert Meter entfernt erinnern derzeit noch die Atrappen einer richtigen Westernstadt – mit Saloon, Hotel und Co. – daran, dass hier das 2016 ausgestrahlte Winnetou-Remake mit Wotan Wilke Möring als Old Shatterhand gedreht wurde.

Rund um den Frosch

Lokve

Der Frosch gilt als Wahrzeichen des Städtchens Lokve. Ihm ist sogar ein eigenes Museum gewidmet (Muzej žaba), mit Vivarium, Dokumentarfilm und Froschminiaturen aus aller Welt. Anfang Juni findet die »Nacht der Frösche« (Žabarska noć) mit Weitsprungwettbewerb statt.

Rund um den **Stausee Lokvarsko jezero**, der mit dem 5 km entfernten Jezero Bajer durch einen unterirdischen Kanal verbunden ist, führen Rad- und Wanderwege. Im Sommer wird hier gebadet, Angler schätzen die Forellen. .

Im 51 ha großen **Parkwald Golubinjak** steht die mit 40 m höchste Tanne der Gegend; sie ist 250 Jahre alt.

Froschmuseum: tgl. 9 – 19 Uhr | Eintritt: 10 Kuna)

Parkwald: Eintritt: 15 Kuna

★ GROŽNJAN

Höhe: 288 m ü. d. M. | **Einwohner:** 160 | Kroatien

Das mittelalterliche Dörfchen Grožnjan im istrischen Hinterland wäre fast in Vergessenheit geraten: Als die italienische Bevölkerung nach dem Zweiten Weltkrieg fortzog, war das Dorf weitgehend entvölkert. Um es vor dem Verfall zu bewahren, verkaufte der Staat die Häuser in den 1960er-Jahren zu symbolischen Preisen an Künstler. Diese verwandelten Grožnjan in eine lebendige Freiluftgalerie. In mehreren Dutzend Galerien sind Maler, Bildhauer, Töpfer und andere Künstler kreativ.

Künstlerdorf

Alte Gemäuer und enge, steingepflasterte Gassen prägen die Ortsmitte von Grožnjan (ital. Grisignana): Selbstgemachte Türschilder aus Emaille, bunte Blumentöpfe und dazwischen immer wieder offene Türen, hinter denen Schmuck, Töpferware oder Hügellandschaften auf Leinwand hervorblitzen – das macht den Reiz des Dörfchens aus. Keine Frage, der Atmosphäre wohnt ein ganz besonderer Zauber inne. Nur manchmal, wenn sich zu viele Besucher in den engen Gassen drängen, öffnen nicht alle Künstler ihre Galerien – sondern war-

GROŽNJAN ERLEBEN

TOURISTINFORMATION
Ul. Umberta Gorjana 3
52429 Grožnjan
Tel. 052 77 61 31
www.tz-groznjan.hr

Juli/Aug.: Musiksommer von Grožnjan (www.hgm.hr)
3. Sept.-Woche (Do. – So.): Künstlerwettbewerb »Ex Tempore«.

Trüffelprodukte sind erhältlich bei Giancarlo Zigante, Ul. Umberta Gorjana 5, www.zigantetartufi.com. Feinsten istrischen **Rohschinken** gibt es im Dorf Šterna bei Edi Duniš, Tel. 052 64 40 78, Besuch n. V., im Sommer auch in Grožnjan in der Galerie Fonticus.

KONOBA BASTIA €€
Die schattige Terrasse im Innenhof ist ein angenehmer Platz, um das Gulasch, den Schweinebraten oder Wildbret zu probieren. Hier im Landesinneren der Halbinsel dürfen natürlich Trüffeln nicht fehlen, etwa auf Bandnudeln.
1. Svibnja 1, Grožnjan
Tel. 052 77 63 70

KAYA ENERGY BAR & GALLERY €
Das hübsche Designcafé mit Natur- und Upcyclingmöbeln, direkt am Hauptplatz, bietet leckere hausgemachte Kuchen und Bio-Snacks. Romantisch ist der etwas versteckte kleine Balkon.
Vincent iz Kastva 2, Grožnjan
Tel. 052 77 60 51

ten bis zum frühen Abend, wenn die Stille wieder einkehrt.
Beim **Kunstwettbewerb Ex Tempore** sind aber alle aktiv: Bis zu 400 Künstler lassen ihrer Kreativität zu einem vorgegebenen Thema freien Lauf. An den Hauswänden lehnen Staffeleien, die den Ort in eine große Open-Air-Galerie verwandeln.
An lauen Sommerabenden durchdringt wunderschöne klassische Musik die Gassen von Grožnjan. Das hat Tradition: Seit 1969 hat sich Grožnjan als **Zentrum für Nachwuchsmusiker** etabliert (Jeunesse Musicales Croatia), die hier Sommerkurse absolvieren und vor Ort Konzerte geben.

Fast entvölkert
Graf Ulrich II. von Istrien bestimmte, dass Castrum Grisinana an die Kirche übergeben werde: So taucht der Name des Dörfchens 1102 erstmals in der Schenkungsurkunde auf. Lange Zeit waren die Patriarchen von Aquileia die Herren, bis ein Vasall das Lehen 1358 – unerlaubterweise – an Venedig verkaufte: Vermutlich war ihm der Unterhalt zu teuer geworden. Unter venezianischer Herrschaft wurde Grožnjan zum Militärstützpunkt ausgebaut. Im 17. Jh. entvölkerte die Geschichte

Pest das Städtchen, dann wurden Italiener und Slawen angesiedelt. Nach 1945 lebten nur noch vier Familien in Grožnjan. Der Wohlstand von Grožnjan beruhte früher auf dem Olivenanbau: Daran erinnert die alte Olivenpresse außerhalb der Stadtmauer, die mit einer Deklaration versehen wurde:

»Wenn Du an einem Olivenbaum vorübergehst, dann verneige Dich vor ihm.«

Wohin in Grožnjan?

Stimmungsvoller Bummel

★ Altstadt

Zu den auffälligsten Bauwerken in der Altstadt gehören sicherlich die zum Teil noch erhaltenen Wehrmauern mit dem **Stadttor** (Gradska vrata, 15. Jh.). Ganz in der Nähe befindet sich die **Loggia** im Renaissancestil (1587), die einst als öffentlicher Gerichtssaal diente. Der **Barockpalast Spinotti-Morteani** von 1861 in der Ul. Umberta Gorjana 5 wurde vor wenigen Jahren mit Mitteln der Europäischen Union saniert. Trüffelliebhaber schätzen dort insbesondere den Laden des **Trüffelkönigs** Giancarlo Zigante. Im Kastell rechter Hand (12. Jh.) finden heute Sommerkonzerte statt.

Idyll und Kunst treffen sich in Grožnjan.

Päpstliches Geschenk

Sv. Vid, Modest i Kresencija

Dankbarkeit zeigte Papst Pius VII.: Er schenkte der örtlichen Pfarrkirche auf dem Hauptplatz 1800 einen **Altar**, da er in der nahegelegenen Bucht von Tar Schutz vor einem Unwetter gefunden hatte. Das Gotteshaus ist den hll. Blasius, Modest und Crescentia geweiht, es stammt noch aus dem 14. Jh., erhielt jedoch 1770 barocke Elemente. Der gelbe Glockenturm nebenan wurde im 17. Jh. errichtet.

Moderne Kunst

Gradska galerija Fonticus

Die städtische Galerie Fonticus, nahe dem Stadttor, präsentiert Wechselausstellungen zeitgenössischer kroatischer und internationaler Künstler sowie eine Heraldiksammlung mit 150 Wappenreliefs.
Trg Lože 3 | Juni – Sept. 9 – 13, 17 – 20 Uhr | Eintritt: frei
www.gallery-fonticus-groznjan.net

★ HUM

Höhe: 349 m ü. d. M. | **Einwohner:** 29 | Kroatien

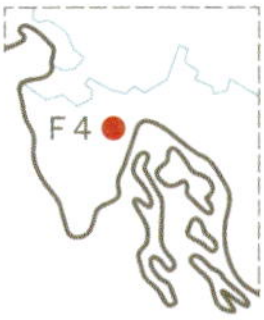

Wahlzettel gibt es in Hum keine. Stattdessen ritzen die Wähler eine Kerbe für ihren Favoriten in ein Stück Holz. Der Gewinner regiert das istrische Dörfchen Hum im kommenden Jahr: So unkompliziert verläuft die Bürgermeisterwahl dort! Allzu viele Stimmen müssen die Wahlhelfer dabei nicht auszählen, denn der winzige Ort mit gerade mal 29 Einwohnern gilt als die »kleinste Stadt der Welt«. Darauf ist man stolz und feiert das alte Bürgermeisterritual aus dem 16. Jh. alljährlich im Juni mit einem fröhlichen Volksfest.

Klein, aber fein

Das Hügelstädtchen Hum in Zentralistrien hat alles, was eine Stadt so braucht: Zwei Gotteshäuser, eine Konoba (mit weithin bekanntem Mistelschnaps!), zwei winzige Gassen – und einen gebührenpflichtigen Parkplatz, mit dem die Restaurierung der Stadtmauern finanziert wird. Vor allem hat das Örtchen, das **gerade mal 100 m lang** ist, schon seit dem Mittelalter die Stadtrechte. Diese sicherten Hum den Eintrag als »kleinste Stadt der Welt« ins Guiness Buch der Rekorde.
Urkundlich erwähnt wird Hum erstmals als Castrum Cholm im Jahr 1102. Unter venezianischer Herrschaft blühte Hum auf und entwickelte sich zu einem Zentrum der Kultur, Wirtschaft und Verwaltung. Das kann man sich heute nur schwer vorstellen, doch vor dem Zweiten Weltkrieg lebten noch über 900 Einwohner hier, die meisten hatten italienische Wurzeln.

Wohin in Hum und Umgebung?

Willkommen ja oder nein?

Stadttor

Das kunstvoll verzierte Stadttor (1562) von Hum heißt Besucher zwar willkommen, zugleich werden sie jedoch vor den Folgen gewarnt, falls sie schlechte Absichten haben sollten! Diese Warnung unterstreichen – zumindest optisch – die ungewöhnlichen Griffe des Tors in Form von Ochsenhörnern. Auf beiden Torflügeln sind geschmiedete Kupferplatten mit zwölf Medaillons angebracht, die den Jahreslauf darstellen.

Wehrturm oder Kirchturm?

Uznesenje Blažene Djevice Marije

Ungewöhnlich trutzig wirkt der freistehende **Kirchturm**, 22 m hoch, mit zinnenbekröntem Abschluss. Er mutet fast wie ein Wehrturm an, und genau das war er bei seinem Bau 1552 auch. Der Turm gehört zur einschiffigen **Pfarrkirche Mariä Himmelfahrt** von 1802, die kostbares goldenes und silbernes Liturgiegefäß hütet.

Besonderes Wahlverfahren

Loggia

In der Loggia mit Gemeindetisch (1545), gegenüber der Pfarrkirche, wurde früher das Stadtoberhaupt gewählt – nur Männer wurden zur Wahl zugelassen. Die Direktwahl per Kerbholz geriet in Vergessenheit, doch vor einigen Jahrzehnten wurde der Brauch wiederbelebt.

Kirchenschätze

Sv. Jeronime

Die einschiffige romanische Friedhofskapelle Sv. Jeronim (Hieronymus) besitzt einige Fresken aus dem 12. Jh. im byzantinischen Stil und **glagolitische Inschriften**. An der Nordwand wird das Leiden Christi dargestellt (Schlüssel in der Humska konoba).

Zentrum der altkroatischen Schrift

★ Aleja Glagoljaša

Ein 6 km langer Skulpturenweg, **»Allee der Glagoliter«**, verbindet Hum mit Roč. Beide Städtchen waren im 9./10. Jh. bedeutende Zentren der altkroatischen glagolitischen Schrift. Entsprechend gedenkt man hier mit elf Stationen bedeutender Persönlichkeiten oder Ereignissen, die wichtig für die Entwicklung der slawischen Schriftsprache waren: Dazu gehört etwa der Tisch der Slawenapostel Kyrill und Method, die 963 mit der Verschriftlichung der slawischen Sprache begannen. Die siebte Station ist dem Istrischen Gesetzbuch von 1275 gewidmet. Die meisten Kunstwerke schuf der kroatische Bildhauer Želimir Janeš (1916 – 1996) in den späten 1970er-Jahren. Der Weg beginnt beim massiven Stadttor von Hum.

Überraschungen hinter alten Mauern

★ Roč

In die befestigte, pittoreske Altstadt des Dörfchens Roč, 6 km nördlich von Hum, führt das Große Stadttor (Vela vrata). Das Tor durch-

HUM ERLEBEN

HUMSKA KONOBA
Hum 2, 52425 Roč
Tel. 052 66 00 05, www.hum.hr

HUMSKA KONOBA €€
Die urige Traditionskonoba mit schöner Aussichtsterrasse serviert schon seit über 40 Jahren die wichtigsten regionalen Spezialitäten wie die Istrische Suppe, die mit Teran gekocht und nach altem Brauch im Bukaleta-Krug serviert wird. Unbedingt probieren sollten Sie den legendären Biska-Schnaps, der aus der Weißen Mistel gewonnen wird.
Hum 2, Hum
Tel. 052 66 00 05
Mo. Ruhetag, im Winter nur Sa., So. geöffnet

KONOBA KOTLIĆ €€
Der Ort ist ein grünes Idyll: Gegenüber der alten Wassermühle an der Mirna werden hausgemachte Fuži und Gnocchi (mit Trüffeln!) in einem alten istrischen Steinhaus serviert.
Kotli 3, Kotli
(Buzet in Richtung Hum, Abzweigung kurz vor Hum)
Juni – Okt. 12 – 20/22 Uhr

bricht die gut erhaltene **mittelalterliche Befestigungsanlage,** die von der einstigen strategischen Bedeutung des Dörfchens zeugt. Eine Kanone aus venezianischer Zeit (»bombarda«) sowie ein kleines Lapidarium finden sich in den Mauern des Stadttors. Gleich gegenüber sind die mittelalterlichen Fresken (12. – 15. Jh.) in der Kirche **Sv. Rok** (Rochus) überaus sehenswert. In der romanischen Kirche **Sv. Antun** (Antonius, 12. Jh.) wird das sogenannte Abecedarium von Roč aufbewahrt, ein wertvolles Zeugnis der glagolitischen Schriftkultur. Es wurde um 1200 auf drei Votivkreuzen eingeritzt.
Der Nachbau der Gutenberg-Druckerpresse gegenüber der Touristinformation in Roč erinnert daran, dass hier die Vorlage für das erste **gedruckte glagolitische Buch** (1483), das Novak-Missale, erstellt wurde.

An der Mirna
Kotli ist ein beliebter und idyllischer Ausflugsort und liegt 5 km westlich von Hum: Eine alte **Wassermühle**, zu der man hinabsteigen kann, wacht dort über die Mirna. Der wichtigste Fluss Istriens fällt hier über etliche Wasserfälle hinab, was die Felsen kesselförmig aushöhlte und der winzigen Siedlung ihren Namen gab, denn »kotli« bedeutet Kessel. Ganz in der Nähe sitzt man hübsch auf der Terrasse des Agroturizam Kotlić. Noch vor wenigen Jahren war das Dörfchen übrigens fast entvölkert, nun werden alte Häuser restauriert und vermietet. Kotli

IZOLA

Höhe: 0 – 80 m. ü. d. M. | **Einwohner:** 10 500 | Slowenien

Wo genau sich die Altstadthäuser von Izola früher nebeneinander drängten, verrät schon der Name: »Insel im Küstenländchen« nannten die Habsburger das einstige Fischerdorf, »Isola« sagen die Italiener. Wer die »Insel« heute sucht, muss schon genau hinschauen, denn diese wurde längst aufgeschüttet – mit den Steinen der alten Stadtmauer. Daher ragt die kleine Altstadt heute nur noch als Halbinsel in die Bucht von Koper hinein, jedoch überaus malerisch.

Liebe auf den zweiten Blick

Zugegeben, es ist eher eine Liebe auf den zweiten Blick: Von der slowenischen Küstenstraße führt der Weg an einigen tristen Wohnblöcken vorbei. Erst wenn der **alte Fischerhafen** mit seinen venezianisch geprägten Fassaden auftaucht, wirkt Izola – vor allem mit Blick auf die vielen Boote, die auf dem Wasser schaukeln. Skipper schätzen Izola vor allem für die **moderne Marina**.
Die Grundmauern des römischen Hafens Haliaetum aus dem 1. Jh. n. Chr. beschäftigen Archäologen in der Bucht Simonov zaliv. Dort, auf dem Festland, stand das Städtchen ursprünglich, ehe es von den Slawen zerstört und auf jener später aufgeschütteten Insel neu errichtet wurde. Architektonische Spuren zeugen bis heute von der 500-jährigen Herrschaft der Venezianer ab 1280. Es folgten die Habsburger, dazwischen Napoleon, Italien, »Freie Zone B« und ab 1954 Jugoslawien. In diesem Jahr erreichte die Abwanderung der italienischen Bevölkerung aus dem jugoslawischen Istrien ihren Höhepunkt: 90 Prozent wanderten aus. Im Gegenzug zogen die Bewohner der umliegenden Dörfer und aus anderen Landesteilen Jugoslawiens nach Izola.

Zwischen Kies und Fels

Badeurlaub

Im Strandbad **Simonov zaliv**, westlich von Izola, kann man sein Handtuch am flach abfallenden Kieselstrand ausbreiten, ein Tretboot mieten oder den Nachwuchs auf die Wasserrutsche setzen. Weiter in Richtung Strunjan, das für seine dramatischen Felsklippen berühmt ist, gibt es einen lohnenswerten Felsstrand (Badeschuhe einpacken!). Eine dreistündige Bootsfahrt, die im Hafen von Izola startet, verspricht einen schönen Blick auf die Bucht.

Wohin in Izola und Umgebung?

Venedig lässt grüßen

Sv. Mavro

Mächtig überblickt sie den alten Stadthafen und lässt keine Zweifel daran, wer hier einmal herrschte: Die **barocke Pfarrkirche**, die dem

IZOLA ERLEBEN

GEMEINDE IZOLA/ISOLA
Ljubljanska ulica 17/
Via Ljubljana 17
SI-6310 Izola/Isola
www.izola.eu

Ende Mai: Filmfestival Kino otok,
www.isolacinema.org

GOSTILNA KORTE €€€
In dem traditionellen Gasthaus, 13 km südlich von Izola, vermengen sich mediterrane Adria-Küche und deftige Gerichte aus dem Hinterland, z-B. Calamari mit Steinpilzen. Als Klassiker gelten die hausgemachten Gnocchi oder Fuži mit Wildgulasch. Das Brot wird täglich frisch gebacken.
Korte 44, Korte
Tel. 05 6 42 02 00
www.gostilnakorte.si

GOSTILNA BUJOL €€
Fisch lockt die Gäste in diese gemütliche kleine Trattoria. Als Spezialität des Hauses gelten Fuži mit Stockfisch (Bakalar). Erschwinglich ist der tagesfrische Blaufisch, der auf Fischplatten oder als Einzelportion serviert wird – etwa die gegrillten Sardinen oder die winzigen, frittierten Ährenfische. Das einstige Arme-Leute-Essen wird mit den Fingern gegessen.
Verdijeva 10, Izola
Tel. 041 79 94 90
Mo. und Di. Ruhetag

PIZZERIA GUŠT €
In dieser beliebten Pizzeria, gegenüber vom Stadtpark, schmeckt die Holzofenpizza – mit hauchdünnen frischen Champignons und Schinken – so, wie sie sollte: Herzhaft und knusprig. Eine köstliche Alternative ist der Oktopus, der geschmort im Topf serviert wird!
Drevored 1. maja 5, Izola
Tel. mobil 041 67 59 53

Schutzpatron des Städtchens, Sv. Mavro (Maurus, 1547) geweiht ist. Ihr 30 m hoher freistehender Campanile ist dem der Markuskirche in Venedig nachempfunden. Das venezianische Erbe setzt sich im Inneren des Gotteshauses fort, in Form einiger wertvoller Gemälde.

Der schönste Platz

Manziolijev trg

Der Manziolijev trg östlich des Hafens, gilt als schönster Platz der Altstadt. Er ist nach Izolas erstem Bürgermeister, Tommaso Manzioli, benannt. Dieser war auch Namenspate für den **Manzioli-Palazzo** (1470), in dem heute Konzerte und Ausstellungen stattfinden. Auch die nette **Weinbar** am Platz trägt Manziolis Namen. An kleinen Tischchen lässt sich das Leben bei einem Glas regionalem Refošk oder Malvazija gut beobachten. Auf dem Platz fällt auch der **Lovisato-Palast** (16. Jh.) mit schönen Renaissancefenstern auf, der nach dem darin geborenen Mineralogen Domenico Lovisato (1842 – 1916) benannt wurde. Die älteste Kirche von Izola, Sv. Marija Alietska (Maria von

Hat man die Vororte erst einmal hinter sich, zeigt sich, wie hübsch Izola doch ist.

Haeliaetum), stammt aus dem 11. Jahrhundert. Sie birgt drei sehenswerte Altäre und eine Orgel des berühmten venezianischen Orgelbauers Nakić.

Barocke Architektur

Palazzo Besenghi degli Ughi

Das dreistöckige spätbarocke Palais in der Gregorčičeva ul. 76 zieren großzügige Fenster- und Balkongitter mit reichlich Stuck. Erbauer war **Filippo Dongetti** aus Mailand, einer der bedeutendsten Architekten seiner Zeit. Heute ist eine Musikschule darin untergebracht.

Ein Muss für Eisenbahnfans

Modelleisenbahn-Museum

Seit Jahrzehnten sammelt Josip Mihelič Modelle aus aller Welt, zu den meisten Exemplaren liefert er eine interessante Geschichte – gerne auch auf Deutsch. Ein kleiner Raum ist der **Parenzana-Schmalspurbahn** gewidmet. Im Erdgeschoss werden Schiffsmodelle in einem eigenen Museum präsentiert. Dieses liegt in einem Hinterhof, zu dem ein roter Torbogen mit der Aufschrift »Parenzana« führt.

Ulica Alme Vivode 3 | Do. – Sa. 16 – 19, So. 10 – 12 Uhr
Eintritt: 2,50 € | www.parenzana.net

Radeln und wandern

Parenzana-Tunnel

Nach der Einstimmung im Parenzana-Museum gehört ein Besuch in einem stillgelegten Bahntunnel unbedingt dazu: Wo einst die Schmalspurbahn durch einen Tunnel von Triest Richtung Poreč rauchte, wird heute geradelt und gewandert – denn der 244 m lange Tunnel ist Teil des Parenzana-Wanderwegs (▶ S. 36). Nach Stilllegung der Bahn 1935 diente er als Lager sowie zur Pilzzucht.

Lage: 2 km oberhalb der Altstadt; immer dem Radwegschild »D 8« folgen.

Einblick in römische Geschichte

Archäologischer Park Simonov zaliv

Zwischen dem Jachthafen und dem Badestrand Simonov zaliv wurde bei Ausgrabungen ein 3000 m^2 großer römischer Komplex mit Villa und Hafen gefunden. Er wurde vermutlich zwischen 25 v. Chr. und 70 n. Chr. errichtet. Heute sind nur noch die Grundmauern von Villa, Wirtschaftsgebäude, der Hallengang zum Hafen, Wellenbrecher und Hafenmauer erkennbar. Das Hauptgebäude besaß eindrucksvolle schwarz-weiße Bodenmosaiken, die rekonstruiert wurden. Freigelegt wurde auch ein antikes Wasserleitungssystem.

Juni – Sept. | Eintritt: frei

KOPER

Höhe: 0 – 100 m ü. d. M. | **Einwohner:** 25 000 | Slowenien

Treue hat sich für das slowenische Hafenstädtchen Koper ausgezahlt: Da es ergeben zu Venedig hielt, sprach ihm die Serenissima das Monopol für die Salzeinfuhr auf das Festland zu. Die übrigen istrischen Städte hatten dabei das Nachsehen. Das Salz, das aus den umliegenden Salinen stammte, wurde in einem Lagerhaus am alten Stadthafen von Koper aufbewahrt. Bei einem Cappuccino unter den schattigen Arkaden des ehemaligen Salzdepots lässt sich der alte Charme noch erahnen.

Alt und Neu

Koper (ital. Capodistria) lebt traditionell vom geschäftigen Hafen mit all seinen Facetten: Container werden im großen Umschlaghafen verschifft, eine Freihandelszone kam vor einigen Jahren hinzu und große Kreuzfahrtschiffe ankern vor der Stadt. Der ursprüngliche Hafen in der Altstadt, in dem einst Salz verladen wurde, ist nur ein winziger Abschnitt. Kopers Glanz als Hafenmetropole schwand zu K.-u.-k.-Zeiten, als der Hafen von Triest, 20 km westlich, ausgebaut wurde. Im Sozialismus wurde mit reichlich Industrie nachgeholt. Heute gilt

1 Grad Sočerb
2 Gostilna Majda
3 Gostilna Švab
4 Istrska klet Slavček
5 Pizzeria Atrij
6 Sladoledarna Parlor

1 Villa Andor

KOPER ERLEBEN

TOURISTINFORMATION

Hier ist eine Karte erhältlich, in der die besten Winzer und Osmice (Buschenschänken) im Karst aufgelistet sind (www.vinskacestakras.si). Mit der Koper-Card können Museen und Ausstellungen kostenlos besucht werden (12 €, www.koper-card.si)
Titov trg 3, 6000 Koper
Tel. 05 6 64 64 03, www.koper.si

Nahe dem Hotel Koper werden ab 6.30 Uhr Obst, Gemüse und Fisch verkauft. Der größte Weinhersteller Sloweniens, **Vinakoper**, ist bekannt für seinen Refošk-Rotwein, der im firmeneigenen Weinladen verkauft wird. Eine Führung mit Verkostung lohnt sich durchaus
(n. V., Šmarska cesta 1, Tel. 05 663 01 00, www.vinakoper.si)

Febr./März: Karneval, Koper. April: Spargeltage (Šparga fest), Koper. 25. Juni: Winzer und Olivenölerzeuger in der Region öffnen ihre Türen für Besucher.

Beliebt zum Baden ist der Žusterna-Strand an der Küstenstraße Richtung Südwesten nach Izola, hier werden auch Windsurfing-Kurse angeboten (www.windsurfpoint.si).

1 VILLA ANDOR €€
Die stilvolle, restaurierte Villa besticht mit ihrem üppigen Garten und der Terrasse mit Meeresblick. Die romantische Lage entschädigt für die nicht übermäßig großen Zimmer.
Vinogradniska Pot 9, Ankaran
Tel. 00386 5 615 50 00
www.andor.si

1 RESTAVRACIJA GRAD SOČERB €€€€
Die Burg ist für raffinierte istrische Küche bekannt. Für das feine Fischmenü und die Trüffelgerichte reisen auch viele italienische Gäste an. Der Ausblick auf die Bucht von Triest, an klaren Tagen sogar bis zum Schloss Miramare, ist einfach phantastisch!
Sočerb 7 (Burg), Tel. mobil 041 57 15 44
www.socerb.si
Mo. Ruhetag

2 GOSTILNA MAJDA €€€
Der Landgasthof in einem gepflegten Steinhaus liegt inmitten idyllischer Natur. Die Karte ist recht überschaubar, mit wechselnden Tagesempfehlungen. Erprobt sind die zart getrüffelten Bandnudeln. Saisonal gibt es warmen Feigenstrudel!
Osp 88, Črni Kal
Tel. 05 6 59 01 10, www.majda.si
Mo. Ruhetag

3 GOSTILNA ŠVAB €€
In den Kochtopf kommt, was im Garten oder in der Umgebung gerade wächst. Der hausgemachte Pršut wird am Tisch vor den Gästen dünn aufgeschnitten, köstlich ist auch der Schafs- oder Ziegenkäse in Olivenöl eingelegt. Die slowenische Mineštra wird mit Bohnen gekocht. Das i-Tüpfelchen ist der saisonale Kuchen, der mit Feigen schmeckt besonders süß.
Hrastovlje 53, Hrastovlje
Tel. 05 6 59 05 10
www.gostilnasvab.com
Mo. und Di. Ruhetag

4 ISTRSKA KLET SLAVČEK €€
In der kleinen, einfachen Gaststätte in guter Altstadt-Lage kommt Bodenständiges, Hausgemachtes ohne Schnickschnack auf den Tisch. Tipp: Vorzüglicher roter Stockfisch-Eintopf als Löffelgericht und dazu sehr guter Hauswein. Auch Kutteln, gegrillte Leber, Sauerkraut und Polenta werden hier serviert.
Župančičeva ulica 39, Koper
Tel. 05 6 27 67 29

5 PIZZERIA ATRIJ €
Diese Pizzeria in der Altstadt ist auch bei Studenten sehr beliebt. Nehmen Sie Platz auf einer Holzbank auf der Terrasse, bestellen Sie eine Pizza – schön würzig mit Tartufata (Trüffelpaste) – und lassen Sie so den Abend ausklingen.
Čevljarska 8, Koper
Tel. 05 6 26 28 03, So. Ruhetag

6 SLADOLEDARNA PARLOR €
Das vielleicht beste Eis entlang der slowenischen Küste gibt es unweit der Anlegestelle, natürlich hausgemacht und mit raffinierten Geschmacksrichtungen: Feige mit Lavendel schmeckt herrlich mediterran, Apfel-Basilikum ungewöhnlich erfrischend. Einige Sorten sind sogar vegan.
Pristaniška ulica 2, Koper
Tel. 031 33 28 08
Tgl. 11 – 22 Uhr

Koper als **wichtigster Hafen** für die österreichische Wirtschaft, der weitere Ausbau ist geplant. Was das Städtchen von anderen Orten an der Küste unterscheidet, ist seine recht junge **Universität**, die erst 2003 gegründet wurde.
Die Griechen gründeten hier die Kolonie Aegida, die alten Römer nannten das Städtchen Capris, die Ziegeninsel – denn Koper erstreckte sich ursprünglich auf einer Insel, die erst im 19. Jh. aufgeschüttet und mit dem Festland verbunden wurde. Unter byzantinischer Herrschaft hieß Koper Justinopolis, während ihm die Venezianer den Namen Caput Histrie, wörtlich »Kopf Istriens«, verpassten: Koper war schließlich fünf Jahrhunderte venezianischer Verwaltungssitz für ganz Istrien. Der Serenissima folgten die K.-u.-k.-Monarchie, Italien und das Freie Territorium Triest. Als die Stadt ab 1954 zu Jugoslawien gehörte, wanderten die meisten italienischstämmigen Einwohner aus. Geblieben ist die offizielle Zweisprachigkeit der Stadt, was man auch an der Beschilderung sehen kann.

Wohin in Koper?

Altstadtbummel

Vrata Muda

Koper konnte sein mittelalterliches Stadtbild mit verwinkelten engen Gassen und schmucken Palazzi weitgehend bewahren. Am besten lässt sich der alte Stadtkern bei einem Bummel entdecken, der beim südlichen **Stadttor Muda** beginnt. Es ist das letzte von einst 12 Stadttoren der doppelten Wehrmauer. Das Tor ist aus dem berühmten weißen, marmorartigen Kalkstein aus Istrien gehauen. Die Verzierung – mit Löwenköpfen, Sonnengesichtern, Wappen von Venedig und Koper – erinnert ein wenig an einen Tempel. Hinter dem Stadttor öffnet sich der Prešernov trg mit dem **Da-Ponte-Brunnen,** dessen Aufsatz venezianischen Kanalbrücken ähnelt.

Einstige Bewohner

Venezianisches Kaufherrenviertel

Von hier aus führt linker Hand die leicht ansteigende Župančičeva ulica vorbei an barocken Häuserzeilen in die Altstadt südwestlich vom Titov trg. Hier waren während der Herrschaft Venedigs die venezianischen Kaufleute und Handwerker ansässig. Ein Blick in die verwinkelten Gässchen rechts und links lohnt sich. Über die rechts abzweigende Garibaldijeva ulica kommt man zum Titov trg.

Erbe der Venezianer

★ Titov trg

Am zentralen Hauptplatz hat die lange Herrschaft der Venezianer sichtbare Spuren hinterlassen. An dessen Südseite dominiert der zinnengekrönte, weiß getünchte **Prätorenpalast** (Pretorska palača) aus dem 13. Jh., geschmückt mit Wappen und dem venezianischen Markuslöwen. Er besteht eigentlich aus zwei miteinander verbunde-

Von der venezianischen Loggia schaut man über den Titov trg auf den noch etwas älteren Prätorenpalast.

nen Gebäuden, von denen eines über die Čevljarska-Gasse führt. Gegenüber dem Prätorenpalast steht die ebenfalls weiße, in venezianisch-gotischem Stil gehaltene **Loggia** (1462). Wo sich einst die Patrizier versammelten, ist heute eine Galerie untergebracht.

Die **Kathedrale Marija vnebozeta** (Mariä Himmelfahrt) an der östlichen Seite des Hauptplatzes vereinigt Stilelemente von Gotik und Renaissance. Sehenswert sind einige Gemälde des Malers Vittore Carpaccio (▶ S. 283) sowie der Sarkophag des Stadtpatrons von Koper, der hl. Nazarius (Sv. Nazarij), ein Meisterwerk venezianischer Steinmetzkunst. Die Taufkapelle von 1317 an der Nordseite ist noch dem romanischen Baustil verpflichtet und hat die Form einer Rotunde. Der **Campanile**, ursprünglich als Wehrturm geplant, kam 1660 dazu. Er bietet einen schönen Rundblick über die Stadt und den Hafen – doch erst gilt es, die 204 Stufen hinauf zu erklimmen!

Campanile: Juni – Sept. tgl. 10 – 19 Uhr, sonst nur Fr. – So. | Eintritt: 3 €

Einblick in die Historie

Pokrajinski muzej Koper

Nordwestlich vom Hauptplatz geht die Kidričeva ulica ab. Nr. 19 ist der schmucke, pastellgelbe Belgramoni-Tacco-Palast aus dem frühen 17. Jh., er trägt die Handschrift barocker venezianischer Baukunst. Heute ist hier das **Regionalmuseum** zu finden. Waffen, Mobilar, Musikinstrumente und archäologische Ausgrabungsfunde zeugen von der über 2500 Jahre alten Geschichte der Stadt.

Die Kidričeva ulica endet am Carpaccio trg, wo das Haus der Familie des Malers steht, heute ein Pub. Die Statue auf dem Platz zeigt die

heilige Justina und erinnert daran, dass zum Sieg Venedigs über die Türken bei Lepanto 1571 eine Galeere aus Koper beigetragen hat.

Regionalmuseum: Di. – Fr. 8 – 16, Sa., So., Fei. 10 – 14, Sa. (Mai – Aug.) auch 18 – 21 Uhr | Eintritt: 3 € | www.pokrajinskimuzejkoper.si

Rund um Koper

Baden und Kuren

Ankaran

Knorrige Rebstöcke und silbrig-schimmernde Olivenhaine finden sich rund um den nördlichsten Badeort der slowenischen Adria. Das schon zu römischen Zeiten besiedelte Ankaran wurde Ende des 19. Jh.s als Kurort für Knochen- und Lungenleiden entdeckt. Familien schätzen den fast 1 km langen, flachen Strand im Schatten von Strandkiefern.

Herrlicher Ausblick

Burg Sočerb

In der sanierten Burg (13. Jh.), ca. 15 km nordöstlich von Koper an der slowenisch-italienischen Grenze gelegen, ist ein beliebtes Ausflugslokal untergebracht. Von hier oben schweift der Blick vom Hafen Koper über die Landzunge von Ankaran bis zur Bucht von Triest.

Klettern im Karst

Osp

Osp wird von Kletterern meist im gleichen Atemzug wie das 4 km südlicher gelegene Črni Kal genannt – denn nur in der schroff abfallenden Karstlandschaft Kraški rob (dt. etwa »Karstrand«) um die beiden Ortschaften ist Klettern erlaubt. Ansonsten dient die geschützte Landschaft, die sich vom kroatischen Učka-Gebirgsmassiv bis nach Triest zieht, vielen Vogelarten wie Uhu oder Blaumerle als Rückzugsgebiet.

Wundervoller Kirchenschatz

★★ Sv. Trojice in Hrastovlje

Rebstöcke umranken das winzige Dörfchen Hrastovlje im malerischen **Rižana-Tal**, 14 km südöstlich von Koper. Schon von Weitem fällt die kleine Kirche Sv. Trojice (Dreifaltigkeit, 12./13. Jh.) auf, die von trutzigen Natursteinmauern umgeben ist. Als Arbeiter das Kirchlein 1961 restaurierten, staunten diese nicht schlecht: Schicht für Schicht kamen wundervolle mittelalterliche **Fresken** zum Vorschein! Diese bedeckten die Innenwände großflächig, von der Decke bis zum Boden. Zentrales Motiv des eindrucksvollen Freskenzyklus ist der Totentanz, den der istrische Maler Ivan (Johannes) aus Kastav 1490 mit seinen Schülern geschaffen hat. Dessen Vater Vincent hinterließ der Nachwelt übrigens den nicht minder imposanten Totentanz-Freskenzyklus in Beram (▶ S. 152).

Sommer Mi. – Mo. 9 – 12, 13 – 17 Uhr; falls geschlossen, bei Rozana Rihter melden, Tel. mobil 031 43 22 31 | Eintritt: 3 € | www.koper.si

Auch der Totentanz von Hrastovlje ist als Mahnung an die Vergänglichkeit der irdischen Existenz zu verstehen.

★ KRK

Höhe: 0 – 568 m ü. d. M. | **Einwohner:** 16 500 | **Fläche:** 40 5,78 km²
Kroatien

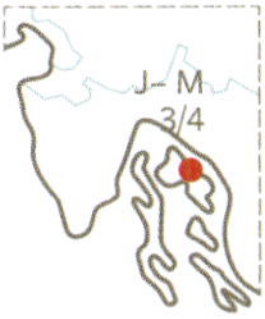

Die Insel Krk ist eine der beliebtesten Badewannen in der Kvarner-Bucht: Strände gibt es hier in allen Variationen: mit Heilschlamm, mit Blick auf eine Mondlandschaft, mit Kies, Beton oder feinem Sand. Nur eines vermisst man auf der Insel: den Blick aufs offene, weite Meer! Das tut dem unbeschwerten Urlaubsvergnügen jedoch keinen Abbruch.

Strände en masse

Dass Krk über eine 1,43 km lange, **mautpflichtige Bogenbrücke** mit dem Festland verbunden ist, macht die Insel vor allem für Autourlauber aus Österreich und Süddeutschland so begehrlich. An Sommertagen werden auf der Brücke bis zu 30 000 Autos pro Tag gezählt! Die beiden Betonbögen werden durch das winzige Felseninselchen Sveti Marko in der Mitte gestützt. Bei Inbetriebnahme 1980 galt der länge-

Krk heißt Strandurlaub. Bei Stara Baška geht es noch ruhig zu.

re der beiden Stützbögen mit 390 m Weite als weltgrößte Konstruktion dieser Art.

Wer von einem richtigen **Strandurlaub** träumt, sollte sich in **Baška** einquartieren: Der 1,8 km lange, schöne Kiesel- und Sandstrand Vela Plaža mit Blick auf eine Mondlandschaft fällt ganz flach ins Meer ab – im Hochsommer geht es hier allerdings wie im Taubenschlag zu. Ruhigere Strände gibt es bei Stara Baška, Klimno, Glavotok oder in der Badebucht von Punat (▶ S. 100). Außergewöhnlich ist die Soline-Bucht bei Dobrinj: Extrem flaches Wasser und Heilschlamm – gut für

die Haut und lustige Schlammschlachten – sind ein Highlight, allerdings ohne Schatten. FKK-Fans treffen sich an der Plaža Bunculuka bei Baška oder der Plaža Konobe bei Punat. Trotz der Raffinerie von Omišalj in Norden der Insel weht dort am familienfreundlichen Pesja-Strand die Blaue Flagge. Am Strand Ježevac im Stadtzentrum von Krk gibt es auch einen Spielplatz, ebenso am zentral gelegenen Plaža Dražice, wo ein Teil auch für Hundebesitzer zugänglich ist.
Die Insel Krk eignet sich gut zum **Wandern** und **Radfahren**. Parallel zur Hauptstraße zieht sich ein zweispuriger Radweg von Krk-Stadt

nach Norden bis zur Abzweigung nach Valbiska. Wakeboarden kann man in der Bucht von Punat, wo es einen Lift gibt (Ende April – Ende Sept., www.wakeboarder.hr).

Der illyrische Stamm der Japoden nannte die Insel Kurik, wovon sich vermutlich Krk ableitet. Die Römer entschieden sich hingegen für die Bezeichnung Insula aurea, die »Goldene Insel«, wohl aufgrund der üppigen Natur. Krk ist seit dem 4. Jh. Bischofssitz und war ein Zentrum der Glagoliza-Schrift: Am bekanntesten ist die um 1100 entstandene **Tafel von Baška**. Die Existenz vieler Weinbauern zerstörte im vorigen Jahrhundert zunächst die Reblaus und später die Konkurrenz italienischer Weine. Seit Jahrzehnten schon leben viele Ortschaften vom Tourismus.

★ Krk-Stadt

Sehen und gesehen werden

Ufer-promenade

An der Riva geht es insbesondere im Sommer recht quirlig zu: Ideal, um Platz in einem Café zu nehmen und das Treiben zu beobachten. Hier legen auch Ausflugsboote auf die Inseln Prvić, Rab oder Goli otok ab.

Stadtbummel

★ Altstadt

Eine hohe Steinmauer spannt sich um die Altstadt von Krk mit ihren engen, verwinkelten Gassen. Die Befestigung mit Türmen und Bastionen stammt größtenteils aus der Herrschaftszeit des kroatischen Adelsgeschlechts der Frankopanen (1115 – 1480), das von der Insel Krk stammt; nur einige Mauerabschnitte entlang des Ufers und unweit des Kastells wurden bereits in römischer Zeit errichtet. Der zylinderförmige Turm am Hafen zeigt einen sechszackigen Stern, das alte Wappen (bis 1430) der Frankopanen. Seit der Antike verbindet der Decumanus den Ost- und Westteil der Stadt, die Nord-Süd-Achse Cardo verläuft bis zur Bischofsresidenz am Ufer.

Wahrzeichen der Stadt

★ Krčka katedrala

Die wuchtige **Kathedrale Mariä Himmelfahrt** (Marijino Uznesenje) wurde auf den Fundamenten einer frühchristlichen Basilika bzw. römischer Thermen errichtet. Die spätgotische Seitenkapelle links ist eine Votivkapelle der Frankopanen, die im Schlussstein des Netzgewölbes deren neues, vom Papst verliehenes Wappen zeigt: Brot zerreißende Löwen (frangere = brechen; pane = Brot). Die Schatzkammer beherbergt historische Messgewänder, Heiligenskulpturen und kirchliche Gegenstände.

Die Kathedrale bildet mit der im 12. Jh. gegenüber erbauten, zweigeschossigen Doppelkirche einen Komplex. Derartige Doppelkirchen sind selten in der Region: Das obere Geschoss ist Sv. Kvirin (Quirin)

KRK ERLEBEN

TOURISTINFORMATION KRK (INSEL)

Trg sv. Kvirina 1, 51500 Krk
Tel. 051 22 13 59, www.krk.hr

TOURISTINFORMATION KRK (STADT)

Vela placa 1/1, 51500 Krk
Tel. 051 22 14 14, www.tz-krk.hr

Krk ist über eine mautpflichtige Brücke mit dem Festland verbunden (gezahlt wird nur bei der Auffahrt auf die Insel). Der Flughafen Rijeka/Krk liegt bei Omišalj im Inselnorden.

Im kleinen Weinladen der **Konoba Nada** in Vrbnik (▶ S. 102) gibt es vorzüglichen hausgemachten Wein in Geschenkverpackungen. Filialen in Krk-Stadt (J.J. Strossmayera 10) und Baška (Zvonimirova 15a).

Febr./März: Karneval
Juni: Folklore-Festival, Dobrinj
Juli – Aug.: Klassische Konzerte in der Festung (Ljetne priredbe)
Anfang Aug.: Mittelaltermarkt
Ende Aug.: Feigentage (Dani smokava)

VALAMAR KORALJ ROMANTIC HOTEL €€€

Das außerhalb von Krk-Stadt in einer ruhigen Umgebung an einer kleinen Bucht gelegene, von Pinien umgebene Hotel ist ideal für den Urlaub zu zweit.
Vlade Tomašića 38, Krk
Tel. 051 655 400
www.valamar.com

RESTORAN RIVICA €€€€

Das gepflegte Fischrestaurant ist schon seit über 80 Jahren in Familienhand. Der Fisch ist makellos frisch, auf traditionelle Art, aber mit modernen Komponenten zubereitet. Das Gemüse stammt von der Insel, Trüffel gibt's auch hier und in der Saison Wildspargel.
Ribarska obala 13, Njivice
Tel. 051 84 61 01
www.rivica.hr

KONOBA/RESTORAN NADA €€€

Die Traditionskonoba in einer engen Gasse in Vrbnik ist ein Muss: Von der kleinen Terrasse – auf der köstliche Lammgerichte serviert werden –, fällt der Blick aufs Meer. Im urigen Weinkeller lagern Eichenfässer und von der Decke baumelt Pršut. Im Mittelpunkt steht der selbstgekelterte Weißwein Žlahtina. Eine Reservierung empfiehlt sich!
Glavaća 22, Vrbnik
Tel. 051 85 70 65
www.nada-vrbnik.hr

MALINSKA €€€

Schmackhaft und überaus gesund ist der blaue Adriafisch: Kleine Fische wie Sardinen kommen auf einer großen Platte daher – in sehr guter Qualität.
Kvarnerska 1, Malinska
Tel. 051 85 87 00

KONOBA/PIZZERIA GALIJA €€€-€€

Ein rustikales Lokal, in dem auch die Einheimischen gerne essen – bevor-

zugt große, knusprige Steinofenpizza oder frische Doraden, schmackhaft gewürzt und gegrillt. Dazu passt selbstgebackenes Brot!
Frankopanska 38, Krk-Stadt
Tel. 051 22 12 50

GOSTIONICA BAG €€

Am begehrtesten sind die Plätze in der ersten Reihe der Terrasse mit Blick auf die Bucht von Baška. Die bodenständige Gaststätte führt seit Jahren konstant gute Qualität zu moderaten Preisen, mitten im Zentrum von Baška. Erprobt ist die gemischte Fischplatte mit frittierten Calamari und gegrilltem Fisch, der vom Tagesfang abhängt.
Kralja Zvonimira 74, Baška
Tel. 051 85 69 26

CAFFÈ-BAR CASA DEL PADRONE €

Tagsüber hausgemachte Limo und guter Kaffee, abends ein Cocktail zu DJ-Musik. Beim Stadtbummel in Krk führt kein Weg an der schönen Sommerterrasse direkt am Wasser vorbei. Absolute Lieblings-Süßspeise ist die nach der »Fürstin von Krk« (Krčka kneginja) benannte Torte, mit Feigen, Mandeln und Schokolade.
Šetalište Sv. Bernardina bb, Krk-Stadt
Tgl. 7 – 2 Uhr

---

geweiht, dem Schutzpatron der Stadt, das untere Sv. Margareta (Margarethe). Den Kirchturm mit dem Trompete blasenden Engel auf der Spitze teilen sich die beiden Kirchen mit der Kathedrale.
Kathedrale: Ostern – 30. Sept. tgl. 9 – 13, 17.30 – 19.30, 1. Okt. – Ostern tgl. 8.30 – 12.30, 17 – 18.30 Uhr
Schatzkammer: Mo. – Sa. 9 – 13 Uhr | Eintritt: 10 Kuna

Aus der Römerzeit

Rimske terme

Gleich um die Ecke führt eine Gasse zu den Überresten der **römischen Therme** aus dem 1. Jh. am Südende des Cardo. Erhalten sind ein Bassin und Fragmente mehrerer Räume.

Ungewöhnlicher Konzertplatz

Trg Kamplin

Die viereckige Festung (Kaštel) am Trg Kamplin ließen die Frankopanen ab 1191 errichten. Bis zu 9 m hohe Mauern sollten Angreifer von der Seeseite abwehren. Der viereckige Turm diente als Gericht. Zu römischen Zeiten war der Trg Kamplin ein Exerzierplatz, heute finden hier Konzerte statt, mit dem Kastell als malerischer Kulisse.
Zwischen Kathedrale und Festung befindet sich der **Bischofssitz** aus dem 17. Jahrhundert. Das gelbe Palais birgt wertvolle Gemälde aus dieser Zeit.

Mosaikkunst

Römisches Mosaik

In der Caffe Bar Mate in der Ribarska ul. 7, zwischen kleinem Stadttor und Vela Placa, wurde bei der Haussanierung ein römisches Bodenmosaik, u. a. mit dem Meeresgott Triton, freigelegt. Der Besitzer zeigt es gerne.

Fauna der Tropen

Tropski akvarij

In der Parallelstraße (Ul. Maije Gupca 1) befindet sich ein kleines, modernes **Aquarium** mit seltenen Tropenfischen sowie einigen Muscheln – ideal für einen Regentag mit Kindern!

April, Okt. tgl. 10 – 15, Mai, Sept. tgl. 10 – 17, Juni tgl. 10 – 21, Juli, Aug. tgl. 10 – 22 Uhr | Eintritt: 30 Kuna | www.akvarij-krk.com.hr

12 oder 24 Stunden?

Vela Placa

Den **Großen Platz** ziert ein Renaissancebrunnen mit dem venezianischen Markuslöwen. Die Uhr des einstigen venezianischen Rathauses (15. Jh.) überrascht mit einem ungewöhnlichen Ziffernblatt: Statt der üblichen 12 sind hier 24 römische Zahlen aufgeführt.

★ Krk (Insel)

Erhabene Lage

Omišalj

Das alte Städtchen Omišalj folgt kurz nach der Überquerung der Brücke vom Festland. Es thront oberhalb einem gut 80 m hohen Fels, auf dem die Fürsten Frankopan im 15. Jh. ein **Kastell** errichten ließen. Von den Stadtmauern bis zum Meer hinunter zieht sich ein parkähnlicher grüner Gürtel um die Altstadt. Die dreischiffige **Pfarrkirche Mariä Himmelfahrt** (Uznesenja Marijino) besitzt eine Fensterrosette von 1405 mit glagolitischer Inschrift. In ihrem Innern sind ein Renaissancealtar und ein hölzernes Triptychon eines venezianischen Meisters (15. Jh.) beachtenswert. Unterhalb des frei stehenden Kirchturms (1536) befindet sich ein Lapidarium.

Römische Ruinen

Mirine-Fulfinum

Über den Lungomare am Meer entlang erreicht man die Ruinen der einstigen römischen **Militärsiedlung** Fulfinum (2 km südwestlich von Omišalj, in der Sepen-Bucht nahe der Raffinerie). Kernstück der einstigen Siedlung für verdiente Kriegsveteranen ist die frühchristliche **Basilika Mirine**, eine der größten im Mittelmeerraum. Forum, Kanalisation, Tempel, Villen und Hafen prägen den Ort. Die Überbleibsel der römischen Thermen liegen direkt am Ufer, Teile der Stadt unter Wasser, da der Meeresspiegel zwischenzeitlich gestiegen ist.

Anfahrt: Vor der Raffinerie links abbiegen, Parkplätze ca. 150 m von den Ruinen entfernt

Beliebte Urlaubsorte

Njivice, Malinska, Porat

Das einstige Fischerdörfchen Njivice, 7 km südlich von Omišalj, ist heute ein quirliges Touristenzentrum mit Restaurants, Privatzimmern, Hotels und einem Campingplatz. Malinska, 6 km südlich von Njivice, gehört ebenfalls zu den größten Touristenzentren von Krk –

mit Ferienwohnungen, Cafés und Restaurants an der Promenade. Gegenüber von Malinska erstreckt sich 3 km westlich das Dörfchen Porat, dass die Bucht abschließt. Sehenswert ist das Franziskanerkloster mit der Kirche Sv. Marija Magdalena. Der Kreuzgang ist eine Oase der Ruhe! Eine kleine Sammlung sakraler Gegenstände und eine alte Olivenpresse können besichtigt werden.

Romantisches Postkartenmotiv

★ Košljun

Auf der mit Steineichen dicht bewachsenen, kreisrunden Klosterinsel Košljun östlich von Krk-Stadt erhebt sich seit 1447 ein **Franziskanerkloster** (Franjevački samostan) mit der Kirche des Sv. Bernardin, gestiftet vom letzten Frankopan-Fürsten, der hier auch begraben liegt. Die Bibliothek birgt glagolitische Schriften. Das Museum zeigt eine Sammlung von Korallen, Fossilien und Schwämmen, Trachten von der Insel, antike Amphoren und Kruzifixe. Im Sommer finden Konzerte vor malerischer Kulisse statt. Anreise: mit dem Taxiboot ab Punat.

Museum: April – Okt. Mo. – Sa. 9.30 – 17, So. 10.30 – 12.30, Nov. – März 9.30 – 15, So. 10.30 – 12.30 Uhr | Eintritt: 20 Kuna | www.kosljun.hr

Geschützte Bucht

Punat

Einen der größten Häfen Kroatien hat Punat, 8 km östlich von Krk-Stadt. Er bietet das ganze Jahr über eine gute **Infrastruktur für 1250 Jachten**. In der ruhigen Bucht ist Wakeboarden der neueste Wassersporttrend. Ein Wanderweg führt zur höchsten Erhebung der Insel, dem Berg **Obzova** (568 m ü. d. M.), mit herrlichem Ausblick. An der südlich von Punat wegführenden Hauptstraße zeigt ein Schild den **45. Breitengrad** an, die Mitte zwischen Nordpol und Äquator.

Bekannter Strand

★ Baška

Viele Hotels, Restaurants und Souvenirbuden teilen sich die Uferpromenade von Baška, 20 km südöstlich von Krk-Stadt. Der fast 2 km lange, flache Kiesel- und Sandstrand wird von einer unwirklich anmutenden Mondlandschaft mit Wanderwegen flankiert: Er gilt als einer der bekanntesten Strände Kroatiens! Auf der anderen Seite leuchten die kleine frühromanische Kirche Sv. Ivan (Johannes) und eine Burgruine in der Abendsonne besonders schön. Das örtliche Aquarium umfasst 21 Becken, in denen rund 100 Fisch- sowie 400 Muschel- und Schneckenarten leben.

Ein Wanderweg führt ins ruhigere Stara Baška, das »Alte Baška«, dessen wunderschöne Bucht mit Klippen einen Besuch lohnt. Die barocke Kirche des Sv. Ivan (Johannes) von 1722 birgt einige schöne Bilder und Skulpturen. Oberhalb des Tals sind noch typische Trockenmauern (Gromače) zu sehen.

Aquarium: Na Vodici 2 | April, Okt. tgl. 10 – 15, Mai tgl. 10 – 17, Juni, Sept. tgl. 9 – 21, Juli – Aug. tgl. 9 – 22 Uhr | Eintritt: 30 Kuna
www.akvarij-baska.com.hr

»Wiege der kroatischen Kultur«

Krk wird oft so bezeichnet, da hier das älteste kroatische Schriftdenkmal in glagolitischer Schrift gefunden wurde: die Tafel von Baška (▶ Baedeker Wissen, S. 278). Sie wurde in der kleinen, frühromanischen Kirche Sv. Lucija (Lucia) in Jurandvor, 1 km von Baška entfernt, entdeckt. Die Inschrift entstand um 1100 und war eine Schenkungsurkunde, die besagt, dass der kroatische König Zvonimir I. die Kirche stiftete. Heute ist in der Kirche eine Replik der Tafel als Altarschranke zu sehen, das Original wird in Zagreb aufbewahrt. Der interessante Film vor der Besichtigung wird auch auf Deutsch gezeigt.

★ Tafel von Baška

April – Sept. tgl. 10 – 17, Mai – Juni tgl. 9 – 19, Juli – Aug. tgl. 9 – 21 Uhr | Eintritt: 25 Kuna | http://azjurandvor.com

Abkühlung unter der Erde

Die Tropfsteinhöhle Biserujka bei Rudine an der Ostküste der Insel besitzt schöne Tropfsteinsäulen, Stalaktiten und Stalagmiten auf immerhin 110 m Länge – und ist im Sommer ideal für eine Abkühlung.

Špilja Biserujka

April, Okt. tgl. 10 – 15, Mai, Juni tgl. 9 – 17, Juli, Aug. tgl. 9 – 18, April, Sept. tgl. 10 – 17 Uhr | Eintritt: 30 Kuna | www.spilja-biserujka.com.hr

Heilender Schlamm

In der Soline-Bucht, um die sich die Ortschaften Klimno, Čižići und Soline gruppieren, kommt natürlicher Heilschlamm (Fango) vor. Der extrem flach ins Meer abfallende Strand eignet sich zwar gut für Fa-

Soline-Bucht

Selbst wenn sie nicht mehr das Original ist, geht von der Tafel von Baška etwas Geheimnisvolles aus.

milien, bietet aber kaum Schatten, dafür kostenlose Fango-Packungen. Schon zu römischen Zeiten wurde hier Salz abgebaut.

Fast wie im Freilichtmuseum

★ Vrbnik

Das mittelalterliche Museumsstädtchen Vrbnik thront auf einem 48 m hohen Felsen über dem Meer – und besticht durch malerisches Ambiente mit alter Stadtmauer und gepflasterten Straßen. Die engen Gassen führen zur **Pfarrkirche Marija Uznesenija** (Mariä Himmelfahrt, 15. Jh.) hinauf. Der frei stehende Kirchturm im Renaissancestil kam 1527 hinzu. Die Gemälde »Madonna auf der Mondsichel« und das »Letzte Abendmahl« stammen von einem montenegrinischen Maler. Ivan Frankopan, einer der bedeutendsten Abkömmlinge dieses Fürstengeschlechts, stiftete 1477 den Rosenkranzaltar in der gotischen Seitenkapelle.

Sehenswert ist die **Bibliothek** der Familie Vitezić (Knjižnica obitelji Vitezić), die den in 1718 Nürnberg gedruckten »Atlas scolasticus et itinerarius« von Johann D. Köhler hütet. Es handelt sich um eine von nur zwei erhaltenen Druckausgaben, die andere wird im englischen Cambridge aufbewahrt. Neben historischen Büchern gibt es glagolitische Schriften zu sehen, denn Vrbnik galt als eines der Zentren der glagolitischen Schrift auf Krk.

Bekannt ist Vrbnik vor allem für die **autochthone Weißweinsorte** Vrbnička Žlahtina, die bei mehreren Winzern vor Ort verkostet werden kann. Vier Wanderwege wurden rund um Vrbnik angelegt, einer davon führt an einem ornithologischen Reservat vorbei (Infotafel am Parkplatz vor der Altstadt).

Bibliothek: Placa Vrbničkog statuta 4 | Juni – Aug. Mo. – Fr. 13 – 15, Sa. – So. 11 – 13, übrige Zeit Mo – Fr. 13 – 15 Uhr | Eintritt: 15 Kuna

BAEDEKER MAGISCHE MOMENTE

ENGER GEHT KAUM

Trauen Sie sich einfach rein, denn einen solchen Ort finden Sie kaum ein zweites Mal: Gerade 43 cm breit ist der Klančić in Vrbnik auf Krk und damit eine der kleinsten Gassen der Welt. Das Gässchen, eher ein Durchgang und nicht leicht zu entdecken (die Leute fragen!), ist ein herrlicher Spaß für ein Selfie, vielleicht auch mal zu zweit. Bloß nicht stecken bleiben …

★ LABIN

Höhe: 322 m ü. d. M. | Einwohner: 12 000 | Kroatien

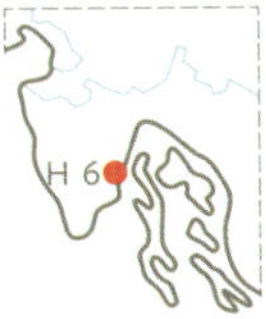

Schlechte Arbeitsbedingungen und wenig Lohn, dagegen gingen die Steinkohlearbeiter aus Labin auf die Barrikaden: Sie riefen 1921, als Istrien italienisch war, kurzerhand die Labinska Republika (Republik Labin) aus. Diese wurde jedoch nach 36 Tagen blutig niedergeschlagen. Heute ist das Kunstfestival »Labin Art Republika« eine Hommage an den Aufstand. Dabei öffnen im Juli und August viele Galerien und Ateliers ihre Türen, während sich die mittelalterlichen Gassen in eine schöne Kulisse für Konzerte und Theaterstücke verwandeln.

Das bunte Häusermeer der reizenden mittelalterlichen Altstadt von Labin (ital. Albona) ist längst schon über die 322 m hohe Hügelkuppe und Stadtmauer hinausgewachsen – und zieht sich den steilen Hang bis in die Unterstadt Podlabin hinab, die sich Wohnhäuser, Restaurants und Geschäfte teilen.

Alte Bergbaustadt

Der alte, klangvolle Name Albona ist vermutlich illyrisch-keltischen Ursprungs. Wie anderswo in Istrien folgten viele Herrscher, die sichtbarsten architektonischen Spuren hat die Serenissima hinterlassen. Ab 1785 wurde hier Steinkohle unter Tage gefördert. Nach knapp 200 Jahren war allerdings Schluss mit dem fossilen Brennstoff, und das Bergwerk wurde 1984 geschlossen. Beinahe wäre die Kohleförderung Labin zum Verhängnis geworden, da durch die damit verbundenen Bodensenkungen viele Gebäude in der Altstadt Risse bekommen hatten. Künstler rückten in die leerstehenden Häuser der italienischen Bevölkerung in Titos Jugoslawien nach, zudem bewahrten mehrere Fabriken als Arbeitgeber die Stadt vor Entvölkerung.

Wohin in Labin?

Schmucker Stadteingang

Titov trg

Steingepflasterte Gassen ziehen sich durch den mittelalterlichen Stadtkern von Labin. In die Altstadt hinein führt das schmucke Renaissancetor Sv. Flor (Florus), über dem der venezianische Markuslöwe wacht. Das kleinere Uskoken-Tor (Uskočka vrata) hat seinen Namen von den gefürchteten Freischärlern, die 1599 nachts in die Stadt eingedrungen sind. Im Schatten des Tors, als Zugang zur Altstadt, erstreckt sich der lebhafte kleine Titov trg, um den sich Rathaus, Geschäfte, Wohnhäuser und wenige Parkplätze gruppieren. In der Loggia (16. Jh.), in der einst Gerichtsurteile verkündet wurden, wird im Sommer Trödel feilgeboten.

Gotik und Barock

Sv. Marija, Sv. Stjepan

Unweit des Stadttors zeigt der venezianische Markuslöwe (1604) an der Fassade der gotischen Marien-Pfarrkirche (1336), wem die Bewohner von Labin lange Zeit gehorchen mussten. Schön anzusehen sind die **Decken- und Bogenbemalungen** im Inneren (Sommer: Mo. – Sa. 10 – 13 Uhr). Oberhalb des Gotteshauses erhebt sich die kleine Stephanuskirche (Sv. Stjepan) in kräftigem Braunorange mit barocker Fassade, was in Istrien eher selten ist.

Wechselvolle Geschichte

Narodni muzej

Daneben fällt der rotbraun leuchtende Battiala-Lazzarini-Palazzo aus dem 18. Jh. auf, in dem das **Volkskundemuseum** untergebracht ist. Das Glanzstück des Museums ist ein rekonstruierter, begehbarer Bergwerkstollen mit Arbeitsgerät, der sich im Kellergeschoss erstreckt – und Besuchern das Leben der einstigen Kumpel von Labin unter Tage näherbringen soll. Im ersten Stock dreht sich hingegen alles um die Republik Labin, die unter italienischer Herrschaft ausgerufen wurde. Das Lapidarium im Atrium hütet eine Steintafel aus dem 3. Jh., auf der Labin als Res Publica Albonessium unter römischer Herrschaft erstmals erwähnt wird.

Ulica 1. maja 6 | Juli – Aug. Mo. – Sa. 10 – 13, 18 – 22, April – Mai, Okt. 10 bis 14, Juni, Sept. tgl. 10 – 13, 17 – 20 Uhr | Eintritt: 15 Kuna

Reformation in Istrien

Palača Franković-Vlačić

Einer der schönsten Palazzi der Stadt gehörte einst der Familie Franković-Vlačić (18. Jh.). Im Inneren zeigt eine Sammlung von Schriften das Wirken des Reformators und Theologieprofessors **Matthias Flacius Illyricus,** der in diesem Haus geboren wurde – und ein Weggefährte von Martin Luther war (► S. 285).

Ul. Giuseppine Martinuzzi 7 | Juni – Sept. Mo. – Sa. 10 – 13, 17 – 20 Uhr, sonst n. V., Tel. 052 85 24 77 | Eintritt: frei

Schöne Aussichten

Turm Sv. Just

Die Aussichtsplattform Fortica, mit venezianischer Kanone, erreicht man am westlichen Ende der kleinen Altstadt. Auf dem höchsten Punkt eröffnet der Turm des Sv. Just (Justus) von 1623 einen weiten Blick auf Hügellandschaft und Küste. 63 Stufen führen hinauf.

Turmbesteigung: ca. 9.30 – 14 Uhr

Rund um Labin

Tradition live

Barban

Die Grafen von Görz bauten das mittelalterliche Städtchen Barban, 14 km südwestlich von Labin. Eine stellenweise noch erhaltene Wehrmauer mit Großem sowie Kleinem Stadttor (Vela vrata/Mala

LABIN ERLEBEN

TOURISTINFORMATION
Aldo Negri 20, 52220 Labin
Tel. 052 85 55 60
www.rabac-labin.com

Sehr gutes Olivenöl wird, umgeben von Kunstwerken, in der **Art Gastro Gallery Negr**i verkostet. Der schmucke Palazzo gehört seit 500 Jahren der Familie Negri, die viel zu erzählen weiß über Olivenanbau und Öl (Dolinska 3, Labin, Tel. 052 85 25 01).

Ende Mai: Scampi-Festival, Rabac
Juli – Aug.: Kunstfestival Labin Art Republika, Labin
Kostenlose Stadtführung jeden Di. (Mitte Juni – Mitte Sept.) mit Olivenöl-Verkostung in der Art Gastro Gallery Negri

BOUTIQUE-HOTEL VILLA ANNETTE €€€
Das modern eingerichtete Hotel thront hoch über der Bucht von Rabac. Mit 12 Zimmern – von denen die oberen eine grandiose Aussicht versprechen – herrscht eine familiäre Atmosphäre. Der kleine Pool auf der Sonnenterrasse ist eine gute Alternative, um sich den steilen Aufstieg vom Strand zurück zu ersparen. In dem angenehmen Slow-Food-Restaurant verschmelzen kreative Küche und traditionelle Rezepte miteinander.
Raška 24, Rabac
Tel. 052 88 42 22
www.villa-annette.com

RESTORAN-HOTEL KVARNER
€€€
Die typische Spezialität in Labin ist süß und wird hier serviert: Krafi heißen die hausgemachten Ravioli, mit Frischkäse gefüllt und Nüssen abgeschmeckt – einfach lecker! Regional sind auch viele andere Gerichte in diesem Hotelrestaurant, etwa das hauchdünne Carpaccio vom istrischen Ur-Rind Boškarin.
Šetalište San Marco bb
Labin
Tel. 052 86 23 36
www.kvarnerlabin.com

RESTORAN-HOTEL NOŠTROMO
€€€
Das traditionsreiche Restaurant ist für seine regionalen Spezialitäten bekannt, vor allem die Fuži mit Sardellen sind ein Genuss. Eine Empfehlung des Hauses ist das Schokoladeneis, mit köstlichem regionalem Olivenöl serviert.
Obala Maršala Tita 7
Rabac
Tel. 052 87 26 01
www.nostromo.hr

VELO KAFE €€€-€€
Im »Großen Café« am Stadttor treffen sich die Einheimischen schon zum exzellenten Cappuccino am Morgen. Das Café im Erdgeschoss ist auch die Top-Adresse für gutes Eis in Labin! Das Restaurant im Obergeschoss serviert soliden Gerichte – auch vegan und glutenfrei! Es empfiehlt sich eine Reservierung!
Ul. Paola Sfecija 1
Labin
Tel. 052 85 27 45

Völlig entspannt in Rabac – ein hübsches Fleckchen findet man sicher.

vrata) umspannt die Stadt. Die einschiffige Kirche Sv. Nikola (Nikolaus) von 1700 wurde in die Nordwand eines Kastells eingearbeitet. Unter mehreren hölzernen Skulpturen in Barban symbolisiert eine das überregional bekannte Fest des Dörfchens – das sogenannte **Ringstechen** (Trka na prstenac). Bei dem traditionellen Wettkampf am letzten Augustwochenende müssen in Volkstracht gekleidete Reiter im Galopp mit ihrer Lanze einen Ring vom Pfahl angeln und werden dabei vom begeisterten Publikum angefeuert.

Hoch zu Pferd

Ranch Barba Tone

Die noch etwa 5 km weiter in Richtung Pula gelegene Pferdefarm Ranch Barba Tone bietet ganzjährige Reitkurse und Ausritte mit Picknick an. Kinder können auf der Ranch Ponyreiten.

Manjadvorci 60 | Tel. mobil 098 982 90 73 | Reitstunde 150 Kuna | www.istra-riding.com

Adrenalin pur

Glavani Park

Der nahe **Hochseilgarten** Glavani Park wartet mit Seilrutsche, 3G-Schaukel und mehreren Routen auf, die Geschicklichkeit und Schwindelfreiheit erfordern. Einfachere Trails eignen sich auch für jüngere Kinder.

Bei der Ortschaft Glavani, 6 km von Barban in Richtung Vodnjan-ganzjährig, tgl. 9 – 18 Uhr | Eintritt: je nach Route bis zu 230 Kuna www.glavanipark.com/de

Urlaub garantiert

Rabac

Eine 5 km lange Stichstraße führt von Labin hinab in den beliebten- Badeort Rabac, der sich an eine windgeschützte Bucht schmiegt und mit langen Fels- und Kiesstränden sowie schattigen Pinienwäldern punktet. Immer etwas los ist am 500 m langen **Maslinica-Kieselstrand** mit Wasserrutsche. Im Sportpark Prohaska, nahe der Feriensiedlung Girandella (mit flachem Kiesstrand!), kann man Tennis und Minigolf spielen. Trotz der teils ziemlich gesichtslosen Hotels und Apartmenthäuser, die sich den Hang hinaufziehen, sowie der vielen Souvenirstände im Hafen konnte Rabac mit seinen bunten Fischerhäusern ein wenig von seinem alten Charme bewahren. Badeort ist Rabac bereits seit Mitte des 19. Jh.s., das erste Hotel öffnete 1889 seine Pforten.

Kunst im Freien

Skulpturenpark Dubrova

Kroatische und internationale Bildhauer treffen sich alljährlich im August zum **Bildhauersymposium** in Dubrova, 2 km nordwestlich von Labin. Das Ergebnis sind in freier Natur aufgestellte Skulpturen aus istrischem Stein (freier Zugang).

Besonderer Fund

Kršan

Rund 13 km nördlich von Labin an der Straße nach Pazin liegt das winzige Festungsstädtchen Kršan – ein gut erhaltenes Stadttor führt hinein. Das 1274 erstmals erwähnte Kastell wartet allerdings auf seine Sanierung. Ebenfalls erhalten sind ein viereckiger Wehrturm, ein Brunnen, das gotische Portal und Mauern. 1815 wurde hier das glagolitische Schriftdenkmal Istarski razvod (»Istrischer Landschied«) aus dem 13. Jh. gefunden, in dem die **Grundstücksgrenzen des mittelalterlichen Istrien** wohl erstmals schriftlich festgehalten wurden.

★★ LIMSKI KANAL

Höhe: Meereshöhe | Kroatien

Spannende Schwertkämpfe vor traumhafter Fjordkulisse: Das lieferten sich die beiden US-Schauspieler Kirk Douglas und Tony Curtis 1958 in dem Abenteuerfilm »Die Wikinger«. Was die Zuschauer nicht ahnten: Ein Teil der See- und Fjordszenen wurde nicht im hohen Norden gedreht, sondern am Limski kanal einem imposanten Meeresarm, der sich tief ins Landesinnere Istriens zieht.

Die fjordartige Bucht an der Westküste von Istrien ist eine ideale **Wikinger-Kulisse**: Schmal, gut 10 km lang und bis zu 600 m breit zweigt der Meeresarm namens Limski kanal (Limski zaljev) von der Adria ab. Steil steigen grüne Felswände empor, die die schmale Bucht flankieren. Um einen Fjord handelt es sich allerdings nicht – obwohl der Name »Lim-Fjord« (Limski fjord) umgangssprachlich oft verwendet wird, sondern um ein **Karsttal** (Ria), dass nach der letzten Eiszeit geflutet wurde. Landeinwärts setzt es sich im Schluchttal des Flüsschens Lim, Limska draga, fort und zieht sich bis ins 25 km östlich gelegene Städtchen Pazin. Dort verschwindet das Flüsschen Pazinčica übrigens in einem Schluckloch. Seinen Namen hat der Limski kanal übrigens von der lateinischen Bezeichnung »Limes« für Grenze, denn hier verlief in der Antike die Grenze zwischen den Provinzen Italien und Dalmatien.

Karst, nicht Fjord

Austern, Muscheln und Delfine

Aquakulturen

Von den Wikingern aus Hollywood fehlt heute jede Spur. Nur die beiden beliebten Ausflugslokale, direkt am Wasser, erinnern mit ihren Namen noch an die Skandinavier: Viking und Lim Fjord. Beide sind für ihre Miesmuscheln und Austern berühmt, die im Limski kanal gezüchtet werden. Die Mischung aus Meer- und Süßwasser aus unterirdischen Quellen ist gut für die **Zucht von Schalentieren** geeignet. Vor allem die europäische Auster (Ostrea edulis) verlangt gute Wasserqualität, ein sauberes Umfeld und reichlich Plankton. Die Austernsaison dauert von Mai bis September. Mit ein wenig Glück lässt sich an der Mündung ins Meer sogar ein Delfin entdecken.

Wohin am Limski kanal?

Ausflug zu Seeräubern

Piratska špilj

Von den meisten Ferienorten an der Westküste, etwa ab Poreč, werden **Bootstouren** mit einem »Fish picknick« angeboten. Ein Badestopp und der Besuch der Piratenhöhle gehören in der Regel hinzu. Die meisten Boote stoppen unterhalb der Piratenhöhle: Steinstufen führen zu Seeräuber-Attrappen hinauf und zur **Piratenbar**, die vor dem Höhleneingang einen tollen Ausblick auf den Limski kanal bietet (Sommer tgl. 10 – 22 Uhr). Von der Landseite kann man auf einem steilen Schotterpfad hinabsteigen.

Ab in die Höhle

Romualdova pećina

Eine weitere Höhle, die sich am grünen Steilhang nahe der Ortschaft Kloštar erstreckt, ist nach dem Einsiedler Romuald benannt. Dieser gründete das örtliche Kloster. Vom Parkplatz führt ein steiler Pfad zur 105 m langen Romuald-Höhle, die mehrere Hallen mit Höhlenmalerei umfasst. Tierknochen lassen auf eine Besiedelung während der

LIMSKI KANAL ERLEBEN

Ein Schiffsausflug, z. B. ab Vrsar, kostet ab 200 Kuna, in der Regel mit Fisch-Picknick und Badepause. Am frühen Abend werden auch Delfin-Beobachtungstouren durchgeführt, z. B. von Excursions Mikela Tel. 091 5 76 93 82, www.vitontours.hu

Minimalistische weiße Designerstühle, eine Theke in Käseform und feine Käsevariationen lohnen einen Abstecher in die **Käserei (Mljekara) Latus**: Probieren Sie den Trüffelkäse oder den Molkekäse Skuta (Mo. – Fr. 7 – 20, Sa. 8 – 16 Uhr, Gornji Orbanići 12 d, Žminj, Tel. 052/84 62 15, www.mljekaralatus.hr).

25. Juli: Volksfest zu Ehren des hl. Jakob (Jakovljevo) mit Schau der istrischen Ur-Rinderrasse Boškarin, Kanfanar.
Um den 24. Aug.: Bartholomäusfest mit Viehmarkt, altem Gewerbe und regionalen Spezialitäten, Žminj.

Mountainbiker brauchen etwas Ausdauer: Der »Vrsar bike eco ride« führt über 35 km von Vrsar am Limski kanal nach Poreč (ca. 3 Std.). Die Steilwände am Ende der Bucht sind bei **Kletterern** beliebt.

RESTORAN FJORD €€€€

Die Visitenkarte des wunderschön gelegenen Lokals, direkt am Limski Kanal, sind Austern und Jakobsmuscheln. Einziges Manko: Die gute Qualität hat sich herumgesprochen und daher stoppen auch viele Reisebusse hier.
Limski kanal 1
Sv. Lovreč
Tel. 052 44 82 22

RESTORAN VIKING €€€

Gäste haben die Qual der Wahl: Das Restaurant Viking, ebenfalls direkt am Limski kanal gelegen, bietet mindestens genauso gute frische Austern und Jakobsmuscheln. Köstlich sind auch Scampi auf Buzara-Art. Das Restaurant hat sich auch auf Reisegruppen spezialisiert.
Limski kanal 1
Sv. Lovreč
Tel. 052 44 81 19
Mittagsruhe: 16.30 – 18.30 Uhr

KONOBA DANIJELI €€

In der bodenständigen Konoba, 1 km westlich von Kringa, kommen istrische Gerichte, darunter auch das Ur-Rind Boškarin, gegrillte Polenta oder Rindergulasch auf den Tisch. Die Istrische Brotsuppe, traditionell in einem Bukaleta-Krug serviert, ist eher nichts für Autofahrer: (Erhitzter) Rotwein, Zucker und gegrilltes Weißbrot sind die Hauptzutaten!
Danijeli 76, Tinjan-Danijeli
Tel. 052 68 66 58

RESTORAN POD LADONJON €€

Arbeiter kommen gerne zur Marenda, dem günstigen Mittagessen, bei dem etwa Istrische Bohnensuppe serviert wird. Auch sonst sind die Gerichte solide: Fuži, Risotto, Ravioli mit Gulasch oder Grillgerichte wie Ćevapčići werden auf der netten Sommerterrasse serviert. Die Pfannkuchen sind ebenso üppig wie lecker!
Trg Maršala Tita, Žminj
Tel. 052 84 66 75

Steinzeit schließen. 40 Tierarten leben heute hier, u. a. Fledermäuse. In der Höhle herrschen konstant 15 °C.
Mitte Juni – Mitte Sept. tgl. 10 – 17 Uhr | nur geführte Touren: Natura Histrica, Tel. 052 83 05 82 | Eintritt: 30 Kuna
www.natura-histrica.hr

Weitblick

Aussichtsplattform

Oberhalb des Limski kanal, von Vrsar kommend, kann man von einer hölzernen Plattform (»Panorama«) die Aussicht auf die Bucht genießen. Daneben bieten Händler hausgemachte Produkte wie Käse, Honig, Schnäpse und Souvenirs feil.

Guten Appetit!

Flengi

Die alte Straße von Vrsar nach Rovinj entlang des Limski kanal führt durch die Ortschaft Flengi. Hier werben mehrere Restaurants mit der Aufschrift **»Spanferkel«** – oder gleich mit dem Anblick der Tiere am Drehgrill neben der Straße. Auch in Gradina und Kloštar wird diese rustikale Mahlzeit angeboten.

Rund um den Limski kanal

Hier spürt man Geschichte

Sv. Lovreč

Namensgeber des Städtchens nördlich des Limski kanal war der heilige Laurentius. Den großen Stadtplatz dominiert die romanische Kirche Sv. Martin aus dem 11. Jh. mit drei halbkreisförmigen Apsiden, Resten alter Fresken und einem frei stehenden Campanile. Die Loggia mit Lapidarium stammt aus dem 15. Jahrhundert. Die Kirche Sv. Blaž (Blasius) von 1462, neben dem gotischen Stadttor, ist mit Fresken und glagolitischen Inschriften versehen.

Wo ist der Schatz?

Dvigrad

Die sagenumwobene **Ruinenstadt** Dvigrad (»zwei Burgen«, ital. Duecastelli) liegt nordöstlich des Limski kanal. Sie wurde im 14. Jh. von den Genuesen, im 16. Jh. von den Uskoken zerstört, später fiel ein Großteil der Bevölkerung der Pest zum Opfer. Die wenigen Überlebenden gaben den Ort auf und gründeten 1630 das drei km entfernte Kanfanar. Dvigrad umfasst rund 200 verfallene Häuser, Kirchen und Kapellen. Einer Legende zufolge soll der englische Pirat Sir Henry Morgan (1635 – 1688) in den Ruinen einen Schatz versteckt haben – der allerdingsbis heute nicht gefunden wurde.

Welches ist das schönste Rindvieh?

Kanfanar

Die Überlebenden von Dvigrad brachten nicht nur Steine ihrer alten Häuser nach Kanfanar mit, sondern auch liturgisches Gefäß, Kirchenmobiliar und eine frühgotische Steinkanzel (13. Jh.), zu sehen in der

1696 errichteten Kirche Sv. Silvestar (Silvester). Auch der Fahnenmast aus dem 15. Jh. auf dem Hauptplatz stammt aus Dvigrad. Kanfanar ist v. a. für das istrische **Boškarin-Rind** bekannt: Alljährlich am Namenstag des hl. Jakob (25. Juli) werden die schönsten Tiere durch den Ort getrieben und ausgezeichnet. In der Umgebung des Ortes wird istrischer »Marmor« gebrochen.

Es lebe der Vampir!

Kringa

Das Dörfchen Kringa, 12 km nördlich von Dvigrad, ist eigentlich ziemlich unspektakulär – wäre da nicht Jure Grando, der erste schriftlich erwähnte Vampir Europas. Freiherr Johann Weichard von Valvasor berichtete in seinem 1689 erschienen Werk »Die Ehre des Hertzogthums Crain« von einem Untoten, in Istrien auch Štrigon genannt, der 16 Jahre nach seinem Tod 1656 die Bauersfrauen seines Dorfs. tyrannisierte. An allen Türen, an denen er klopfte, erschien kurz darauf auch Gevatter Tod. Schließlich wollten neun Männer aus Kringa dem Spuk ein Ende setzen: Sie öffneten eines nachts Grandos Sarg und pfählten ihn. Drei Steinkreuze, die aufgestellt wurden, sorgen seither zusätzlich für Ruhe im Dorf. Es gibt aber auch eine profanere Erklärung für das Phänomen: Untreuen Ehefrauen oder Witwen, die zu jener Zeit enthaltsam zu bleiben hatten, kam der Untote als Ausrede für ihre Gelüste ganz recht.

Das »Andenken« an Jure Grando pflegt heute ein kleines Museum. In der Caffe Bar Vampire nebenan wird stilgerecht ein Vampir-Cocktail seviert, natürlich mit reichlich Knoblauch!

Antiker Schmuck

Žminj

Das Städtchen Žminj, 9 km westlich von Dvigrad, besitzt noch ein Kastell mit Wehrmauer und Rundturm. Die Pfarrkirche Sv. Mihovil (Michael, 12. Jh.) schmückt eine venezianische Kanzel. Nordwestlich der Kirche lohnt die Kapelle Sv. Trojstvo (Dreifaltigkeit, 1311) mit prächtigen gotischen Fresken im Krainer Stil einen Abstecher.

Bei der Freilegung von 227 altkroatischen Gräbern stießen Archäologen u. a. auf antike Ohrringe. Die mit einer Hohltraube verzierten Kreolen aus Kupfer und Silber gehörten vermutlich zu einer bäuerlichen Tracht. Nachbildungen des **Ohrrings von Zminj** (Žminjski rićin) werden heute als typisches Souvenir der Stadt verkauft. Ein Original ist im Archäologischen Museum Istriens in Pula zu bewundern.

Ins Reich der Tropfsteine

Feštinsko kraljevstvo

In Feštini, 6 km südöstlich von Žminj, reicht die Tropfsteinhöhle »Königreich von Feštini« 80 m tief ins Erdreich. Stalaktiten und Stalagmiten lassen der Fantasie freien Lauf. Die Temperatur liegt konstant bei etwa 14 °C.

April, Mai, Okt. Sa., So., Fei. tgl. 10 – 18, Juni – Sept. tgl. 10 – 18 Uhr
Eintritt: 40 Kuna

★★ LIPICA

Höhe: 403 m ü. d. M. | Slowenien

Eine leidenschaftlich geführte Debatte verbindet Slowenien und Österreich: Es geht um die Dauerfrage, wer die weltberühmten weißen Lipizzaner eigentlich für sich beanspruchen darf: Die Spanische Hofreitschule in Wien sorgte dafür, dass die edlen Rassepferde zu Weltruhm gelangten; das weitläufige, parkähnliche Pferdegestüt in Lipica hingegen gilt als die Wiege der Lipizzaner. Die schneeweißen Pferde lässt das kalt: Sie müssen hart trainieren hart, um kunstvolle Kapriolen und Levaden präsentieren zu können.

Heimat der Lipizzaner

Das milde Klima im Hinterland der Adriaküste und die guten Bodenverhältnisse waren ausschlaggebend dafür, dass Erzherzog Karl II. von Habsburg 1580 hier ein Gestüt gründete. Die Lipizzaner entstanden aus einer Kreuzung andalusischer Hengste mit einheimischen Stuten. Die als geduldig und lernwillig geltenden Tiere wurden gezüchtet, um in Wien in der Spanischen Hofreitschule Kunststücke zu zeigen. Dort wurden sie im spanisch-barocken Stil zugeritten, lernten Levaden, Kapriolen, Piaffen und Kurbetten – eine Tradition, die heute in Wien und Lipica gleichermaßen gepflegt wird. Als Slowenien nach dem Ersten Weltkrieg die österreichische Herrschaft los war, sah sich Wien gezwungen, ein eigenes Lipizzaner-Gestüt im steirischen Piber anzulegen. Im Zweiten Weltkrieg wurden die Lipizzaner aus Lipica von deutschen Truppen nach Tschechien entführt, nach dem

Die stolzen Lipizzaner sind als Fohlen noch dunkel und werden erst mit zunehmendem Alter weiß

Krieg kehrten lediglich elf Tiere zurück, das slowenische Gut wurde verstaatlicht. Heute leben gut 250 Pferde in Lipica, weltweit soll es rund 3000 Tiere geben.
Als sich Slowenien mit der Einführung des Euro 2007 erlaubte, zwei Lipizzaner-Pferde auf die Rückseite seiner 20-Cent-Münzen zu prägen, wurden in Österreich vereinzelt kritische Stimmen in den Medien laut – schließlich gelten die Lipizzaner in der Alpenrepublik auch als nationales Symbol und waren auf der 5-Schilling-Münze abgebildet.

★★ Gestüt

Führungen: April – Okt. 10 – 17 Uhr, sonst kürzer; Okt. – Febr. Mo. geschl. | individuelle Besichtigung mit der App Lipica Guide
Eintritt: 16 € | www.lipica.org
Vorführungen: April – Okt. Di., Fr., So. 15 Uhr | Eintritt: 23 €.
Offizielles Training: April – Okt. Mi., Do., Sa. 11 Uhr | April, Okt. Di. bis Sa. 10 Uhr | Eintritt: 21 €
Kutschfahrten (nur bei gutem Wetter): ab 20 €/4 Pers.

Stolz galoppieren prächtige weiße Lipizzaner-Stuten über die gepflegte Koppel. Begleitet werden sie von ihren noch dunklen Fohlen, die erst später ihre Farbe wechseln. Ein weißer Holzzaun trennt das 300 ha große Gestüt von der Straße ab, die zur Manege, den Ställen und einem Hotel führt. In den Boxen warten Hengste auf ihren großen Publikumsauftritt in der Manege (▶ Baedeker Wissen, S. 114). Gestüt

ATHLETISCHER WARMBLÜTER

2010 konnte das Gestüt der berühmten Lippizaner-Pferde sein 430-jähriges Bestehen feiern. Hier wird eines der Grundzuchtbücher der Rasse geführt. Die Auswahlkriterien sind streng: 16 Stutenlinien und 6 Hengstlinien, die im 18. Jh. beginnen, bilden die Basis für eine erfolgreiche Zucht der edlen Tiere.

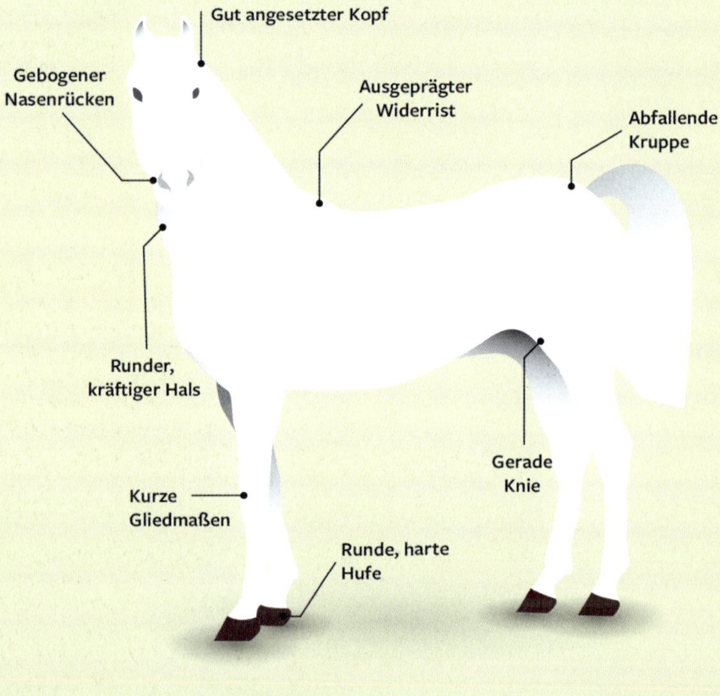

▶ **Weiß geboren?**
Die Basis der Lipizzaner Zucht war das robuste Karstpferd. Es wurde mit andalusischen Pferden gekreuzt. Ihr typisch weißes Fell haben die Lipizzaner jedoch nicht von Geburt an. Sie werden vielmehr als fast schwarze Pferde geboren und bekommen ihre schneeweiße Fellfarbe erst mit ca. 4 bis 10 Jahren.

▶ **Geschichte, Programm, Aktivitäten:**

www.lipica.org

»Schulen über der Erde«
Diese Übungen beherrschen nur wenige talentierte Hengste. Sie werden bei den Vorführungen der Reitschule gezeigt.

Levade

Courbette

Capriole

Am langen Zügel
Das Pferd führt alle klassischen Dressurlektionen aus, wird aber im Wesentlichen nur mit Zügel, Stimme und Position des Führenden dirigiert.

▶ **Die Wiege der Lipizzaner**
Lipica ist das Ursprungsgestüt der Lippizaner. Die edle Rasse wird hier seit Gründung des Gestüts ohne Unterbrechung gezüchtet.

▶ **Tradition und Moderne**
1996 hat das slowenische Parlament die ausgedehnte Anlage des Gestüts zum »Kulturdenkmal mit besonderer Bedeutung für Slowenien« erklärt. Zur streng nach traditionellen Richtlinien erfolgenden Zuchtarbeit kommt heute ein modernes Tourismusangebot.

▶ **Zuchtbestand**
Stand: 2017

358
Pferde

▸ **Zuchtprogramm**

LIPICA ERLEBEN

LIPICA TURIZEM
Lipica 5, 6210 Sežana
Tel. 05 739 16 96
www.lipica.org

Aug.: Alpe Adria Weltcup im Dressurreiten

RESTAVRACIJA OKUSI KRASA €€€
Nomen est omen: »Geschmäcker des Karstes«, so der Name des kleinen Lokals im minimalistischen Stil. Was auf den Teller kommt, stammt aus der slowenischen oder italienischen Karstregion: zart schmelzende Gnocchi oder Wildgulasch mit Polenta, aber auch saisonale Gerichte wie Wildspargel.
Lipica 23 a, Lipica
Tel. 05 734 15 65
www.okusikrasa.si

RESTAVRACIJA MAESTOSO €€
In dem Restaurant ist man auf große Gruppen eingestellt, dennoch wird gute und regionaltypische Küche serviert, mit vielen deftigen Gerichten.
Lipica 5, 6210 Sežana
Tel. 05 739 15 80
www.lipica.org

Gestütführungen finden mehrmals täglich in verschiedenen Sprachen statt, jeweils zur vollen Stunde. **Vorführungen** der klassischen Reitkunst oder das offizielle Training stehen mehrmals wöchentlich auf dem Programm. Das moderne **Multimedia-Museum Lipikum** bringt schon den Kleinsten die Pferdewelt und die Geschichte des Gestüts näher. **Kutschfahrten** auf dem Gelände vermitteln einen guten Eindruck von der Weitläufigkeit des Gestüts, ein Besuch im Kutschenmuseum rundet das Erlebnis ab. Zudem können **Reitkurse** (90 Min., 7 Tage) gebucht werden, für die Kleinsten gibt es Ponyreiten. Der Eintrittspreis umfasst auch den Zutritt zu einer Kapelle, zum historischen Kern mit Schloss, Weiden, Alleen und etwa 5 km Spazierwegen in der weitläufigen Anlage.
Ebenso ist der Eintritt in die **Galerie** des lokalen Künstlers Avgust Černigoj (1898 – 1985) inbegriffen, der Student an der Münchner Akademie war und als erster Slowene das Weimarer Bauhaus besuchte. 400 Werke, überwiegend Grafiken, werden gezeigt.

Rund um Lipica

Botanische Stipvisite

Sežana

Sežana, unmittelbar an der italienischen Grenze, besitzt einen hübschen **Botanischen Garten** (Botanički vrt), den die Triester Handelsfamilie Scaramanga 1890 angelegen ließ. Dazu gehören rund 100 verschiedene Holzarten wie der Kaffeebaum, ein Palmengarten und ein Herbarium.

Mai – Mitte Sept. Mo. – Fr. 7 – 19, Sa. – So. 10 – 19, Mitte Sept. – April Mo. bis Fr. 7 – 15, Sa. – So. 9 – 17 Uhr | Eintritt: frei

Zauberhafte Unterwelt

★ Jama Vilenica

Die Jama Vilenica, die **»Feengrotte«**, erstreckt sich etwa 4 km östlich von Lipica, an der Straße von Lokev nach Sežana. Sie steht leider ein wenig im Schatten der bekannteren slowenischen Karsthöhlen, ist jedoch nicht minder schön: Auf 542 m reihen sich Tropfsteinsäulen und fantastische Sintervorhänge aneinander. Die Höhle ist seit 1633 für Besucher geöffnet und gilt damit als eine der ältesten touristischen Höhlen in Europa. Alljährlich im September findet hier drei Tage lang ein **Literaturfestival** mit gesellschaftskritischem Schwerpunkt statt, mit Preisverleihung im »Tanzsaal« der Höhle (www.vilenica.si). Zu den Preisträgern gehört u. a. der österreichische Schriftsteller Peter Handke.

Höhlenbesichtigung: 1. April – 31. Okt. jeden So./Fei. um 15.und 17 Uhr | www.vilenica.com

★★ LOŠINJ

Höhe: 0 – 588 m ü. d. M. | **Einwohner:** 7700 | **Fläche:** 74,36 km²
Kroatien

Man muss schon eine feine Nase haben, um die einzelnen Komponenten genau zuordnen zu können: Aromatischer Rosmarin, würziger Lorbeer und exotischer Eukalyptus vermengen sich mit der salzigen Meeresbrise zu einem wunderbar mediterranen Duft. Die mehr als 1000 Pflanzenarten, die auf der Kvarner-Insel Lošinj traditionell gedeihen, werden unter dem Konzept »Düfte und Aromen von Lošinj« beworben: Jeden Monat stehen bis zu drei Pflanzen im Mittelpunkt, die Besuchern nicht nur im Aromagarten begegnen, sondern auch als Tischdekoration im Restaurant, als Peeling im Schönheitssalon oder als Zutat in mediterranen Gerichten.

Grüne Insel

Das Grün fällt sofort auf! Wer mit dem Auto über die karge Kvarner-Insel Cres anreist und die winzige Drehbrücke bei Osor passiert, die auf die Insel Lošinj führt, dürfte es bemerken: Nach Süden hin wird die Landschaft immer grüner. Mehr als 200 Sonnentage im Jahr und

ein milderes Klima als auf Cres lassen mediterrane Macchia und duftende Aleppokiefern gedeihen. Viele Nadelbäume, etwa im beliebten Waldpark Čikat (236 ha) im Süden der Insel, stammen übrigens noch aus K.-u.-k.-Zeiten: Damals sollte Lošinj mit dem Anpflanzen von 300 000 Bäumen ein grüneres Aussehen bekommen.
Beim Blick auf die Landkarte fällt auf, wie eng Lošinj und die nördlichere Insel ▶ Cres eigentlich beisammen liegen. Ganz im Süden von Cres trennen nur wenige Meter die Inseln. Dort verbindet eine Drehbrücke, die zweimal pro Tag für Boote geöffnet wird, die einstige Doppelinsel: Der künstliche Kanal wurde bereits zu römischen Zeiten ausgehoben, um den Seeweg durch die Adria zu verkürzen!
Viele Inseln und deren Hauptorte tragen in Kroatien den gleichen Namen. Auf Lošinj gibt es einen feinen Unterschied: Die beiden bedeutendsten Inselorte heißen Mali Lošinj (Klein-Lošinj) und Veli Lošinj (Groß-Lošinj). Der Name täuscht jedoch, denn der Hauptort Mali Lošinj hat mehr Einwohner, Restaurants und Hotels als Veli Lošinj.
Die klimatisch-günstigen Verhältnisse von Lošinj entdeckte der K.-u.-k.-Adel im ausgehenden 19. Jh. für sich. Die ersten Kurgäste trafen 1885 ein, um den milden Winter hier zu verbringen, Hotels, Villen und Sanatorien entstanden, in denen die Hautvolee ihre Allergien und Atemwege heilte. 1892 wurde Lošinj offizieller Luftkurort der Österreichisch-ungarischen Monarchie.

Baden und Wandern

Was tun?

Lošinj ist vor allem für ihre vielen schattigen Felsbuchten bekannt. Beliebt sind die Badeplätze auf der Hotel- und Villen-Halbinsel Čikat bei Mali Lošinj, aber auch in der Sunčana uvala (Sonnenbucht). In Veli Lošinj wird auf Felsplatten und Beton am Strand Punta gebadet. In Rovenska schätzen vor allem Familien mit Kindern den flachen Strand. Lošinj ist auch bei Tauchern beliebt, im kristallklaren Wasser warten Fischschwärme, Korallen und anderes.
Die Insel eignet sich auch gut zum **Wandern**: Für weniger Geübte bietet sich ein Spazierweg am Meer entlang an, der Mali Lošinj mit Veli Lošinj verbindet. Ein wenig herausfordernder ist der Aufstieg auf die höchste Inselerhebung, den Televrina (588 m ü. d. M.) im Norden.

★ Mali Lošinj

Hier ist viel los

★ Uferpromenade Riva

Die belebte Hafenbucht von Mali Lošinj säumen zahlreiche Cafés und spätklassizistisch-barocke Villen mit farbenfrohen Fassaden und Palmen dazwischen. Viele Häuser gehörten Kapitänen und Reedern – immerhin war Mali Lošinj im frühen 19. Jh. **zweitwichtigster Adriahafen**. Von der Riva legen Ausflugsboote zu den Nachbarinseln ab. In der im Jugendstil erbauten **Fischhalle** am Ende des Hafenbeckens

INSEL LOŠINJ ERLEBEN

TOURISTINFORMATION
Priko 42
51550 Mali Lošinj
Tel. 051 23 15 47
www.visitlosinj.hr

ANREISE
Mit dem Pkw über die Insel Cres. Im Sommer stoppt der Katamaran zwischen Pula und Zadar in Mali Lošinj sowie auf den kleineren Inseln Susak, Unije und Ilovik. Das Schnellboot von Rijeka nach Mali Lošinj benötigt 2 Std. 50 Min. Panoramaflüge ab dem kleinen Flughafen (www.airportmalilosinj.hr).
Für den Besuch der Archäologischen Sammlung Osor (Cres), der Museums im Wehrturm (Veli Lošinj) und des Kunstmuseums im Fritzy-Palais (Mali Lošinj) gibt es das Kombiticket 2+1: Man zahlt nur 70 statt 105 Kuna.

HOTEL TELEVRIN €€
Wo heute Gäste in einem der 15 Zimmer logieren, waren früher Rathaus und Hafenamt des Fischerdörfchens Nerzine untergebracht. In farbenfrohem Gelb, mit grünen Fensterläden, erinnert der Baustil an österreichisch-ungarische Zeiten. Die Lage ist ideal für Wanderungen auf den Televrina-Gipfel hinauf, aber auch, um die Inseln Cres und Lošinj zu erkunden.
Obala Nerezinskih pomoraca 21
Nerezine
Tel. 051 23 71 21
www.televrin.com/de

TRATTORIA & TARTUFERIA BORA BAR €€€
In der Rovenska-Bucht gelegenes Lokal unter italienischer Leitung, das empfehlenswerte Pastagerichte serviert, etwa Ravioli mit Trüffeln. Der Cremoncello-Likör, ein leichter, cremiger Limoncello, ist aus Zitronen aus Veli Lošinj hergestellt – und schmeckt einfach köstlich.
Rovenska 3, Veli Lošinj
Tel. 051 86 75 44
www.borabar.net

KONOBA CORRADO €€€
Die Konoba in Hafennähe ist für gute regionale Küche bekannt, vor allem für Lamm und Tintenfisch unter der Schmorglocke und für den Hummer mit Spaghetti nach der Art von Marica, der Mutter des Wirts.
Sv. Marije 1, Mali Lošinj
Tel. 051 23 24 87
www.facebook.com/konoba corrado
Tgl. 11 – 14, 17– 24 Uhr

LOŠINJSKO JIDRO €€€
Vom Hafen sind es nur wenige Meter bergauf in dieses versteckte Lokal, das Gäste mit wechselnden Tagesangeboten anzieht – etwa mit Lamm am Spieß oder Spanferkel. Die Miesmuscheln als Vorspeise sind gut gewürzt.
Sv. Marije 14, Mali Lošinj
Tel. 051 23 34 24

RIBARSKA KOLIBA €€€
An der Mole des schmalen Hafens von Veli Lošinj werden Fisch, Meeresfrüchte (gefüllte Calamari!) und Fleisch serviert.
Obala Maršala Tita 1, Veli Lošinj
Tel. 051 23 62 35

geht es morgens recht lebhaft zu, wenn fangfrische Ware feilgeboten wird. Wenige Meter davor sprudelt der Delphin-Brunnen, ein beliebtes Postkartenmotiv.

Sportler von einst

★★ Muzej Apoksiomena

Ein stattlicher Athlet mit 300 kg Körpergewicht und einer Größe von 1,92 m wurde im April 1999 auf dem Meeresgrund vor Mali Lošinj geborgen: Die **Bronzestatue des Apoxyomenos** (Apoksiomen) stellt einen Sportler dar, der sich nach dem Wettkampf säubert. Vermutlich wurde sie im 1. Jh. v. Chr. bei einem heftigen Unwetter von Bord geworfen, um das Schiff vor dem Sinken zu bewahren, oder als Opfer gebracht, in der Hoffnung auf eine sichere Fahrt durch die Adria. Die Restauration der wertvollen Skulptur dauerte mehrere Jahre. Seit 2016 wird das Original in einem eigenen Museum an der Uferpromenade von Mali Lošinj ansprechend in Szene gesetzt: Auf unterhaltsame Weise taucht der Besucher in die Geschichte, Bergung und Restaurierung der Statue ein – bis er sie schließlich als Höhepunkt des Museumsbesuchs zu Gesicht bekommt.

Muzej Apoksiomena (ehemaliger Kvarner-Palast): Riva lošinjskih kapetana 13, Mali Lošinj | Di. - So. 9 - 13, 18 - 22 Uhr | Eintritt: 50 Kuna; Anmeldung am Vortag erforderlich: Tel. 051 73 42 60 www.muzejapoksiomena.hr

Querschnitt durch die Malerei

Palais Fritzy

Auf der leichten Anhöhe hinter der Riva fällt der sanierte Fritzy-Palais (Palača Fritzy) aus dem 19. Jh. auf. Einst befand sich hier der Sitz der Stadtverwaltung, heute logiert die **Galerie Fritzy** im Erdgeschoss. Die Piperata-Sammlung im ersten Stock zeigt überwiegend barocke Gemälde italienischer Meister, die Mihičić-Sammlung im Obergeschoss konzentriert sich auf Bilder und Skulpturen kroatischer Künstler aus der ersten Hälfte des 20. Jahrunderts.

Ul. Vladimira Gortana 35 | Mitte Juni – Mitte Sept. tgl. Di. – So. 10 – 13, 19 – 22 Uhr, sonst kürzer | Eintritt: 35 Kuna | www.muzej.losinj.hr

Kirchenschatz

Pfarrkirche

Der weiße Turm der dreischiffigen Pfarrkirche Rođenje Blaženze Djevice Marije (Mariä Geburt, 1696 – 1775) überragt das rote Dächergewirr der Altstadt. Eine doppelte Säulenreihe leitet über in den Chorraum. Sehenswert sind der Hauptaltar mit einem Bild der Muttergottes und den **Reliquien des Sv. Romula** (Romulus) sowie ein Marmorkreuz (19. Jh.). Auf dem Kirchplatz (Pjacal) finden gelegentlich Konzerte statt.

Langjähriges Urlaubsziel

Halbinsel Čikat

Die Čikat-Halbinsel, 1,5 km westlich von Mali Lošinj, gilt als bekanntestes und ältestes Urlaubsrevier der Insel. Hier fand sich bereits der

OBEN: Apoxyomenos scheint vor allem weibliche Fans zu haben.
UNTEN: Aber auch der Hafen von Lošinj hat seinen Reiz.

Habsburger Adel ein. Dichte Aleppokiefernwälder spenden den Hotelanlagen und den alten österreichischen Villen reichlich Schatten. Gebadet wird in kleinen Felsbuchten. Der Uferweg zum Kap Annunziata führt zu einer kleinen Votivkirche mit klassizistischer Fassade, die Mariä Verkündigung (Annunziata, 16. Jh.) geweiht ist. Die Segelschiffbilder wurden als Dank für die Errettung aus Seenot gestiftet.

Kräuter und Co.

Aromagarten

Die Pflanzenkennerin Sandra Nikolić hat sich mit dem Aromagarten (Miomirisni vrt) einen Traum erfüllt, gerne führt sie – auch auf Deutsch – hindurch, veranstaltet Workshops und stellt Feigenmarmelade oder Duftpotpourris her. Eine Führung krönt ein Gläschen hausgemachter Limončello mit Zitronen von der Insel oder ein Kräuterlikör mit Myrthe. Von Mali Lošinj 10 Minuten zu Fuß.

Mioririsni otočki vrt, Bukovica 6 | März – Juni, Sept. – Dez. tgl. 8 – 15, Juli – Aug. tgl. 8.30 – 12.30, 18 – 21 Uhr | Tel. 098 32 65 19 | Eintritt: ohne Führung frei | www.miomirisni-vrt.hr

Veli Lošinj

Abwechslungsreicher Auftakt

★ Hafenbucht

Abends, wenn die Lichter angehen, verbreitet sich eine zauberhafte Stimmung in der schlanken, tief ins Land einschneidenden Hafenbucht. Die Häuser stehen eng beieinander, in manchen Restaurants sitzt man dicht am Hafenbecken. Die barocke **Pfarrkirche Sv. Antun** (Antonius) erhebt sich seit 1774 hoch über dem Hafenbecken von Veli Lošin. Die Kunstwerke in ihrem Inneren wurden von reichen Kapitänen gestiftet.

BAEDEKER MAGISCHE MOMENTE

DUFTENDES PARADIES

Am besten einfach nur schnuppern, schauen, schmecken, genießen: Betörende Düfte nach Lavendel, Rosmarin und mediterranen Wildkräutern durchziehen den Aromagarten von Sandra Nikolić bei Mali Lošinj. Und vor dem Abschied noch im kleinen Laden nach einem duftenden Mitbringsel stöbern – natürlich aus eigenem Anbau.

Der runde venezianische, mit einer Mauerkrone versehene **Wehrturm** Kula (16. Jh.) am Ende des Hafens gilt als Wahrzeichen des Städtchens. Im hübsch restaurierten Turm ist ein **Museum mit Galerie** untergebracht, das die Seefahrertradition auch für Landratten anschaulich darstellt. Im Erdgeschoss begrüßt eine Kopie der Apoxyomenos-Statue die Besucher.
Mitte Juni – Mitte Sept. Di. – So. 10 – 13, 16 – 22 Uhr, übrige Zeit kürzer, Mitte Okt. – Ostern nur n.V. | Eintritt: 35 Kuna | www.muzej.losinj.hr

Es lebe der Delfin!

Delfin-Schutzzentrum

Gut 200 Delfine tummeln sich im Archipel von Lošinj. Das Umweltschutzzentrum **Plavi svijet** (Blaue Welt) kümmert sich um die Säugetiere. Ein kleines Ausstellungszentrum im Hafen von Veli Lošinj informiert mit Film und Fotos über das Schutzprojekt sowie die Unterwasserwelt vor Lošinj. Die Patenschaft für einen Delfin kostet jährlich 300 Kuna, dafür gibt es ein Foto des Tiers.
Am Hafen | Tel. 051 60 46 66 | www.blue-world.org

Grüne Oase

Waldpark Podjavori

Der mit Aleppokiefern und Macchia bewachsene Waldpark (39 ha) schmiegt sich an den Hang des Kalvarienbergs. Im Lustgarten von Erzherzog Karl Stephan wachsen **200 Pflanzenarten**, die Kapitäne von ihren Reisen mitgebracht haben.

Weitere Orte auf Lošinj

Bei den Fischern

Nerezine

Bei der Anreise von der Insel Cres liegt 5 km südlich von Osor zunächst das ruhige Fischerdörfchen Nerezine: Im Hafen schaukeln einige Boote, die Einheimischen treffen sich im Café. Gelb leuchtet das restaurierte Hotel Televrin, in alter K.-u.-k.-Tradition, das früher Hafenamt und Rathaus war. Von der Terrasse fällt der Blick auf den kleinen Hafen und die Fischer, die mit ihrem Fang zurückkehren.

Der Berg ruft!

Osoršćica-Massiv

Der österreichische Thronfolger Rudolf machte es 1887 vor: Zwei Jahre bevor er sich mit seiner Geliebten Mary Vetsera in Mayerling umbrachte, stieg er in das Osoršica-Massiv hinauf, das sich im Norden der Insel erstreckt. Der gut markierte Wanderweg durch das Gebirge war ursprünglich für den adeligen Gast – der übrigens auf Geierjagd war – angelegt worden. Er führt ab Nerezine auf den Televrin hinauf (588 m ü. d. M.). Ein wenig niedriger ist der Gipfel Sv. Mikul (Nikolaus) mit Blick auf das Velebit-Gebirge, die Kvarner-Inseln und Istrien. Eine Berghütte ist im Sommer täglich geöffnet, sonst nur am Wochenende. Eine alternative Route führt ab Osor ins Gebirge hinauf.

Inseln im Archipel von Lošinj

Ruhiges Eiland

Unije Der Glockenturm der Kirche Sv. Andrija (Andreas) von Unije von 1857 weist Schiffen schon von Weitem den Weg. An der Nordseite der Insel (16,7 km^2, westlich von Lošinj) laden **schöne Buchten** ein.

Baden am Sandstrand

Sušak Sanddünen in der Adria? Das autofreie, hügelige Inselchen Sušak (3,7 km^2) besteht aus Sandböden und Lehm, die vom Wurzelwerk des Schilfs zusammengehalten werden. Vermutlich wurde der Sand durch starke Windböen aus Flussablagerungen hergetragen. Die Böden eigenen sich gut für den Anbau der Rotweinsorte **Sušćan crni**. Die abgeschiedene Lage trug dazu bei, dass sich unter den 150 Einwohnern ein altertümlicher Dialekt erhalten konnte. Ebenso ungewohnt mutet die **Tracht der Frauen** an mit einer Art Minirock und dicken pinkfarbenen Wollstrümpfen. Der Benediktinerkirche Sv. Nikola (Nikolaus) aus dem 11. Jh. wird folgende Legende zugeschrieben: Ein ans Ufer geschwemmtes Holzkreuz wurde in die Kirche getragen und hat im Inneren so an Größe zugelegt, dass es nicht mehr durch die Tür passte. Offenbar muss es dort bleiben. Etwa 1 km südlich der Ortschaft wird an einem traumhaften Sandstrand in der Bucht Bok gebadet. Anreise: Ausflugsboote oder Linienschiffe (ein bis zwei Mal pro Tag) ab Mali Lošinj.

Auf zur Blumeninsel

Ilovik Herrlich blühender Oleander und üppige Rosensträucher brachten der südlichsten Insel (5,5 km^2) Ilovik den Beinamen »Blumeninsel« ein, hier wachsen sogar Eukalyptusbäume. Schöne Strände locken viele Segelboote an. Die rund 80 Bewohner sind auch nach ihrem Tod auf ein Schiff angewiesen, denn der örtliche Friedhof liegt auf dem Nachbarinselchen Sveti Petar.

MOŠĆENIČA DRAGA

Höhe: 15 m ü. d. M. | **Einwohner:** 600 | Kroatien

Natürlich könnte man auch die serpentinenartige Landstraße nehmen, um ins mittelalterliche Felsendörfchen Mošćenice zu gelangen. Aufregender ist jedoch der alte Treppenweg, der sich den Waldhang hinauf zieht: Auf 760 Stufen bleibt reichlich Gelegenheit, um den Blick auf türkisfarbene Felsbuchten und einen langen Kiesstrand zu werfen, der den Badeort Mošćenićka Draga so beliebt macht.

Diese Herren sehen das Treiben am Strand gelassen. Denn in der Oberstadt von Mošćenice ist davon kaum etwas zu spüren.

Wo das Učka-Gebirge fast bis in die Adria abfällt, erstreckt sich einer der beliebtesten Ferienorte an der raueren Ostküste Istriens: Mošćenićka Draga (ital. Draga di Moschiena), tief in einer Bucht eingebettet. Die Meerenge Vela vrata (Großes Tor) trennt das Festland an dieser Stelle von der Insel Cres – die sich als Silhouette am Horizont abzeichnet.

Badeurlaub angesagt

Sipar heißt die Traumdestination, besser gesagt, der wahre Trumpf des einstigen Fischerdörfchens Mošćenićka Draga: Der mehrere hundert Meter **lange Kieselstrand** fällt flach ins Meer ab. Er entstand aus dem Geröll eines Bachs, der im Učka-Massiv entspringt – das Meer splittete das grobe Geröll in Kiesel. Südlich davon erstreckt sich der zweite Strand, Sv. Ivan, der auf Höhe der Villa Zagreb mit Felsformationen lockt. Vereinzelte Felsbuchten laden zum Schnorcheln ein. Taucher schätzen die Unterwasserwelt vor der Küste südlich von Mošćenčka Draga.

Wohin in und um Mošćenička Draga?

Beliebter Ferienort

Hafen

Moderne Ferienwohnungen ziehen sich den grünen Hang hinauf, während sich einige hübsche Häuser rund um den Hafen gruppieren. Hier hat sich der beliebte Ferienort noch ein wenig ursprünglichen Charme bewahrt, als die Einwohner noch überwiegend vom Fisch-

MOŠĆENIĆKA DRAGA ERLEBEN

TOURISTINFORMATION

Aleja Slatina 7
51417 Mošćenička Draga
Tel. 052 73 91 66
www.tz-moscenicka.hr

Febr./März: Karneval, Mošćenička Draga

VILLA KLEINER €€

Nur der Fußweg trennt das Ufer von dem ruhigen Haus mit geräumigen Apartments. Sauna, beheiztem Meerwasserpool und Fitnessraum.
Šetalište 25. travnja 28
51417 Mošćenička Draga
Tel. 051 73 75 44
www.villa-kleiner.com

RESTORAN JOHNSON €€€€

Das Johnson zählt zu den besten Fisch-Adressen in der Kvarner-Bucht. Auf den Tisch kommt hier nur das Beste, das einheimische Fischer – am selben Tag – gefangen haben, z. B. die berühmten Kvarner Scampi (Kaisergranat). Der ungewöhnliche Restaurantname stammt übrigens vom früheren Besitzer, der den amerikanischen Ex-Präsidenten Lyndon B. Johnson so verehrte, dass er sein Lokal nach ihm benannte.
Majćevo 29b, Mošćenička Draga (nach der Kreuzung in Richtung Mošćenice)
Tel. 051 73 75 78
www.johnson.hr
Di. Ruhetag

KONOBA ZIJAVICA €€€

Ein perfekter Ort, um Fisch zu genießen: In Strandnähe, mit schönem Ausblick, werden hier Meeresspezialitäten raffiniert zubereitet – etwa frittierte Kabeljaubällchen als Vorspeise. Der luftgetrocknete Pršut wird auf einer Mini-Leine über dem Teller aufgehängt serviert.
Šetalište 25. travnja 2
Mošćenićka Draga
Tel. 051 73 72 43
www.konoba-zijavica.com

KONOBA BATELAN €€

In dem bodenständigen Restaurant mit Holzbänken auf der Terrasse essen auch die Einheimischen gerne: Regionale Gerichte stehen auf der kompakten Speisekarte, die mit Fisch, Fleisch, Gemüse oder hausgemachten Gnocchi jeden Geschmack bedienen dürfte.
Brseč 4, Brseč
Tel. 051 29 00 21

fang lebten. Entlang der **Uferpromenade** finden sich vereinzelt schmucke Villen – und natürlich viele Restaurants. Die besseren werden direkt von Fischern beliefert, die ihren Tagesfang in Plastikkisten von Bord tragen. Dazu gehört das renommierte Feinschmecker-Fischrestaurant Johnson, das ein wenig außerhalb liegt. Dafür ist es mindestens genauso bekannt, zumindest unter Gourmets, wie der Kieselstrand von Mošćenička Draga. Sehenswert ist auch die Kapelle Sv. Petar (Petrus) von 1575, mit glagolitischen Inschriften.

Rund ums Olivenöl

★ Mošćenice

Auf steilen Klippen wacht das winzige mittelalterliche Städtchen Mošćenice (ital. Moschienizze) hoch über dem Meer. Vor dem Stadttor (1634) mit Habsburger Wappen, dem einzigen Zugang in die winzige Altstadt, begrüßt eine Loggia die Besucher. Zwei gepflasterte Gassen durchziehn das Städtchen. Von der Plattform vor der barocken Kirche Sv. Andrija (Andreas) genießt man einen schönen Blick auf die Kvarner-Inseln.

Dass der Ort jahrhundertelang vom Olivenanbau lebte, erfährt man im **Ethnografischen Museum** (Etnografska zbirka). Hier werden Schäfertrachten, eine Feuerstelle mit Kochgefäßen und traditoneller Schmuck gezeigt. Im zweiten Stock lagern Olivenölkrüge, Sicheln und Fischerausrüstung. Glanzstück des kleinen Museums ist aber eine 500 Jahre alte Ölmühle (Toš) im Nebengebäude, die erst 1970 in den Ruhestand ging. Der massive Mühlstein wurde von mehreren Pferden angetrieben, die wegen Erschöpfung alle drei Stunden ausgewechselt werden mussten. Für einen Liter Öl wurden 9 kg Oliven benötigt. Auch für die alten Steintröge für die Erstpressung (Extra Vergine) hat man eine neue Verwendung gefunden : Sie stehen als Blumenkästen vor den Häusern.

Museum: tgl. 10 – 17 Uhr | Eintritt: 10 Kuna

Kunst von Einst und Jetzt

Brseč (ital. Bersezio)

Das mittelalterliche Städtchen Brseč, 9 km südlich von Mošćenička Draga, erhebt sich auf einem 157 m hohen Felsen über der Küste. Hier endet die so genannte **Liburnische Riviera**, die bei Opatija im Norden beginnt. Enge Gassen und Durchgänge führen am Kastell, Glockenturm und der Stadtmauer vorbei. Von der Aussichtsplattform vor der alten Stadtmauer bietet sich ein schöner Blick auf die Inseln Cres, Sušak und Unije. Die Pfarrkirche Sv. Juraj (Georg) aus dem 14. Jh. birgt Fresken, die Meister Albert aus Konstanz später schuf. In Brseč wurde **Eugen Kumičić** (1850 – 1904) geboren, ein kroatischer Politiker und Schriftsteller des Naturalismus. Viele kroatische Schulen sind nach ihm benannt. In seinem Geburtshaus befindet sich die Galerie »Eugen K«. Bršec hat ebenfalls eine alte Ölmühle, die noch aus dem 17. Jh. stammt.

Ein Wanderweg führt von Brseč zum Berg **Sisol** (835 m ü. d. M.) im südlichen Učka-Gebirge. Der Pfad ist rot-weiß markiert und beginnt etwa 50 m hinter der Bushaltestelle. Der Aufstieg dauert ca. 2,5 Std.

Der bekannte kroatische Bildhauer Ljubo de Karina lebt im Dörfchen Zagorje, 2 km von Bršec entfernt – und empfängt Besucher n. V. in seiner **Open-Air-Galerie**.

Bei Brseč führt eine 3 km lange Stichstraße von der aussichtsreichen Küstenstraße D66 nach **Brestova** hinab, den Hafen der Autofähre nach Porozina auf ▶ Cres.

MOTOVUN

Höhe: 277 m ü. d. M. | **Einwohner:** 1000 | Kroatien

Eines Morgens brach Giancarlo Zigante wie gewohnt mit seiner Hündin Diana auf, um in den Eichenwäldern um Motovun auf Trüffeljagd zu gehen. Was die Hundedame jedoch im Unterholz erschnüffelte, konnte Zigante kaum glauben: Einen 1,3 kg schweren weißen Trüffelpilz! Dieser sicherte ihm 1999 den Eintrag ins Guiness-Buch der Rekorde und den seither ungebrochenen offiziellen Weltrekord. Die Gegend um Motovun bietet die Gelegenheit, um die kostspielige Delikatesse kennenzulernen!

Für Trüffelfans

Wie ein Sahnehäubchen thront die Altstadt von Motovun (ital. Montona) auf einem Hügel, hoch über dem Mirna-Tal. Vielen gilt das Panorama, mit zinnengekrönten Wehrtürmen, als das **schönste Bergstädtchen** im Hinterland Istriens. **Feinschmecker** pilgern vor allem zwischen Oktober und Dezember wegen der weißen Trüffeln hierher, die in den Wäldern um Motovun prächtig gedeihen. Der Sommer gehört hingegen dem Dokumentarfilm: Fünf Tage im Juli ist der Hauptplatz von Motovun für das überregional bekannte Filmfestival reserviert!

Die Gegend war bereits von Kelten und Römern besiedelt. 983 schenkte der deutsche Kaiser Otto II. das Städtchen dem Bischof von Poreč. Unter der venezianischen Herrschaft (1278 – 1797) erlebte Motovun seine Blütezeit und erhielt mächtige Wehrmauern. Nach dem Zweiten Weltkrieg wanderte die italienische Bevölkerung weitgehend aus, das Städtchen drohte zu veröden – der Tourismus brachte die Wende.

Wohin in Motovun?

Doppelt hält besser

Festungs-system

Steil zieht sich die Straße in die Altstadt von Motovun hinauf, Autos und Reisebusse bleiben am Fuße des Hügels zurück: Kleine Geschäfte locken mit Trüffelöl oder getrüffeltem Käse. Entlang der Wehrmauer wird das doppelte Befestigungssystem gut sichtbar, das die Altstadt vor Angreifern schützen sollte: Es umfasst eine innere, begehbare **Stadtmauer** (14. Jh.) und einen äußeren Mauerring, der die später entstandene Unterstadt umschließen sollte. Oben angelangt, bietet der äußere Hauptplatz – zwischen äußerem und innerem Stadttor – den schönsten Blick von der Altstadtmauer auf das Mirna-Tal. Der Platz ist nach dem bei der K.-u.-k.-Marine zuständigen Forstintendanten **Josef Ressel** benannt (Trg Josefa Ressela), der ab 1835 hier stationiert war – und als Erfinder der Schiffsschraube zu Lebzeiten keine Anerkennung fand. Eine Steintafel erinnert an ihn (Gradiziol 50). Durch das innere Stadttor, ein wappengeschmückter gotischer Wehrturm (14. Jh.), geht es zum Hauptplatz in der Altstadt. Die Loggia stammt aus dem 17. Jahrhundert.

Aus der Romanik

Trg Andrea Antico

Der innere Hauptplatz (Trg Andrea Antico) ist nach dem in Motovun geborenen Renaissancekomponisten **Andrea Antico** (um 1480 bis 1538/40) benannt. Der Kommunalpalast (16. Jh.) gilt als einer der größten romanischen Paläste Istriens. Von 1330 stammt die alte Zisterne unterhalb des Platzes. Der Polesini-Palast, heute ein Hotel, war einst ein romanisches Kastell.

Kirchenkunst

Sv. Stjepan

Über dem Hauptplatz wacht der 27 m hohe **Campanile** (13. Jh.) mit Schießscharten und Zinnen, ursprünglich ein Wehrturm. Die dreischiffige Kirche hl. Stephanus (Sv. Stjepan) von 1614 vereinigt Elemente von Barock und Renaissance und besitzt drei sehenswerte Marmoraltäre sowie schöne liturgische Gefäße.

Rund um Motovun

Trüffelfundort

Motovuner Trüffelwald

Am Ufer der Mirna wächst der dichte Motovuner Wald, dessen Stieleichen die Venezianer für den Bau ihrer Schiffe nutzten. Heute ist die Gegend mit ihren feuchten Böden vor allem als herausragen-

BAEDEKER MAGISCHE MOMENTE

TRÜFFELN VOM HL. MARTIN

Im Herbst, wenn es anderswo schon ungemütlich stürmt, ist die Luft in Istrien oft noch angenehm mild. Und es lohnt sich, hinzufahren. Denn es ist der ideale Zeitpunkt, um weiße Trüffeln und jungen Wein in Motovun zu probieren! Und vielleicht treffen Sie dann auch Sankt Martin, der rund um den 11. November in den Dörfern den frisch gekelterten Wein segnet ...

MOTOVUN ERLEBEN

TOURISTINFORMATION
Trg Andrea Antico 1
52424 Motovun
Tel. 052 68 17 26
www.tz-motovun.hr

Ende Juli: Filmfestival Motovun, www.motovunfilmfestival.com
Okt. Tuberfest: Trüffelsuche mit Hunden, Trüffelauktion, Livade

Es gibt mehrere Geschäfte mit **Trüffelspezialitäten**, u. a. Natura Tartufi. Trüffelspezialist Giancarlo Zigante betreibt Läden in Motovun und Livade.
In Livade empfiehlt sich der Weg zu Svetoslav Janković, der feinsten **Honig** mit unterschiedlichsten Aromen offeriert (n. V., Tel. 052 66 41 43). Hervorragende **Weine** keltert z. B. Klaudio Tomaz (Kanal 36, Tel. 052 68 17 17, www.vina-tomaz.hr, Besuch und Weinprobe n. V.).

HOTEL KASTEL €€
Im Polesini-Palazzo aus dem 17. Jh., am Hauptplatz des Hügelstädtchens Motovun, ist dieses Boutique-Hotel mit seinen 33 Zimmern untergebracht. Hinter dem historischen Gemäuer erwarten ein Pool und eine Dachterrasse mit Blick auf das Mirna-Tal die Gäste. Im hoteleigenen Restaurant werden Trüffelgerichte serviert.
Trg Andrea Antico 7
Motovun
Tel. 052 68 16 07
www.hotel-kastel-motovun.hr

FERIENHAUS STANCIJA 1904 €€
Hausbesitzerin Draženka Moll vermietet im Dörfchen Smoljanci restaurierte istrische Steinhäuser mit luxuriöser Ausstattung. Sie bietet ihren Gästen auch Kochkurse an: Die Zutaten stammen von kleinen Erzeugern aus der Umgebung oder dem üppigen eigenen Garten, in dem 127 Pflanzenarten wachsen – etwa Feigen, Pfefferminze oder wilder Rucola.
Smoljanci 2 – 3
Svetvinčenat-Smoljanci
Tel. mobil 098 7389 74
www.ferienhaus-istrien.com

RESTORAN ZIGANTE €€€€
Das bekannteste kroatische Trüffel-Gourmetrestaurant betreibt Trüffelkönig und Großhändler Giancarlo Zigante im Dörfchen Livade. Da wird so ziemlich alles getrüffelt, was auf den Tisch kommt: von den köstlichen hausgemachten Nudeln bis zur Nachspeise. Mehr als 200 internationale Weine lagern in Zigantes Keller. Auch Zimmervermietung.
Livade 7, Livade
Tel. 052 66 43 02
www.restaurantzigante.com

KONOBA MONDO €€€
In der nostalgisch eingerichteten Konoba stimmt alles: hausgemachtes Brot, Pasta mit reichlich gehobelten Trüffeln (in Scheiben!) und guter Service. Ein Genuss ist das Auberginen-Risotto!
Barbacan 1, Motovun
Tel. 052 68 17 91

SELJAČKI TURIZAM JADRUHI €€

Auf dem Agrotourismus-Anwesen wird täglich frisches Brot gebacken, das zu hausgemachtem Pršut, Würstchen, Speck und gutem Wein serviert wird, 4 km südlich von Vižinada.
Jadruhi 11, Vižinada-Jadruhi
Tel. 052 44 61 94
www.jadruhi.com

AGROTURIZAM STEFANIĆ €€

Im Dörfchen Stefanići kocht Familie Stefanić saisonal, mit Wildspargel, Fenchel oder Feigen. Truthahn wird mit Äpfeln aus dem eigenen Obstgarten verfeinert. An der Straße Motovun – Karojba Richtung Süden links in Richtung Kaldir abbiegen.
Stefanići 55, Motovun
Tel. 052 68 90 26
www.agroturizam-stefanic.hr

der Fundort für Trüffeln bekannt, was sich auch in einer erklecklichen Anzahl hervorragender Restaurants niederschlägt, die Gäste mit vorzüglichen Trüffelgerichten verwöhnen.

Restaurant- oder Museumsbesuch?

Livade

Wer das winzige Dörfchen Livade, 4 km nördlich von Motovun, ansteuert, hat meist nur einen Grund: Trüffelpapst Zigante betreibt vor Ort sein erstklassiges, elegantes Restaurant für seine Kreationen mit der Edelknolle. **Eisenbahn-Fans** besuchen hingegen das kleine Museum, das der früheren Parenzana-Schmalspurbahn gewidmet ist, die über Livade verlief.

Museum: Juni – Sept. tgl. 10 – 19, Okt. nur Sa. – So. 10 – 19 Uhr, übrige Zeit n. V. | Tel. 052 6 4 41 50 | Eintritt: frei

Malerischer Bergort

Oprtalj

Vom Aussichtsplateau des Dörfchens Oprtalj (378 m ü. d. M., ital. Portole), 11 km nördlich von Motovun, schweift der Blick über eine fruchtbare Hügellandschaft, die an die Toskana erinnert. Hübsch ist die barocke, fuchsiafarbene Loggia (1765) mit Lapidarium und venezianischem Markuslöwen am Beginn der Altstadt. Über dem Portal der Pfarrkirche Sv. Juraj (Georg) von 1526 zeigt ein goldenes Mosaik den Gottessohn. Der Kirchturm gegenüber besitzt einen quadratischen Abschluss, ungewöhnlich für Istrien, wo die Türme in der Regel eine pyramidenförmige Spitze haben. Die Wandmalereien in der Kirche der Blažena Djevica Marija (Selige Jungfrau Maria) aus dem 15. Jh. stammen von einem Meister aus Koper. Meister Anton aus Kašćerga schuf die Fresken im Kirchlein Sv. Rok (Rochus, 16. Jh.).

Heilsame Quellen

Istarske Toplice

Die warmen, schwefelhaltigen und radioaktiven Quellen von Istarske Toplice, 10 km nördlich von Motovun, schätzten bereits die alten Römer. Bis heute lassen sich vor allem Rheuma-Patienten im einzigen **Thermalbad** in Kroatisch-Istrien behandeln – das allerdings einen recht postsozialistischen Charme verströmt. Eine zur Mirna hin abfal-

Schon der Anblick von Motovun ist etwas für Feinschmecker ....

lende Schlucht mit einer bis zu 85 m hohen Felswand hat ihren Namen »Željezna vrata« (Eisentor) nicht von ungefähr – dadurch wurde der Ort vor Angreifern geschützt. Kletterer lieben diesen Felsen! Ein Wanderweg führt in Serpentinen zur Kirche Sv. Stjepan (Stephanus, 19. Jh.) hinauf.

Versteckte Ruine

Pietrapilosa

Abseits der Hauptstraße von Livade nach Buzet erhebt sich die von Gestrüpp überwachsene Burgruine Pietrapilosa (Kosmati kaštel) hoch über dem Bračana-Tal. Ein Pfad leitet Wanderer zu der im

10. Jh. erstmals erwähnten Festung hinauf, wo auch das Kirchlein Sv. Magdalena aus dem 13. Jh. steht.

Idyllische Natur

Einen Panoramablick auf den Stausee (Jezero Butoniga) kann man östlich von Motovun erhaschen – das war es dann aber auch schon, denn ein Zaun schützt den **Trinkwasserspeicher**. Die Umgebung ist ein Idyll: Malerische Hügellandschaft, die sich bis zu 400 m hoch erhebt, umgibt den See, der über die Mirna nach Novigrad in die Adria abfließt. Gespeist wird er durch unterirdische Quellen.

Butoniga-Stausee

Es lebe die Bahn!

Vižinada

Das beschauliche Örtchen Vižinada über dem Mirna-Tal, 17 km südwestlich von Motovun, wurde im 12. Jh. erstmals erwähnt. Zur wirtschaftlichen Entwicklung trug die **Parenzana-Schmalspurbahn** bei, die durch Vižinada (ital. Visinada) verlief. Von hier stammt die Ballerina **Carlotta Grisi** (Interessante Menschen ▶ S. 285). Am Hauptplatz dominieren eine Loggia (17. Jh.) und die Pfarrkirche Sv. Jeronim (Hieronymus) von 1837, die dem aus Istrien stammenden Bibelübersetzer geweiht ist (Interessante Menschen ▶S. 285). Die barocke Zisterne mit zwei Brunnen (1722) ziert der venezianische Markuslöwe. In der Kirche Sv. Barnaba (Barnabas) südlich des Hauptplatzes sind mittelalterliche Fresken zu sehen.
Neues Highlight ist seit einigen Jahren die Parenzana-Bimmelbahn, die 1,5 Std. bis Motovun benötigt. Ein Ausflug kann mit einer Verkostung istrischer Spezialitäten in einem Agroturismusbetrieb verbunden werden (ab 160 Kuna, Mai – Nov., www.parenzana.hr).

NOVIGRAD

Höhe: 2 m ü. d. M. | **Einwohner:** 4400 | Kroatien

In Novigrad gab es früher kein Haus ohne Seemann, niemanden der nicht von der Seefahrt gelebt hätte. Die Fischer- und Segelboote im Hafen dienen heute eher der Muße oder um die eine oder andere Jakobsmuschel oder Seezungen aus dem Meer zu fischen. Die begehrten Delikatessen gedeihen im Zusammenfluss des Süßwassers aus der Mündung der Mirna in die salzige Adria prächtig und haben längst ihren festen Platz in den Gastrotempeln von Novigrad, die viele Feinschmecker anziehen.

Meeresfrüchte!

Das schmucke Fischerstädtchen Novigrad (ital. Cittanova), die »neue Stadt«, liegt auf einer in die Adria ragenden Landzunge. In der kleinen, aber feinen Altstadt verschmelzen venezianische Architektur, Barock und Renaissance miteinander. Gebadet wird im Stadtzentrum direkt an der Mole, unterhalb der Stadtmauer, und nahe der Marina gibt es weitere Badeplätze, ebenso außerhalb der Stadt. Taucher lockt u. a. das Wrack der »HMS Coriolanus«, eines britischen Kriegsschiffs, dass 1945 sank (▶ Baedeker Wissen S. 294).
Möglicherweise haben bereits im 6. Jh. Flüchtlinge aus dem historischen Emona, heute Ljubljana, die antike Stadt Aemonia hier errichtet. Jedenfalls gab es hier eine griechische Kolonie, später eine römische Siedlung. Die Venezianer nutzten den Hafen vor allem für die

NOVIGRAD ERLEBEN

TOURISMUSVERBAND

Mandrač 29a, 52466 Novigrad
Tel. 052 75 70 75
www.coloursofistria.com/novigrad

Ende April: Šparugada (Spargelfest)
Juni: Jakobsmuschelfest (Večer novigradske kapešante)
1. Aug.: Astro Party Lunasa mit Workshops und Sternebeobachtung in der dunklen Altstadt
28. Aug.: Stadtfest des hl. Pelagius mit Musik und kulinarischen Spezialitäten.
Kulinarische (»Njam-Njam«-)Feste
Sept.: Fischerfest (More na tanjuru)

Der Sonnenuntergang-Hotspot in Novigrad ist die **Coffee & Wine bar Vitriol** am Ende der Uferpromenade (Poprorela 10). Die **Lounge-Bar Pepe** nebenan ist ebenso beliebt. Am 3 km entfernten Strand Mareda trifft man sich am Abend im **Beach Club Macumba** auf einen Cocktail.

RESTORAN DAMIR E ORNELLA €€€€

Sushi war gestern! Vorzügliches Adria-Sashimi aus rohem Fisch servieren Damir Beletić und seine Frau Ornella in der Edel-Konoba. Deshalb werden sie oft als »Sashimi-Pioniere Kroatiens« bezeichnet. Der tagesfrische Fisch wird vor den Augen der Gäste mit scharfen Klingen filetiert und mit einer feinen Olivenöl-Marinade zubereitet. Reservierung erforderlich.
Zidine 5, Novigrad
Tel. 052 75 81 34
Mo. Ruhetag, Mittagsruhe: 15.30 – 18.30 (Winter) bzw. 19.30 Uhr (Sommer)

KONOBA ČOK €€€€

In der angenehmen Edelkonoba werden fangfrischer Fisch, Austern, Scampi und Jakobsmuscheln serviert. Sergio Jugovac, genannt Čok, empfiehlt gute Weine und bietet als Krönung lokalen Frischkäse Skuta mit Honig aus eigener Produktion an, den er mit ein wenig Blütenpollen dekoriert.
Sv. Antuna 2
Novigrad
Tel. 052 75 76 43
Mi. Ruhetag, Mittagsruhe: 15 – 18.30 Uhr

RESTORAN PEPENERO €€€€

Küchenchef Marin Rendić treibt nicht nur die Passion zum Kochen an, sondern eine Philosophie: »Zurück zur Natur und alten Traditionen, aber auf kreative Art.« Entsprechend serviert er in seinem Gourmet-Restaurant ein siebengängiges Fischmenü raffiniert mit Seegras und Meerschwamm. 20 Gäste pro Abend, mehr nicht – das erfordert unbedingt eine Reservierung! Unlängst sind das etwas preisgünstigere Restaurant Pepebianco und die loungige Pepebar gegenüber hinzugekommen.
Porporela bb, Novigrad
Tel. 052 75 77 06
http://pepenero.hr

IZLETIŠTE SANTA MARINA €€€

Im kleinen Fischerhafen von Lanterna sitzt man auf halben Baumstämmen an rustikalen Holztischen. Üppige Fischplatten gibt es hier zu vernünftigen Preisen, abends Unterhaltung mit Live-Musik. Nette Geste:

Maiskolben werden für den Nachwuchs kostenlos serviert.
Ribarska ul./Santa Marina
Tar-Vabriga
Tel. 052 44 31 73

RIGO WINE BAR & BUFFET €€€
In dem kleinen, gemütlichen Weinlokal werden ausgewählte Spitzen-Weine aus der Region verkostet. Dazu kommen istrischer Pršut, Käse, Olivenöl und frisches Brot als kleiner Snack auf den Tisch!
Velika ul. 5, Novigrad
Tel. mobil 091 577 28 74

Verschiffung von Holz, das aus dem Wald von Motovun die Mirna hinab geflößt wurde. Novigrad wurde zunächst von der Pest bedroht, schließlich wüteten die Uskoken, bei Überfällen der Türken wurden 1687 viele Kunstwerke zerstört. Im 18. Jh. verband man das Inselchen mit dem Festland.

Wohin in und um Novigrad?

Alte Mauern

Stadtmauer und Loggia

Überreste der Stadtmauer finden sich an einigen Stellen bis heute. Die **Befestigung aus der Spätantike** wurde unter venezianischer Herrschaft im 13. Jh. ausgebaut. Südlich der Altstadt führt das Seetor (Porta marina) durch zinnenbesetzte Mauerreste hindurch. Neben der Stadtmauer thront die Loggia (16. Jh.) oder Belvedere sehr nahe am Wasser. Zwei Rundtürme erheben sich südlich des Hafens, ein Teil der Stadtmauer wurde in das Hotel Cittar integriert.

Der Schutzheilige der Stadt

St. Pelagius und Maximus, Lapidarium

Die dreischiffige Pfarrkirche Sv. Pelagij i Maksim (Pelagius und Maxim) steht am Hauptplatz Veliki trg (Großer Platz). Mehrfach umgebaut, hat sie ihre romanischen Grundzüge doch weitgehend bewahrt. In einem Sarkophag aus dem 12. Jh. ruhen die sterblichen Überreste des hl. Pelagius. Der Schutzheilige der Stadt ist auch am freistehenden Campanile (1883) zu sehen, der nach dem Vorbild der Markuskirche in Venedig errichtet wurde. Das Lapidarium nebenan beherbergt etwa 100 Steindenkmäler, Altarplatten und Inschriften. Herausragend ist etwa das steinerne Ziborium des Bischofs Mauritius (Mauricije, 8. Jh.).

Lapidarium: Veliki trg 8a | Juni – Sept. Di. – So. 10 – 13, 18 – 22 Uhr, sonst kürzer | Eintritt: 10 Kuna | www.muzej-lapidarium.hr

Moderne Kunst

Galerie Rigo

Das barocke Stadtpalais der einstigen Patrizier und Großgrundbesitzer Rigo (Palača Rigo) ist heute eine Galerie für Moderne Kunst mit wechselnden Ausstellungen. Insbesondere werden Arbeiten junger

Künstler gezeigt. Die wohlhabende Patrizierfamilie Rigo trug erheblich zum Aufschwung von Novigrad bei.
Velika ulica 5, Juni - Sept. 10 - 13, 18 - 22 Uhr | sonst kürzer | Eintritt: 10 Kuna | www.galerija-rigo.hr

Seefahrtsgeschichte

K.-u.-k.-Kriegsmarinemuseum

Als das Segelforschungsschiff Admiral Tegetthoff 1872 zur österreichisch-ungarischen Polarexpedition aufbrach, waren auch Seeleute aus Istrien an Bord. Das Schiff, dass die heute zu Russland gehörende Inselgruppe Franz-Josef-Land entdeckte, würde kaum jemand in Novigrad vermuten: Als liebevoll nachgebautes Schiffsmodell erzählt es in einem Lagerhaus in der Altstadt ein Stück große Geschichte: Nämlich, dass es der Donaumonarchie innerhalb eines Jahrhunderts gelang, eine respektable Handels- und Kriegsmarine aufzubauen, deren Wurzeln an der Adriaküste liegen. Gut 350 erstaunlich detailgetreue Schiffsmodelle, aber auch alte Uniformen, Logbücher und Souvenirs, die die Seeleute aus der ganzen Welt mitgebracht hatten, gibt es zu sehen. Ein weiterer Schwerpunkt liegt auf weniger bekannten Ereignissen nach dem Zusammenbruch der Donaumonarchie: Im Zweiten Weltkrieg dienten viele Männer aus Istrien auf den Schiffen der »Regia marina« der Italienischen Königlichen Kriegsmarine. Fast 3000 kamen dabei um, in dem Museum wird ihrer gedacht.
Mlinska ulica 1 | Mi. - Sa., April - Mitte Juni 9 - 12, 14 - 18, Mitte Juni bis Ende Aug. 9 - 12, 19 - 21, Sept. - Okt. 9 - 12, 15 - 18 Uhr | Eintritt: 30 Kuna | www.kuk-marine-museum.net

Der Abend kehrt ein in Novigrad, die Lichter gehen an ...

Eigentumsprobleme

Dajla

Das Örtchen Dajla, 5 km nördlich von Novigrad, lohnt einen Badestopp: Der 200 m lange **Fels- und Kiesstrand** ist herrlich unaufgeregt: fernab von Wassersportlern, Cafés und allzu viel Trubel. Das örtliche **Benediktinerkloster** erstreckt sich direkt am Meer. Vor einigen Jahren geriet es aufgrund eines Eigentumstreits zwischen dem Vatikan und Kroatien in die Schlagzeilen: Die Mönche aus Dalja waren nach dem Zweiten Weltkrieg ins italienische Kloster Praglia geflohen, die Kommunisten nutzten das Anwesen für die Landwirtschaft, später als Altersheim. 2011 forderte das Kloster Praglia eine Entschädigung, da man in Kroatien mit dem Verkauf von Ländereien des Klosters Dajla begonnen hatte – um darauf ein Hotel zu errichten. Die italienischen Ordensbrüder wurden von Papst Benedikt XVI. bestärkt, der ihnen eine Entschädigung zusicherte. Das kam beim kroatischen Klerus überhaupt nicht gut an, das zuständige Gericht in Pula lehnte die Klage 2015 schließlich ab.

Ein Papstbesuch mit Folgen

Tar-Vabriga

Mit dem Papst hatte es auch die Gemeinde Tar-Vabriga, 5 km südöstlich von Novigrad, zu tun: Eine Inschrift an der Pfarrkirche Sv. Martin erinnert an den Besuch von Papst Pius VII. im Juni 1800. Das katholische Kirchenoberhaupt war während einer Schifffahrt in ein Unwetter geraten und suchte Schutz in Tar. Zur Erinnerung daran ließ er eine Medaille prägen, die heute im British Museum in London aufbewahrt wird. Tar-Vabriga ist für guten **Wein** und köstliche **Oliven** bekannt. Trotz der benachbarten, lebhaften Ferienanlage Lanterna wirkt der Ort, der einst aus zwei Dörfern bestand, noch recht ursprünglich.

NOVI VINODOLSKI

Höhe: 0 – 33 m ü. d. M. | **Einwohner:** 5100 | Kroatien

Nicht nur jung und schön, sondern auch geschickt sollte es sein. Wer das »Röschen von Vinodol« (Vinodolska Ružica) werden möchte, muss die Trauben nicht nur pflücken, sondern sie auch barfuß in einem Holzzuber maischen können. Schließlich führt die alljährlich gewählte Weinkönigin eine lange Tradition fort: Rebstöcke waren in der Umgebung von Novi Vinodol schon für den Ortsnamen, Neues Weintal, verantwortlich. 140 Jahre war der Brauch in Vergessenheit geraten, nun wird die »Ružica« mit einem Volksfest alljährlich wiedergewählt – und alle feiern mit!

Das hügelige Weintal im Hinterland schützt die Küste vor kühlen Winden – und lädt zu **Wanderungen** ein. Novi Vinodolski ist heute ein beliebter Bade- und Ferienort mit Cafés, Liegen, Banana-Boot und Wasserskiverleih – am Stadtstrand geht es lebhaft zu. Für **Radfahrer** wurden mehrere schöne Routen durch das Hinterland ausgearbeitet: Die Landkarte »Bike Route« gibt's beim Tourismusbüro.

Im »neuen Weintal«

Als wichtiges, mittelalterliches Rechtsdokument Kroatiens gilt das **Gesetzbuch von Vinodol** (Vinodolski zakonik), verfasst 1288 in glagolitischer Schrift und dem Čakavischen Dialekt. Darin wurde Novi Vinodol erstmals erwähnt, zudem sind dort alte Rechtsgewohnheiten verankert, die für das Fürstentum von Vinodol galten, das damals aus neun Gemeinden bestand. Das 28-seitige Dokument ist in der National- und Universitätsbibliothek Zagreb aufbewahrt. An das 700-jährige Bestehen des Gesetzbuchs im Jahr 1988 erinnert ein Brunnen auf dem Hauptplatz, der die Namen der neun Gemeinden trägt, die im Buch erwähnt wurden. Die Fürsten Frankopan ließen in ihrem Fürstentum neun Kastelle errichten, auf dem Gebiet der Gemeinde Vinodol finden sich drei – in Bribir, Grižane und Drivenik und noch ein antikes in Badanj.

Wohin in Novi Vinodolski?

Heldenehrung

Kvadrac

Vom einstigen Kastell der Frankopanen (Frankopanski kaštel) im Zentrum ist heute nur noch der Kvadrac übrig – ein mittelalterlicher, restaurierter Wehrturm. Dort zeigt das **Volkskundemuseum** (Narodni muzej) archäologische Funde, Waffen, Alltagsgegenstände und eine Kopie des Gesetzes von Vinodol, in dem übrigens das Kastell erwähnt wird. Außerdem beschäftigt sich das Museum mit dem Politiker, Schriftsteller und Statthalter Ivan Mažuranić aus Novi Vinodolski (1814 –1890), einem bedeutenden Vertreter der kroatischen Nationalbewegung im 19. Jahrhundert. Der auf dem 100-Kuna-Schein abgebildete Mažuranić verfasste u. a. 1846 das Heldengedicht »Tod des Smail-Aga Čengić« sowie ein deutsch-kroatisches Wörterbuch. An seinem Geburtshaus in der nach ihm benannten Straße hängt eine Gedenktafel.

Kvadrac: Trg Vinodolskog zakona 1 | Juli – Aug. tgl. 9 – 12, 19 – 21, übrige Zeit Mo. – Fr. 9 – 12 Uhr | Eintritt: 12 Kuna

Bischöfliche List

Sv. Filip i Jakov

Das genaue Baujahr der dreischiffigen Basilika Sv. Filip i Jakov (Philip und Jakob), mit spätgotischen und barocken Elementen, ist unbekannt. Der freistehende Glockenturm nebenan wurde erst 1911 errichtet, nachdem der Turm auf dem Kirchendach abgetragen worden war. In der Kirche befindet sich das Grab von Bischof Kristof von

NOVI VINDOLSKI ERLEBEN

TOURISTINFORMATION

Kralja Tomislava 6
Tel. 051 79 11 71
www.tz-novi-vinodolski.hr

KONOBA STUDEC €€€

In dem Ausflugslokal im Weinberg genießt man auf rustikalen Holzbänken hausgemachten Žlahtina-Weißwein aus dem Vinodol-Tal oder probiert leckeren Oktopus mit Kartoffeln, auf Peka-Art in der Schmorglocke (am Vortag bestellen!). Wer Grillteller (Fleisch und Fisch) mag, wird hier zufrieden sein. Vegetarier sollten die hausgemachten Gnocchi probieren!
Vinska cesta 2
Novi Vinodolski-Pavlomir, 3 km vom Zentrum in Richtung Bribir
Tel. mobil 091 175 16 23
www.binarnet.hr/konoba-studec
Mo. Ruhetag

RESTORAN VINODOL €€€

Frischer Fisch schmeckt mit Blick auf die Adria gleich noch viel besser. In dem bodenständigen, familiengeführten Restaurant kommt er fangfrisch auf den Grill. Viele Gäste kommen auch wegen der Pizza.
Obala Petra Krešimira IV 1b
Novi Vinodolski, Tel. 051 24 45 15
www.restaurant-vinodol.hr

Modruš, der mit einer Kriegslist bekannt wurde: Auf der Flucht vor den Türken 1493 soll er dafür gesorgt haben, dass bei den Pferden die Hufeisen verkehrt herum angebracht wurden, sodass die Verfolger in die falsche Richtung ritten und der Bischof die Stadt unbeschadet erreichte.

★★ OPATIJA

Höhe: 0 – 50 m ü. d. M. | **Einwohner:** 12 000 | Kroatien

Zu einem guten Preis erwarb der Holzhändler Ignino Scarpa aus Rijeka ein Grundstück in Opatija. Darauf ließ er ein Herrenhaus mit Park errichten, das er nach seiner früh verstorbenen Frau benannte: Villa Angiolina. Schon bald verkehrte der K.-u.-k.-Adel auf dem Anwesen. Das milde Klima von Opatija sprach sich in der gesamten Donaumonarchie herum: Mit prunkvollen Hotels und Villen verwandelte sich der Ort bald in ein mondänes Seebad, und täglich wurde für die Sommerfrischler Sachertorte direkt aus Wien angeliefert. Heute pflegt Opatija seine leicht verstaubte, jedoch überaus charmante K.-u.-k.-Tradition erneut.

Opatija (ital. Abbazia) gilt als die »Grande Dame« des kroatischen Tourismus: **Prächtige Gründerzeitvillen** in majestätischem Schönbrunner Gelb und Palmen in den Vorgärten empfangen Hotelgäste, **Kaffeehäuser** mit Stuckdecken und Seeterrassen sorgen für nostalgisches Flair. Das **milde Klima** verdankt die Riviera von Opatija dem Učka-Massiv: Der Gebirgszug erhebt sich unmittelbar hinter der Küste und schützt die Orte vor kalten Winden aus dem Hinterland.

K.-u.-k.-Charme

Eigentlich ist Opatija, ebenso wie der italienische Name Abbazia, die Bezeichnung für »Abtei«. Die winzige Siedlung um das namensgebende Kloster erhielt 1873 richtig Aufschwung. Damals baute die Wiener Südbahngesellschaft eine Abzweigung von Rijeka ins slowenische Pivka, die oberhalb von Opatija verlief. Schon bald entstanden mondäne Badeanstalten, Parks, Hotels, Villen und Kurpromenaden. 1889 wurde Opatija erster offizieller heilklimatischer Kurort an der K.-u.-k.-Adria. Mit dem Untergang der Donaumonarchie fiel der Ort an Italien. Zu sozialistischen Zeiten verblassten die Villen, heute setzt man wieder auf **gehobenen Tourismus** und nostalgische Konzepte wie Walzernächte.

Slatina, der zentralste Stadtstrand von Opatija, hat zwar einfache Einstiege, ist jedoch in wenig anheimelnden Beton gegossen. Schöner badet man außerhalb: In Richtung Lovran öffnen sich kleine Buchten, Schatten gibt es am Peharovo-Strand (Richtung Medveja). In Medveja selbst lockt ein großer Kiesstrand.

Wohin in Opatija?

Am Puls der Stadt

An der belebten **Hauptstraße**, etwas zurückgesetzt von der parallel verlaufenden Uferlinie, reihen sich schöne Villen, Hotels, Geschäfte, Souvenirläden, Cafés und Restaurants aneinander. Hier trifft man sich, will sehen und gesehen werden.

Ulica Maršala Tita

So fing alles an

Die prächtig restaurierte Villa Angiolina (1848) beherbergt heute das **Kroatische Museum für Tourismus** (Hrvatski muzej turizma). Mit nostalgischen Postkarten, Fotos und Kostümen erinnert die Ausstellung an die aristokratischen Feriengäste. Ein wunderbarer, 3,64 ha großer Park mit 150 teils subtropischen Pflanzenarten aus aller Welt umgibt die Villa. Angelegt wurde er vom Wiener Architekt Carl Schubert. Die weiße Kamelie, die Lieblingsblume von Scarpas Gattin Angiolina, importierte er in Gedenken an sie aus Japan (Camelia Japonica), inzwischen ist sie im milden Opatija heimisch geworden und ein Wahrzeichen der Stadt. Den Park prägen zudem duftende Magnolien, amerikanische Mammutbäume, afrikanische Bananenstauden und asiatische Zedern. Inmitten dieses Parks hat man Friedrich Julius

★ Villa Angiolina

OPATIJA ERLEBEN

TOURISTINFORMATION
Obala Maršala Tita 128
51410 Opatija
Tel. 051 27 13 10
www.visitopatija.com

PRIRODNI PARK (NATURPARK) UČKA
Liganj 42, 51415 Lovran
Tel. 051 29 37 53
www.pp-ucka.hr

Die **Tourist Card Rijeka & Opatija** gilt 24/48/72 Stunden (50/80/100 Kuna) und ermöglicht den freien Eintritt in viele Museen und kostenlosen Bustransport.

Febr./März: Karneval in Opatija, Lovran
Erstes Juli-Wochenende: Liburnia-Jazzfestival, Opatija (www.liburniajazz.hr)
Mitte Juli: Kaisernacht, Konzerte und Kostüme aus der Habsburger Zeit, Opatija
Juli – Aug.: Open-Air-Festival im Park Angiolina, Opatija (www.festivalopatija.hr)
Mitte Okt.: Maronenfest »Marunada«, Lovran

Kulinarisches und **Naturprodukte** von kleinen kroatischen Erzeugern, etwa hochwertige Peelings und Seifen, gibt es in der Manufaktura (Maršala Tita 112, www.manufaktura-souvenirs.com). Die **Kamelienblüte** von Opatija wird in den Hotel-Konditoreien (Milenij, Bristol, Imperial) als süßes Souvenir angeboten. Bestandteile sind Marzipan, Schokolade, Orangeat, Rosinen, Mandeln und Feigen.

HOTEL NAVIS €€€€
Auf einer Steilklippe thront dieses stylische Design-Hotel. Auch das Interieur der 44 Zimmer ist maritim, mit Einrichtung »Made in Croatia«. Der gläserne Balkon öffnet einen unverstellten Meerblick, der hier Standard ist, auf die Kvarner-Bucht. Im Gourmet-Restaurant dominiert ebenfalls das Meer, mit fangfrischem Fisch.
Ivana Matetića Ronjgova 10
Opatija-Volosko
Tel. 051 44 46 00
www.hotel-navis.hr

REMISENS PREMIUM HOTEL KVARNER €€€€
Das elegante, 1884 eingeweihte Luxushotel am Lungomare von Opatija muss man einfach gesehen haben, wenn man altösterreichische Nostalgie mag. Im legendären Kristallsaal wurde schon zu Kaisers Zeiten Walzer getanzt, gelegentlich knüpft man heute daran an. Seit kurzem gilt hier das »Adults only«-Konzept (nur Gäste ab 16 Jahren).
Ul. Pava Tomašića 2
Opatija
Tel. 051 71 04 44
www.remisens.com

HOTEL MOZART €€€€
In diesem stilvollen, romantischen Jugendstilhotel von 1896 lebt der nostalgische Charme der Habsburger Monarchie fort: Die 26 Zimmer – unbedingt Meerblick buchen! – wurden vereinzelt mit Antiquitäten eingerichtet. Das Personal trägt ganz stilvoll Uniform, und Mozarts Büste setzt

dem altösterreichische Ambiente das i-Tüpfelchen auf (▶ Abb. S. 12/13)
Ulica Maršala Tita 138, Opatija
Tel. 051 71 82 60
www.hotel-mozart.hr

VILLA ASTRA €€€€

Die Villa im venezianischen Stil, 1903 errichtet, verschönern Spitzfenster und historische Terrazzo-Böden. Sechs geräumige Zimmer stehen zur Auswahl, entsprechend familiär ist das Ambiente. Mit wenigen Schritten ist der kleine Privatstrand zu erreichen, herrlich ist auch der Meerwasserpool in einem kleinen Park.
Ulica Viktora Cara Emina 11
Lovran
Tel. 051 29 44 00
www.hotelvillaastra.com

In der angesagten **Hemingway-Bar Opatija** im Hafen (Zert 2) trifft sich die jugendliche Boheme. Ein Ableger der Bar-Kette, **Hemingway Medveja**, gilt als schönste Strandbar an der Riviera von Opatija, mit Baldachin-Lounge (Medveja Strand; beide Bars: www.hemingway.hr).

DRAGA DI LOVRANA €€€€

Das Draga di Lovrana (auch Hotel) ist ein ganz besonderer Ort, hoch oben auf dem Berg. Beim spektakulären Ausblick von der Terrasse vergisst man die steile Anfahrt: Die raffinierten Gerichte werden hier mit viel Passion zubereitet und serviert. Tipp: Das Überraschungsmenü, mit Fisch oder Fleisch, ist ein kulinarisches Erlebnis – das natürlich seinen Preis hat. Reservierung empfohlen!
Cesta za Lovransku Dragu 1
Lovran
Tel. 051 29 41 66
www.dragadilovrana.hr
Di. – So. 13 – 23, Mo. erst ab 18 Uhr

RESTORAN PLAVI PODRUM €€€€

Das traditionsreiche Feinschmecker-Fischlokal mit überdachter Terrasse im Fischerhafen von Volosko zählt zu den besten Restaurants in der Region. Dazu tragen exzellente Fischgerichte und eine gute Weinkarte bei. Der Besitzer war schon mehrfach kroatischer »Sommelier des Jahres«.
Obala Frane Supila 12
Opatija-Volosko
Tel. 051 70 12 23
www.plavipodrum.com

STANCIJA KOVAČIĆI €€€€

Einen Ableger des beliebten Slow-Food-Restaurants Kukuriku in Kastav gibt es seit wenigen Jahren in Matulji, 5 km nördlich von Opatija. Der Koch verarbeitet bevorzugt lokale und saisonale Produkte auf hohem Niveau. Einziges Manko: Das elegante Landgut liegt ein wenig versteckt, am besten Navi einschalten!
Rukavac 51, Matulji
Tel. 051 27 21 06
www.stancija-kovacici.hr
Di. Ruhetag (Juli – Aug. Di. ab 18 Uhr)

BISTRO YACHT CLUB €€€

Das gläserne Schiffsrestaurant in der Marina von Opatija schätzen viele Nautiker, die nebenan ankern. Die Küche konzentriert sich auf gut zubereiteten frischen Fisch, Austern und Muscheln – bietet jedoch auch bodenständige hausgemachte Pasta.
Zert 1, Opatija
Tel. 051 27 23 45
www.yacht-club-opatija.com

RUŽMARIN €€€

Der Andrang ist groß – und das hat seinen Grund: Bodenständige kroatische Küche – von Pizza über gegrillte Calamari oder erprobte Šurlice mit Trüffel-Rahmsauce und Garnelen – werden auf raffinierte Art angerich-

tet. Wer keine Reservierung hat, sollte reichlich Wartezeit mitbringen.
Veprinački put 2
Opatija
Tel. 051 71 26 73
https://restaurant-ruzmarin.com/de

GOSTIONA ISTRANKA €€
Die einfache, gemütliche Gaststätte hinter der Hauptstraße ist auch bei Einheimischen sehr beliebt. Zu fairen Preisen kommt hier Gulasch, Gegrilltes oder istrische Maneštra mit Bohnen und Würstchen auf den Tisch.
Bože Milanovića 2, Opatija
Tel. 051 27 18 35

KAOKAKAO €
Die winzige, moderne Patisserie führt feine Törtchen und Kuchen: Kleine, auch aufgetürmte Kunstwerke mit Schokolade, Früchten oder Sahne liegen ebenso vegan (mit Kokosnussöl) oder zuckerfrei zubereitet in der Schauvitrine aus. Als leichter Mittagssnack empfiehlt sich die hausgemachte Quiche.
Ul. A. Štangera 44
Opatija-Volosko
Tel. 051 70 12 17
www.facebook.com/kaokakaopatisserie
Tgl. 8 – 22 Uhr

Schüler ein Denkmal gesetzt. Er war Direktor der Wiener Südbahn und eine der treibenden Kräfte bei der Entwicklung der touristischen Infrastruktur in Opatija.
Tourismusmuseum: Park Angiolina 1 | Juli – Aug. tgl. 10 – 22, April – Juni und Sept. – Okt. bis 20, übrige Zeit bis 18 Uhr
Eintritt: 10 Kuna | www.hrmt.hr

K.-u.-k.-Charme vom Feinsten

Hotel Kvarner

Nach wie vor eine führende Rolle in der Beherbergungsszene von Opatija nimmt das stolze Hotel Kvarner ein (▶ Abb. S. 318), und das immerhin seit 1884. Das einstige »Hotel Quarnero« ist immer noch der Inbegriff des gehobenen Tourismus an der Riviera von Opatija. Ein weiteres Flaggschiff, ebenfalls mit reichlich K.-u.-k.-Charme ist das **Miramare**, unter österreichischer Leitung. Es wurde dem berühmten Märchenschloss Miramare bei Triest baulich nachempfunden. Den Hotelgarten prägt ein Brunnen in Form einer Kamelie, den der österreichische Bildhauer Hans Muhr vor einem Jahrzehnt in Wien entworfen hat – zum Teil aus österreichischem Marmor, um die enge Bindung der beiden Länder zu unterstreichen.

Alte und neue Architektur

Sv. Jakov

Im kleinen Park südlich des Hotels Kvarner steht das **älteste Gebäude** von Opatija: Eine Kirche von 1420, die dem Schutzpatron der Stadt, Sv. Jakov (Jakob) geweiht ist. Modern sind die Kreuzwegstationen des slowenischen Künstlers Tone Kralj (1900 – 1975). Die Kirche gehört zur namensgebenden Benediktinerabtei Sv. Jakov. Neben der Kirche erhebt sich der säulengestützte **Kunstpavillon** Juraj Matija Šporer (Umjetnički paviljon) von 1899, der heute für Kulturveranstaltungen genutzt wird. Šporer war Schriftsteller, Arzt und der Begründer der »Gesellschaft zum Ausbau Opatijas als Bade- und Kurort«.

Beliebte Postkartenmotive

Mädchen mit Möwe

In der Nähe des Pavillons blickt das in Bronze gegossene »Mädchen mit der Möwe« (Djevojka s galebom) des Bildhauers Zvonko Car (▶ Crikvenica, S. 71) von 1956 auf das Meer – auch ein Wahrzeichen von Opatija. Ein Stück weiter, im alten Fischerhafen Portić, erinnert die **Skulptur eines Barkajoli** an die frühere Tradition der Bootstaxis, die von so genannten Barkajoli gesteuert wurden.

Für wen ist der nächste Stern?

Walk of Fame

Die begehrten Sterne auf dem Bürgersteig oberhalb des Strandbads Slatina werden seit 2005 an kroatische Stars vergeben: Sänger wie Ivo Robić (»Mister Morgen«), aber auch der Wissenschaftler und Elektroingenieur Nikola Tesla, nach dem die Tesla-Spule benannt ist, haben hier einen Stern.

Rund um Opatija

Alte Pracht

★★ Riviera von Opatija

Wie Perlen reihen sich vornehme Villen und Badebuchten an der etwa 30 km langen Riviera von Opatija (Opatijaska rivijera) aneinander. Diese erstreckt sich im äußersten Nordosten Istriens – von Mošćenička Draga im Süden bis Matulji im Norden. Den Küstenabschnitt prägen elegante Jugendstilhotels. In besonderem Maß gilt das für den Bereich des **Lungomare**, zwischen Opatija-Volosko und Lovran. Unbedingt lohnend ist ein Spaziergang entlang der ca. 12 km langen Promenade am Meer, die noch ein Gefühl dafür vermittelt, wie es hier zu K.-u.-k.-Zeiten gewesen sein mag. Übrigens: Der erste Abschnitt dieser Promenade wurde bereits 1889 fertiggestellt. Auch der Habsburger-Kaiser Franz Joseph I. war hier desöfteren und gerne zu Gast.

Adresse für Gourmets

Volosko

Eine Zeitreise entlang der Riviera beginnt in Volosko, nördlich von Opatija: Der vornehme Vorort ist für mehrere Feinschmecker-Restaurants bekannt, zum Teil mit zauberhaftem Blick auf den kleinen Stadthafen.

Schwäbische Wurzeln

Ičići, Ika

Die beiden ehemaligen Fischerdörfchen Ičići und Ika sind längst schon zusammengewachsen. Die hübsche Jugendstilvilla des Steinbruchbesitzers Jakob Ludwig Münz erhebt sich seit 1903 oberhalb des Jachthafens von Ičići und hat leider schon bessere Zeiten gesehen. Der wuchtige Turm auf dem Dach der Villa Münz soll dem Ulmer Münster nachempfunden sein, da der Besitzer aus der schwäbischen Stadt stammte.

OBEN: An der Seepromenade versteht man, weshalb Opatija schon zu K.-u.-k-Zeiten begehrt war.
UNTEN: Auf wen wartet wohl das Mädchen mit Möwe?

Lorbeerstadt

Lovran

Südlich von Ika setzen sich die herrschaftlichen Villen im unmittelbar anschließenden Städtchen Lovran fort. Die vielen Lorbeerbüsche an den Hängen standen Pate für den Ortsnamen (kroat. Lovor = Lorbeer). Lovran machte dieselbe Entwicklung durch wie Opatija, stand jedoch immer etwas in dessen Schatten.
Die Kapelle Sv. Trojstva (Dreifaltigkeit) am malerischen Hafen zieren spätgotische Fresken. Das Stadttor gegenüber führt in den **mittelalterlichen Stadtkern** mit engen Gassen, die auf den barocken Hauptplatz münden. Dort steht die Kirche Sv. Juraj (Georg) neben einem romanischen Glockenturm (12. Jh.), innen ist sie mit mehr als 500 Jahre alten Fresken eines unbekannten Malers geschmückt. Der Drachentöter selbst ist als Holzrelief am gegenüberliegenden ehemaligen Rathaus (bis 1870) zu sehen. Ein weiteres Portal zeigt das Holzrelief eines Gesichts mit unglaublichem Schnurrbart, weshalb das dazugehörige Gebäude Muselmanenhaus genannt wird.
Wer moderne Malerei mag, sollte in der **Galerija Fortezza** vorbeischauen. Bekannt ist Lovran außerdem für seine saftigen Kirschen, die im Frühsommer Leckermäuler anziehen; im Herbst feiert man die Esskastanie mit einem großen Fest – und in den meisten Cafés kommt vorzügliches Maronipüree auf den Tisch.

Strand oder Berg?

Medveja

Der beliebte Badeort Medveja schließt sich mit flacher Bucht und 2 km langem Kiesstrand südlich an Lovran an, ebenfalls in geschützter Lage zu Füßen des Učka-Gebirges. Er eignet sich nicht nur als Standort für Wassersportaktivitäten, sondern auch gut als Ausgangspunkt für Wanderungen im Učka-Gebirge.

Abstecher ins Hinterland

Lovranska Draga

Oberhalb der Riviera von Opatija säumen je nach Jahreszeit blühende Kirschbäume, saftige Wiesen oder pralle Weintrauben die Serpentinenstraße nach Lovranska Draga hinauf, 8 km südwestlich von Lovran. Das Hotelrestaurant Draga Di Lovrana (▶ S. 143) bietet einen eindrucksvollen Panoramablick. Ein **Spazierweg** mit Namen Slap (Wasserfall) führt nach etwa 45 Min. an einem ebensolchen vorbei.

Beliebte Outdoor-Region

★★ Naturpark Učka

Der Učka-Gebirgszug steigt gleich hinter der Riviera von Opatija empor. Der 160 km² große Naturpark, der diesen Status seit 1999 hat, schützt die Küste nicht nur vor heftigen Winden – sondern ist auch ein altes Wandergebiet. Mutmaßlich wurde es von einem gekrönten Haupt zum ersten Mal bestiegen: Der vom Bergwandern begeisterte sächsische König Friedrich August soll 1838 das Bergmassiv als Erster erobert haben. Heute treffen sich hier nicht nur Wanderer, sondern auch Mountainbiker, Gleitschirmflieger und Kletterer (auf 60 Rou-

BAEDEKER ✦ MAGISCHE MOMENTE

UND IN DER FERNE VENEDIG

Der Rundblick vom Vojak über die ganze Istrische Halbinsel und die Kvarner-Bucht ist eigentlich schon einmalig genug. Aber wenn man etwas Glück hat, wenn alles passt, die Wetterlage schön, klar und nicht diesig ist – da! Sind das jenseits des Meeres nicht die Türme von Venedig?

ten!). Geeignete Startpunkte für Ausflüge in die raue Bergwelt sind Opatija, Lovran, Medveja und ▶ Mošćenička Draga. Die Radfahrer-Karte »Učka-Bike« halten die Touristinformationen bereit. Die Nähe des Meeres und das spezifische Bergklima sorgen für etliche endemische Pflanzenarten wie die nach ihrem Standort benannte Učka-Glockenblume (Campanula tommasiniana), die nur hier wächst. Dazu breiten sich Nadel- und Laubwälder, letztere vor allem mit Buchen, weitläufig zwischen den Felsen aus.

Auf die **höchste Erhebung**, den 1401 m hohen **Vojak**, westlich von Medveja, errichtete 1911 der Österreichische Touristenclub einen 7 m hohen Rundturm mit Außentreppe. Teleskope ermöglichen die Fernsicht, die bei klarer Sicht sogar bis zu den Julischen Alpen reicht. Ein kleiner Souvenirstand bietet Postkarten und Getränke an. Die Autostraße, die hinaufführt, wurde nach Kaiser Franz Joseph benannt, der sie anlegen ließ – ebenso wie den Brunnen unterwegs.

Schöner ist die Strecke hinauf **zum Vojak zu Fuß**: Die mittelschwere Wanderung beginnt bei der bewirteten Schutzhütte Učka (922 m ü. d. M.). Diese erreicht man entlang der A 8 von Opatija in Richtung Pula, über die Ausfahrt Savroni/Veprinac, bis zur Beschilderung »Poklon-Pass«. Dort bleibt das Auto auf einem Parkplatz mit Informationstafeln. Rot-weiße Punkte zeigen den Weg hinauf, der größtenteils durch den Wald führt. Nach einer Stunde Aufstieg wird der Weg, an Kalkfelsen entlang, recht schmal, dann öffnet sich der Blick auf die Kvarner Bucht: Noch 15 Min. sind es von dort bis zum Gipfel, wobei das letzte Stück entlang der Autostraße hinaufführt.

Der Rückweg hinab lässt sich mit einem **Lehrpfad** verbinden, wo Informationstafeln, auch auf Deutsch, über Flora und Fauna informieren. Stellenweise wird es hier ein wenig steiler. Den Pfad erreicht man nach 10 Min. vom Vojak-Gipfel.

Wie im wilden Westen

Vela Draga

Durch das canyonartige Tal Vela Draga an den Westhängen der Učka, mit 100 m hohen Felsen und Kalksäulen, führt ein 2 km langer Lehrpfad. Faszinierend sind die spitzen Felstürme, die vereinzelt aus dem grünen Tal ragen – und fast ein wenig Wild-West-Flair verströmen. Da liegt es nahe, dass im Vela Draga-Tal eine Szene der Winnetou-Verfilmung »Unter Geiern« gedreht wurde. Oberhalb der Schlucht führt ein recht einfacher Weg, etwa 1,2 km lang, zu einem **Aussichtspunkt** mit Panoramablick.

Anreise: Ab Opatija in Richtung Pula die Ausfahrt Vranja nehmen, links leitet ein Schild zum Parkplatz Vela Draga.

★ PAZIN

Höhe: 291 m ü. d. M. | **Einwohner:** 4400 | Kroatien

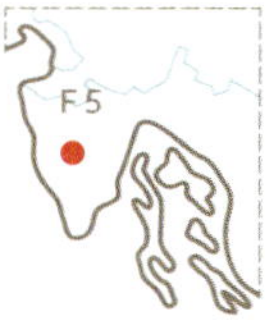

Das Hügelstädtchen Pazin bietet die perfekte Kulisse für einen kühnen Abenteuerroman: Ein Widerstandskämpfer wird in einem historischen Kastell eingekerkert, das über einer dramatischen Schlucht thront. Durch den steilwandigen Taleinschnitt hindurch gelingt ihm die Flucht in eine Karsthöhle, in der ein Fluss verschwindet und unterirdisch weiterläuft. Man muss aber keine Abenteuerromane lesen, um von dem eindrucksvollen Panorama, das den französischen Schriftsteller Jules Vernes inspirierte, ebenfalls begeistert zu sein.

Die Mitte Istriens

Die geografische Lage, im Herzen der istrischen Halbinsel, brachte Pazin einst seinen deutschen Namen »Mitterburg« ein. Südlich der Stadt führt eine Schotterpiste zur geografischen Mitte, markiert durch eine winzige Steinpyramide: Drei imaginäre Linien, die mit moderner Technologie vermessen wurden, laufen hier zusammen. Man fährt Richtung Žminj und biegt nach Žbirlini links zum Dorf Trošti ab, von dort folgt man der Beschilderung über die Feldwege.

Das Kastell von Pazin, das erstmals 983 als Castrum Pisinum erwähnt wurde, hatte einst strategische Bedeutung. Im Verlauf der Geschichte wechselte die Festung allerdings den Eigentümer so oft wie keine andere in Istrien: Nach den Bischöfen von Poreč (10. Jh.) reichten sich Adelsfamilien wie Andechs, Eppenstein, Wittelsbach und schließlich die Grafen von Görz das Zepter weiter. Ab dem 12. Jh. war hier der Sitz der gleichnamigen Markgrafschaft, die 1374 an die Habsburger fiel, im 18. Jh. an das Geschlecht der Montecuccoli. Ab 1822 war es K.-u.-k.-Verwaltungszentrum Istriens und blieb dies auch nach dem Umzug des Landtags nach Poreč 1861. Obwohl Pazin deutlich kleiner als die größte istrische Stadt Pula ist, werden die Verwaltungsfäden der Halbinsel bis heute von dort gezogen.

Wohin in Pazin?

Eindrucksvolles Panorama

Kastell

Die trutzige Festung (Kaštel) thront dramatisch 120 m hoch über der Fojba-Schlucht. Ihr jetziges Aussehen, mit ungleichmäßigem, fünfeckigem Grundriss, geht auf das 15./16. Jh. zurück, restauriert wurde sie im 19. Jahrhundert. Heute residieren hier zwei Museen: Das **Etnografische Museum (Etnografski muzej)** zeigt alte Handwerkskunst, Trachten, Möbel und frühere Alltagsgegenstände. Interessant ist ein istrischer Dudelsack aus Ziegenhaut, Mih genannt, der heute nur noch selten gespielt wird. Das **Stadtmuseum (Gradski muzej)** bewahrt eine interessante Glockensammlung. Ein Teil der Ausstellung konzentriert sich auf das Werk von Bischof **Juraj Dobrila** (1812 – 1882), der im Nachbardörfchen Ježenj geboren wurde. Er setzte sich für die Einführung der slowenischen und kroatischen Sprache im Alltag ein (Interessante Menschen ▶ S. 284)

Trg Istarskog razvoda 1 | Di. – So. 10 – 18 Uhr | Eintrittt: 25 Kuna
www.emi.hr

In oder über die Schlucht

★ Schlucht von Pazin

Das Flüsschen Pazinčica bahnt sich über 500 m seinen Weg durch die grüne, canyonartige Schlucht von Pazin (ital. Pisino) – um an deren Ende in einem Ponor (Schluckloch) zu versickern. An der Vršić-Brücke unterhalb des Kastells führt der Nordeingang zu einem 1,3 km langen, teils recht steilen **Lehrpfad** durch die Schlucht. Am Ufer der Pazinčica geht es hoch bis zur Piramida (Pyramide), einem Aussichtspunkt und anschließend zur Panoramaterrasse des Hotel Lovac. Unterwegs werden auf Holztafeln mehrsprachig Karstphänomene sowie Flora und Fauna erklärt.

Gute Nerven braucht man auf der **Zipline Pazinska jama**, der Ein-Mann-Seilbahn, die von der Terrasse des Hotels Lovac über die Schlucht führt. Mutige werden wie Bergsteiger dreifach (!) abgesichert, damit sie den Nervenkitzel gefahrlos überstehen, kleinere Kinder sausen im Tandem 500 m weit über die Paziner Schlucht.

Am **Schluckloch** des Flüsschens soll Dante Alighieri in seiner »Göttlichen Komödie« den Eingang in die Hölle angesiedelt haben: Die Pazinčica versickert dort in eine Höhle, um erst 25 km westlich beim Limski kanal wieder ans Tageslicht zu kommen! Eine Höhlenführung wird z. Zt. leider nicht angeboten.

Lehrpfad: tgl. 10 – 19 Uhr | Eintritt: 30 Kuna
Zipline: April – Sept. tgl. 10 – 19 Uhr | Kosten: 160 Kuna

Romanvorlage

Jules Verne

Von Kastell und Schluckloch ließ sich Jules Verne (1828 – 1905) inspirieren, die er allerdings nur vom Foto her kannte: Er sperrte den zum Tode verurteilten Protagonisten seines Romans »Mathias San-

Starke Nerven braucht es, wenn man per Zipline die Schlucht überquert. Aber man ist schnell drüben.

dorf«, einen Widerstandskämpfer gegen Österreich, 1867 in das Kastell von Pazin. Auf abenteuerlichem Weg entkommt Sandorf jedoch über die Festungsmauern durch das Schluckloch und die Karsthöhle.

Für den Stadtpatron

Sv. Nikola

Die romanische Pfarrkirche im Süden der Altstadt ist dem Paziner Schutzpatron Nikolaus geweiht. Sehenswert in der 1266 erstmals erwähnten Kirche sind die Fresken aus dem 15. Jh., die die Schöpfungsgeschichte abbilden. Der freistehende, 45 m hohe Campanile kam 1705 hinzu, die Orgel 1780.

Sommer tgl. 10.00 – 12, 16 – 18 Uhr | Eintritt: frei

PAZIN ERLEBEN

TOURISMUSVERBAND ZENTRALISTRIEN
Ulica Veli Jože 1
52000 Pazin
Tel. 052 62 24 60
www.central-istria.com

Jeden 1. Di. im Monat: **Samanj** (Größter traditioneller Markt Istriens, viel Kleidung, regionale Erzeugnisse), Pazin
Ende Juli: Sagen und Theater, Pićan (www.legendfest.hr)

AGROTURIZAM OGRADE €€€
Im dem Landgasthof, 10 km südlich von Pazin, fühlt man sich wie bei Verwandten zu Besuch: Hausgemachte Nudeln, Huhn vom eigenen Hof, Gemüse aus dem Garten, selbst gekelterter Malvazija und Teran sowie ein Schnaps mit Wildkräutern vom Anwesen. Alle Gerichte werden auf traditionelle Art zubereitet, auch unter der Peka-Schmorglocke.
Katun Lindarski 60, Pazin
www.agroturizam-ograde.hr
Tel. 052 69 30 35
Voranmeldung erbeten

KONOBA VELA VRATA €€€
Die Autos mit italienischen Kennzeichen vor dem Landgasthof sind, wie überall, ein Indikator für die gute Küche: Hausgemachte Pasta und zartes Steak, natürlich mit reichlich (!) gehobelten Trüffelscheiben sind nur ein Highlight.
Beram 41, Pazin-Beram
Tel. 052 62 68 01

Rund um Pazin

★★
Sv. Marija na škrlinama in Beram
▸ Abb. S. 8/9

Hohe Kunst der Wandmalerei
Ein unscheinbarer Feldweg führt vom Dörfchen Beram (5 km nordwestlich von Pazin) zum **bedeutendsten Freskenzyklus** in Istrien: Eine Vorhalle mit Säulen stützt das winzige Friedhofskirchlein Sv. Marija na škrlinama (hl. Maria im Fels, auch: hl. Maria auf Steintafeln) aus dem 13. Jh. 8 m lang ist die berühmte Wandmalerei »Der Totentanz« mit 46 gotischen Fresken von Meister Vincent aus Kastav (1474), ein einzigartiges Memento mori. Totentänze wurden insbesondere vor dem Hintergrund der im 14. Jh. in Europa wütenden Pest geschaffen. Weitere Fresken stellen die Heiligen Drei Könige, Szenen aus dem Leben Jesu und Marias, verschiedene Heilige und Kirchenväter dar. Interessant ist die Gestaltung von Jesus Christus über der Eingangstür: Er scheint die Betrachter immer anzusehen, unabhängig davon, von welcher Seite man ihn betrachtet. In der Kirche gibt es kein Licht, um die Fresken zu schonen.
Schlüssel erhältlich bei: Sonja Šestan, Beram 38, Tel. 052 62 29 03 | Eintritt: 20 Kuna | kleine Infoschrift auf Deutsch.

Schöne Atmosphäre

Lindar, 4 km östlich von Pazin auf einem Hügel (461 m. ü. d. M.), war einst vollständig von einer Wehrmauer umgeben. Aus der Renaissance sind noch einige Bürgerhäuser sowie die Loggia erhalten. Sehenswert sind die bunten Fresken in der Kirche Sv. Katarina.

Lindar (ital. Lindaro)

Kirchen, alte Gemäuer und ein Wasserfall

An seine wehrhafte Funktion erinnern im verschlafenen Örtchen Gračišće (457 m ü. d. M.), 8 km südöstlich von Pazin, noch ein Rundturm, das Haupttor und eine Loggia (16. Jh). In der spätgotischen Kirche Sv. Marija na Placu (Maria auf der Piazza, 1425) gibt es einige Fresken zu bewundern. Der markierte Rundwanderweg Sv. Šimun (Simeon) führt in drei Stunden über 11 km an Kapellen, den Ruinen einer alten Mühle und an einem Wasserfall vorbei – unterwegs wird es zuweilen recht steil.

Gračišće (ital. Gallignana)

Goldene Fäden

Das malerische Bergdorf Pićan (360 m ü. d. M.), 12 km südöstlich von Pazin, ist stolz auf einen **Bischofsumhang**, der aus Goldfäden gewebt wurde. Das Geschenk von Kaiserin Maria Theresia ist in der dreischiffigen, barocken Pfarrkirche Mariä Verkündigung ausgestellt. Nebenan ragt der mit 48 m dritthöchste Kirchturm Istriens empor.

Pićan (ital. Pedena)

Bedeutendes Kloster

Das Hügelstädtchen Sankt Peter im Walde, 11 km südwestlich von Pazin, ist für sein mittelalterliches Kloster bekannt, das zunächst den Benediktinern, später dem Paulinerorden gehörte. Die Kirche Sv. Petar i Pavao (Peter und Paul) von 1134 ist das Herz der Anlage. Das darin aufbewahrte Gemälde der Muttergottes von Tschenstochau (Gospa Čestohovska) soll der Überlieferung zufolge Blutstränen vergossen haben. Eine Seitennische ist mit einer vergoldeten Ledertapete ausgekleidet. Den Renaissancekreuzgang, eine Oase der Ruhe, prägen romanische Pfeiler und eine Zisterne.

Sv. Petar u Šumi (ital. San Pietro in Selve)

Schinken über Schinken

Gleich ein halbes Dutzend Schinkenmanufakturen brachten dem Bergdörfchen Tinjan, südlich von Pazin, seinen Beinamen ein: **Stadt des Istrischen Rohschinkens** (Grad pršuta). Die Delikatesse wird hier alljährlich am Patronatstag des Sv. Šimun (Simeon) Ende Oktober gefeiert. Der 28 m hohe, freistehenden Campanile gehört zur spätbarocken Pfarrkirche Sv. Šimun i Juda Tadej (Simeon und Judas Tadeus, 18. Jh.). Ganz in der Nähe erhebt sich eine sog. Richterbank, ein Steintisch mit Stühlen, an dem früher wichtige öffentliche Belange entschieden wurden. In der Umgebung finden sich einige Kažuni, **traditionelle Feldhäuschen** in Trockenbauweise und Trockenmauern.

Tinjan

★ PIRAN

Höhe: 0 – 90 m ü. d. M. | **Einwohner:** 4150 | Slowenien

Ein roter Palazzo mit Spitzfenstern sorgte im schönsten slowenischen Küstenstädtchen für reichlich Gerede – denn das Gebäude ließ ein reicher venezianischer Kaufmann für seine junge Geliebte errichten. Diese sollte ihn immer, wenn er sein Kommen ankündigte, auf dem Eckbalkon erwarten. Die Liason blieb freilich nicht verborgen, und das schöne Haus schürte Neid. Der Kaufmann trotzte dem Gerede mit einer Steintafel in venezianischem Dialekt: »Lassa pur dir« (Lass die Leute nur reden). Die von Löwenpranken umklammerte Inschrift prägt bis heute das schmucke »Venezianische Haus«.

Perle der Adria

Malerisch ragt die Altstadt auf einer spitz zulaufenden Landzunge ins Meer hinein. Das **mittelalterliche Gassengewirr**, über dem sich ein Campanile erhebt, mündet in romantische kleine Plätze mit herausgeputzen Fassaden. Eine Uferpromenade mit vielen Cafés und Restaurants – schöner Meerblick garantiert! – umrundet die **Landspitze**. An deren Ende lotst ein kleiner Leuchtturm die örtlichen Fischer schon seit 1872 sicher zurück in den Hafen. Massive Wehrmauern mit Türmen schützen die Stadt – ein Teil ist noch erhalten.
An der Punta, der spitzen Altstadtzunge, baden die Einheimischen gerne an Beton- und Kiesstränden. Wer es grüner mag, sollte zur malerischen Fiesa-Bucht 1 km ostwärts spazieren, wo es auch zwei unter Naturschutz stehende Süßwasserseen gibt.
Piran wurde vermutlich als griechische Kolonie gegründet, da sich der Ortsname vom griechischen »pyros« (Feuer) ableiten lässt. Damit war möglicherweise das Leuchtfeuer bei der griechischen Kolonie Aegida, dem heutigen Koper, gemeint. Im Mittelalter spielte die Hafenstadt als Umschlagplatz für Salz, Wein, Öl, Getreide, Holz und Eisen eine bedeutende Rolle. Die Bewohner kämpften an der Seite der Venezianer gegen Genua, im Gegenzug erhielt Piran 1192 seine Selbstständigkeit. Hundert Jahre später war das schon wieder vergessen: Die Venezianer besetzten die Stadt erneut und blieben nun bis Ende des 18. Jahrhunderts.

Wohin in Piran?

Am schönsten Platz Sloweniens

★ Tartinijev trg

Wo früher Fischer ihre Boote festmachten, trifft man sich heute auf einen Kaffee oder bestaunt die schönen Fassaden: Der ovale Tartini-Platz ist das Herz der Altstadt und erstreckt sich an der Stelle eines

1 Stara Gostilna
2 Neptun
3 Pavel
4 Gostišče Pirat
5 Čevabdžinica Sarajevo 84

1 Tartini
2 Hotel Piran
3 B&B Miracolo di Mare

aufgeschütteten Hafenbeckens. Prachtvoll erhebt sich dort das **Venezianische Haus** (Benečanka), das jener Kaufmann aus Venedig für seine Geliebte errichten ließ, mit dunkelroter Fassade, Eckbalkon und Blick auf den kleinen Stadthafen. Im Erdgeschoss ist heute ein kleines Geschäft untergebracht, in dem feine Salzprodukte aus den Salinen von Sečovlje verkauft werden. Im Haus nebenan zeigt die namhafte **Stadtgalerie** in sehenswerten Ausstellungen Werke zeitgenössischer Künstler.

Das Geschehen auf dem Platz überblickt dessen Namensgeber, der als Bronze-Standbild in der Mitte thront: Der berühmte Komponist und Geiger **Giuseppe Tartini** (▶ Interessante Menschen S. 287). Dessen **Geburtshaus** (Tarinijeva hiša) an der Ostseite des Platzes hütet eine kostbare Amati-Geige.

Wer sich für Alte Meister interessiert, sollte einen Blick in die **Petrus-Kirche** (Sv. Petar) neben dem Venezianischen Haus werfen: Das Altarbild malte im 16. Jh. ein Schüler von Tizian, Polidoro da Lanciano, der auch in der Dresdener Gemäldegalerie vertreten ist. In

PIRAN ERLEBEN

TOURISTINFORMATION

Tartinijev trg 2, 6330 Piran
Tel. 05 6 73 44 40
www.portoroz.si

Für Autofahrer ist vor der Altstadt Schluss. Vom großen **Parkhaus** (1,50 €/Std.) vor den Toren der Stadt verkehrt regelmäßig ein kostenloser Shuttle-Bus ins Zentrum. Hotelgäste dürfen zum Entladen ihrer Koffer in die Altstadt fahren, müssen das Auto aber umgehend wieder wegbringen.

Ende Mai: Artischockenfest in Strunjan
Mitte Aug. – Mitte Sept.: Tartini-Festival, Treffen von Spitzenmusikern, www.tartinifestival.org

Salzprodukte aus den Salinen von Sečovlje, darunter auch Exotisches wie Schokolade mit Fleur de Sel, werden im Salzgeschäft Benečanka im Venezianischen Haus am Tartinijev trg angeboten (www.soline.si). Nebenan in der Čokoladnica Olimje gibt es Tartini-Violinen aus **Schokolade** und köstliche **Pralinen** (Tartinijev trg 5, http://cokoladnica -olimje.si).

1 HOTEL TARTINI €€€

In dem modernen kleinen Stadthotel direkt am Hauptplatz ist man mitten im Geschehen. Schöne Dachterrasse.
Tartinijev trg 15, Piran
Tel. 05671 1000
www.hoteltartini.si

2 HOTEL PIRAN €€

Renoviertes Stadthotel direkt am Betonstrand mit Panorama-Frühstücksraum, netter Empfang. Abholservice vom Parkhaus vor der Altstadt.
Stjenkova ul. 1
Piran
Tel. 05690 7000
www.hoteli-piran.si

3 B&B MIRACOLO DI MARE €

Die Betreiber bemühen sich mit liebevoll zubereitetem Früstück in schönem Garten um die Gäste ihrer zwölf schlichten Zimmer. Abholservice vom Flughafen und Bahnhof.
Stjenkova ul. 1
Piran
Tel. 05690 7000
www.hoteli-piran.si

1 STARA GOSTILNA €€€

Mit der Fischplatte für Zwei liegt man in dem kleinen, familiären Bistro richtig. Für die Damen gibt es einen feinen Likör aufs Haus, die Herren bekommen einen selbstgebrannten Grappa.
Savudrijska ul. 2
Piran
Tel. 05 671 32 96

2 RESTAVRACIJA NEPTUN €€€

In dem kleinen, etwas versteckt liegenden Fischlokal soll Meeresgott Neptun persönlich kochen. Das verspricht zumindest ein Schild im Restaurant. Gegen die Frische und Zubereitung – als Ganzes im Ofen – hätte Neptun sicher nichts einzuwenden, so gut schmeckt es hier!
Župančičeva ul. 7, Piran
Tel. 05 6 73 41 11
Mittagsruhe: 16 – 18 Uhr

❸ RESTAVRACIJA PAVEL €€€

Direkt an der Uferpromenade lockt dieses gepflegte Traditionsrestaurant immer viele Gäste an. Dazu tragen sicher die Fischplatte und die Muscheln in Zitronensud bei. Der Höhepunkt ist die Prekmurska gibanica, die Königin der slowenischen Strudel: Mit Mohn, Quark, Nuss und Apfel gefüllt, kommt die Mehlspeise in bester K.-u.-k.-Tradition vierlagig daher!
Gregorčičeva ul. 3
Piran
Tel. 05 6 74 71 02

❹ GOSTIŠČE PIRAT €€

Die Gaststätte überzeugt nicht nur mit angenehm schattiger Terrasse am Hafen (Sonnenuntergang!), sondern auch mit ihrem Angebot: Serviert werden erschwingliche Tagesmenüs, der Schwerpunkt liegt auf Fisch und Meeresgetier. Muscheln werden mit Prosecco und getrockneten Tomaten verfeinert!
Župančičeva ul. 26
Piran
Tel. 05 6 73 14 81

❺ ČEVABDŽINICA SARAJEVO 84 €€

Auch wenn Piran und Sarajevo heute zu zwei Staaten gehören, so bleibt die bosnische Metropole unbestritten (Welt-)Hauptstadt der Čevapčići. Und da Bosnien und Herzegowina nun mal so weit entfernt sind, wurden die würzigen Hackfleischröllchen nach Piran importiert – mit Erfolg!
Tomšičeva ul. 43
Piran
Tel. 05 9 23 50 44
www.sarajevo84.si

---

dem weißen, neoklassizistischen Palais am Platz (1878) hat das **Rathaus** eine standesgemäße Bleibe gefunden. Die südwestliche Seite des Platzes begrenzt der repräsentative **Justizpalast** im Neorenaissancestil, der auch schon als Getreidespeicher und Pfandhaus genutzt wurde.

Stadtgalerie: Di. – Sa. 11 – 17, So. 11 – 13, Juli – Aug. Di. – Sa. 15 – 22, So. 20 – 22 Uhr | Eintritt 2 €
Tartini-Geburtshaus: Juni – Aug. Di. – So. 9 – 12, 18 – 21 Uhr, sonst kürzer | Eintritt: 2,50 €

Ein Ausblick schöner als der andere

★ Altstadt

Wo die Landzunge Punta in Klippen übergeht, thront die barocke **Georgskirche** obenauf – ihr Campanile prägt die Silhouette von Piran. Die Aussichtsplattform vor dem Gotteshaus gibt einen prächtigen Blick auf die Bucht von Triest frei! Zu entdecken gibt es einige Details: Auf der Spitze des Campanile, den man schon von weitem sieht, zeigt Erzengel Gabriel die Windrichtung an. Im Inneren schmückt ein auf einem Delfin reitender Cupido ein Taufbecken. Sehenswert sind Fresken, sieben Altäre aus Marmor und Gemälde von alten italienischen und niederländischen Meistern.
Eine schöne Aussicht auf das rote Dächergewirr und das Meer öffnet sich auch von der mächtigen **Stadtmauer** aus: Sieben von acht Wehrtürmen, die einst die Altstadt abschirmten, sind noch erhalten.

Ja, der Tartini-Platz könnte wirklich der schönste Platz in Istrien sein.

Im südöstlichen **Stadtteil Marčana**, zu dem die Rozmanova ulica hinaufführt, löst man für einen Euro einfach eine Karte am Kassenautomat, passiert ein Drehkreuz – und schon findet man sich auf einem etwa 200 m langen, restaurierten Mauerstück mit herrlichem Ausblick.

Kirchenschätze

Minoriten-kloster

Wer Kirchen entdecken möchte, dem sei ein Bummel durch die leicht erhöht liegende Altstadt empfohlen: Östlich des Tartini-Platzes steigt die Bolniška-Gasse hinauf – und führt direkt zum Minoritenkloster (Minoritski samostan, 14. Jh.) des Franziskanerordens. Der quadratische Renaissancekreuzgang im Innenhof ist die perfekte Kulisse für

Sommerkonzerte. Die **Pinakothek** im Erdgeschoss besitzt etliche wertvolle Gemälde venezianischer Künstler, u. a. vom großen Jacopo Tintoretto.
In der Kirche **Sv. Frančišek Asiški** (Franz von Assisi, 14. Jh.), direkt nebenan, befindet sich die Grabstätte der Familie Tartini.
Pinakothek: Sommer tgl. 10 - 12, 17 - 20 Uhr | Spende erbeten

Klein, aber fein

Sv. Marije Snežne

Gegenüber lohnt der Blick in die kleine Kirche Sv. Marija Snežne (Maria Schnee, 1404), die einen schmucken Barockaltar beherbergt. Das Tafelbild der Verkündigung wurde um 1450 von einem Maler aus Piran geschaffen.

Bummel zur Landspitze

Punta

Der älteste Stadtteil Pirans erstreckt sich westlich des Tartinijev trg, zum Ende der Landspitze Punta hin: Malerische Gässchen führen zum nicht gerade großen **Prvomajski trg** (Platz des 1. Mai), auf dem ein hübscher Bunnen über einer Zisterne (18. Jh.) thront. An seiner Treppe stehen zwei überlebensgroße, weiße Frauenskulpturen als Symbol für die Gerechtigkeit und das Gesetz. Die umliegenden Restaurants laden zum Essengehen ein.
Ein schöner Bummel entlang der Uferpromenade, die die Punta umrundet, führt zur **Kirche Sv. Klement** mit Rundturm, die seit ihrem Bau im 13. Jh. schon mehrfach umgebaut wurde. Auf dem Platz davor treffen sich die Einheimischen gerne.

Für Freizeitkapitäne

Pomorski muzej Sergeja Mašera

Östlich des Tartinijev trg, stadtauswärts am Ufer entlang, ist ein kleines **Seefahrtsmuseum** im schmucken Gabrielli-Palais untergebracht. Es ist nach dem slowenischen Kapitän und Volkshelden Sergej Mašer benannt, dem ein Teil der Ausstellung gewidmet ist. Faszinierend sind vor allem die Schiffsmodelle, die in liebevoller Feinarbeit entstanden sind. Durch ein Fernrohr kann man aus einem Fenster des zweiten Stockwerks auf den Hafen blicken.
Cankarjevo nabrežje 3 | Juli - Aug. Di. - So. 9 - 12, 17 - 21, sonst Di. - So. 9 - 17 Uhr | Eintritt: 3,50 € | www.pomorskimuzej.si

Im Tiefenrausch

Muzej podvodnih dejavnosti

In einer Seitengasse der Uferstraße werden im **Museum für Unterwasseraktivitäten** neben alten Tauchausrüstungen und Geräten für die Untwasserforschung auch Unterwasserfunde und Fotos gezeigt. Es ist beeindruckend, mit welch schwerem Gerät man sich früher in die Tiefen des Meeres wagte – verglichen mit der heutigen High-Tech-Ausrüstung.
Župančičeva ulica 24 | Juni - Sept. tgl. 10.30 - 20, sonst Fr. - So. 11 - 18 Uhr| Eintritt: 3 € | www.muzejpodvodnihdejavnosti.si

Vielfältige Unterwasserfauna

Aquarium

Am modernisierten, aber recht kleinen Aquarium in der Villa Piranesi beim alten Hafen dürften vor allem Kinder ihre Freude haben: Etliche Meeresbewohner wie bunte Lippfische, Sägebarsche, Dornhaie, aber auch verschiedene Schwammarten sind hier zu beobachten.

Kidričevo nabrežje 4, Mitte Juni – Ende Aug. tgl. 9 – 22, übrige Zeit Di. bis So. 9 – 17 bzw. 19 Uhr | Eintritt: 5 € | www.aquariumpiran.si

Stilvolles Kulturzentrum

Tartini-Theater

Einen stilvollen Rahmen für kulturelle Veranstaltungen wie Filme, Konzerte oder Theateraufführungen bildet das Tartini-Theater. Das um 1910 von Triester Architekten erbaute ockerfarbene Haus hat bis heute seinen Fin de Sciecle-Charakter bewahrt, im Theater-Cafe kann man ein wenig die Atmosphäre genießen.

Stjenkova 1 | http://www.avditorij.si

★★ PLITVIČKA JEZERA (PLITWITZER SEEN)

Fläche: 266 km² | **Höhe:** 503 – 639 m ü. d. M. | Kroatien

ÖSTL. O 4

Jeder, der schon einmal Karl-May-Verfilmungen gesehen hat, kennt die Plitwitzer Seen zumindest als grandiose Hintergrundkulisse für Winnetou und seine Begleiter: Die Plitvička jezera sind eines der schönsten Naturschauspiele im Südosten Europas, mit rauschenden Wasserfällen, die über Kalksteinfelsen stürzen und sich in Schluchten und smaragdgrüne Seen ergießen, in denen sogar ein Schatz versunken sein soll – zumindest auf der Leinwand.

Seen ohne Ende

Auf der Landkarte reihen sich **16 verschieden große Seen** aneinander und erstrecken sich auf einer Länge von insgesamt 8 km im Nationalpark Plitwitzer Seen. Sie bilden den Oberlauf des Flüsschens Korana, das bei einem Gesamtgefälle von rund 120 m an über drei Dutzend Stellen durch natürliche Barrieren und Terrassen aufgestaut ist.

Das Wasser stürzt an diesen Wehren in bis zu 78 m hohen **Kaskaden** zu Tal. Die Seen im bekanntesten und ältesten Nationalpark des Landes, der diesen Status schon seit 1949 hat, sind stellenweise glasklar. Diese faszinierende Landschaft kürte die UNESCO 1979 zum **Weltnaturerbe**.

Nahe einer Grenze – der nächste Grenzübergang zu Bosnien ist nur knapp 20 km entfernt – liegen die Plitwitzer Seen nicht erst heute. Über Jahrhunderte hinweg verlief hier die unruhige Militärgrenze, Vojna Krajina, zwischen dem habsburgischen und dem osmanischen Reich. Im 16. und 17. Jh. siedelten die Habsburger hier vor allem serbische Wehrbauern an. An Ostern 1991 war die Region um die Plitwitzer Seen Schauplatz blutiger Gefechte zwischen Kroaten und Serben. Die Krajina-Serben, unterstützt von der damaligen Jugoslawischen Volksarmee, siegten und besetzten das Gebiet, der Park wurde geschlossen. Im Sommer 1995 eroberten kroatische Truppen die Region zurück. Heute gilt der Park als einer der beliebtesten Ausflugsziele in Kroatien, mit mehr als 1 Mio. Besuchern pro Jahr – da kann es an warmen Sommertagen schon mal wie im Taubenschlag zugehen. Tipp: Möglichst früh anreisen oder außerhalb der Hauptsaison kommen!

★★ Seen und Wasserfälle

Wo anfangen?

Eingänge

Der Nationalpark ist durch **zwei Eingänge** erreichbar: Wer von der Adriaküste zu den Plitwitzer Seen kommt, erreicht zunächst den südlichen Eingang (Ulaz 2), im Bereich der Oberen Seen und Wasserfälle. Etwa 5 km weiter folgt Eingang 1 (Ulaz 1), nahe dem Veliki slap (Großer Wasserfall). Für einen Rundgang sollte man, je nach Strecke, mindestens 2 – 8 Stunden einplanen. Die Route lässt sich mit dem Boot abkürzen, das müde Wanderer über den Kozjak-See bringt und unter Wasser von Ketten gezogen wird. Zudem verkehren kleine Busse zu den Ausgängen. Der Preis für Boot und Bus ist im Eintrittspreis bereits enthalten.

Einzigartiges Seengebiet

16 Seen

Die oberen 12 Seen breiten sich in Höhen zwischen 639 m und 534 m aus. Der größte ist der 2 km lange und 46 m tiefe **Kozjak-See** (Kozjak jezero), dessen Ufer von dichten Buchenwäldern umgeben ist. Die vier kleinen unteren Seen liegen in einem 70 – 80 m tiefen, felsigen Canyon, den das Flusswasser in den stark verkarsteten Kalkstein eingeschnitten hat.

Die Verbindung zwischen den Seen bilden nicht nur herrliche Wasserfälle, sondern auch unterirdische Wasserläufe und Hohlräume, von denen etwa ein Dutzend begehbar sind. Am eindrucksvollsten ist der **Veliki slap** nahe dem Eingang 1, wo das Wasser des kleinen Nebenflüsschens aus einem Seitental 78 m tief in die wilde Korana-Schlucht stürzt. Hier, am **Sastavci** genannten Punkt, treffen nahezu alle über- und unterirdischen Wasserläufe des gesamten Seengebiets zusammen.

Auf den Spuren von Winnetou und Old Shatterhand durch das samaragdgrüne Paradies der Plitwitzer Seen

Naturschutz ist wichtig

Wälder

Von großer Bedeutung für den Erhalt dieser einzigartigen Natursehenswürdigkeit sind die Wälder, die etwa drei Viertel der Fläche des Nationalparks bedecken. Sie sind wichtige Wasserspeicher und sorgen für eine ausgeglichene Wasserzufuhr. Ohne Wald wären die Kalksinterbarrieren durch Hochwässer und Sturzfluten längst abgetragen worden.

Viel Platz für bedrohte Tiere

Tierwelt

Der Nationalpark Plitwitzer Seen bietet mit seinen fischreichen Gewässern – hier leben vorwiegend karpfenähnliche Döbel und Rotfedern, aber auch Bachforellen – bedrohten Tierarten Lebensraum, unter anderem Fischottern Wölfen, Luchsen, Wildkatzen und Braunbären. Außerdem streifen zahlreiche Hirsche, Rehe, Wildschweine, Füchse, Dachse durch die Wälder um die Seen. Die meisten Tiere sind jedoch scheu, und Besucher bekommen sie nicht zu Gesicht.

★ POREČ

Höhe: 29 m ü.d.M. | **Einwohner:** 17 000 | Kroatien

Bischof Euphrasius scheute weder Aufwand noch Kosten: Um ein neues Gotteshaus nach östlichem Vorbild zu errichten, ließ er um das Jahr 550 herum massive Marmorblöcke aus dem Marmara-Meer nach Poreč verschiffen. Künstler aus Konstantinopel verarbeiteten dabei kostspielige Materialien wie Gold, Edelsteine, Glas, Marmor und Perlmutt. Das Ergebnis: Glänzende Mosaiken, eindrucksvolle Ziersäulen und ein später ausgeweiteter byzantinischer Kirchenkomplex, die Euphrasius-Basilika, die inzwischen zum UNESCO-Weltkulturerbe gehört – und ein Besuchermagnet im beliebten Ferienort Poreč ist.

Baden mit viel Kultur

Die aus weißem Kalkstein errichete Altstadt von Poreč (ital. Parenzo) mit antiken Straßenzügen und schmucken Palazzi erstreckt sich auf einer flachen, kleinen Landzunge. Das **reiche Kulturerbe** verschmilzt mit einer sehr **guten touristischen Infrastruktur**, was den besonderen Reiz des Städtchens ausmacht: Ab den 1960er-Jahren entstanden entlang der 20 km langen Riviera von Poreč (Porečka rivijera) viele Hotel- und Campinganlagen mit stolzen 100 000 Betten. Die Massenunterkünfte wurden in den vergangenen Jahren um schicke, kleine Boutique-Hotels ergänzt, die auf ein zahlungkräftiges Publikum setzen.

In der Umgebung von Poreč gibt es mehrere Badestrände mit vielen Freizeitmöglichkeiten – etwa Wasserski fahren, Windsurfing oder Tauchen. Der Stadtstrand (Gradsko kupalište) erstreckt sich südlich des Jachthafens mit Felsen, Kies und Beton bis zur Siedlung Brulo. Die großen Ferienanlagen wie Plava Laguna oder Zelena Laguna verfügen über eigene Strände.
Poreč war bereits in der Jungsteinzeit besiedelt. Unter Julius Cäsar erhielt es den Status eines Municipiums, einer privilegierten römischen Stadt, und wurde als militärischer Stützpunkt befestigt. 1267 suchte Poreč Schutz bei Venedig, das die Zügel für mehr als ein halbes Jahrtausend übernahm. Aus dieser Zeit stammen die zahlreichen Palazzi, die bis heute das Stadtbild prägen. Unter österreichischer Herrschaft avancierte Poreč zum Verwaltungszentrum Istriens, hier befand sich zeitweilig der Landtag der gesamten Halbinsel. Im Zweiten Weltkrieg wurde die Stadt stark zerstört, ab den 1960er-Jahren sorgte der Tourismus für Aufschwung.

Wohin in Poreč?

Kulturelles Highlight

Die Euphrasius-Basilika in der Altstadt von Poreč gilt als eines der bedeutendsten frühchristlichen Kulturdenkmäler Istriens. In diesem Gotteshaus verschmelzen bauliche Einflüsse aus Byzanz, Rom und Venedig. In der Apsis schimmern goldbesetzte aufwendige Mosaiken und kunstvoll verzierte Ornamente. Bischof Euphrasius, der als Stifter und Erbauer gilt, ließ die Basilika um das Jahr 550 n. Chr. an der Stelle einer älteren Kirche errichten. Über die Jahrhunderte konnte sich das Bauwerk sein ursprüngliches Aussehen nahezu bewahren.

★ Euphrasius-Basilika

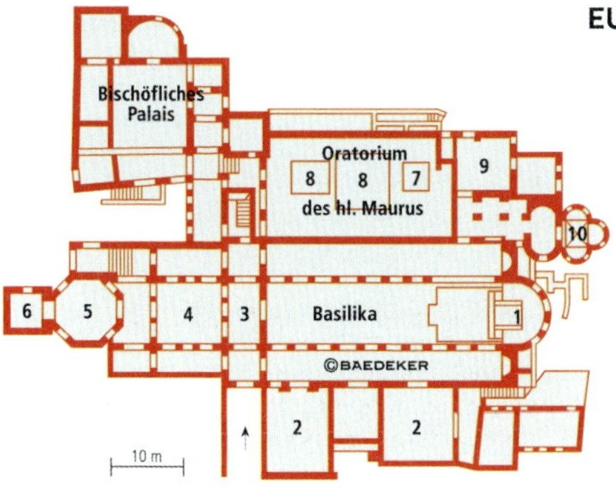

EUPHRASIUS-BASILIKA

1 Altar mit Ziborium
2 Kapellen
3 Narthex
4 Atrium
5 Baptisterium
6 Glockenturm
7 Mosaiken; 3. Jh.
8 Mosaiken; 4. Jh.
9 Sakristei
10 Gedächtniskapelle

Der Gebäudekomplex umfasst Bischofspalast, Atrium, Narthex (Vorhalle), Kapelle und Baptisterium mit Taufbecken. Künstlerischer Höhepunkt sind jedoch die **Mosaiken**: Das Abbild eines Fischs stammt vermutlich noch aus dem 3. Jh. und wurde beim Bau dieser Kirche integriert. In der Apsiswölbung gruppieren sich Engel, Märtyrer und Bischof Euphrasius um Maria mit dem Jesuskind. Vor der Apsis thront hoch oben Christus Pantokrator (Weltherrscher), flankiert von den Aposteln. Neun Säulenpaare mit byzantinischen Kapitellen, von denen sich die gegenüberstehenden jeweils gleichen, trennen das Mittelschiff von den beiden kleineren Seitenschiffen.
Das **Ziborium**, ein kunstvoller Überbau über dem Altar, ließ Bischof Oton 1277 errichten, er thront auf den vier Marmorsäulen eines älteren Altaraufbaus aus dem 6. Jahrhundert. Das Ziborium besitzt ein Sternengewölbe mit der Darstellung des Lamms, außen ist es ebenfalls mit Mosaiken geschmückt, die u. a. den Schutzpatron von Poreč, den Märtyrer Maurus (Sv. Mauro), zeigen.
Das **Atrium** stützt sich auf mächtige Marmorsäulen mit byzantinischen Kapitellen. Hier erzählen Grabsteine und alte Steintafeln im Lapidarium von der reichen Vergangenheit der Region.
Vom Atrium kommt man zur achteckigen **Taufkapelle**. Das sechseckige Taufbecken darin wirkt überraschend groß – früher wurde der ganze Mensch hineingetaucht.
Die Rückseite der Taufkapelle führt zum 35 m hohen **Campanile**, der 1522 auf älterem Fundament errichtet wurde. Er bietet einen schönen Blick auf den Stadtkern von Poreč.

Sakrale Kunst

Bischofspalais

Das Bischofspalais im Euphrasius-Komplex stammt zum Teil ebenfalls noch aus dem 6. Jh., wie sich an den Mauern im Erdgeschoss erkennen lässt. Die sakrale Sammlung umfasst einen Bischofsthron aus der Karolingerzeit, Chorbänke, Kirchengewänder und liturgische Geräte. Zu den kostbarsten Ausstellungsgegenständen gehören Fragmente von Mosaiken, die zum Teil noch aus dem 3. Jh. stammen.
Juli – Aug. Mo. – Sa. 9 – 21, übrige Zeit bis 16/18 Uhr | Eintritt: 40 Kuna

Bummeln angesagt

Hauptstraßen

Entlang der palmengesäumten Flaniermeile **Riva** lässt sich das Treiben auf dem Meer schön beobachten. Von hier hat man auch das vorgelagerte Bade- und Hotelinselchen Sv. Nikola direkt im Blick.
Das Straßensystem basiert nach wie vor auf der römischen Anlage: Die belebte Shopping- und Einkehrmeile **Decumanus** zieht sich von Ost nach West, während die Nord-Süd-Achse, der alte **Cardo Maximus** (Ulica Ivana Gundulića), in rechtem Winkel dazu verläuft.

Die Mosaikenpracht der Euphrasius-Basilika rechtfertigt den Titel UNESCO-Weltkulturerbe allemal.

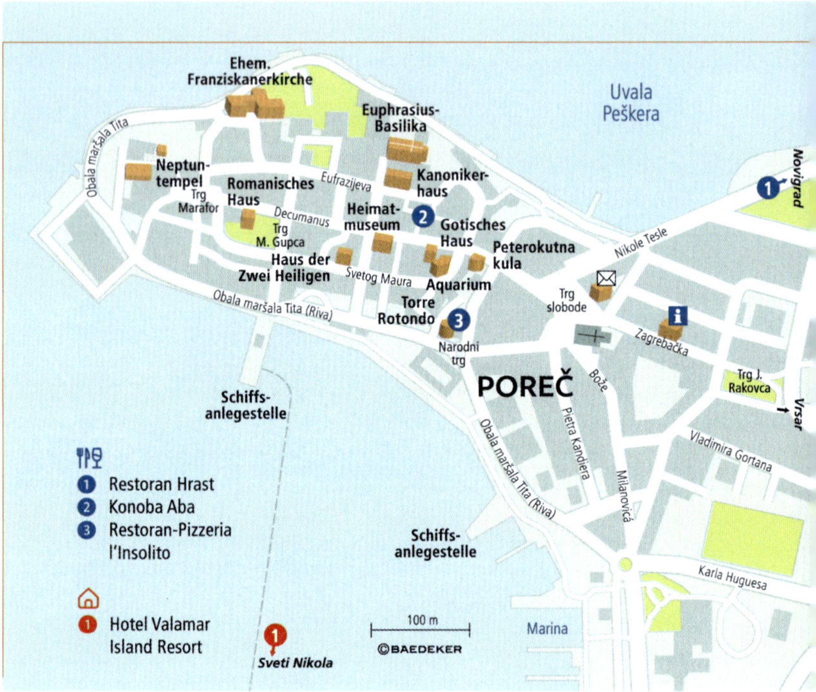

POREČ ERLEBEN

TOURISMUSVERBAND

Zagrebačka 9, 54440 Poreč
Tel. 052 45 12 93, www.myporec.com

Letzter Sonntag im Ma: Am Tag der offenen Weinkeller laden in Istrien traditionell die Winzer zur Verkostung ein.

21. Juni: AstroFest mit Lagerfeuer bis zum Sonnenaufgang, Višnjan.
Juli – Aug.: Klassische Musik in der Euphrasius-Basilika, jeden Fr. 21 Uhr.
Jazzkonzerte im Lapidarium des Heimatmuseums jeden Mi.
Ende Aug.: Street Art Festival mit Musik, Akrobatik, Kunst- und Kulturprogramm.

In der Altstadtgasse Ul. Bože Milanovića laden viele kleine Geschäfte zum Stöbern nach Souvenirs und Kram ein.

Im Hochseilgarten Akros im Osten von Poreč üben sich Gruppen im **Klettern** (Ul. Ive Andrića 56, Juni – Aug. 17 – 23 Uhr, www.akros.si).

Go-Kart-Fahren ist im Motodrom, 6 km nordöstlich von Poreč, auf Asphalt oder Offroad möglich. Man kann auch Segways mieten (tgl. 10 – 18 Uhr, Gebühr: 60 – 130 Kuna, www.istra-kart.com).

Die angesagte Strandbar **Saint & Sinners** mit ihren weißen Lederpolstern ist bis spät in die Nacht ein beliebter Treffpunkt an der Hafenpromenade.

❶ VALAMAR ISABELLA ISLAND RESORT €€€€–€€

Die Bootsfahrt von Poreč aus dauert nur 5 Minuten. Dann findet jeder seinen Lieblingsschlafplatz auf der Badeinsel Sveti Nikola: sei es im Hotel, im Studio, einer Villa oder einer traumhaften Suite in einem kleinen Schlösschen. Die Hotelinsel ist ideal zum Entschleunigen, mit Orangen- und Olivenbäumen, privatem Strand und herrlichem Ausblick auf die Uferpromenade von Poreč. Autos bleiben auf einem bewachten Parkplatz auf dem Festland zurück.

Otok (Insel) Sveti Nikola
Poreč
Tel. 052 46 50 00
www.valamar.com

❶ RESTORAN HRAST €€€

Ansprechend gedeckte Tische und gute istrische Spezialitäten – hausgemachte Nudeln und schwarze Sepia-Gnocchi! – machen das Restaurant zu einem Wohlfühl-Ort. Von der Terrasse hat man einen wunderschönen Blick auf die gegenüberliegende Altstadt und den Sonnenuntergang!

Nikole Tesle 13, Poreč
Tel. 052 43 37 97
www.restoran-hrast.com

❷ KONOBA ABA €€€

Vater und Sohn verwöhnen in dieser gemütlichen Altstadt-Konoba ihre Gäste mit gegrilltem Fleisch, das gerne auch getrüffelt wird. Unbedingt reservieren!

Ulica Matije Vlačića 2, Poreč
Tel. 052 43 86 69

❸ RESTORAN-PIZZERIA L`INSOLITO €€

So muss Pizza schmecken: Dünner, knuspriger Boden, hochwertige Zutaten – aber nicht überladen. Wer Burger mag, sollte unbedingt die istrische Variante probieren, mit selbstgebackenem Hamburgerbrötchen und reichlich Trüffeln!

Narodni trg 3, Poreč
Tel. mobil 091 561 03 09

Von elf Türmen blieben drei

Von den einst elf Türmen der Stadtmauer, die zwischen dem 12. und 16. Jh. errichtet wurde, sind heute nur noch drei erhalten. Reste der Befestigungsanlage ziehen sich teils an der Uferpromenade entlang durch die Altstadt. Der Peterokutna kula (Fünfeckiger Turm, heute mit Restaurant) von 1447 steht am östlichen Ende des Decumanus, geschmückt mit dem unvermeidlichen Relief des venezianischen Lö-

Stadtmauer

wen. An der Nordseite der Halbinsel, neben der Stadtmauer, ragt ein Turm von 1473 empor. Einen schönen **Ausblick** hat man von der Dachterrasse des Rundturms Torre Rotonda (15. Jh.) am Narodni trg, von der man den Hafen, die Insel Sv. Nikola und die Altstadt überblickt (www.torrerotonda.com).

Barockes Gemäuer

Zavičajni muzej Poreštine

Am Decumanus steht linker Hand das barocke Palais der Familie Sinčić, in dem heute das **Heimatmuseum** der Region Poreč (Zavičajni muzej Poreštine) untergebracht ist. Im Erdgeschoss befindet sich ein Lapidarium, in den barocken Sälen werden Gemälde, prähistorische Keramik, Bodenmosaike, alte Stadtwappen und eine glagolitische Grabplatte von 1589 ausgestellt.

Dekumanska 9, bis auf Weiteres wegen Restaurierung geschl.

Prächtige Palais

Im Zentrum

Das **Gotische Haus** (Gotička kuća, Decumanus 5) ist ein 1473 errichtetes Palais im Stil venezianischer Gotik mit großzügigen dreibogigen Fenstern (Triforien). Das **Kanonikerhaus** (Kanonička kuća) in der Eufrazijeva ulica 22 ist ein eindrucksvoller spätromanischer Bau von 1251. Ein Abstecher links in die Ulica Sv. Eleuterija führt zur Ulica Sv. Maura. Das **Haus der zwei Heiligen** ist ein Denkmal spätromanischer Profanarchitektur aus dem 14./15. Jahrhundert. Die beiden namengebenden Heiligenfiguren sind in die Fassade eingearbeitet. Kurz vor dem Trg Marafor fällt das **Romanische Haus** aus dem 13. Jh. auf. Steintreppen außen führen in die einstigen Wohnräume im ersten Stock, den zweiten schmückt ein hölzerner Eckbalkon.

Am ältesten Platz der Stadt

Trg Marafor (Forum)

Der Decumanus mündet in das frühere Forum. Das antike, quadratische Forum Romanum, heute Trg Marafor, ist der älteste Platz der Stadt. Die gemütlichen Terrassencafés hier sind fast zu jeder Tageszeit bevölkert. Ursprünglich war der Platz ein wenig größer, musste jedoch dem Bau einiger Häuser weichen. Das Originalpflaster aus römischer Zeit ist zum Teil noch vorhanden.

Aus alten Zeiten

Tempel

Nordwestlich hinter dem Trg Marafor ragen die Grundmauern des Großen Tempels (Veliki hram) aus dem 1. Jh. v. Chr. empor. Westlich des Platzes finden sich Reste des Neptuntempels (Neptunov hram) in einer kleinen Grünanlage, mehrere Säulen und Fundamente wurden freigelegt.

Kultur in der Kirche

Ehemalige Franziskanerkirche

Die ehemalige gotische Franziskanerkirche (13. Jh.) war zwischen 1861 und 1899 **Sitz des Istrischen Landtags** (Istarska sabornica). Den Ab-

BAEDEKER MAGISCHE MOMENTE

STERNENGUCKER

Mal selbst einen Asteroiden entdecken? Rein statistisch stehen die Chancen dazu in der Sternwarte von Višnjan nicht schlecht, denn sie gehört zu den zwölf erfolgreichsten Observatorien weltweit gemessen an der Zahl entdeckter Kleinhimmelskörper. Jeden Sa. um 21 Uhr können Sie bei der Astro Night Ihr Glück versuchen. Und hübsch ist es hier oben auch noch (www.astro.hr).

geordnetensaal im Obergeschoss zieren barocker Stuck und Fresken, im unteren Teil des Gebäudes finden Ausstellungen und Konzerte statt.

Meerestiere zum Anschauen

Aquarium

Im Gebäude einer ehemaligen Markthalle sind Langusten, Krebse und allerlei Fische in 25 Becken zu sehen.

Ulica Frane Glavinića 4 | Sommer 9 – 23, Winter nur Sa. – So. 10 – 15 Uhr | Eintritt: 40 Kuna | www.akvarij-porec.com.hr

Rund um Poreč

Grünes Refugium

Insel Sv. Nikola

Das Bade- und Hotelinselchen Sv. Nikola fungiert quasi als natürlicher Schutz für den Hafen von Poreč und wird dabei von zwei Wellenbrechern unterstützt. Von hier hat man einen herrlichen Ausblick auf die Altstadt von Poreč.

Besuch beim Grottenolm

★ Tropfsteinhöhle Baredine

In der Tropfsteinhöhle Baredine, 7 km nördlich von Poreč, führen fünf Säle zu einem kleinen See hinab. Hier lebt der Grottenolm, ein pigmentloses, lurchartiges Tier ohne Augen. Er wird bis zu 25 cm lang und gehört zum Eigenartigsten, was die Tierwelt in der unterirdischen Karstwelt hervorgebracht hat (▶ S. 20).

Nova Vas | April, Okt. tgl. 10 – 16, Mai, Juni, Sept. tgl. 10 – 17, Juli, Aug. tgl. 10 – 18 Uhr | Eintritt: 70 Kuna | www.baredine.com

Zu den Sternen

Višnjan

Višnjan (ital. Visignano), 10 km nordöstlich von Poreč, ist vor allem wegen seiner Sternwarte bekannt. Hier wurden in den vergangenen

Jahren zahlreiche Himmelskörper entdeckt und zwei Kometen nach dem Leiter der **Sternwarte**, Korado Korlević, benannt. Zur Sommersonnwende am 21. Juni findet ein großes Fest statt mit Musik, Lagerfeuer und Sonnenaufgang-Beobachten frühmorgens – dabei dreht sich alles rund um Astronomie und Sternwelten.
Die wichtigsten Sehenswürdigkeiten der Altstadt, in die ein venezianisches Tor mit Markuslöwen hineinführt, gruppieren sich rund um den **Hauptplatz**: eine Stadtloggia, die den Blick auf die Küstenlandschaft freigibt, eine große Zisterne, der Sinčić-Palast und die neoklassizistische Pfarrkirche Sv. Kirik i Julita (Quiricus und Julitta).
Sternwarte: Istarska 5 | Mai – Sept. Sa. 21 – 23 Uhr AstroNight
www.astro.hr

PORTOROŽ

Höhe: 0 – 149 m ü. d. M. | Einwohner: 3000 | Slowenien

Das nostalgische slowenische Seebad Portoroz, der »Rosenhafen«, entpuppt sich als kleine Wellnessoase. Ein herrliches Freiluftspa und Hotels sorgen mit den verschiedensten Anwendungen für Entspannung. Kuren war schon vor rund 100 Jahren angesagt, aus dieser Zeit stammen noch einige luxuriöse Unterkünfte.

Im Rosenhafen

Die alten Römer bauten hier bereits einen kleinen Hafen aus. Unter venezianischer Herrschaft errichteten die Benediktiner die Kirche Sv. Marija od Rozarije (1251), nach der die Siedlung ihre lateinische Bezeichnung Portus sanctae Mariae de Rosae – kurz »Portorose« – erhielt. Bis ins 19. Jh. hinein lebte die Bevölkerung im Wesentlichen vom Fischfang und den Salinen in der Umgebung. Ende des 19. Jh.s entdeckten die Habsburger Adelsfamilien das milde Klima von Portorož: **Heilbäder**, Pensionen und **luxuriöse Kurhotels** entstanden. Hinzu kamen private Villen auf der grünen Anhöhe, die den Ort vor kalten Winden schützt. Mit der Eröffnung des Grand Hotels Palace 1910 begann der Aufschwung zum mondänen »K.-u.-k.-Cur- und Seebad«, von dessen Flair heute nur noch ein Hauch zu spüren ist.

Wohin in und um Portorož?

Für Abwechslung ist gesorgt

Obala

Das Leben in dem gut ausgebauten Touristenort pulsiert entlang der langen Uferstraße (Obala). Hier wechseln sich Hotels, Cafés, Eisdie-

PORTOROŽ ERLEBEN

TOURISTINFORMATION

Obala 16, 6320 Portorož
Tel. 05 674 82 60, www.portoroz.si

Ende April: Salinenfest, Piran und Sečovlje
Juli – Aug.: Piraner Musikabende, Piran
Sept.: Festival des slowenischen Films (Festival slovenskega filma; www.fsf.si)

Im Souvenirladen am Eingang zu den Salinen gibt es **Salz** und Souvenirs in vielen Varianten zu kaufen (www.soline.si).

HOTEL KEMPINSKI PALACE €€€€

Das prunkvolle Grandhotel von 1910 war beim Habsburger Adel sehr beliebt. An die alte Tradition wurde 2008 wieder angeknüpft und der palastartige Bau an der Uferstraße kernsaniert wiedereröffnet. Tipp: Einige Zimmer haben einen extragroßen Balkon, ideal zum Beobachten des Sonnenuntergangs.
Obala 45
Portorož
Tel. 05 692 70 00
www.kempinski.com

GOSTILNA NONNA TORCA €€€

Auf einem Campingplatz auf der Halbinsel Seča versteckt sich dieses einfache Lokal. Eine Speisekarte? Fehlanzeige. Vertrauen Sie sich einfach dem Chef an, der auf Wünsche und Vorlieben eingeht – und ein köstliches Essen zaubert, für das sich der Weg aus der Altstadt heraus lohnen dürfte!
Seča 204, Portorož
Tel. mobil 040 66 59 66
www.nonna-torca.si

GOSTILNA RIBIČ €€€

In das Traditionsrestaurant auf der Seča-Halbinsel pilgern die Einheimischen schon seit Generationen, wenn sie frischen Fisch essen möchten. Oder die besten Palatschinken der Gegend: Hauchdünn, mit Schokolade und ein wenig Malvazija-Weißwein im Teig, der den unvergleichlichen Unterschied ausmacht!
Seča 143, Portorož
Tel. 05 677 07 90
Winter: Di. Ruhetag

RIBJA KANTINA FRITOLIN €€

In der herrlich unprätentiösen »Fischkantine Fritolin« schmeckt die Fischplatte mit frittiertem Tintenfisch, gegrillten Sardinen (mit frischem Knoblauch-Petersilien-Pesto!) und Garnelen einfach köstlich. Dazu gibt's frisches Oliven-, Mais- und Zwiebelbrot und ein Glas Malvazija-Hauswein zu fairen Preisen.
Obala 53, Portorož
Tel. 05 993 13 94

SLASTIČARNA-BAR OPERA €

Vermutlich lassen sich auch Nicht-Naschkatzen in dieser kleinen Konditorei verführen: Macarons, Schokoladen-Cookies (mit Salznote!) und kunstvoll aufgetürmte kleine Törtchen machen Gästen die Auswahl nicht gerade leicht.
Obala 63, Portorož
Tel. 082 05 80 95
www.facebook.com/
Opera Portoroz
Di. – So. 9 – 22 Uhr

len, Souvenirstände, Parkanlagen und Badeplätze ab, deshalb kann es im Sommer mitunter ein wenig lauter und lebhafter zugehen, was aber niemanden wirklich stört. Ein Prachtbau entlang der Obala (Nr. 33) ist das stuckverzierte **Grand Hotel Palace,** heute in Hand der Kempinski-Kette, mit blühendem Vorgarten.

Nicht nur für Frauen

Muzej torbic

Das Handtaschenmuseum ist eines der wenigen seiner Art in Europa: Mehr als 300 Damenmodelle sind hier ausgestellt, größtenteils gespendet, etwa bestickte Brokat-Taschen, Seidenbeutel oder die älteste Lederhandtasche Sloweniens, die noch am Gürtel getragen wurde. Im Museumsshop gibt es eine kleine Auswahl an Taschen und Accessoires, u. a. von slowenischen Herstellern.

Das Museum zieht derzeit um; die neue Adresse ist über die Touristinformation zu erfragen).

Baden oder Segeln?

Strand

Der Zutritt zum 25 000 m² großen, künstlich aufgeschütteten **Sandstrand** (8 – 20 Uhr) ist kostenlos, eine Gebühr wird für eine der 1000 Liegen mit Sonnenschirm fällig. Die gut ausgestattete **Marina** von Portorož mit 1000 Liegeplätzen befindet sich im südlichen Stadtteil Lucija (www.marinap.si).

Wilde Küste

Strunjan

Die Bucht von Strunjan breitet sich auf halber Strecke zwischen Izola und Portorož aus. Dramatisch stürzen die Klippen im Norden der Halbinsel Strunjan 80 m tief ins Meer ab. Der 4 km lange, recht ursprüngliche Küstenabschnitt steht heute unter Naturschutz, Führungen durch die wildromantische Landschaft bietet die Touristinformation an. Der Geiger Giuseppe Tartini (▶ Interessante Menschen S. 287) besaß hier eine Villa am Meer mit üppig blühendem Park, heute gehört sie dem slowenischen Staat. Ein steiler Pfad führt nach Norden zur **Wallfahrtskirche Mariä Himmelfahrt**. Der Legende nach soll sich die Muttergottes in der Nacht zum 15. August 1512 zwei Weinbergwächtern gezeigt haben, um sie um die Reparatur der Kirche zu bitten, die daraufhin veranlasst wurde. Die Lagune Stjuža mit ihren Salzgärten dient heute vielen Vogelarten als Brutstätte (www.parkstrunjan.si). An den sonnigen Hängen in der Umgebung gedeiht die istrische, violett-grün leuchtende Artischocke prima, ihr ist Ende Mai ein eigenes Gastro-Fest in Strunjan gewidmet.

Kunst aus Stein

Skulpturenpark Forma Viva

Der Skulpturenpark Forma Viva erstreckt sich auf der Seča-Landzunge, unweit des Jachthafens und der Salinenfelder von Sečovlje: Seine bislang etwa 150 Steinskulpturen wurden seit 1961 erschaffen. Die Bildhauer logieren dafür auf Kosten des Staates zwei

Monate in der Stadt. Verarbeitet wird Kalkstein aus einem benachbarten Steinbruch. Von der Anhöhe öffnet sich ein schöner Ausblick auf die Bucht von Portorož.

Rund ums Salz

★ Salinen von Sečovlje

In den Salzfeldern von Sečovlje (Krajinski park Sečovljske soline), an der Grenze zu Kroatien, wird Meersalz nach uralten Verfahren gewonnen. Der nördliche Teil des Landschaftsparks ist durch einen Kanal von den südlichen Salinenbecken getrennt. In den flachen Pfannen verdunstet das Meerwasser. Anschließend wird der Salzschlick auf einer großen Halde getrocknet, dann mehrmals gefiltert. Im **Museum** wird die traditionelle, heute stark zurückgefahrene Salzgewinnung erklärt. In den Salzfeldern nisten in der Hochsaison **bis zu 300 Vogelarten**, darunter auch Silberreiher, Mittelmeermöwen und Stelzenläufer. Naturkundliche Exkursionen zur Vogelbeobachtung werden ebenso organisiert wie Ausflüge per Boot.

Der Salzschlamm zaubert eine unglaublich weiche Haut! Davon kann man sich im **Freiluft-Spa Lepa Vida** überzeugen, das einen Teil der Salinen von Sečovlje belegt – mit Meerwasserpool und Massagepavillons. Entspannung pur! (▶ S. 16/17)

Salinen: Sommer tgl. 8 – 20, Winter tgl. 8 – 17 Uhr | Eintritt: 5 €
www.kpss.si

Spa Lepa Vida: Seča 115, Portorož, Tel. 05 672 13 60 | Reservierung wird unbedingt empfohlen | www.thalasso-lepavida.si

★★ POSTOJNSKA JAMA

Höhe: 555 m ü. d. M | Slowenien

NÖRDL. D 2

Flohkrebse sind ein Festschmaus – zumindest, wenn man ein Grottenolm ist. Das faszinierende und skurrile Höhlentier, dass in der weltberühmten Karsthöhle Postojnska jama zu Hause ist, kann dort im Vivarium beobachtet werden. Die scheuen Tiere sind fast so beliebt wie die eindrucksvollen Tropfsteinformationen, die das gigantische Höhlensystem prägen.

Phantastische Höhlenwelt

Als der slowenische Universalgelehrte Valvasor die Tropfsteinhöhle von Postojna (dt. Adelsberger Grotten, ▶ Abb. S. 20/21) vor fast 350 Jahren das erste Mal besuchte, war er von deren Tiefe beeindruckt: »Bevor du hörst, dass der Stein auf den Boden fällt, kannst du ein Vater Unser beten...«, schrieb er im Hinblick auf den unterirdischen Fluss Pivka, der sich hier hindurchschlängelt. Heute gehört

die Postojnska jama (dt. Adelsberger Grotte) zu den größten und am besten erforschten Tropfsteinhöhlen weltweit. Als eine einzige, gigantische Grotte darf man sich das Ganze nicht vorstellen: Es handelt sich vielmehr um ein **21 km langes, zusammenhängendes Höhlensystem**, dass sich durch den slowenischen Karst zieht – die Postojnska jama ist nur ein Abschnitt.
Auch ihr Alter ist beeindruckend: Auf gut 2 Mio. Jahre wird die Postojnska jama geschätzt. Seit dem 13. Jh. ist sie bekannt, allerdings erlebte sie erst 1819 einen Besucheransturm, nachdem vor dem Besuch des österreichischen Thronfolgers Ferdinand I. neue, imposante Höhlenabschnitte entdeckt wurden. Der Anschluss an die Bahnlinie Wien – Triest brachte ab 1857 noch mehr Höhlenbesucher. Seit 1872 verkehrt eine **Kleinbahn im Untergrund**, die knapp ein Jahrhundert später zu einer zweigleisigen Rundbahn ausgebaut wurde – und bis zu 12 000 Höhlenbesucher pro Tag problemlos befördern kann. Bis heute haben rund 38 Mio. Menschen das Tropfsteinlabyrinth besichtigt!

Höhlentouren

Führungen: tgl. 10, 12, 15, April, Okt. auch 14 u. 16, Mai – Sept. stdl. 9 – 17, Juli/Aug. bis 18 Uhr | **Eintritt:** 23,90 € | www.postojnska-jama.eu

Hinab in den Untergrund

Besichtigungstour

Unweit der namensgebenden Kleinstadt Postojna befindet sich der Höhleneingang. Die Besichtigung beginnt mit der Kleinbahn, die zunächst 3,2 km in die Höhlenwelt hineinfährt. Dann geht es weitere 1,8 km zu Fuß weiter. Riesige **Hallen** und imposante **Tropfsteinbildungen**, vor allem die eindrucksvollen **Wasserfälle** aus Kalksinter, versetzen die Besucher ins Staunen. Manche der kegelförmig nach oben strebenden Stalagmiten sind mit den herabhängenden Stalaktiten zu Säulen zusammen gewachsen. Die Tour führt auch vorbei am schönsten aller hiesigen Tropfsteine, dem »Brillant«, der besonders hell leuchtet. Im »Konzertsaal« mit seiner bemerkenswerten Akustik werden gelegentlich Sinfoniekonzerte veranstaltet. Die 3000 m² große Halle bietet Platz für rund 10 000 Gäste. Vom unterirdischen See geht es mit der Kleinbahn zurück zum Höhleneingang.
In der Höhle herrschen ganzjährig nur zwischen 8 und 10 °C Lufttemperatur, ein Pullover leistet da gute Dienste! Die Wege sind rutschfest betoniert. Vor allem im Sommer ist der Andrang groß: Wer ganz früh oder zur letzten Führung kommt, darf auf weniger Besucher hoffen. Die Tour dauert 90 Minuten.

Ungewöhnliche Höhlenbewohner

Vivarium Proteus

Im Rahmen der Führung geht es zur Proteus-Höhle Vivarium, sie lässt sich auch extra besichtigen. Bewohnt wird sie von einer seltsamen

Tierart, die fast nur im Becken von Postojna und in den dinarischen Karstausläufern vorkommt: dem **Grottenolm** (Proteus anguinus), einem 25 – 30 cm langen, gräulich-fleischfarbenen Lurch mit verwachsenen Augen, für die er im Dunkel der Höhle ohnehin keine Verwendung hätte. Seine Atmung funktioniert über Kiemen, die Lunge und die Haut. Der Grottenolm kann über hundert Jahre alt werden. Seine Nahrung besteht v. a. aus Würmern, Schnecken und kleinen Krebsen, die Jungen schlüpfen aus Eiern.

Um den Grottenolm rankt sich auch eine **Legende**: In der Unterwelt von Postojna lebten einst furchterregende Drachen, die durch das Anschwellen des Pivka eines Tages weggeschwemmt wurden. Zurück blieb nur der kleine Drache Jami. Er freundete sich mit dem Schlankhalskäfer an und half ihm beim Bewachen der Höhlenperlen, auf die es der Waldschrat Hops abgesehen hatte. Als Jami Hops beim Perlendiebstahl ertappte, versprach ihm der Waldschrat die Erfüllung eines Wunschs. Jami zögerte nicht lange: Er wollte gerne einmal ein Mensch sein, um mit Kindern spielen zu können, die vor ihm in seiner jetzigen Gestalt Angst hatten. Der Waldschrat gab sein Bestes: Es tat einen Knall, und vor ihm saß ein kleiner Drache mit rosiger Menschenhaut, nämlich der Grottenolm, den die Slowenen »Cloveška riba« (Menschenfischlein) nennen.

Juli – Aug. tgl. 8.30 – 18, Mai, Juni, Sept. tgl. 8.30 – 17; übrige Zeit ab 9.30 bis mindestens 15 Uhr | Eintritt: 8,90 € | www.postojnska-jama.eu

POSTOJNSKA JAMA ERLEBEN

HÖHLENVERWALTUNG POSTOJNSKA JAMA

Jamska cesta 30, 6230 Postojna
Tel. 05 7 00 01 00
www.postojnska-jama.eu

Es gibt Kombitickets für Postojnska jama, Vivarium Proteus und Predjamski grad (auch online).

KAVARNA & BISTRO ŠTORJA POD STOPNICAMI €€

Zur Malica, dem täglichen Mittagessen (11 – 13 Uhr), gibt es wechselnde Gerichte mit Suppe, Fisch, Fleisch und ein vegetarischen Gericht. Überhaupt hat der Gast hier – neben gutem Beefsteak – auch eine kleine fleischlose Auswahl: gratinierte frische Champignons, mit würzigem Räucherkäse gefüllt!

Ul. 1. maja 1, Postojna
Tel. 05 992 78 98
Tgl. 7 – 23/24 Uhr
www.storja.si

PIZZERIA MINUTKA €€

Das Restaurant ist nicht nur eine gute Pizzeria: Hier legt man Wert auf ansprechend servierte Speisen. Selbst Kartoffelpüree wird in mehreren kleinen Häubchen aufgespritzt. Optisch sieht das zu hauchdünnen Zucchini-Röllchen sehr gut aus.

Ljubljanska cesta 14, Postojna
Tel. mobil 031 67 02 91

PHÄNOMEN KARST

Der Begriff »Karst« leitet sich von der Landschaft »Kras« (südslawisch »krs« = »Fels«) im Hinterland der Triester Bucht ab und steht für eine von durchlässigem und wasserlöslichem Kalkstein geprägte Landschaft, die sich durch Oberflächenwasserarmut und Trockentäler, Dolinen, Poljen und vor allem zahlreiche Höhlen im Untergrund auszeichnet.

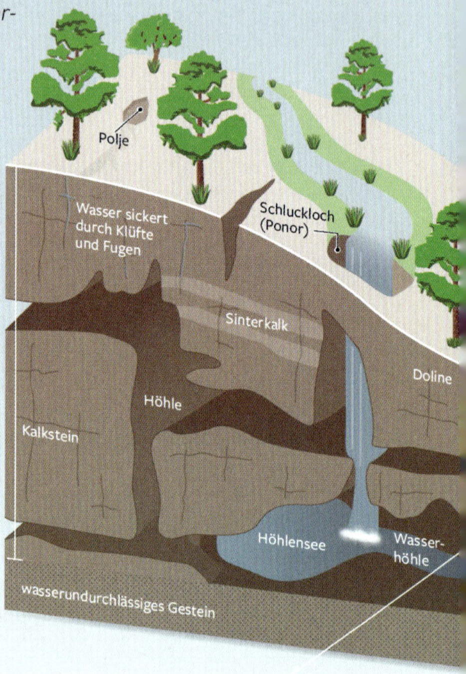

▶ Verkarstung

Seit der Römerzeit und besonders im Mittelalter, als die Seemacht Venedig für Schiffe und Städtebau viel Holz benötigte, betrieb man auf der Halbinsel Istrien Waldraubbau im großen Stil. Die Folge: Heftige Regenfälle spülten wertvollen Boden fort, und die Verkarstung des Kalksteins konnte sich ungehindert vollziehen. Zudem verhinderten Ziegen- und Schafweidewirtschaft den Aufwuchs von neuem Wald.

▶ Höhlen in Istrien

Die Karte zeigt eine Auswahl der bekanntesten Höhlen im kroatischen Teil Istriens.

▶ Tropfsteinbildung

1. Gesättigte Kalklösungen treten an der Höhlendecke aus.
2. Durch Temperaturanstieg wird Kalk ausgefällt.
3. An der Höhlendecke wachsen Kalkröhrchen als Stalaktiten abwärts zum Höhlenboden.
4. Beim Aufprall von Wassertropfen auf den Höhlenboden wird ebenfalls Kalk ausgefällt, Stalagmiten wachsen in die Höhe.
5. Die Tropfsteine wachsen zu Säulen zusammen.

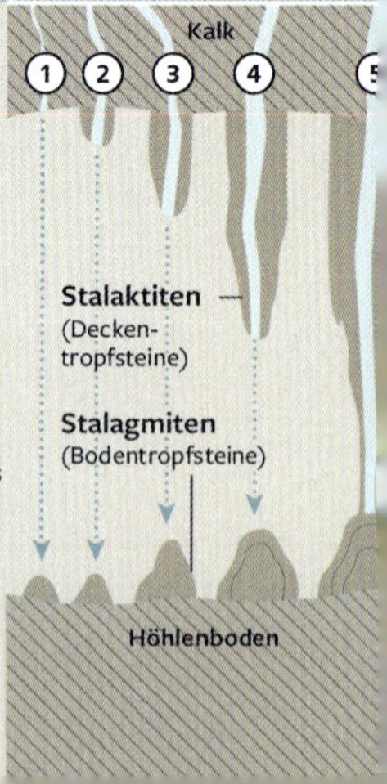

Karstgebiete weltweit

Entstehung

Kohlensäurehaltiges Regenwasser dringt durch Risse und Klüfte in den Kalkstein ein und löst diesen allmählich auf. Mit der Zeit werden Risse, Fugen und Klüfte zu trichterförmigen Dolinen, talartigen Poljen und Höhlen erweitert.

Kalk vergeht – Kalk entsteht

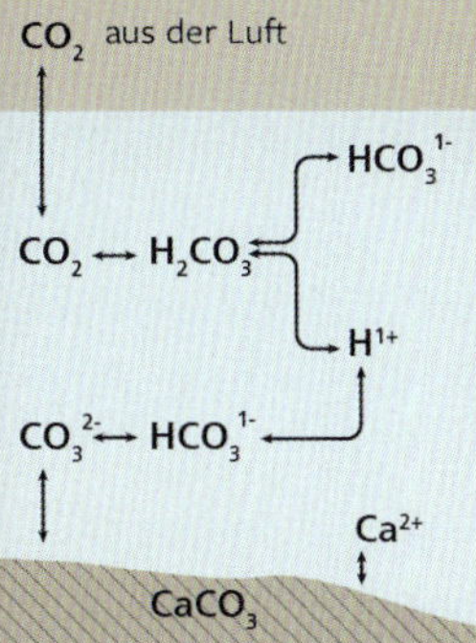

Wenn kohlensaures Regenwasser und Wurzelsäure der Pflanzen auf Kalkstein trifft, löst er sich im Wasser auf.

Wenn aus kalkhaltigem Wasser wieder Kohlendioxid entweicht, setzt sich Kalk wieder ab und wird fest.

Kalkstein als Exportgut

In Istrien werden jährlich 25 000 m³ Karststein (»Karstmarmor«) abgebaut. Über 70 % sind für den Export bestimmt. Dieser Stein wurde u. a. beim Bau der Grazer Oper verwendet.

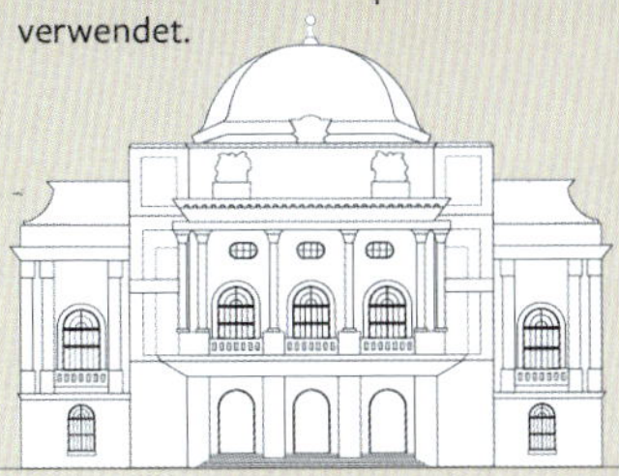

Rund um die Postojnska jama

Nebenhöhle

Otoška jama

Die Otoker Tropfsteinhöhle ist seit dem Einsturz eines Schachts vom Besucherabschnitt der Postojnska jama getrennt. Besichtigungen beginnen daher im Dörfchen Veliki Otok, das 2 km nordwestlich der Postojnska jama liegt.

Führungen (mind. 3 Teilnehmer): Mai – Sept. n.V., Tel. 05 7 00 01 58
Eintritt: 36 € | www.postojnska-jama.eu

Von einer Höhle zur nächsten

Pivka jama, Črna jama

Durch die Höhle von Pivka und die Schwarze Höhle fließt der Fluss Pivka hindurch, ehe er verschwindet und in der 2 km entfernten Höhle von Planina wieder an die Oberfläche kommt. Über 317 Stufen geht es 65 m tief in einen Einsturztrichter hinab und dann in die Höhle hinein. Der Besichtigungsweg ist 1,9 km lang und geht am Südende in die Črna jama über.

Führungen: Juli, Aug. Mo. – Fr. 9 u. 17, Sa., So. 9, 14 und 17 Uhr; Mai, Juni, Sept. n. V., Tel. 05 7 00 01 00 | Eintritt: 11 €
www.postojnskajama.eu

★★ Škocjanske jame

Der tiefste unteriridische Canyon der Welt

Die von der UNESCO zum Weltnaturerbe erklärten Škocjanske jame (Höhlen von Škocjan, dt. St. Kanzian), 35 km südwestlich der Postojnska jama, stehen ein wenig in deren Schatten. Was die Besucher erwartet, ist jedoch nicht minder spektakulär: Der Fluss Reka hat hier einen unterirdischen **Höhlencanyon** ausgewaschen, dessen Wände fast 100 m steil abfallen. Schwindelfreiheit ist von Vorteil, da die Cervenik-Brücke 45 m hoch über diese einzigartige Schlucht im Erdinnern führt. Markierungen in Brückennähe zeigen, dass hier durchaus Hochwasser herrschen kann, denn die Wassermassen der Schlucht gehen in einen schmalen Siphon über – da kann sich der Fluss schon mal stauen. Die Schlucht hält einen Rekord: Es handelt sich um den tiefsten bislang bekannten unterirdischen Canyon der Welt!
Auch sonst ist das Höhlensystem überaus sehenswert: Prächtige Säle, etwa die Halle mit orgelförmigen Tropfsteinformationen und andere wunderschöne Sinterterrassen begleiten die Besucher auf der 2,5 km langen Besichtigung, ehe es mit der Zahnradbahn wieder an die Erdoberfläche geht.

Der Karst und seine Besonderheiten

Park Skočjanske jame

Im umliegenden Park Skočjanske jame beginnt ein 2 km langer Lehrpfad beim Besucherzentrum in Matavun. Er führt rund um die Ein-

Schwindelfreiheit ist von Vorteil, wenn man in den Höhlen von Škocjan von der Cervenik-Brücke 45 m in die Tiefe schaut.

sturzdolinen Velika dolina und Mala dolina, vorbei an weiteren typischen Karsterscheinungen wie Steilwänden oder dem Schluckloch (Ponor) des Flusses Reka. Tafeln informieren über das Karstrelief, die Höhlenwelt, Fauna und Flora. Von den Aussichtspunkten sieht man auf die Eingänge von Höhlen, in denen Fledermäuse leben. Verwunderlich ist, dass in der Doline ein solches Mikroklima vorherrscht, dass hier alpine wie mediterrane Pflanzen gedeihen: So findet man die bunte Alpenprimel Aurikel neben der Farnart Venushaar, die es sonst recht warm mag.

Ausschilderung entlang der Straße Divača-Koper | **Besucherzentrum**: im Dörfchen Matavun, der Ausschilderung folgen | **Führungen** (Dauer: 1 Std. 45 Min.): tgl. 10 und 13, April, Mai, Okt. auch 15.30, Juni bis Sept. 10 – 17 stdl., Jan. – März u. Nov./Dez. auch So., Fei. 15 Uhr | **Eintritt**: 16 € (Canyon) bzw. 21 € (Canyon und an der Reka entlang) | www.park-skocjanske-jame.si

Festung in imposanter Lage

★ Predjamski grad

Die Predjamski grad, wörtlich Burg vor der Höhle, duckt sich dicht unter einer imposanten, 120 m hohen Felswand. Die Festung hütet einen reichen Fundus an Waffen, Gemälden und Jagdtrophäen. Archäologische Ausgrabungen belegen, dass die Gegend bereits in der Jungsteinzeit bewohnt war. Heute erinnert man alljährlich im Juli mit einem großen **Ritterfest** an alte Zeiten. Die Höhlen unterhalb der Burg können auf einer Länge von 900 m besichtigt werden, die Führung dauert 1 Std.

Führungen: Mai – Sept. tgl. 10 – 18, Juli/Aug. bis 19, sonst tgl. 10 –16, April, Okt. bis 17 Uhr | Eintritt: 9 € | www.postojnska-jama.eu.

Ein besonderes Dorf

★ Štanjel

Im malerischen Dorf Štanjel winden sich eine Befestigung und Steinhäuser den Hügel hinauf. Eine Treppe führt zum Hauptplatz mit der Kirche **Sv. Danijel** und dem **Grad Štanjel** (Schloss). Hier ist eine Ausstellung des slowenischen Avantgarde-Künstlers Lojze Spacal zu sehen. Sehenswert ist auch der **Ferrari-Garten**: In dieser Parkanlage, angelegt wohl ab Ende der 1920er-Jahre für den Triester Arzt Enrico Ferrari, versuchte der Architekt Max Fabiani eine für den Karst typische Landschaft mit Terrassen, Trockenmauern u.ä., zu schaffen, fügte aber auch andere Elemente wie einen Pavillon, eine künstliche Grotte, Wasserfontänen und eine venezianische Brücke ein. Ein schlichtes Natursteinhaus in typischer Karst-Bauweise (Kraška hiša) zeigt Besuchern, wie die Menschen hier früher gelebt haben.

Galerija Lojzeta Spacala: Juni – Okt. Do., Fr. 11 – 17, Sa., So. 10 – 18, Nov. – Mai Sa., So. 10 – 16 Uhr | Eintritt: 2 €
Kraška hiša: Öffnungszeiten s. Galerie | Eintritt: 1,50 €
Ferrarijev vrt: Freier Zutritt

★★ PULA

Höhe: 0 – 32 m ü. d. M. | **Einwohner:** 57 000 | Kroatien

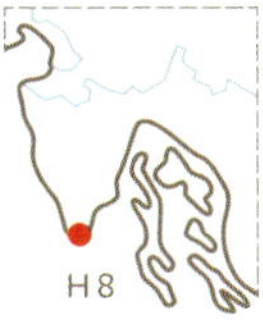

Vielleicht wäre die Arena von Pula nicht ganz so mächtig ausgefallen, wenn es nur nach den römischen Herrschern gegangen wäre. Unter Kaiser Augustus war mit dem Bau des ovalen Amphitheaters begonnen worden. Fertig gestellt wurde es jedoch erst einige Jahrzehnte später, unter Kaiser Vespasian. Es heißt, dieser habe seiner Konkubine damit einen Herzenswunsch erfüllen wollen: Antonia Caenis, eine freigelassene Sklavin, stammte nämlich aus Pula. Die bis heute eindrucksvolle Arena, die einst für »Brot und Spiele« diente, bietet eine traumhafte Kulisse – die auch gerne Musikstars nutzen.

Pula (ital. Pola), **das antike Herz Istriens**, besitzt einen ganz eigenen Charme. Für die Römer war sie der wichtigste Ort der Halbinsel, was sich an den noch erhaltenen Bauwerken – etwa dem mächtigen Amphitheater – ablesen lässt. Ihren alten Stadtkern mit dem römischen Forum konnte sich die Stadt bewahren, allerdings auch triste Hochhäuser und die große Uljanik-Werft im Hafen aus jüngeren Zeiten.

Stadt mit vielen Gesichtern

BAEDEKER MAGISCHE MOMENTE

ZURÜCK IN DIE ANTIKE

Der Schweiß strömt, (künstliches) Blut fließt, und auf dem Ehrenplatz hebt oder senkt der Senator den Daumen, wenn die Gladiatoren aufeinanderprallen. Willkommen im antiken Pula! Aber keine Sorge, auf dieser abendlichen Zeitreise holen sich die Akteure im Staub der Arena höchstens blaue Flecken. Wer sich auf »Spektakula Antiqua« einlässt, bekommt ein Gefühl dafür, wie es im alten Rom zugegangen sein mag. Zumal zum Programm auch Workshops über die römische Zivilisation gehören (einmal wöchentlich von Juni bis September, Eintritt 70 Kuna, www. spectaculaantiqua.com).

Das Strandleben von Pula spielt sich in den umliegenden Buchten wie Punta Verudela, Medulin, Banjole, Kap Kamenjak, Premantura oder Ližnjan ab. Im näheren Stadtbereich beliebt sind Zlatne Stijene (Goldener Felsen) mit Kiesstrand, die Valkane-Bucht, die man über den Lungomare am Meer entlang erreicht, oder die Pješčana uvala, wörtlich übersetzt »Sandbucht«, jedoch mit Kiesstrand!

Pula blickt auf eine **lange Geschichte** zurück: Schon in der Jungsteinzeit besiedelt, blühte es als Pietas Iulia Pola Pollentia Herculanea unter Kaiser Augustus auf. Die Stadt mit ihren 30 000 Einwohnern war wichtiger Handelshafen, hier machten römische Patrizierfamilien Urlaub. 1379 wurde der Hafen bei der Seeschlacht vor Pula durch die Genuesen zerstört. Pest und Malaria forderten ihr Tribut: Im Mittelalter lebten nur noch wenige hundert Einwohner in Pula. Nach dem Fall Venedigs 1797 blühte die Stadt unter österreichischer Herrschaft erneut auf und wurde zum K.-u.-k.-Kriegshafen und Flottenstützpunkt ausgebaut. Wie andere istrische Städte wurde Pula zunächst italienisch und kam nach dem Zweiten Weltkrieg zu Jugoslawien. An der erst 2006 gegründeten Universtät sind heute rund 5000 Studenten eingeschrieben.

Wohin in Pula?

Römische Baukunst

★★ Arena

Das Amphitheater, das erstaunlich gut erhalten ist, fasste bei seiner Fertigstellung im 1. Jh. n. Chr. bis zu 25 000 Zuschauer, heute hingegen nur noch gut 6000. Als natürliches Fundament diente ein Hang: Daher hat die Landseite zwei, die Wasserseite drei Stockwerke. Auch wenn immer wieder Steine für den Bau von Häusern abgetragen wurden, ist von der Arena viel übrig geblieben. Das hat sie v. a. dem venezianischen Senator Gabriele Emo zu verdanken. Dieser verhinderte 1583, dass die Arena völlig abgerissen und in Venedig neu wiederaufgebaut wurde, woran heute eine Gedenktafel erinnert.
In der Arena findet alljährlich im Juli ein beliebtes **Filmfestival** statt. Auch Konzerte aller Musikrichtungen locken viel Publikum an. Hier traten schon Superstars wie Sting, Joe Cocker und Placido Domingo auf. Auch ins Guiness-Buch der Rekorde ist die Arena schon eingegangen, als 2003 die **längste Krawatte der Welt** um das gesamte Bauwerk gespannt wurde. Die 808 m lange Halsbinde mit einem 25 m langen Knoten hatte ein stolzes Gewicht von 800 kg! Die Aktion war eine Hommage an das »Heimatland« der Krawatte.
Flavijevska ul. | Juli – Aug. tgl. 8 – 24, Mai, Juni, Sept., Okt. tgl. 8 – 21, übrige Zeit 9 – 17 Uhr | Eintritt: 50 Kuna | www.pulainfo.hr

Das Herz Pulas

★ Forum

Der römische Puls der Stadt schlägt auch heute noch am Hauptplatz, dem Forum: Dort erhebt sich der **Augustustempel**, den Kaiser Augustus (zwischen 2. v. Chr. und 14. n. Chr. errichten ließ. Als Baumaterial wählte er istrischen, marmorähnlichen Kalkstein. Der Tempel war der Göttin Roma als Personifizierung des römischen Staats geweiht. Nach Einführung des Christentums diente das 17 m hohe und 6 m breite Bauwerk als Kirche, später als Getreidespeicher. Die offene Vorhalle, zu der eine Treppe hinaufführt, wird von sechs korinthischen Säulen getragen. Antike Stein- und Bronzeskulpturen schmücken das Innere. In das 1296 daneben errichtete und in verschiedenen Baustilen erneuerte **Rathaus** (Viјećnica) wurde die Rückwand des Dianatempels integriert, der einst an dieser Stelle stand.
Augustustempel: Forum | Ostern – Sept. Mo. – Fr. 9 – 21, Sa. – So. 10 – 15 Uhr | Eintritt: 10 Kuna | www.pulainfo.hr

PULA ERLEBEN

TOURISMUSVERBAND PULA

Forum 3, 52000 Pula
Tel. 052 21 91 97
www.pulainfo.hr

Der rote **Hop-On Hop-Off-Bus** fährt zwischen Mitte April und Ende Sept. u. a. ab der Arena (100 Kuna). Die **Pula Card** kostet 90 Kuna. Sie gewährt vom 15. Juni – 15. Sept. freien Eintritt in die wichtigsten Sehenswürdigkeiten und Museen, u. a. in die Arena.

Juni – Sept.: Spectacvla Antiqva, abendliche Gladiatorenkämpfe in der Arena (www.spectaculaantiqua.com)
Mitte Juli: Pula Filmfestival (europ. Filme) (www.pulafilmfestival.hr)

Der Platz in Pula für Sonnenuntergänge ist die **E&D Day and Night Lounge** auf der Halbinsel Verudela in schöner Lage auf einem Hügel, mit Schwimmbad und üppigem Garten (Verudela 22). Abends trifft sich die städtische Boheme im alternativen **Kulturni centar Karlo Rojc**, mit vielen Konzerten und reichlich Graffiti – eine echte Institution (Gajeva 3, Pula).

1 SVETIONIK MARLERA €€€€

Ruhige Tage am Meer, an denen man nur das Kreischen der Möwen und die Brandung hört – das erwartet Gäste, die sich in dem charmanten Leuchtturm von 1882 auf der Halbinsel Marlera einquartieren. Die Ausstattung ist geschmackvoll, im modernen Landhaus-Stil. Solarstrom und Aggregator ermöglichen WLAN inmitten der Einsamkeit, das Wasser stammt aus der Zisterne. Die letzten 2 km ab Ližnjan verwandelt sich der Zufahrtsweg in eine Schotterpiste.
Marlera bb, Pula
(6 km östlich von Medulin)
Tel. mobil 098 18 20 719
www.lighthouse-croatia.com

2 OASI BOUTIQUE HOTEL €€€

Genuss und Ruhe findet man in dem modernen Boutique-Hotel, etwa 4 km südlich von Pula: Die stilvolle Inneneinrichtung der neun Zimmer wurde bis ins Detail geplant. Gebadet wird im kleinen Pool oder am 10 Min. entfernten Strand. Zum Hotel gehört ein Restaurant mit gehobener Küche, das einen guten Ruf genießt.
Pješčana uvala X 12a
Pula
Tel. 052 39 79 10
www.oasi.hr/de

1 RESTORAN MILAN €€€€

Als Milan Matić sein Restaurant 1967 eröffnete, gab er ihm einfach seinen Vornamen, wie es damals üblich war. Seither wird im Stadtteil Stoja, gegenüber dem K.-u.-k.-Marinefriedhof, in Familientradition gekocht. Hinzugekommen sind 12 Zimmer und ein verfeinertes Konzept, das auf gehobene Fischküche abzielt. Das Highlight: Stolze 400 Weinsorten werden hier verkostet!
Stoja 4
Pula
Tel. 052 30 02 00
www.milan1967.hr

❷ KONOBA BATELINA €€€€

Ansprechend arrangiert kommen Fischgerichte hier auf den Tisch, etwa die »Fisch-Antipasti«. Für den Fang des Meeresgetiers ist Senior-Chef Danilo Skoko zuständig, während sein Sohn David die raffinierte Zubereitung übernimmt.
Čimulje 25
Banjole
Tel. 052 57 37 67
So. Ruhetag
Mo. – Sa. ab 17 Uhr

❸ RESTORAN BODULKA €€€€

Als Gastronom hat sich Dušan Černjul längst in ganz Istrien einen Namen gemacht: Er lebt Slow Food in dem minimalistischen Restaurant, das zu dem kleinen Hotel Velanera gehört. Der Schwerpunkt liegt auf Fischgerichten, aber auch auf vorzüglicher frischer Pasta.
Ul. Franje Mošnje 3 b,
Šišan (9 km östlich von Pula)
Tel. 052 30 06 21

❹ RESTORAN FARABUTO €€€

Das Bistro mit der grün-weißen Retro-Tapete versteckt sich in einem Wohnviertel. Die Karte ist, zugunsten der Qualität, recht überschaubar: Auf den Tisch kommt nur, was die lokalen Fischer oder der Grünmarkt gerade anbieten – so bleibt es immer eine Überraschung, aus welchem Fisch das hauchdünne Carpaccio auf dem köstlichen Vorspeisenteller zubereitet wird.
Sisplac ul. 15
Pula
Tel. 052 38 60 74
www.farabuto.hr

❺ PIZZERIA JUPITER €€

In der populären Pizzeria nördlich des Kastellhügels sitzt man auf einer schattigen Terrasse. Die knusprigen und sehr leckeren Pizzen sind riesig! Schön würzig ist die Variante mit Tartufata, getrüffelter Pilzcreme.
Castropola 42
Pula
Tel. 052 2 143 33
www.pizzeriajupiter.com

❻ SAFARI BAR €€

Die Bar ist Kult: Ein kleines Bambus- und Schilfwäldchen sorgt für Schatten mitten auf dem Kap Kamenjak. Auch der Nachwuchs ist hier bestens aufgehoben, während die Erwachsenen gute Ćevapčići, Kalamari oder Oliven-Fingerfood und Sangria genießen.
Kap Kamenjak
Premantura
Tel. 091 627 84 65
Tgl. 9 – 21/22 Uhr

❼ SHANTI RAW BITE €

Veggies und Veganer müssen in Kroatien schon ein wenig suchen. Im Shanti Sirova Hrana (Shanti Rohkost) kommt Fleischloses ungekocht auf den Tisch – ob Brot, Pizza oder knackige Energy-Riegel. Leckere grüne Smoothies sorgen für einen Vitaminkick. Shanti heißt auf Indisch übrigens »Innere Ruhe«.
Ul. Dubrovačke bratovštine 27
Pula
Tel. 052 35 61 74

❽ FRESH SANDWICHES & SALADS €

In dem kleinen Imbiss werden knackige Salate, Falafel, Wraps, Smoothies und gute Sandwiches – mit Grillgemüse! – angeboten. Ideal für ein leichtes Mittagessen. Tipp: Mitnehmen und am Strand genießen.
Anticova ulica 5
Pula

ARENA VON PULA

Wenn Ernährung und Unterhaltung gesichert waren, so dachten die Römer – nicht zu Unrecht –, war die Gefahr von Aufständen sehr gering. Ergebnis dieser nüchternen Denkweise ist unter anderem die Arena in Pula, das sechstgrößte Bauwerk dieser Art weltweit.

Etwa ab 100 v. Chr. wurden die ersten Gladiatorenkämpfe zur Belustigung der Massen durchgeführt. Dazu brauchte man einen geeigneten baulichen Rahmen. Das Volk sollte sich einerseits amüsieren, andererseits sich beeindrucken lassen von der Kunstfertigkeit der Anlage. So entstanden im gesamten römischen Reich entsprechende Arenen. Mit ihrer schieren Größe unterstrichen sie auch die Bedeutung der römischen Herrschaft.

❶ Beeindruckende Maße
Bei der Fertigstellung zeigte sich Rom durchaus großzügig:132 m Länge und 105 m Breite sind die Außenmaße des Bauwerks, die trotz ihrer Mächtigkeit filigran wirkenden Mauern ragen bis zu 33 m hoch in den Himmel.

❷ Bögen und Fenster
Im obersten Ring sind eckige Fenster eingelassen, während darunter in zwei Reihen jeweils 72 Bögen das Oval schließen.

❸ Ausstellung
Wo einst Gladiatoren sich zu einem Kampf auf Leben und Tod rüsteten, geht es heute um eine kulinarische Seite der Vergangenheit: um Wein und Olivenöl.

1
3

Grausame Bestrafung
Vom Forum nach Südosten verläuft die **Flaniermeile** der Stadt, **Ulica Sergijevaca,** mit zahlreichen Geschäften und Cafés. In Nummer 16 wurden bei Aufräumarbeiten nach dem Zweiten Weltkrieg die Ruinen eines römischen Hauses freigelegt, wobei ein 65 m^2 großes antikes Mosaik aus dem 2./3. Jh. zum Vorschein kam (frei zugänglich). Es stellt die Bestrafung der Dirke dar, die, an einen Stier gefesselt, zu Tode geschleift wurde, weil sie ihre Nichte Antiope aufs Grausamste behandelt hatte.

★ Dirkemosaik

Kirchenbesuch
Das **Franziskanerkloster** (Sv. Franjo) am westlichen Hang des Kastellhügels, erreichbar über die steile Sv. Franje Asiškog, entstand ab dem späten 13. Jh. im romanisch-gotischen Stil. Sehenswert sind die gotische Fensterrosette der Kirche sowie ein hölzernes Polyptychon aus dem 15. Jahrhundert. Der Innenhof birgt ein Lapidarium mit Steintafeln aus der Ruinenstadt Dvigrad (► S. 110).
Uspon B. Lupetine | Mitte Juni – Mitte Sept. tgl. 10 – 17 Uhr
Eintritt: 10 Kuna | http://hvm.mdc.hr

Franjevacki samostan

Frühchristliches Denkmal
Die byzantinische Kapelle, südlich der Ulica Sergijevaca in Richtung Hafen gelegen, ist der einzige Rest einer größeren Basilika, die der hl. Maria Formosa (Sv. Marija Formoza) geweiht war. Sehenswert sind inbesondere Fragmente von Mosaiken aus dem 6. Jahrhundert.

Kapela Marije Formoze

Kunstvolle Steinmetzarbeiten
Am Ende der Ulica Sergijevaca folgt der 30 v. Chr. errichtete Sergierbogen (Slavoluk Sergijevaca), geschmückt mit korinthischen Kapitellen und Reliefs mit Abbildungen von Kriegshandlungen, Pflanzen und Tieren. Er wurde aus privaten Mitteln von Salvia Postuma Sergia zu Ehren ihrer drei Brüder errichtet, die sich in der Schlacht bei Acitum verdient gemacht hatten. Ursprünglich war er an das Stadttor Porta Aurea (Goldenes Tor) angebaut, sodass er manchmal ebenfalls so genannt wird. Die Stadtmauer selbst wurde im 19. Jh. abgerissen.

Slavoluk Sergijevaca

Anregungen für Romane
In Bronze gegossen sitzt er bei einer Tasse Kaffee auf der Terrasse des Cafés Uliks (Ulysses), nur wenige Meter vom Sergierbogen entfernt, und »beobachtet« die Passanten: der irische Schriftsteller James Joyce. 1904 ließ er sich mehrere Monate von der Atmosphäre der Hafenstadt inspirieren und schrieb an seinen Romanen »Dubliner« und »The Holy Office«. Warm wurde er mit Pula, das er als »Sibirien am Meer«

James Joyce

Wo einst Gladiatoren gegeneinander antraten, spielen heute die Großen der internationalen Musikszene auf: die Arena von Pula.

bezeichnete, jedoch nie so ganz – und ging nach Triest. Das moderne **Denkmal** des Labiner Bildhauers Mate Čvrljak steht direkt vor der einstigen Arbeits- und Wohnstätte des Geehrten.

Einkaufen mit Stil

Tržnica

Ein Abstecher vom Sergierbogen über die Flanatička ulica führt zur **Markthalle** aus österreichisch-ungarischer Zeit. Bauherr war Jakob Münz, der auch für das Grand Hotel in Pula verantwortlich zeichnete. Zur Zeit ihrer Errichtung – 1903 – war die Jugendstilkonstruktion aus Glas und Stahl ein recht modernes Bauwerk (Narodni trg 9).

Hier ging es in die Stadt

Herkulova vrata, Dvojna vrata

Einst war Pula von einer Stadtmauer mit zwölf Toren umgeben. Der älteste erhaltene Durchgang ist das **Herkulestor** aus dem 1. Jh. v. Chr. an der Carrarina ulica. An der Spitze des Bogens ist Herkules mit Keule eingemeißelt. Das Doppeltor **Porta Gemina** (Dvojna vrata), nördlich davon gelegen, stammt hingegen aus dem 2./3. Jh. und zeigt zwei friesverzierte Bögen. In der Nähe finden sich noch Reste der Stadtmauer.

Wertvolle Exponate

Arheološki musej Istre

Das **Archäologische Museum Istriens** neben der Porta Gemina ist in der ehemaligen Deutschen Schule, einem neoklassizistischen Gebäude (19. Jh.), untergebracht. Es zeigt Exponate von der römischen bis zur byzantinischen Zeit, darunter Statuen, Architektur- und Mosaikfragmente und eine byzantinische Elfenbeintruhe. Der Torso d'Imperatore ist eventuell eine Darstellung des Kaisers Augustus, ein Bodenmosaik aus der einstigen Basilika Sv. Marija Formoza zeigt Jesus und Petrus. Dazu kommen prähistorische Gegenstände aus Nesactium (▶ Rund um Pula) und verschiedene Grabbeigaben. Das Lapidarium im Erdgeschoss präsentiert alte Inschriften und Grabsteine.

Carranina 3 | wegen Restaurierung z. Zt. geschl. | www.ami-pula.hr

Unterirdisches Wegenetz

★ Podzemni hodnici

Seit einigen Jahren kann man einen kleinen Teil der unterirdischen Gänge **(Zerostraße)** besichtigen, die während der österreichischen Herrschaft gegraben wurden. Das 10 km lange Netz verbindet die strategisch wichtigen Punkte in der Stadt miteinander. Gang Nr. 12 ist 400 m lang, bis zu 6 m breit und hat einen Hauptraum.

Eingang neben dem Archäologischen Museum | Mitte Juni – Mitte Sept. tgl. 10 – 24 Uhr | Eintritt: 15 Kuna | www.pulainfo.hr

Am höchsten Punkt der Stadt

Kaštel

Auf der höchsten Erhebung Pulas – immerhin 32 m ü. d. M. – thront eine venezianische Festung aus dem 17. Jahrhundert. In der mehrfach erneuerten viereckigen Anlage mit Bastionen ist heute das **His-**

James Joyce wollte sich nicht so recht mit Pula anfreunden. Trotzdem hat er ein Denkmal bekommen.

torische- und **Seefahrtsmuseum** von Istrien mit 40 000 Exponaten untergebracht: u. a. Waffen und Uniformen von Militär und Marine. Unterhalb des Kastells liegt das teils recht gut erhaltene **kleine römische Amphitheater** aus dem 2. Jh. an der nordöstlichen Seite des Hügels (Malo rimsko kazalište).

Gradinski uspon 6 | April – Sept. tgl. 8 – 21, Okt. – März tgl. 9 – 17 Uhr
Eintritt: 20 Kuna | http://ppmi.fwd.hr

Moderne Kunst in altem Rahmen

Muzej suvremene umjetnosti Istre

Kroatische Kunst ab 1950 bis heute ist im **Museum für Moderne Kunst Istriens,** westlich der Arena, zu sehen. Das Museum ist in der Alten Druckerei aus K.-u.-k.-Zeiten (1862) direkt an der Riva untergebracht, das Gebäude selbst gilt als Industriedenkmal.

Sv. Ivana 1/I | Sommer Di. – Sa. 11 – 21, Winter 11 – 19 Uhr |
Eintritt: 10 Kuna | www.msu-istre.hr

Gotteshaus der Orthodoxen

Sv. Nikola

Die **Nikolauskirche** aus dem 6. Jh. mit einigen sehenswerten Ikonen wird seit Ende des 15. Jh.s von der orthodoxen Gemeinde genutzt.

Castropola 39 | geöffnet für kurze Zeit nach jeder Messe

Ehrwürdige Mauern

Uznesenje Blažene Djevice Marije

Richtung Hafenpromenade Riva gelangt man am Domplatz zur **Kathedrale Mariä Himmelfahrt,** die im 15. Jh. auf den Fundamenten eines römischen Jupitertempels erbaut wurde. Das dreischiffige Innere wird von antiken Säulen gestützt, als Hauptaltar dient ein römischer Sarkophag. Der Campanile kam erst 1707 hinzu, benutzt wurden Steinblöcke aus der Arena. Mauerteile einer frühchristlichen Basilika aus dem 5. Jh., die zuvor hier stand, sind noch sichtbar, ebenso ein Bodenmosaik aus dieser Epoche.

Rund ums Olivenöl

Museum Olei Histriae

In die Geheimnisse des Extra Vergine-Olivenöls werden Besucher im Haus des Istrischen Olivenöls eingeweiht. Im Verkaufsraum kann man sich mit Öl und weiteren regionalen Köstlichkeiten eindecken.
Kuća istarskog maslinovog ulja, Ul. Sv. Teodora 1a | Führungen: 90 bzw. 130 Kuna, je nach Verkostung | Tel. 052 66 12 35
www.oleumhistriae.com

Rund um Pula

Zum Gedenken an die Seefahrt

Gospa od mora

Pula war ein wichtiger Marinestützpunkt der K.-u.-k.-Monarchie. Zu Ehren im Krieg getöteter Marineangehöriger wurde im südwestlichen Stadtteil Stoja (Jeretova ulica bb) die **Kirche Maria vom Meer** (Mornarička crkva) errichtet. Merkmal des neobyzantinischen Stils ist u. a. die rot-weiße Fassade. Am Portal erinnern Elemente an Seemannsknoten. Auf dem 28 m hohen Kirchturm thront ein Engel. Der **Marinefriedhof** neben der Kirche steht unter Denkmalschutz. Hier liegen vor allem K.-u.-k.-Soldaten und Offiziere sowie deren Familien begraben. Auch die über 200 Opfer des gesunkenen Passagierschiffs Baron Gautsch sind hier beigesetzt.

Besuch bei Meeresbewohnern

Verudela

Auf der Halbinsel Verudela, 3 km südlich von Pula, entstanden mehrere große Feriensiedlungen und Campingplätze unter schattigen Pinien. In der **Festung Verudela** werden in **60 Aquarien** Katzenhaie, Seeigel und andere Süßwasser- und Meeresbewohner gezeigt. Das dortige Pflegezentrum für Meeresschildkröten päppelt verletzte Tiere wieder auf. Wer eine Meeresschildkröte adopiert, gehört zu den Ersten, der bei ihrer Freilassung in die Natur dabei sein dürfen. Die Festung Verudela ist übrigens nur eine von 55 Verteidigungsobjekten, die Pula vor Angreifern schützten sollten.
Verudela bb | Juli – Aug. tgl. 9 – 22, Juni, Sept. tgl. 10 – 20, April, Mai tgl. 10 – 18, Okt. – März tgl. 10 – 16 Uhr | Fütterung: Mo. – Fr. 12 – 13 Uhr | Eintritt: 75 Kuna | www.aquarium.hr

Nette Küstenorte

Banjole, Pomer

Pinienwälder spenden den Campingplätzen und Apartments des früheren Fischerdörfchens **Banjole**, 6 km südöstlich von Pula, reichlich Schatten – ein netter Ort zur Erholung.

Skipper schätzen das ruhige Örtchen **Pomer**, 8 km südöstlich von Pula, vor allem für seine moderne Marina. Pomer war bereits zu römischen Zeiten besiedelt, wie Ausgrabungen zeigen. Die Kirche Sv. Andrija (Andreas) stammt aus byzantinischer Zeit, wurde jedoch später umgebaut.

Hier ist Urlaub angesagt

Medulin

Medulin, 10 km südöstlich von Pula, gehört seit den 1970er-Jahren zu den großen Touristenzentren in Istrien, mit vielen Freizeit- und Sportmöglichkeiten. In einer Bucht reihen sich Hotelsiedlungen an meist flach abfallenden Stränden aneinander: Den Sandstrand Bijeca schätzen vor allem Familien mit kleinen Kindern. Die Strände sind meist felsig, gelegentlich gibt es auch Kies oder Sand. Der Ortskern birgt eine Seltenheit für Istrien: eine doppeltürmige Kirche, die der Sv. Agneza (Agnes) geweiht ist, ein Mosaik mit Bibelszenen ist sehenswert. Auf der Halbinsel Vižula wurden die Reste einer römischen Sommerresidenz freigelegt. In der Bucht von Medulin erstrecken sich die winzigen Inselchen Ceja (mit der berühmten Kaktus-Bar), Levan und Bodulaš, an deren Stränden gerne gebadet wird. Hin geht es mit dem Taxiboot ab dem Hafen von Medulin.

www.medulinriviera.info

Natur pur

★ Kap Kamenjak

Istriens Südspitze mündet in das **Landschaftsschutzgebiet** Kap Kamenjak: 30 km naturbelassene Kies- und Felsstrände, Badebuchten und malerische Klippen, von denen ganz Wagemutige sogar ins Meer springen! Die nahezu unberührte Natur macht das Kap zu einem beliebten Ausflugsziel für Wanderer und Radfahrer. Bei der Einfahrt mit dem Auto in den naturbelassenen Landstrich wird allerdings eine kleine Öko-Gebühr (40 Kuna) fällig. Staubige Schotterwege führen durch die mit Macchia bewachsene Felslandschaft, in der gar 550 Pflanzenarten heimisch sind. Ganz in der Nähe verläuft ein 600 m langer **Dino-Lehrpfad** mit Original-Fußabdrücken zum Kap Grakalovac: Sieben Info-Stationen und originalgroße Dino-Modelle erwarten die Besucher. Absolutes Muss ist die kultige **Safari Bar** mitten in freier Natur, in der Bambus und Schilf Schatten spenden: Bei einem guten Cocktail und kleinen Snacks kommt hier fast Karibik-Flair auf!

Premantura, der südlichste Ferienort Istriens auf dem Kap Kamenjak, ist vor allem für seine Campingplätze und Privatzimmer bekannt und beliebt.

Landschaftsschutzgebiet Kap Kamenjak: tgl. 7 – 21 Uhr
www.kamenjak.hr

Histrier, Römer, Slawen

★ Nesactium

Die **antike Ruinenstadt** Nesactium (Nezakcij), 10 km östlich von Pula in Richtung Valtura, war einst die Metropole der illyrischen Histrier. Der letzte histrische König, Epulon, soll 177 v. Chr. den Freitod gewählt haben, als die Siedlung von den Römern eingenommen wurde. Diese errichteten eine neue Stadt mit Thermen, Forum und drei Tempeln, wie Ausgrabungen belegen. Erst mit dem Vordringen der Slawen im 7. Jh. wurde Nesactium zerstört. Die meisten Funde werden im Archäologischen Museum von Pula präsentiert.

Sommer 9 – 12, 16 – 20 Uhr | Eintritt: frei

★★ RAB

Höhe: 0 – 408 m ü. d. M. | **Einwohner:** 9000 | Kroatien

Britanniens König Eduard VIII. hat, wenn auch ungewollt, der Kvarner-Insel Rab zu ungeahnter Popularität unter Nudisten verholfen. Seine Hoheit soll 1936 eine Genehmigung beantragt haben, gemeinsam mit seiner späteren Gattin Wallis Simpson in der Kandarola-Bucht vor Rab baden zu dürfen. Aber bitteschön hüllenlos, im Adamskostüm! Das blieb nicht ohne Folgen: Seit jenem Bad wird der Kandarola-Strand gerne »Englische Bucht« genannt und ist bei FKK-Anhängern beliebt. Überhaupt sind es die Strände und das sonnenreiche Klima, das die Urlauber an der schönen Ferieninsel Rab so schätzen!

Beliebte Badeinsel

Die Insel hat jedoch zwei Gesichter: Die verödete Felsküste entlang der Ostseite wurde vom kalten Bora-Fallwind im Velebit-Kanal glattgeschliffen, grün und waldreich präsentiert sich dagegen die Westseite mit mildem Klima und geschützten Buchten. Beide Inselhälften trennt der Kamenjak-Gebirgszug aus Kalkstein.
Mit der Bezeichnung »Arbe« oder »Arb« könnten die Liburner, die hier ab dem 9. Jh. v. Chr. siedelten, einst die dunklen Wälder der Insel bezeichnet haben. Später nannten die Römer das Eiland »Felix Arba«, die glückliche (reiche) Insel. Diese Bezeichnung erhielten nur wenige Städte. Bereits unter Kaiser Augustus hatte die Siedlung 10 v. Chr. den Status eines Municipiums erhalten, mit Stadtmauer, Forum, Tempel und Theater. Ab 530 war Rab frühchristlicher Bischofssitz (bis 1828). 1889 erhielt Rab den Status eines Kur- und Badeorts: Die Gäste kamen vor allem wegen des angenehmen Klimas, das sich positiv auf die Atmungsorgane auswirkte. Heute kommt mehr als die Hälfte der etwa 220 000 Urlauber pro Jahr aus Österreich und Deutschland.

Ein dringender Anruf kann schon mal vom Blick auf die Türme der Altstadt von Rab abhalten …

★★ Wohin in Rab-Stadt?

Zu Ehren des Schutzpatrons

★★ Rabska fjera

Rüschenkragen, bodenlange Samtkleider und Perücken dominieren in den engen Altstadtgassen von Rab – zumindest einmal im Jahr: Rund um den Feiertag des Schutzpatrons Sv. Kristofor (Christophorus), dessen Reliquien auf Rab aufbewahrt werden, wird vom 25. bis 27. Juli die Rabska fjera drei Tage lang gefeiert. Bei dem **mittelalterlichen Fest** wird altes Handwerk präsentiert, überall gibt es kulinarische Spezialitäten aus alten Zeiten. Höhepunkt ist ein Ritterturnier mit Armbrustschützen.

Malerische Inselhauptstadt

★ Altstadt

Vier Kirchtürme, das Wahrzeichen der Inselhauptstadt Rab, prägen das befestigte Städtchen auf der schmalen Landzunge zwischen Hafen und der Bucht Sv. Eufemija. Der grüne **Stadtpark Komrčar** nördlich der Altstadt flankiert die Bucht und die Flaniermeile Obala kralja Petra Krešimira IV, die sich am Ufer entlangzieht. Die Altstadt wird von drei Hauptstraßen durchzogen: der unteren Gasse (Donja ulica) mit gut besuchten Cafés, der mittleren Gasse (Srednja ulica) mit Souvenirgeschäften und der oberen Gasse (Gornja ulica) mit den Kirchtürmen; die beiden Letzteren sind durch schmale Treppengassen verbunden. Reste der alten **Stadtmauer** sind noch in der Bucht Sv. Eufemija und der Oberstadt zu sehen. Viele **Patrizierhäuser** aus venezianischen Zeiten prägen das Gesicht der Altstadt. Herausragend sind etwa das Stadtpalais Dominis (15. Jh.) am Anfang der Srednja ulica – mit einem Marmorportal, asymmetrischen Fenstern und Familienwappen –, in dem der Theologe, Philosoph, Mathematiker und Physiker Markantun de Dominis geboren wurde, oder einige Meter unterhalb davon an der Donja ulica der Nimira-Palast (heute Restaurant) mit einem hübschen Eingangsportal.

Toller Ausblick

Stadmauer

Vom Trg Sv. Krištofora am Beginn der Altstadt führt ein Treppenweg in die Gornja ulica hinauf in den älteren Stadtteil Kaldanac. Die Überbleibsel der mittelalterlichen Stadtmauer können bestiegen werden und öffnen einen schönen Blick über die Altstadt. Hier beginnt auch der Ende des 19. Jh.s angelegte **Stadtpark** Komrčar mit Steineichen, Palmen und Zypressen.

Musik in der Kirche

Sv. Krištofor, Sv. Ivan Evanđelista, Sv. Križ

Die Kirche Sv. Krištofor besitzt ein Altarbild von Pellegrini (18. Jh.) und barocke Stuckaturen. Die Gornja ulica führt zu den Ruinen der Basilika Sv. Ivan Evanđelista (Evangelist Johannes, 11. Jh.), von der nur der 20 m hohe, intakte Kirchturm und einige Säulenreste erhalten geblieben sind. Daneben erhebt sich die Kirche Sv. Križ (Heiligkreuz) aus dem 13. Jh. mit einigen sehenswerte Bodenmosaiken. Das ganze Ensemble ist eine schöne Kulisse für die Raber **Musikabende** im Sommer.

Kostbare Kunst

Museum für sakrale Kunst

Der Kirche Sv. Justina (16. Jh.) wurde ein bauchiger Zwiebelturm aufgesetzt. Gottesdienste finden hier keine mehr statt. Stattdessen zeigt ein kleines, aber feines Museum sakrale Kunst: Das Bild am Renaissancealtar wird der Schule Tizians zugerechnet und stellt Josephs Tod dar. Kostbar ist auch das Schädelreliquiar des hl. Christophorus, ein Geschenk des Patriarchen von Konstantinopel im Jahr 923.

Museum: Juli – Aug. Mo. – Sa. 9 – 13, 19 – 22 Uhr, So. nur abends, Juni und Sept. tgl. 19.30 – 21 Uhr | Eintritt: frei

Wundertätige Muttergottes

Samostan Sv. Andrije

Ganz in der Nähe erhebt sich die romanische Kirche des noch aktiven Benediktinerinnenklosters Sv. Andrija (Andreas). Es wurde 1018 zur »Versorgung« unverheirateter Adelstöchter gegründet. Das Muttergottesbild in der Kirche gilt als wundertätig und lockt viele Pilger an. Der Glockenturm von 1181 ist der älteste in Rab.

Wahrzeichen von Rab
Der markante, etwa 50 m entfernt freistehende **Campanile** der Marienkathedrale wurde bereits im 13. Jh. erwähnt. Mit seinen 26 m überragt der westlich der Kirche aufragende Glockenturm die ganze Altstadt und gilt als Wahrzeichen von Rab. Auf sechs Stockwerken finden sich unterschiedliche Fensteröffnungen. Der Aufstieg wird mit einer schönen Aussicht auf die übrigen Kvarner-Inseln belohnt.

★ Sv. Marija Velika

Das **Gotteshaus** selbst ist zwar seit Auflösung des Bistums 1828 nur noch eine Kirche, wird aber immer noch Marienkathedrale genannt (1177). Beeindruckend ist das Renaissanceportal eines Bildhauers aus Trogir, das die zweifarbige Fassade aus typischem Raber Stein (Rapski mandulat) ziert. Römische Säulen mit Spolien unterteilen das Innere. Sehenswert sind das Ziborium mit altkroatischen Fragmenten, ein Marmortaufbecken und ein spätgotisches Chorgestühl

1 Astoria
2 Agatini Vrtovi
3 Konoba Rab
4 San Lorenzo
5 Vojko

1 Arbiana Heritage Hotel
2 Valamar Hotel Imperial

RAB ERLEBEN

TOURISTINFORMATION RAB-STADT

Trg Municipium Arba 8
51280 Rab
Tel. 051 72 40 64
www.rab-visit.com

TOURISTINFORMATION LOPAR

Lopar bb, 51281 Lopar
Tel. 051 77 55 08
www.lopar.com

Die Autofähre braucht 15 Min. von Stinica auf dem Festland nach Mišnjak im Süden von Rab (Rapska plovidba). Ab Valbiska (Insel Krk) fährt ganzjährig eine Autofähre nach Lopar (LNP) in 1 Std. 20 Min.; ganzjährig auch der Katamaran aus Rijeka (Jadrolinija) in 1 Std. 45 Min.

Juli – Aug.: Raber Musikabende (Rapske glazbene večeri), jeden Do. klassische Konzerte in der Kirche Sv. Križ, Rab
9. Mai (Stadtfest), 25. Juni (Nationalfeiertag) und 15. Aug. (Mariä Himmelfahrt): Ritterspiele und Armbrustschützen-Wettbewerbe, historische Umzüge, Rab
25. – 27. Juli: Mittelalter-Festival Rabska fjera (Raber Fjera) mit Ritterspielen, Rab

Ca. 300 km Wander- bzw. Radwege sind ideal für aktive Urlauber. Tauchzentren ermöglichen Tauchgänge.

In der Donja ulica in Rab-Stadt liegen die angesagten Cafés und Kneipen, vor denen man sich im Sommer trifft. Am Hauptplatz wird abends in der **Caffè-Bar San Antonio** getanzt. Am Strand Pudarica bei Barbat ist die **Beach Bar Santos** die Adresse für Partynächte.

Im **»Natura Rab«** in Barbat gibt es Cremes und Seifen aus regionaler Produktion in Bio-Qualität (tgl. 8 – 20 Uhr, Tel. 051 72 19 27 www.natura-rab.hr).

1 ARBIANA HERITAGE HOTEL

€€€

Die elegante Altstadt-Villa (28 Zimmer) mit einer fast 100-jährigen Tradition erhebt sich direkt an der Uferpromenade. Die Einrichtung, mit reichlich Samt und Teppichen, ist herrlich nostalgisch. Umgeben von altem Gemäuer sitzen Frühstücks- und Restaurantgäste in dem wundervollen Park Sv. Marin.

Obala kralja Petra Krešimira IV 12
Rab-Stadt
Tel. 051 77 88 99
www.arbianahotel.com

2 VALAMAR HOTEL IMPERIAL

€€€

Das über 100 Jahre alte, jüngst renovierte Traditionshotel liegt neben dem herrlichen Stadtpark in Rab-Stadt. Entspannung bieten das Wellnesszentrum sowie Innen- und Außenpool. Im Restaurant stehen feine Spezialitäten und edle Weine auf der Karte. Nur für Erwachsene!

M. de Dominisa 9, Rab
Tel. 051 724 522
www.valamar.com/de

1 RESTORAN ASTORIA €€€
Die phantastische Aussicht von der Terrasse im ersten Stock macht Lust auf Meer: Da schmecken Scampi auf Buzara-Art oder Seeteufel in Malvazija-Sauce umso besser. Gemüse und Gewürze stammen aus eigenem Anbau, überhaupt wird Wert auf regionale Produkte gelegt.
Ulica Dinka Dokule 2, Rab-Stadt
Tel. 051 77 48 44
www.astoria-rab.com/de/
Mittagsruhe: 15 – 18 Uhr

2 AGATINI VRTOVI €€€
Das elegante Restaurant, übersetzt »Agathas Gärten«, des Hotels Arbiana liegt direkt am Hafen. Die kreativ und fein zubereiteten Fisch- und Fleischgerichte machen den Abend zu einem besonderen Erlebnis. Romantikfaktor: hoch!
Obala kralja Petra Krešimira IV 12, Rab-Stadt
Tel. mobil 091 440 01 98

3 KONOBA RAB €€€
Etwas versteckt in einer Altstadtgasse erwartet die Gäste ein gemütliches Ambiente mit einer kleinen Galerie. Auf den Punkt zubereitet ist die Rapska Grotta, ein mit Käse gefülltes Rindersteak. Das Lamm unter der Schmorglocke muss einen Tag vorab bestellt werden. Reservierung empfohlen!
Kneza Branimira 3, Rab-Stadt
Tel. 051 72 56 66

4 RESTORAN SAN LORENZO €€€
Auf der rebenumrankten Terrasse bestellt man ganz zwanglos ein klassisches Fleisch- oder Fischgericht, ohne viel Schnickschnack.
Lopar 571, Lopar
Tel. 051 77 50 04
www.pension-sanlorenzo.com

5 RESTORAN VOJKO €€€
Skipper legen traditionell gerne in der ACI Marina Supetarska Draga an, um bei Gastwirt Vojko Krišković zu speisen: Der hat sich schon seit Jahren mit großen Portionen, vor allem Spanferkel und Fleisch, einen Namen gemacht.
Suha Marina (Trockenmarina) Supetarska Draga
Tel. 051 77 68 05, ww.vojko.hr

---

mit dem Wappen von Raber Patrizierfamilien. Der thronende Christus aus dem 8. Jh. gilt als eines der ältesten Ausstellungsstücke.
Kathedrale: Ul. Ivana Rabljana | nicht ständig geöffnet | Eintritt: frei, Spende erbeten
Campanile: tgl. 10 – 12, 19.30 – 22 Uhr | Eintritt: 15 Kuna

Bei den Franziskanerinnen
Das bis heute aktive Franziskanerinnenkloster Sv. Antun Opat (Abt Anton) thront seit dem 11. Jh. über der Spitze der Landzunge. Seine Kirche bewahrt eine in Öl gemalte Ansicht der Stadt Rab von 1638. Samostan Sv. Antun Opat

Rathaus mit Stil
Von der Marienkathedrale führt die Ul. Biskupa Draga zum belebten Hauptplatz Trg Municipium Arba; er öffnet sich zum Hafen und zur Uferpromenade Obala kralja Petra Krešimira IV hin. An seiner Nord- Trg Municipium Arba

westseite steht der **Rektorenpalast** (Knežev dvor, 13 Jh., heute Rathaus). Baustile von Romanik bis Renaissance verschmelzen hier miteinander. Den Balkon mit Renaissance-Balustrade halten venezianische Löwenkopf-Konsolen empor. Nicht weit entfernt steht der bis heute funktionsfähige **Uhrturm** aus der Renaissancezeit, ein paar Schritte weiter eine von acht Säulen getragene Loggia (1509).

Rathaus: Sommer tgl. 10 – 13, 19 – 21 Uhr | Eintritt: frei

Weitere Orte auf Rab

Inmitten von Weinreben und Oliven

Kampor

Knorrige Rebstöcke und Olivenhaine umgeben das ehemalige Fischerdorf Kampor am südlichen Ende der Bucht Kamporska Draga. In den vergangenen Jahren sind hier zahlreiche Ferienhäuser entstanden, vor allem Familien mit Kindern schätzen den flach abfallenden Sandstrand. Nördlich von Kampor hütet das **Franziskanerkloster** Sv. Eufemija (Euphemia, 15. Jh.) volkskundliche und sakrale Ausstellungsstücke, darunter das Raber Gesetzbuch (1598). Nur wenige Meter entfernt, linkerhand, erinnert man mit einer kleinen Gedenkstätte an mehrere Tausend Opfer, die im Zweiten Weltkrieg im Konzentrationslager Kampor ums Leben kamen.

Kloster: tgl. 10 – 12, 16 – 18 Uhr | Eintritt: 10 Kuna

Paradies oder Sahara?

Lopar

Der bekannteste Inselstrand, **Rajska plaža** (Paradiso/Paradiesstrand), beim nördlich gelegenen Lopar ist ideal für den Nachwuchs, da er sehr flach ins Meer abfällt. Zudem ist der etwa 1,5 km lange Strand für Volleyballturniere bekannt. Am ruhigeren **Sahara-Strand,** 40 Min. zu Fuß von Lopar, treffen sich die FKK-Anhänger. Der Name der Hotelsiedlung San Marino ist eine Erinnerung an den Begründer des gleichnamigen Stadtstaats, der aus Lopar stammte und über Handelsgeschäfte dorthin gelangte.

Beliebter Jachthafen

Supetarska Draga

In einer windgeschützten Bucht liegt Supetarska Draga mit einerACI-Marina (280 Anlegeplätze), davor die drei Inselchen Maman, Sailovac und Srednjak, teilweise mit Sandstränden. Im Ort steht die älteste Kirche der Insel, eine dreischiffige romanische Basilika von 1059, die Sv. Petar (Petrus) geweiht ist. Die Glocke stammt von 1290.

Ab ins Wasser

Banjol

In dem Badeort östlich von Rab-Stadt säumen moderne Ferienhäuser die Uferpromenade, während der Blick auf die Altstadt von Rab fällt. Der alte Ortskern erstreckt sich oberhalb. Mehrere schöne Sand- und Kiesstrände reihen sich in Banjol aneinander.

Rund um Rab

Dunkle Vergangenheit

Goli otok

Die jahrhundertelang nur von Schafen besiedelte, karge Insel (4,7 km^2) gilt als Synonym für die dunkle Seite Jugoslawiens: Auf Goli otok (Nackte Insel) befand sich der **Gulag des Tito-Reichs**, in dem Folter, Terror, Verhöre und Zwangsarbeit in Steinbrüchen an der Tagesordnung waren. Bereits Österreich-Ungarn hatte auf dem bis heute unbewohnten Eiland im Ersten Weltkrieg ein Lager für russische Kriegsgefangene errichtet. Nach Titos Bruch mit der Sowjetunion wurden hier ab 1949 politische Gegner wie Stalinisten, Faschisten, später auch westlich orientierte »Staatsfeinde« weggesperrt. Wie viele Menschen dabei ums Leben kamen, weiß niemand genau: Die Geheimpolizei vernichtete die Unterlagen bei der Lagerschließung 1988. Eine wissenschaftliche Auseinandersetzung ist kaum möglich, vieles bleibt unbekannt. Heute kutschiert der »Goli Express« Touristen zu den Resten des Lagers über die Insel. Ausflüge werden z. B. ab Rab-Stadt oder Lopar angeboten.

★ RIJEKA

Höhe: 0 – 219 m ü. d. M. | **Einwohner:** 128 000 | Kroatien

Die Einwohner von Rijeka lieben den Ausspruch »Ich mag die Stadt, die fließt«. Das Wortspiel hat eine einfache Erklärung: Rijeka oder auf Italienisch Fiume heißt schlichtweg »der Fluss«, abgeleitet vom namensgebenden Flüsschen Riječina. Spätestens seit feststeht, dass Rijeka »Europäische Kulturhauptstadt 2020« wird, putzt sich die Hafenmetropole heraus.

Kroatiens Karnevals-hochburg

Rijeka (ital. Fiume), die drittgrößte kroatische Metropole, ist **das kulturelle und wirtschaftliche Herz der Kvarner-Region**. Die Stadt hat alles, um großstädtisch zu wirken: Triste Wolkenkratzer, viele Studenten, ein schmuckes Theater aus K.-u.-k.-Zeiten, einen belebten Hafen mit Werft und mehrere sehenswerte, teils sehr originelle Museen. An der Uferpromenade Riva vermischt sich mediterranes Flair mit herausgeputzten Jugendstil-Fassaden, während die Flaniermeile Korzo zum Bummel einlädt.

Rijeka ist überdies Kroatiens Karnevalsmetropole. Der Höhepunkt des närrischen Treibens findet am Faschingssonntag statt: Bis zu 120 000 Zuschauer verfolgen die **große Parade**, angeführt vom Stadtmeister, dem Meštar, der Karnevalskönigin und dem Morčić, einem kleinen

Mohr und Wahrzeichen der Stadt, der an die Bedrohung durch die Osmanen erinnern soll (wobei dessen politische Korrektheit diskutiert wird!). Für die kollektiven Sünden muss der Pust büßen, eine Strohpuppe, die im Hafen von Rijeka verbrannt wird. Tiermasken mit Hörnern, Felle als Rückenwärmer und gestreifte Matrosenhemden: So zogen die Zvončari, die große Glocken (kroat. zvono) am Körper tragen, erstmals 1982 durch Rijeka. Damals waren die Glöckner eine von drei Karnevalsgruppen, die den Winter austreiben wollen. Zwischenzeitlich wurden sie in die UNESCO-Liste des immateriellen Weltkulturerbes aufgenommen.
Die Teilnahmebedingungen an einem weiteren Karnevalshöhepunkt sind streng: Wer bei der verkleideten **Autorallye »Pariz - Bakar«** mitmischen möchte, muss »mindestens 98,7 Promille Karneval im Blut« haben, so die Veranstalter. Die Parodie auf Paris-Dakar beginnt vor der Pizzeria Pariz (Paris) in Rijeka und führt bis ins Städtchen Bakar, östlich von Rijeka. Termin: meist an einem Samstag vor Karneval.

18 Jahre unabhhängig

Geschichte

Um die Straße von Rom nach Thessaloniki zu schützen, errichteten die Römer den Militärstützpunkt Tarsatica hoch über der heutigen Stadt Rijeka. Im 8. Jh. bauten die Slawen das Kastell zur Festung Trsat aus, in der im Mittelalter das Adelsgeschlecht der Frankopanen residierte. Im Gegensatz zu Istrien war Rijeka bereits ab 1468 in österreichischer Hand. Anfang des 19. Jh.s wurde Rijeka innerhalb der K.-u.-k.-Monarchie Ungarn zugeschlagen. Der Grenzvertrag von Rapallo (1920) sah die Gründung des Unabhängigen Staats Rijeka vor, der jedoch nicht lange bestand. Zwischen 1924 und 1941 bildete das Flüsschen Rječina die Staatsgrenze: Das Gebiet westlich davon gehörte zu Italien, der östlich davon gelegene Stadtteil Sušak zum Königreich der Serben, Kroaten und Slowenen, dem späteren Jugoslawien. Erst nach Kriegsende wurden Sušak und Fiume wiedervereinigt. Im bereits 1719 vom österreichischen Kaiser Karl VI. gegründeten Freihafen verkehren große Containerschiffe ebenso wie lokale Fähren. Die Kräne der Werft 3. maj drehen sich westlich des Zentrums. Mit dem Zerfall Jugoslawiens sanken Frachtumschlag und Produktivität der Industrie, eine bessere Anbindung des Hafens an Österreich, Ungarn und andere Länder ist geplant.

Wohin in Rijeka?

Sehen und gesehen werden

★ Korzo

Auf der **Hauptflaniermeile** Korzo, die parallel zur Uferpromenade Riva verläuft (zwei Straßen weiter!), pocht der Puls der Stadt. Hier treffen sich die Einheimischen zum Bummeln, an stattlichen Herrenhäusern, Cafés und Geschäften vorbei. Der Korzo löste nach mehre-

RIJEKA ERLEBEN

TOURISTINFORMATION

Korzo 14a, 51000 Rijeka
Tel. 051 33 58 82
www.visitrijeka.eu

Zwischen 15. Juni und 15. Sept. verkehrt ein **Hop On Hop Off-Touristenbus** mit offenem Oberdeck zu allen wichtigen Sehenswürdigkeiten in Rijeka und Opatija. Audioguides sind auch auf Deutsch erhältlich. Abfahrt z. B. ab dem Jadranski trg in Rijeka oder Opatija-Slatina. Tgl. zwischen 9.30 und 21.15 Uhr, Tageskarte: 50 Kuna, www.autotrolej.hr.
Die **Tourist Card Rijeka & Opatija** gilt 24/48/72 Stunden (50/80/100 Kuna) und ermöglicht den freien Eintritt in viele Museen und kostenlosen Bustransport.

Febr./März: Karneval mit Kinderkarneval, Autorallye »Paris – Bakar«, Umzug mit Verbrennung des Pust im Hafen von Rijeka

2. Juni-Woche: Segelregatta Fiumanka (www.fiumanka.com)
Juli – Aug.: Sommerfestival auf der Festung, Theater und Konzerte (»Ljeto na Gradini«), Rijeka-Trsat (www.trsatskagradina.com)

Badeplätze gibt es an östlich des Zentrums im Bezirk Pećine. In Richtung Opatija liegen Strände zwischen Kantrida und der Preluk-Bucht (bei Surfern am frühen Morgen aufgrund der Winde sehr beliebt). Sehr populär sind der Kiesstrand Ploče und der Stadtstrand Kostanj (mit Behindertenlift). Der Schwimmbadkomplex Kantrida direkt am Meer (www.rijekasport.hr), neben dem neu gestalteten gleichnamigen Kiesstrand, gilt als größter Kroatiens.

Im modernen Einkaufszentrum **Tower Center** (Janka Polića Kamova 81a, Rijeka-Pećine, http://www.tower-center-rijeka.hr) sind auf 5 Etagen 150 Geschäfte, Restaurants und Kinosäle untergebracht.
Das **Filodrammatica Bookshop Café** ist ein gut besuchter Buch- und Geschenkeladen mit stilvollem Café in der Fußgängerzone.
Delikatessen wie die marzipanartige Rapska torta, lokale Weine und Schnaps gibt es bei **Deliiicije** (Mo. – Sa. 8 – 21 Uhr, Starčevića 7a, www.deliiicije.com).
Tragbare Designermode, Schuhe und Accessoires von gut einem Dutzend kroatischer Designer verkauft das **Mari Cro Design Studio** (Šime Ljubića 12, www.facebook.com/crodesignstudio). Qualitativ hochwertige und schöne Taschen, Schuhe, Gürtel und Accessoires hat **Guliver** (Tower Centar, Janka Polića Kamova 81A). Schönen Schmuck gibt es in der **Mala Galerija Bruketa** in der Užarska 25.

Auf der Terrasse der **Vintage Bar**, hoch oben auf der Festung Trsat, kann man den Sonnenuntergang bei einem Glas Wein genießen (tgl. 8 bis 2 Uhr).
Der Garten des ehemaligen Gouverneurspalastes verwandelt sich im Sommer in einen stimmungsvollen **Biergarten**: Jeden Sa./So. gibt es im Sommer kostenlose Konzerte – etwa Jazz, Ethno oder Rock (Konzertbeginn meist 19 Uhr, Pivski vrt Guver, Muzejski trg 1, www.facebook.com/pivskivrtguver).

1 BEST WESTERN HOTEL JADRAN €€€

Rijekas einziges Strandhotel (69 Zi.) erhebt sich auf einer Steilklippe am Meer. Trotz der Nähe zum Containerhafen ist das Wasser am hoteleigenen Beton- und Felsstrand überraschend klar. Ins Zentrum sollte man etwa 20 Min. Fußweg einplanen.
Šetalište XIII divizije 46, Rijeka
Tel. 051 21 66 00
www.jadran-hoteli.hr

2 BOTEL MARINA €

Nach 70 Jahren im Einsatz, ankert das ehemalige Fährschiff Marina nun als originelles Hostel im Hafen von Rijeka: Die modernen 35 Kabinen wurden in fröhlichen Farben eingerichtet. Wie auf einem echten Schiff zu erwarten, fällt der Blick durch die Bullaugen aufs Meer. Geparkt wird direkt nebenan, im Hafen von Rijeka.
Adamićev gat, Rijeka
Tel. 051 41 01 62
www.botel-marina.com

1 RESTORAN KUKURIKU €€€€

Das Slow-Food-Restaurant von Patron Nenad Kukurin in der Altstadt

von Kastav ist überregional bekannt. Eine Speise- oder Weinkarte gibt es dort nicht. Man vertraut seine Vorlieben (auch Allergien!) einfach dem Servicepersonal an, mit dem man gemeinsam ein Menü zusammenstellt, die Zutaten stammen tagesfrisch vom Markt und aus dem Meer. Zu jedem Gang wird der passende Wein serviert. Eine Reservierung ist erforderlich.
Trg Lokvina 3, Kastav
Tel. 051 69 15 19
http://kukuriku.hr

❷ BISTRO MALA RIBA €€€
Vorzügliche Tapas auf »Kvarner-Art« werden in dem heimeligen kleinen Lokal an der Hauptstraße nach Matulji in Probierportionen serviert. Als Hauptgang empfiehlt sich das köstliche Fisch-Brudet (Brodetto), das hier im Metalltopf auf den Tisch kommt – und das reichlich.
Tometići 33a, Kastav
Tel. 051 27 79 45
www.mala-riba.com

❸ KONOBA NA KANTUNU €€€
Die freundliche »Taverne am Eck«, so der Name, liegt recht versteckt hinter Lagerhallen am Mrtvi kanal. Bis zur Fischhalle von Rijeka sind es nur wenige Meter. Da liegt es nur nahe, dass hier fangfrischer, sehr gut zubereiteter Fisch und Meeresfrüchte auf den Tisch kommen – vom erschwinglichen Hecht bis zu hochpreisigen Adria-Scampi.
Demetrova 2/Wenzelova 4, Rijeka
Tel. 051 31 32 71
So. Ruhetag

❹ DINING PLEASURE BOONKER €€
Ein ehemaliger Luftschutzbunker im Hafen ist der neue Hotspot in Rijeka! Hier treffen sich alle, die einen Cappuccino oder eine knusprige Pizza in bequemen Lounge-Polstern oder auf Sitzsäcken genießen möchten. Abends wird an der langen Theke im Bunker-Gewölbe bei Selbstgebranntem philosophiert.
Riva 1, Rijeka
Tel. 051 40 17 38
So. – Do. 8 – 24, Fr. – Sa. bis 1 Uhr
www.boonker.hr

❺ GIRICA €
In der recht kleinen, einfachen Gaststätte im Westen der Stadt gehen die Einheimischen gerne essen: Frittierte Calamari, Ährenfische (Girice), Sardinen und andere Fische werden in großzügigen Portionen aufgetischt – am besten gleich als gemischte Platte.
Vukovarska 64a, Rijeka
Tel. 051 67 72 20
Mo. – Sa. 9 – 23 Uhr
http://konoba-girica.incroatia.info

---

ren schweren Erdbeben von 1750 die Riva als neue Flanierstraße ab. In der Mitte des Korzo erhebt sich das ockerfarbene **Stadttor** mit Uhrturm (Gradski toranj), dem eine stolze Kuppel aufgesetzt wurde. Es gilt als Wahrzeichen der Stadt und spiegelt dessen Geschichte wieder, mit Habsburger Doppeladler und den Büsten von Leopold I. und Karl VI. Das Tor war früher der einzige Zugang von der Seeseite in die Altstadt.

Altes Zentrum
Durch den Stadtturm hindurch gelangt man zu einem der ältesten Plätze der Stadt, auf dem früher der Grünmarkt stattfand: Daher wird der lang gestreckte Platz von den Bewohnern bis heute nur Ze- Koblerov trg

leni trg **(Grüner Platz)** genannt. Das alte Rathaus und spätantike Ruinen flankieren den Platz, der Springbrunnen mit Walzen-Skulptur ehrt die örtliche Papierfabrik. Am nördlichen Ende führt die Ulica Stara vrata zum **Römischen Tor** (Stara vrata), dessen Überreste sich zwischen zwei Gebäuden spannen.

100 Jahre Bauzeit

Sv. Vid

Am nahe gelegenen Trg Grivica erhebt sich die Kathedrale Sv. Vid (Veit) mit mächtiger Kuppel, die dem Schutzpatron der Stadt geweiht ist. Ihre Außenmauern haben die Form einer Rotunde und vereinen gotische und barocke Elemente miteinander. Mit dem Bau wurde 1638 begonnen, die Fertigstellung dauerte fast 100 Jahre. Sehenswert sind mehrere Altarbilder und Säulen.

Der Standort geht auf eine Legende zurück: Ein bankrotter Kartenspieler soll aus Zorn über seine Lage einen Stein auf das Kruzifix geworfen haben, worauf die Wunden Jesu zu bluten begannen. Die Erde öffnete sich und verschlang den Sünder... Falls einem die Kathedrale bekannt vorkommt: Ihr Abbild ziert die Rückseite der 100-Kuna-Banknote.

Der Museumsplatz macht seinem Namen alle Ehre

Muzej Rijeka

Westlich der Kathedrale Sv. Vid gelangt man am Justizpalast (Sudbena palača) vorbei zum Muzejski trg (Museumsplatz) mit gleich drei Museen. Im **Museum der Stadt Rijeka** dreht sich alles um die Vergangenheit und Gegenwart der Kvarner-Metropole: Gezeigt werden nostalgische Postkarten, Fotografien, Theaterplakate, Gemälde und Biedermeier-Kommoden.

Muzejski trg 1/1 | Mo. - Sa. 10 - 20, So. 10 - 15 Uhr | Eintritt: Kombi-Ticket 30 Kuna | www.muzej-rijeka.hr

Für Seebären

Pomorski i povijesni muzej

Im ehemaligen neobarocken Palast des ungarischen Gouverneurs nebenan (Muzejski trg 1) ist das **Seefahrts- und Geschichtsmuseum** des Kroatischen Küstenlands, kurz: Marinemuseum, untergebracht. Sehenswert sind Modelle und Ausrüstung von Schiffen, Waffen, Mobilar und archäologische Ausgrabungsfunde. Ein blühender französischer Garten umgibt den Prachtbau.

Mo. 9 - 16, Di. - Sa. 9 - 20, So. 16 - 20 Uhr | Eintritt: Kombi-Ticket 30 Kuna | www.ppmhp.hr

Geologische Besonderheiten

Prirodoslovni musej

Das **Naturwissenschaftliche Museum** östlich davon zeigt geologische Phänomene der Kvarner-Bucht auf, aber auch Mineralien, Flora und Fauna der Region.

Lorenzov prolaz 1 | Mo. - Sa. 9 - 19, So. 9 - 15 Uhr | Eintritt: Kombi-Ticket 30 Kuna | www.prirodoslovni.com

Hier wird es nostalgisch

Reichlich Nostalgie kommt im privaten **Computermuseum** nördlich der Kathedrale auf: Selbst wer sich nicht für alte Videospiele oder den Apple 2 – den ersten Computer mit Maus – interessiert, dürfte hier das eine oder andere interessante Ausstellungsstück entdecken. Die Leidenschaft der privaten Betreiber ist ansteckend, einige Exponate sind wirklich beeindruckend. Deren Volumen übrigens zum Teil auch: Ein Computer von 1980 wiegt gar stolze 249 kg!

Muzej Peek & Poke

Wer sich für alte Spielsachen interessiert, wird im dazugehörigen **Kindheitsmuseum** fündig: Teddys, Puppen oder das sozialistische Kinderfahrrad »Pony«, mit dem Generationen von Kindern in Jugoslawien Radfahren lernten, werden in dem modern gestalteten Museum gezeigt. Die Einwohner Rijekas erweitern die Ausstellung ständig mit neuen Exponaten, die sie bereitstellen.

Computermuseum: Ivana Grohovca 2 | Mo., Fr. 11 - 20, Sa. 11 - 16 Uhr | Eintritt: 20 Kuna | www.peekpoke.hr
Kindheitsmuseum: Mo. – Fr. 14 – 21, Sa. 11 – 16 Uhr | Eintritt: 20 Kuna

Entdeckungen unter der Stadt

Ein **ehemaliger Tunnel**, den italienische Soldaten zwischen 1939 und 1942 als Schutzbunker für die Zivilbevölkerung errichteten, kann seit 2017 besichtigt werden. Er erstreckt sich über 330 m, unweit der Kathedrale Sv. Vid bis zur Ulica Dolac, nördlich des Korzo. Bis zu 10 km lang soll der gesamte Tunnelkomplex unter der Stadt sein, die Freilegung weiterere Abschnitte in den nächsten Jahren ist geplant.

TunelRi

Tgl. 9 – 21 Uhr | Eintritt: frei

Zum Gedenken an den hl. Veit

Östlich der Ulica Dolac gelangt man zum **Platz der Resolution** von Rijeka. In der Erklärung wurde 1905 die Vereinigung aller kroatischen Landesteile der K.-u.-k.-Monarchie gefordert. Auf dem Platz erhebt sich eine spätmittelalterliche Rolandsäule als Symbol für städtische Freiheiten. Das Wappen darauf bildet den Stadtpatron hl. Veit ab, dem Rijeka seinen nicht mehr gebräuchlichen deutschen Namen »Sankt Veit am Flaum« verdankt. Den Platz flankieren im Süden die **Kirche Sv. Jeronim** (Hieronymus) sowie das klassizistische Municipium-Palais, in dem die Stadtverwaltung ihren Sitz hat.

Trg Riječke rezolucije

Alte und neue Kunstwerke

In der Mitte des Korzo führt eine Nebenstraße zur **Universitätsbibliothek** (Sveučilišna knjižnjica) in der Ulica Dolac 1. Diese zeigt im Erdgeschoss Abgüsse glagolitischer Schriftdenkmäler, darunter auch der berühmten Tafel von Baška.

Das **Museum für moderne und zeitgenössische Kunst** (Muzej moderne i suvremene umjetnosti) ist ein Stockwerk höher untergebracht. Die Sammlung umfasst Grafiken, Zeichnungen, Skulpturen,

Sveučilišna knjižnjica, Muzej moderne i suvremene umjetnosti

Multimedia-Installationen und mehr als 350 teils stimmungsvolle Fotografien.

Universitätsbibliothek: tgl. 8 – 15 Uhr | Eintritt: 10 Kuna
Museum für moderne und zeitgenössische Kunst: Mai – Sept. Di. bis Fr. 11 – 20, Sa. – So. 11 – 14, 18 – 21, Okt. – April Di. – Fr. 11 – 18, So. 11 – 13, 17 – 20 Uhr | Eintritt: Kombi-Ticket (4 Museen, 48 Std. gültig) 30 Kuna | www.mmsu.hr

Zur Muttergottes von Lourdes

Gospa Lurdska

Westlich mündet der Korzo in den Jadranski Trg, der nach wenigen Metern in den Trg Žabica übergeht. Dort führt eine mächtige Freitreppe zur **Kapuzinerkirche** (Kirche der Muttergottes von Lourdes, 1904 – 1929) mit weiß-braun-gestreifter Fassade hinauf.

Mediterranes Flair

★ Riva

Durch Aufschüttung und Befestigung des Ufers entstand die Riva, die Prachtstraße der Stadt mit schmucken Palazzi aus dem 19. Jahrhundert. Prunkstück ist das historistische **Modello-Palais** (Palača Modello) mit Elementen aus der Hochrenaissance und dem Spätbarock. Es wurde 1885 nach Entwürfen der Wiener Architekten Ferdinand Fellner und Hermann Helmer gebaut.
Am östlichen Ende der Riva fallen zwei wunderschöne **Markthallen** auf, die bereits Ende des 19. Jh.s errichtet wurden: Obst, Gemüse, Käse und Fisch werden hier feilgeboten. Selbst wenn Sie nichts kaufen möchten, lohnt ein Bummel durch das Markttreiben am Vormittag!

Markt: Mo. – Sa. 7 – 14, So. bis 12 Uhr

Prächtiger Theaterbau

Hrvatsko narodno kazalište

Hinter dem bunten Markt öffnet sich eine gepflegte kleine Grünanlage, die das **Kroatische Nationaltheater** umgibt. Das prunkvolle Gebäude wurde 1885 im Neorenaissancestil erbaut und nach dem Komponisten Ivan Zajc (1832 – 1914) benannt, der als »kroatischer Verdi« gilt. Das Theater erinnert an viele andere Schauspielhäuser der einstigen Donaumonarchie. Das verwundert nicht, denn das Architekten-Duo Fellner & Helmer hat im Herrschaftsbereich Österreich-Ungarns viele derartige Häuser gebaut.

Fast wie in Pisa

Kirche Mariä Himmelfahrt

Hinter dem Nationaltheater führt der Weg am Toten Kanal (Mrtvi kanal), der einstigen Mündung des Flüsschens Riječina vorbei. Hier ankern traditionell viele Boote. Nördlich des Jelačić-Platzes (Jelačićev trg), der das östliche Ende des Korzo markiert, sind es nur wenige Meter zur ältesten Kirche Rijekas, Mariä Himmelfahrt (12. Jh.), deren zwischenzeitlich **»schiefer« gotischer Campanile** sich um gut 40 cm geneigt hat!

Frischer Fisch – verlockend, aber vielleicht ist Käse doch der praktischere Urlaubseinkauf in den Markthallen.

Salz liegt in der Luft

Wer Meerluft aus nächster Nähe schnuppern möchte oder ein hübsches Fotomotiv auf die Stadt sucht, sollte die Molo Longo aufsuchen. Der stolze, 1,7 km lange Wellenbrecher, eigentlich zum Schutz des Hafens erbaut, ist ein beliebter Ort zum Spazierengehen! Molo Longo

Außerhalb der Altstadt

Lohnende Anstrengung

★ Trsat

Vom Titov trg, nördlich des Mrtvi kanal, führt der Treppenweg Stube Petra Kružica mit 561 Stufen zum Berg Trsat (138 m ü. d. M.) hinauf. Die gleichnamige Festung, ein ehemaliges römisches Kastell, gibt einen prächtigen Ausblick auf die Kvarner-Bucht und die Schlucht der Rječina frei. Im Sommer wird die stimmungsvolle Burgkulisse für Open-Air-Konzerte genutzt. Bequemer geht es mit dem Auto hinauf!
Festung: Mo. – Do. 9 – 17, Fr. – So. 9 – 23 Uhr

Wallfahrt zur Muttergottes

Svetište Majke Božje Trsatske

Gegenüber der Festung Trsat, ebenfalls hoch auf dem Berg, befindet sich der **älteste Marienwallfahrtsort** Kroatiens, Svetište Majke Božje Trsatske. Dieser geht auf eine Legende zurück: Das Geburtshaus, in dem die Gottesmutter Maria in Nazareth gelebt hatte, soll

1291 von Engeln auf den Berg Trsat befördert worden sein, um es vor der Zerstörung zu bewahren. Seither pilgern vor allem an Marienfeiertagen, etwa an Mariä Himmelfahrt (15. August), Tausende von Gläubigen hierher. Anstelle der Erscheinung wurde ab 1453 eine spätgotische Wallfahrtskirche von den Frankopanen errichtet, die der Muttergottes geweiht ist. Neun Kirchenaltäre wurden im Lauf der Jahre gespendet. Eine Seitentür führt in den Kreuzgang des aktiven Franziskanerklosters. Hier ist vor allem eine Votivkapelle mit vielen Votivgaben von dankbaren Gläubigen sehenswert.

Gottesdienste: 7, 8.30, 18.30, sonntags auch: 9, 10, 11.30 Uhr
www.trsat-svetiste.com.hr

Blick in die Sterne

Zvijezdarnica, planetari

Ein modernes **astronomisches Zentrum** mit Sternwarte beherbergt die frühere Festung auf dem Hügel Sv. Križ, nordöstlich der Stadt. Die Kuppel des Planetariums misst 8 m. Tipp: Den schönsten Blick auf Rijeka – vor allem bei Sonnenuntergang – hat man vom Dachcafé des Planetariums!

Svetog križa 33 | Di. – Sa. 10 – 22 Uhr | Eintritt: Planetarium 20 Kuna, Sternwarte 10 Kuna | Mitte Juni – Mitte Sept. jeden Mi. um 20.30 Uhr Filme auf Engl. (aktuelles Programm auf der Website)
www.rijekasport.hr

Rund um Rijeka

Filmkulisse

Grobnik

Mutig befreite Old Shatterhand seinen Blutsbruder Winnetou aus den Händen der Kiowa – eingefleischte Fans erinnern sich an diese Szene in Winnetou Teil I. Drehort war natürlich nicht etwa die nordamerikanische Prärie, sondern die grüne, gelegentlich felsige Berglandschaft um Grobničko polje, nördlich von Rijeka; Einzelheiten dazu bei www.winnetous-spuren.de oder www.aufwinnetousspuren.at. Auf einem Hügel (466 m ü. d. M.) thront ein mittelalterliches **Frankopanen-Kastell** (15. – 17. Jh.), das Volkstümliches und moderne Kunst beherbergt: Ein wunderschöner Ausblick lohnt die Auffahrt. Am Weg liegt die **Rennstrecke** Grobnik, wo Auto- und Motorsportveranstaltungen stattfinden.

Touristinformation: www.tz-cavle.hr | Eintritt: frei

Stadtbummel mit Einkehr

Kastav

Das alte Hügelstädtchen Kastav, 10 km westlich von Rijeka, ist für sein Slow-Food-Restaurant Kukuriku überregional bekannt. Hier oben öffnet sich ein **herrlicher Ausblick** auf die Kvarner-Inseln, das Učka-Gebirge und Opatija. Außer dem Stadttor (1731) und Teilen der Stadtmauer ist der Justizturm (Kula Žudika) noch erhalten. Enge

Gassen führen zum Trg Lokvina mit Zisterne und zur barocken Pfarrkirche Sv. Jelena (Helena) auf den höchsten Punkt der Stadt.

Heimweh nach Konstantinopel

Das wenig touristische Städtchen Bakar, 8 km östlich von Rijeka, gruppiert sich um eine geschützte, tiefe Bucht. Von der Uferstraße ziehen sich enge Altstadtgassen mit alten Kaufmanns- und Kapitänshäusern den Hang steil hinauf. Ganz oben, auf dem höchsten Punkt der Altstadt, überwacht das dreieckige **Kastell der Frankopanen** (1530) die Bucht. Ein wenig unterhalb lohnen die mächtige Kirche Sv. Andrija (Andreas, 12. Jh.), das Römische Haus (18. Jh.) mit Neorenaissanceelementen, Wappen und Veranda sowie das Türkische Haus (14./15. Jh.) im orientalischen Baustil einen Blick. Letzteres soll ein Seefahrer aus Bakar mit orientalischen Elementen errichtet haben, um seiner aus Konstantinopel stammenden Ehefrau die Eingewöhnung in die neue Heimat zu erleichtern. Bakar

BAEDEKER MAGISCHE MOMENTE

LAZY AFTERNOON

Was man aus etwas Hässlichem wie einem Luftzschutzbunker doch machen kann! Keine Frage, der »Boonker« direkt am Hafenbecken gilt als einer der angesagtesten Treffpunkte der Stadt. Deshalb vielleicht nicht unbedingt am Abend hin, wenn ein so schöner »fauler Nachmittag« lockt: bei einem Drink oder Cappuccino den schönsten Hafenblick genießen, den Rijeka zu bieten hat.(Riva 1)

★ ROVINJ

Höhe: 0 – 50 m ü. d. M. | **Einwohner:** 15 000 | Kroatien

Bunte Fassaden, rotes Dächergewirr und Kopfsteinpflaster, das sich den Hang hinauf zieht: Fast erinnert die Altstadt von Rovinj ein wenig an das Künstlerviertel Montmartre in Paris. So viel Atmosphäre setzt Kreativität frei: Nicht umsonst lassen sich hier so viele Künstler inspirieren. In den kleinen Galerien der Stadt stellen sie ihre Werke aus. Einmal im Jahr, bei der Grisia, dürfen alle mitmachen: Profimaler, Hobbykünstler und Kinder. Dann verwandelt sich Rovinj in die längste Freiluftgalerie des Landes.

Ein Ort für Künstler

Der ideale Tag in Rovinj könnte so aussehen: Ziellos herumschlendern, ein paar Souvenirs und selbstgemalte Bilder von heimischen Künstlern anschauen, einen Espresso im Schatten alter Natursteinhäuser trinken und ganz oben auf dem Altstadthügel einen Blick von der Plattform vor der Pfarrkirche Sveta Eufemija werfen. Die Aussicht auf das Meer und die 22 vorgelagerten Inseln ist einfach bombastisch!
Die schönsten Kies- und Felsstrände erstrecken sich in der **Lone-Bucht**, gut 2 km südlich der Altstadt. Dort wird am recht neuen Mulini-Strand gebadet, der sich unterhalb der Luxushotels Monte Mulini, Lone und Eden erstreckt, und weiter südlich in den wunderschönen, bewaldeten Parkwald Zlatni rt (Goldenes Kap) übergeht. Südlich des Naturreservats Palud (20 km von Rovinj) erstrecken sich gut 10 km Küste. Aktivurlauber können Fahrräder mieten oder im alten venezianischen Steinbruch am Kap Montauro, südlich von Rovinj, klettern.
Als Castrum Rubini ist Rovinj vermutlich spätestens im 5. Jh. entstanden. Schon aufgrund der Lage waren Fischfang und Handel wichtige Erwerbszweige. Von der Pest wurde Rovinj verschont, da der Ort ursprünglich auf einer Insel lag. Diese wurde 1763 jedoch aufgeschüttet, um mehr Wohnraum für Flüchtlinge aus anderen Städten zu schaffen. Ab dem 19. Jh. konnte Rovinj als Hafenstadt nicht mehr mit Triest und Pula mithalten, daher ging seine Bedeutung deutlich zurück. Nach dem Zweiten Weltkrieg zog die italienische Bevölkerung weitgehend weg, heute hat nur noch jeder Zehnte romanische Wurzeln – dennoch ist die Stadt offiziell zweisprachig.

★ In der Altstadt

Stimmungsvolle Atmosphäre

Grisia-Gasse

Die Altstadt bezaubert jeden Besucher: Verwinkelte Gassen mit bunten Fassaden gehen in weite Plätze über, bergen kleine Boutiquen mit originellem Kunsthandwerk oder versteckte Restaurants. Als schöns-

Magische Momente sind manchmal gar nicht so schwer zu finden: Hat dieses Plätzchen in der Altstadt von Rovinj nicht einen ganz eigenen Zauber?

te von ihnen gilt für viele die Künstlergasse Grisia mit ihren kleinen Galerien. So malerisch das alte Kopfsteinpflaster auch wirken mag – bei Regen wird es zur Rutschpartie! Ein Bummel am Abend hat seinen besonderen Reiz, wenn der Altstadthügel in stimmungsvollem Licht erstrahlt.

Ausblick vom Feinsten

Sv. Eufemija

Der schönste Blick auf die Altstadt und das Meer öffnet sich vom venezianischen Campanile der barocken KIRCHE HL. EUPHEMIA (1680) auf dem Altstadthügel. 183 Stufen führen auf den fast 60 m hohen Turm hinauf. Die Turmspitze ziert eine 4 m hohe Statue der hl. Euphemia, die Seefahrern die Windrichtung weist.

Die Kirche ist ein beliebtes Wallfahrtsziel: Neben dem Altar steht der Marmorsarkophag der hl. Euphemia, der der Legende nach um 800 n. Chr. vor Rovinj, im Meer schwimmend, entdeckt wurde. Euphemia soll einem Jungen im Traum erschienen sein, der es mithilfe eines Kalbs schaffte, den steinernen Sarg ans Ufer und zur Kirche Sv. Jure hinaufzuziehen, die daraufhin umbenannt wurde. Die Märtyrerin, Tochter eines römischen Senators in Konstantinopel, war im 3. Jh. für ihr Bekenntnis zum christlichen Glauben ermordet und in Chalkedon bei Konstantinopel begraben worden. Alljährlich im September,

zum **Stadtfest** von Rovinj, wird der Sarkophag geöffnet und der einbalsamierte Körper der Heiligen gezeigt.
Ul. Giuseppea Garibaldija 1 | Juni – Sept. tgl. 10 – 18 Uhr, übrige Zeit kürzer | Eintritt: frei | www.zuparovinj.hr

Kleines Boot, große Tradition

★ Eko-muzej Kuća o Batani

In dem liebevoll gestalteten Multimedia-Museum **Haus der Batana** dreht sich alles um ein kleines hölzernes Boot mit meist viereckigen, bunten Segeln, an deren Farbe man den Besitzer erkennen konnte. Die Batana galt jahrhundertelang als Wahrzeichen von Rovinj: Charakteristisch ist ein sehr flacher Boden, der das Fischen in felsiger Küstengegend ermöglichte. Der Name stammt aus dem Italienischen (battare = schlagen) und bezieht sich auf das Geräusch, das beim Aufschlagen des Rumpfs auf die Wellen entsteht. Heutzutage schaukeln nur noch etwa 30 Batanas im Hafen. Das traditionelle Fischerboot wird im Hochsommer an der Promenade nachgebaut, zudem findet Mitte Juli eine **Batana-Regatta** statt.
Obala Pina Budicina 2 | Juni – Sept. 10 – 13, 19 – 23 Uhr, sonst kürzer
Eintritt: 20 Kuna | www.batana.org

Herrliches Ensemble

Trg Maršala Tita

Am alten Hafen Sv. Katarina erstreckt sich der belebte Tito-Platz zu Füßen der Altstadt, mit einem Springbrunnen und Anschluss an die belebte Uferpromenade Riva. Der Uhrturm im Stil der Spätrenaissance mit venezianischem Löwen fällt aufgrund seiner intensiven roten Farbe sofort auf. Der 1679 errichtete barocke **Balbi-Bogen** (Balbijev luk) war ursprünglich eines von sieben Stadttoren, von denen

BAEDEKER MAGISCHE MOMENTE

PERSPEKTIVWECHSEL

Es kann schon mal vorkommen, dass es in der Altstadt von Rovinj zu lebhaft wird. Also Perspektivwechsel: raus aufs Meer! Aus einem traditionellen Batana-Fischerboot kann man den Blick auf das Herz der Stadt so richtig genießen. Die 3-stündige Tour startet an der Mole am Hauptplatz und endet – noch eine Perspektive – im Weinkeller Spacio mit Fischmenü, Wein und Musik. Wer mitfahren möchte, meldet sich beim Batana-Museum an.

noch drei erhalten sind. Später fügte Bürgermeister Balbi zwei Familienwappen hinzu, seither trägt das Tor seinen Namen.
Kurz nach dem Bogen erhebt sich das **alte Rathaus**, auch wappengeschmückt und aus dem 17. Jh., die Grundmauern stammen von 1308. Der barocke Califfi-Palast (17./18. Jh.), ebenfalls in kräftigem Rot gehalten, beherbergt heute das **Stadtmuseum** (Zavičajni muzej grada Rovinja). Neben zeitgenössischer kroatischer Kunst und alten Meistern sind schöne bestickte Stoffe oder archäologische Funde aus der Umgebung zu sehen.
Stadtmuseum: Trg Maršala Tita 11 | Sommer 10 – 22 Uhr | Eintritt: 15 Kuna | www.muzej-rovinj.hr

Beliebter Treffpunkt

Trg Valdibora

Der Trg Maršala Tita geht Richtung Norden über in den Trg na mostu, dann folgt der Trg Valdibora mit dem **Theatergebäude** (1954) und einem großen **Obst- und Gemüsemarkt** mit lokalen Spezialitäten. Die benachbarte Hafenstraße bietet einen hübschen Blick auf die nördliche Altstadtfront, wo die Häuser bis ans Wasser gebaut sind.

Moderne Kunst

Galerija Adris

Ein Abendspaziergang, immer am Ufer entlang, ist perfekt, um der modernen Galerie Adris einen Besuch abzustatten. Werke zeitgenössische kroatische Künstler werden in dem ehemaligen Gebäude der Tabakfabrik, südlich der Altstadt, ausgestellt.
Obala Vladimira Nazora 1 | Sommer: tgl. 18 – 23, Winter: tgl. 17 – 21 Uhr | Eintritt: frei | www.adris.hr

Rund um Rovinj

Einladung zum Baden

Zlatni rt

Ein wunderschöner Park erstreckt sich 1,5 km südlich von Rovinj auf dem **Goldenen Kap** (Zlatni rt), das auch Punta Corrente genannt wird. In dem Landschaftsschutzgebiet gedeihen Aleppo-Kiefern, Zedern und Pinien sowie 10 verschiedene Zypressenarten! Hier und da zweigen Pfade zu herrlichen Badebuchten ab, die zu den schönsten und beliebtesten in der Umgebung von Rovinj gehören.

Romantische Insel

Insel Sveta Katarina

Die 13 ha große, beliebte Badeinsel Sveta Katarina erwarb der polnische Graf Karol von Korwin Milewsky 1905 von Erzherzog Karl Stefan von Habsburg. Der Adlige ließ ein Schlösschen mit neoklassizistischen sowie Jugendstilelementen errichten und legte einen Park mit über 460 Pflanzenarten an. Die feine Gesellschaft der K.-u.-k.-Monarchie feierte hier rauschende Feste. Später diente das Schloss als Lazarett, dann als Schule. Heute ist es in einen Hotelkomplex integriert.

ROVINJ ERLEBEN

TOURISTINFORMATION

Obala Pina Budicina 12
52210 Rovinj
Tel. 052 81 15 66
www.tzgrovinj.hr

Juni: Batana-Regatta, Rovinj
1. Augustsonntag: Grisia, Open-Air-Galerie, Rovinj: Jeder, der sich bei der Touristinformation anmeldet, darf seine Kunstwerke in der Altstadt ausstellen.
Aug.: Open Jazz Festival sowie jeden Sa. Jazzkonzerte im Freien, Bale
Ende Aug.: Rovinjer Nacht (Rovinjska noć), Fischer- und Volksfest

In der Altstadt, etwa in der Grisia-Gasse, findet man kleine Geschenk- und Souvenirshops. Der Design Store im Hotel Lone führt **Sonnenbrillen** des Labels »Sheriff & Cherry« des in Rovinj geborenen Designers Mauro Massarotto, die auch von Popstars wie Rihanna geschätzt werden – und dennoch bezahlbar sind.

Sehr beliebt ist die **Valentino Cocktail Bar**: Hier hat man den schönsten Meeresblick, der sich allerdings auch in der Rechnung niederschlägt. Südlich der Altstadt, an der Obala Alda Negria, werden in der **Havana Bar** gute Cocktails gemixt. In Bale trifft man sich am Abend in der Jazz-Bar **Kamene Priče:** Originell ist das Interieur mit Fundstücken und reichlich Selbstgebasteltem.

❶ HOTEL KATARINA €€€

Reif für die Insel? Das IKatarina ist von einem 100-jährigen Park mit duftenden Magnolien, schattigen Spazierwegen und einer schönen Badelandschaft mit Sonnenliegen umgeben. Schon beim Frühstück auf der Terrasse beginnt der Tag ganz entspannt, mit wundervollem Ausblick auf den Altstadthügel von Rovinj. Shuttle-Boote legen im Stundentakt nach Rovinj ab.
Otok Sveta Katarina, Rovinj
Tel. 052 80 02 50
www.maistra.com

❶ RESTORAN MONTE €€€€

Patron Danijel Dekić und seine Frau Tjitske haben sich mit ihrer Leidenschaft für kulinarische Traditionen längst schon einen überregionalen Namen gemacht. 2017 wurde Dekić vom Gault Millau als Kroatiens »Koch des Jahres« ausgezeichnet.
Montalbano 75, Rovinj
Tel. 052 83 02 03
www.monte.hr

❷ STANCIJA MENEGHETTI €€€€

Das gepflegte Landgut mit seinen alten Steinhäusern für Übernachtungsgäste wirkt wie aus dem Urlaubsprospekt. Es ist umgeben von Weinbergen, in denen Reben für den hauseigenen Wein gedeihen. Eine Speisekarte gibt es nicht, in der Küche werden saisonale und regionale Gerichte zubereitet.
Stancija Meneghetti 1, Bale
Tel. 052 52 88 00
http://meneghetti.hr

❸ RESTORAN LA PUNTULINA €€€€

In diesem beliebten kleinen Restaurant wurden winzige Terrassen in den steilen Fels eingearbeitet, auf denen man direkt am Meer sitzt und tagesfrischen Fisch genießt. Wer keinen Platz auf den Terrassen bekommen hat, genießt den Sonnenuntergang mit einem Glas Wein einfach auf den Stufen, die hinab zum Meer führen.

Sv. Križ 38, Rovinj
Tel. 052 81 31 86

❹ RESTORAN LA PERLA €€€

In diesem Traditionsrestaurant fühlt man sich wohl: Der Service ist aufmerksam, der Wein stammt vom Nachbarn, die Küche ist mediterran, wobei sich die Trüffelgerichte besonders bewährt haben.

E. Bullessicha 2, Rovinj
Tel. 052 81 18 01
www.laperla.hr
Mo. Ruhetag (Winter)

❺ RESTORAN VILLA LAV €€

Wenn das Lokal schon mit Trachten aus Mazedonien dekoriert ist, muss natürlich auch das mazedonische Nationalgericht auf den Tisch, stilecht im Tongeschirr. Der Eintopf heißt Tavče gravče und besteht aus Butterbohnen, rotem Paprika, ordentlich Pfeffer und Olivenöl. Im Gegensatz zu Zicklein oder Ente unter der Schmorglocke, die man vorbestellen muss, ist der Bohnentopf immer vorrätig und wird rasch serviert.

Grota 25, Bale
Tel. 052 82 42 67
www.villalav.com

Badesachen nicht vergessen!

Sveti Andrija

Weiter südlich liegt die Insel Sveti Andrija oder Crveni otok (Rote Insel). Das Franziskanerkloster (6. Jh.) wurde zum Schloss umgebaut, die karge Insel zu einer blühenden Oase mit schönen Badestränden umgestaltet. Sie ist durch eine künstliche Mole mit der Nachbarinsel Maškin verbunden, die FKK-Anhänger schätzen.

Mittelalterlicher Charme

Bale

Das recht verschlafen mittelalterliche Hügelstädtchen Bale (145 m ü. d. M.), 15 km südöstlich von Rovinj, mit alten Natursteinhäusern und venezianischen Palazzi versprüht einen ganz eigenwilligen Charme. Die Altstadt liegt auf dem kegelförmigen Hügel Mon Perin. Bekannt ist das Städtchen auch für sein **Open Jazz Festival** im August mit Konzerten im Freien.

Die **Pfarrkirche** Blažena Djevica Marija (Selige Jungfrau Maria) hütet den Sarkophag des hl. Julian (Sv. Julijan), Schutzpatron von Bale, sowie eine für wundertätig gehaltene hölzerne Marienstatue (15. Jh.).

Der hübsch restaurierte **Palazzo Soardo-Bembo** vereint Elemente von Gotik und Renaissance; bauliche Grundlage waren zwei eckige Wehrtürme, die durch eine Brücke miteinander verbunden wurden. Der Frauenheld Giacomo Casanova soll im 17. Jh. hier eine junge Dame der venezianischen Familie Soardo besucht haben. Im Großen Saal zeigen Wandmalereien den mittelalterlichen Dichter Dante Alighieri (Castel 1, Bale, Mo. – Fr. 8 – 15 Uhr, in der Verwaltung nachfragen).

Die autochthone Olivensorte Buža wuchs ursprünglich nur um Bale und Vodnjan, nun hat sie Konkurrenz durch ertragreichere Sorten bekommen. Am Ortsrand von Bale, direkt an der Hauptstraße, zeigt Familie Grubić in ihrer hübsch restaurierten **Ölmühle**, wie früher Olivenöl gepresst wurde – mit Verkostung des ausgezeichneten Öls (Ulica Aldo Negri 6, Bale, Tel. mobil 098 85 46 23).

In der Nähe des Campingplatzes San Polo, 5 km von Bale, sorgte ein **Dinosaurier-Fußabdruck** für Aufsehen, hier fand ein italienischer Taucher 1992 Knochen von mindestens 10 Dinosaurierarten auf dem Meeresgrund. Ein Teil der Dinosaurier-Funde wird im Rathaus von Bale ausgestellt.

Zauberhafter Park

Park Histria Aromatica

Auf Schritt und Tritt duftet es hier nach Lavendel, Rosmarin und unzähligen anderen Arten von Gewürz- und Heilpflanzen. Mehr als 500 Pflanzenarten wachsen in dem 25 ha großen Aromapark, 6 km nordwestlich von Bale Richtung Limski Kanal. Von der Bergkuppe reicht der Ausblick bis zum Meer! Zum Verschnaufen lädt ein kleines Restaurant mit köstlichen Törtchen ein, der kleine Naturkosmetik-Laden verkauft wohlduftende Cremes für Gesicht und Körper.

Golaš, Pižanovac bb, Bale | Sommer tgl. 9 – 19, Restaurant bis 21 Uhr |Eintritt: 60 Kuna

Ausflug zum Quittenberg

Monkodonja

Einst war Monkodonja (ital. Moncodogno), 5 km östlich von Rovinj, eine dicht bebaute Bergsiedlung mit mächtigen Befestigungsmauern und Torbögen. Heute sind die Ruinen dieser **Ausgrabungsstätte** aus der Bronzezeit, übersetzt »Quittenberg«, längst mit Gras überwuchert. Die stadtartige Anlage ist etwa 300 m lang und 200 m breit, rund 1000 Menschen lebten schätzungsweise dort. Eine abgezäunte Karstschlucht fällt 50 m fast senkrecht hinab und wurde für Kultzwecke genutzt. Schön ist der Ausblick vom Hügel auf die umliegende Landschaft und die Adria. Ein Besuch lässt sich gut mit einer Radtour verbinden. Ab dem Dörfchen Kokuletovica führt eine Schotterstraße hinauf; Autofahrer finden ein Schild entlang der Hauptstraße von Rovinj nach Pula, von dort zweigt eine Schotterpiste gut 1 km bergauf ab. Die Anlage ist frei zugänglich.

Refugium für Fische und Vögel

Palud-Sumpfgebiet

Die sumpfige Palud-Bucht, 8 km westlich von Rovinj, ist ein bevorzugter Nistplatz für Vögel. Mehr als 230 Arten sind in diesem ornithologischen Reservat bekannt. Zudem leben hier 400 Schmetterlingsarten! Um die Mückenplage und die damals noch verbreitete Malaria einzudämmen, wurde 1906 von der K.-u.-k.-Armee ein Entwässerungskanal angelegt. Durch die Vermischung von Salz- und Süßwasser fanden neue Fischarten hier ein Zuhause – die wiederum viele Vogelarten anlockten.

Juni – Aug. | Tel. 052 35 15 24 | Führungen: 50 Kuna, Dauer 2 Std.
Eintritt: frei | www.natura-histrica.hr

SENJ

Höhe: Meereshöhe | **Einwohner:** 7000 | Kroatien

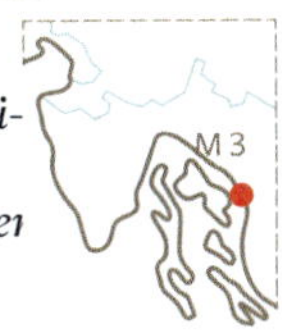

Abgeschottet durch die Berge im Hinterland und aufgrund der starken Bora gefürchtet, bot das Städtchen Senj Seeräubern früher einen idealen Unterschlupf. Hier lauerten die gefürchteten Uskoken venezianischen Schiffen auf, plünderten diese und zogen sich anschließend auf die mächtige Festung Nehaj zurück. Das hübsch restaurierte Bollwerk überblickt immer noch stolz die südliche Kvarner-Bucht – und pflegt den Seeräuber-Mythos.

Die Uskoken galten als Seeräuber und Freibeuter. Doch ursprünglich waren sie ganz einfach Flüchtlinge, die im 16. Jh. aus osmanisch besetzten Gebieten in Kroatien und Bosnien-Herzegowina an die Küste

Hoch-burg der Seeräuber

von Senj kamen. Die Habsburger setzten die Uskoken (uskočiti = einspringen) im Kampf gegen die Türken ein. Mit Duldung von Österreich-Ungarn griffen diese aber auch venezianische Schiffe an. Die Lage der Stadt war ideal: Sie war durch die Berge vom Hinterland aus schwer zu erreichen und aufgrund der starken Bora von den venezianischen Schiffen gefürchtet. Die Uskoken besaßen kleinere, schnellere Segelschiffe, mit denen sie dem Wind eher gewachsen waren. Mit dem »Frieden von Madrid« im Jahr 1617 wurden die Uskoken in die Žumberak-Berge westlich von Zagreb ausgesiedelt.
Die Festung Nehaj inspirierte den in Jena geborenen deutsch-jüdischen Schriftsteller Kurt Held (1897 – 1959). Seinen 1941 verfassten Jugendroman **»Die rote Zora und ihre Bande«** siedelte der Autor in Senj an, das er von Ferienaufenthalten kannte. Dabei nutzt die Protagonistin Zora mit den feuerroten Haaren die Festung gemeinsam mit anderen Waisenkindern als Versteck – und hält die Stadt in Atem. Der Roman wurde 1979 als 13-teilige TV-Serie verfilmt. Schon bald erlangte die deutsch-schweizerisch-jugoslawische Koproduktion Kultstatus. Ein Themenweg führt zu den wichtigsten Drehorten der Serie, eine Broschüre ist in der Touristinformation auch auf Deutsch erhältlich (www.tz-senj.com/de/).
Für die Neuverfilmung von 2008 mit Mario Adorf mussten die Produzenten allerdings auf Montenegro als Drehort ausweichen, da die Festung Nehaj zu modern wirkte.

Wohin in und um Senj?

Symbol der Stadt

★ Festung Nehaj

Die würfelförmige Festung Nehaj (»Fürchte nichts«) erhebt sich südlich der Altstadt auf einem 62 m hohen Hügel. Der von Habsburg bestellte Uskoken-Hauptmann Ivan Lenković hatte das Bollwerk 1558 errichten lassen, um Angriffe der Osmanen abzuwehren. Eine Ausstellung mit Uniformen und Waffen der Uskoken zeigt die wechselvolle Vergangenheit der Stadt. Von der Freifläche vor der Burg hat man einen fantastischen Ausblick auf Senj und die Inseln.

Mai, Juni, Sept., Okt. tgl. 10 – 18, Juli, Aug. tgl. 9 – 21 Uhr, Nov. – April n. V. | Tel. 053 88 52 77 | Eintritt: 20 Kuna

Beachtenswerte Funde

Gradski muzej

Der Palast der Familie Vukasović beherbergt heute das **Stadtmuseum**, in dem die Amphoren eines gesunkenen römischen Handelsschiffs präsentiert werden. Zu den Highlights gehört die Steintafel von Senj (Senjska ploča, 12. Jh.), ein Fragment in glagolitischer Schrift. Es wurde bei Restaurierungsarbeiten in der Festung Nehaj gefunden und stammt vermutlich von einem mittelalterlichen Kloster, das für den Bau der Burg abgetragen worden war.

SENJ ERLEBEN

TOURISTINFORMATION
Stara cesta 2, 53270 Senj
Tel. 053 88 10 68, www.tz-senj.hr

Baden kann man an der Landzunge östlich der Altstadt oder in den drei Draga-Buchten nördl. der Stadt. Als eine der romantischsten Buchten entlang der Riviera von Senj gilt der abgeschiedene Kiesstrand Lukovo, 20 km südl. von Senj.

7. Jan. – Aschermittwoch: Senjer Karneval
Juli: Klapa-Musikfestival; Uskoken-Tage (Mittelalterfest)
Anfang Aug.: Mehrtägiger Sommerkarneval mit Kostümumzug

KONOBA TVRĐAVA NEHAJ €€€
Schon das Ambiente lohnt einen Besuch: Im Erdgeschoss der »Kula Nehaj«, wie die Einheimischen die Festung von Senj nennen, gibt es bodenständige Fisch- und Fleischgerichte.
Nehajski put 3, Senj
Tel. 053 88 52 44

KONOBA IVKA €€
Holzbänke und Natursteinwände sorgen für ein gemütliches Ambiente. Gut sind die gegrillten Baby-Calamar mit Mangold auf »dalmatinische Art«, zubereitet mit Knoblauch, Kartoffelstückchen und Olivenöl.
Ulica Mile Magdića 12, Senj
Tel. 053 88 12 03
www.facebook.com/konobaivka
Mittagsruhe: 14.30 – 17.30 Uhr

KONOBA LAVLJI DVOR €€
Das bodenständige Lokal im Giardin-Park ist die beste Adresse vor Ort für deftige Grillteller. Als Spezialität gilt das mit Paprika, Käse und Schinken gefüllte Senjer Schnitzel.
Petra Preradovića 2, Senj
Tel. 053 88 17 38
www.lavlji-dvor.hr

Ul. Milana Ogrizovića 5 | Juli – Aug. Mo. – Fr. 7 – 15, 18 – 20, Sa., So. 10 bis 12 Uhr , übrige Zeit Mo – Fr. 7 – 15 Uhr | Eintritt: 20 Kuna
www.muzej-senj.hr

Zur Abwehr von Überfällen
Die **Stadtmauer** (Gradske zidine) wurde im 16. Jh. aus Angst vor den Osmanen noch einmal verstärkt, nördlich der Innenstadt ist noch ein Teil erhalten. Im südwestlich gelegenen runden Šabac-Turm an der Seeseite ist heute die Hafenmeisterei untergebracht. Gradske zidine

Verbindung ins Hinterland
Das Große Stadttor (Velika vrata) von 1779 symbolisierte das Ende der »Josephinischen Straße« von Karlovac nach Senj. Die 113 km lange »Jozefina« war auf Anordnung von Kaiser Joseph II. errichtet worden, um Senj besser an das Hinterland anzubinden (heute D 23). Jozefinska cesta

Weißköpfige Gänsegeier

Grifon centar

Um verletzte oder kranke Greifvögel kümmert man sich im Grifon centar im Dörfchen Crnika bei Sv. Juraj, 13 km südlich von Senj. Vor allem die selten gewordenen weißköpfigen Gänsegeier werden von Mitarbeitern und Freiwilligen intensiv gepflegt. Besucher können sich die Volieren ansehen. Eine Dauerausstellung informiert über die imposanten Tiere, die auch adoptiert werden können.

Obala dr. Franje Tuđmana 2 | www.supovi.hr

★★ SJEVERNI VELEBIT-NATIONALPARK

Fläche: 109 km² | **Höhe:** bis 1676 m ü. d. M. | Kroatien

Vorbei an schroff abfallenden Karstfelsen schlängelt sich der recht bequeme Wanderpfad Premužić. Man kann erahnen, welcher Aufwand damit verbunden war, diesen 57 km langen Fernwanderweg anzulegen. Hinter der mühsamen Arbeit verbirgt sich der leidenschaftliche Wanderer und Forstingenieur Ante Premužić, der den einst unzugänglichen Teil des Velebit-Gebirges für alle erreichbar machen wollte. Der nach ihm benannte Wanderweg eröffnet wundervolle Aussichtspunkte.

Vielfältiges Gebirge

Der Nationalpark Sjeverni Velebit (Nördlicher Velebit) mit seinen teils steilen, felsigen Gipfeln, bringt alle ins Schwärmen: Bergwanderer schätzen die teils gut ausgebauten Wanderwege und Berghütten. Naturliebhaber hoffen auf seltene Tierarten wie Braunbären, Wölfe, Luchse – die man jedoch auf den Wanderwegen nie zu sehen bekommt – und fürchten zugleich Hornvipern und Kreuzottern. Botaniker erfreuen sich an der Velebit-Glockenblume, die nur hier im Felsgestein der Schluchten wächst. Geologen erforschen unterdessen die markanten Karsterscheinungen wie Dolinen im porösen Kalkstein oder die tiefste Höhle in Südosteuropa. Diese Vielfalt wird von einem faszinierenden Ausblick aufs Meer und die Kvarner-Inseln gekrönt.
Das Velebit-Massiv gilt als **das größte und artenreichste Gebirge Kroatiens**. Es erstreckt sich ab Senj und verläuft 145 km lang und bis zu 30 km breit parallel zur Adriaküste, die es vor kalten Fallwinden abschirmt. Das gesamte Velebit-Massiv hat Naturpark-Status (Prirodni park Velebit) und wurde von der UNESCO zum Biosphärenreservat erklärt, der landschaftlich besonders reizvolle Abschnitt Nördlicher Velebit ist seit 1999 **jüngster Nationalpark Kroatiens**. Ganz

im Süden erstreckt sich der Nationalpark Paklenica, der mit schroffen Felsschluchten viele Kletterer anlockt und für seine Winnetou-Drehorte bekannt ist (siehe Baedeker-Band »Kroatische Adriaküste Dalmatien«).
Jähe Wetterumschwünge und heftige Niederschläge sind im Velebit-Massiv keine Seltenheit, denn hier treffen kontinentales und mediterranes Klima aufeinander. Die Gipfel im nördlichen Abschnitt des Gebirgszugs sind häufig in Nebel gehüllt, an 120 Tagen pro Jahr bläst in höheren Lagen ein starker Wind. Zwischen Juni und September ist die Region jedoch ein ideales Wander- und Mountainbikegebiet.

Wohin im Nationalpark Nördlicher Velebit?

Für jeden den passenden Gipfel

Berghütte Zavižan

Ein guter Ausgangspunkt für nicht allzu schwere Wanderungen ist die **Berghütte Zavižan** (Planinarski dom, 1594 m ü. d. M.), die man etwa 7 km vom Parkeingang Babič Siča zu Fuß (70 Min.) oder mit dem Auto erreicht (Mai – Okt.): Hier gibt es 28 Betten, Verpflegung,

Kalksteinfelsen, Wiesen, Wälder und hohe Gipfel: Das Velebit-Gebirge bietet dem Auge und dem Wanderer reichlich Abwechslung.

Getränke, gutes Kartenmaterial und Parkplätze (unterhalb der Hütte). Bei der Hütte befindet sich auch Kroatiens älteste Höhenwetterstation, die seit 1953 von der Familie des Berghütten-Wirts betrieben wird. Von der Hütte lässt sich der Gipfel des **Vučjak** (1644 m ü. d. M.) in etwa 10 Min. erreichen, ein steilerer Pfad führt danach über den Botanischen Garten zum Ausgangspunkt zurück. Für diese Route sollte man gut 2 Std. einplanen. Die Wanderung zum **Veliki Zavižan** (1676 m ü. d. M.) von der Berghütte aus dauert etwa 45 Min. Etwas anspruchsvoller wird es zum Gipfel **Balinovac** (1602 m ü. d. M.) hinauf: der Ausblick, u. a. auf Zavižanska kosa (1620 m ü. d. M.), Vučjak (1644 m ü.d.M.) und die Adria lohnt aber die Mühe.

Erlebnis für Naturliebhaber

Velebitski botanički vrt

Die Vegetation des Velebit-Gebirges im Kleinen spiegelt sich im **Botanischen Garten** wieder, der sich auf einer Fläche von 50 ha nahe der Berghütte Zavižanj erstreckt. Rund 3000 verschiedene Pflanzenarten gedeihen hier auf etwa 1500 m ü. d. M., einige Arten kommen nur im Velebit-Gebirge vor. Dazu gehört die im Frühjahr leuchtend gelb blühende Velebit-Degenie (Degenia velebitica), die die Rückseite der 50-Lipa-Münzen ziert. Alpine Blumen wie Enzian und Edelweiß, Wacholder, Bergkiefern- und Fichtenwälder wechseln sich mit sattgrünen Wiesen und Felsformationen ab. Das Herz des Botanischen Gartens erschließt ein 600 m langer **Naturlehrpfad**, der um eine eindrucksvolle Karstdoline verläuft.

Attraktive Wanderwege

Premužićeva staza

Der Premužić-Wanderweg ist die bekannteste und vielleicht schönste Strecke durch den Nationalpark. Der Anblick der vielen Gipfel macht seinen besonderen Reiz aus. Der 57 km lange Fernwanderweg, von dem 16 km durch den Nationalpark verlaufen, beginnt bei der Berghütte Zavižan (Planinarski dom) im Norden und endet beim Dörfchen Baške Oštarije (924 m ü. d. M.) im Süden. Der Pfad wurde 1933 nach dreijähriger Arbeit fertiggestellt.
Eine schöne Tageswanderung beginnt bei der Berghütte Zavižanj. Der Pfad führt an den zerklüfteten **Felsformationen Rožanski kukovi** vorbei. Dieses steinerne Labyrinth ist streng geschützt und daher nicht zugänglich, aber schon der Anblick aus der Ferne unvergesslich: Wie spitze Nadeln ragen die Felsen empor, die von bis zu 300 m tiefen Karstschluchten umgeben sind. Dann folgen die Hajdučki kukovi (**»Haiduken-Felsen«)**, Dutzende spitzer Gipfelköpfe. 1992 wurde hier die mit 1421 m tiefste Höhle Südosteuropas, Lukina jama, entdeckt. Sie gilt als tiefster vertikaler Direktschacht der Welt und ist nicht zugänglich. Gut 2 Std. dauert der Weg von der Berghütte Zavižan zum Ziel der Wanderung, der einfachen Schutzhütte Rossijeva koliba (Rossi-Hütte). Diese ist ganzjährig zugänglich. Nach einer Pause geht es wieder zurück zum Ausgangspunkt zurück.

SJEVERNI VELEBIT ERLEBEN

NACIONALNI PARK SJEVERNI VELEBIT
Krasno 96, 53274 Krasno
Tel. 053 66 53 80
www.np-sjeverni-velebit.hr

Ab Sveti Juraj (ca. 10 km südlich von Senj) bis zum Parkeingang bei Krasno. Alternativ verläuft die Anreise zum nördlichen Eingang über die Autobahn, Ausfahrt Otočac. Von dort sind es noch 20 km über eine Serpentinenstraße bis Krasno.
Vom Küstenort Jablanac bis zur Berghütte Alan, im südlichen Abschnitt des Nationalparks, sind es etwa 25 km.
Mo. – Sa. verkehrt zweimal täglich ein Bus zwischen Senj (33 km) bzw. Otočac (22 km) und Krasno.
Eintritt: 45 Kuna (3 Tage gültig; zu bezahlen in Krasno).

Im Nationalpark kann man z.B. in den Berghütten Zavižan (südlich von Oltari, Tel. 053 61 42 09) oder Alan (östlich von Jablanac, www.plsavez.hr) übernachten. Die Schutzhütte Rossi (Rossijeva koliba) ist ganzjährig für Notfälle geöffnet.

Rund um den Nationalpark

Tesla - ein genialer Erfinder

Smiljan

Im beschaulichen Dörfchen Smiljan, 6 km westlich von Gospić, in der Lika-Hochebene, wurde im Geburtshaus des Erfinders Nikola Tesla ein **Museum** mit Themenpark eingerichtet. Der 1884 nach dem Maschinenbaustudium in die USA ausgewanderte Physiker gilt als Vater der »Nutzbarmachung des Wechselstroms« und hat zahlreiche Patente angemeldet. Sehenswert sind etwa ein ferngesteuertes Schiff oder die Demonstration der drahtlosen Energieübertragung. Ein Videovortrag (mit englischen Untertiteln) wird zur Einführung gezeigt.
21. März – 1. Nov. Di. – Sa. 8 – 20, So. 9 – 19, 2. Nov. – 20. März Di. – So. 10 bis 15 Uhr | Eintritt: 50 Kuna | www.mcnikolatesla.hr

Hilfe für Braunbären

Kuterovo

Verwaiste Braunbären werden im Dorf Kuterovo aufgepäppelt, 20 km südlich von Otočac. Meist handelt es sich um Jungtiere, deren Mutter erschossen wurde oder bei einem Unfall ums Leben gekommen ist. Das **Bärenrefugium** Kuterovo lebt von vielen Freiwilligen, die hier mit anpacken und von Spenden, unter anderem von einem deutschen Freundeskreis. Übernachtungen auf einfachen Matratzenlagern und Mithilfe sind auf Anfrage möglich.
Pod crikovom 103, Kuterovo | Tel. 053 78 82 22
https://kuterevo.wordpress.com/

★★ TRIEST

Höhe: 0 – 348 m. ü. M. | **Einwohner:** 201 000 | Italien

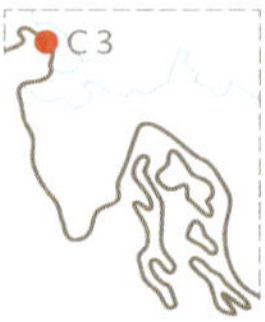

Im sozialistischen Jugoslawien fuhr man nach Triest, um dort modische Jeans oder guten Kaffee zu kaufen. Auf die geröstete Bohne, die in Italiens nordöstlichstem Winkel schon seit Jahrhunderten verschifft wird, ist man in der Hafenstadt besonders stolz: Hier soll der beste »Nero« Italiens serviert werden, sagen die Einheimischen. Gut 1500 Tassen Espresso, doppelt so viele wie der Durchschnittsitaliener, trinken die Triestiner pro Kopf und Jahr. Das perfekte Ambiente hierfür bieten historische Kaffeehäuser, die in der wohl untypischsten italienischen Stadt verstaubte K.-u.-k.-Nostalgie verströmen.

Stadt mit besonderem Charme

Im äußersten östlichen Adria-Winkel Italiens, gesäumt vom slowenischen Karstmassiv im Hinterland, liegt die Handels- und Hafenmetropole Triest (ital. Trieste). **Prunkvolle Gründerzeitfassaden** erinnern daran, dass die Stadt lange zur K.-u.-k.-Monarchie gehörte. Traumhafte Schlösser und eine wildromantische Klippenküste in der Umgebung zogen einst Schriftsteller und Adelige an, heute flanieren hier die Einheimischen.

Mehr als 500 Jahre dauerte die Habsburger Herrschaft in Triest, was nicht nur architektonische Spuren hinterlassen hat. Triest wurde 1719 Freihafen, hier herrschte religiöse Toleranz: Slowenen, Italiener, Kroaten, aber auch Griechen und Juden ließen sich in der mitteleuropäisch geprägten Stadt nieder. Bald schon wurde Triest zu einem der wichtigsten Seehäfen der K.-u.-k.-Monarchie. Nach deren Zerfall und dem Ersten Weltkrieg folgte der Anschluss an Italien: Der Ausbau des Hafens stagnierte, denn das wirtschaftliche Hinterland fehlte durch die Gründung Jugoslawiens. Die geopolitische Randlage von Triest endete erst mit dem EU-Beitritt Sloweniens 2004. Zunehmend besinnt sich auch die bayerische Wirtschaft darauf, dass Triest der nächste Seehafen ist: Nur 420 km sind es von München – das ist näher als an die Nord- oder Ostsee!

Kaffee über alles

Historische Kaffeehäuser

Im Hafen von Triest wird ein Großteil des italienischen Kaffees umgeschlagen, jährlich bis zu 2,5 Mio. t! Nicht umsonst hat die Kaffeedynastie Illy hier ihren Sitz. Doch nicht nur die Leidenschaft für das »braune Gold«, sondern auch für **Wiener Kaffeehaustraditionen** pflegen die Triestiner. An den wenigen historischen Cafés, die es noch gibt, kommt kein Kaffee-Liebhaber vorbei: Das älteste Kaffee-

haus eröffnete **Benedetto Capano** 1768 in der Via San Nicolò. Das berühmteste ist das Caffè **degli Specchi** mit seinen üppigen Kronleuchtern an der Piazza dell' Unità d'Italia 7 (www.caffespecchi.it). Zu den ältesten gehört auch das Jugendstil-Caffè **Tommaseo**, Piazza Tommaseo 4c. Es existiert seit 1830. Hier trafen sich im 19. Jh. Verfechter des italienischen Risorgimento wie der Schriftsteller Niccolò Tommaseo, woran eine Gedenkplakette erinnert. (www.caffetommaseo.it). Aus Furcht vor Repressalien der österreichischen Landesherren hieß das Café zwischenzeitlich übrigens Caffè Tomaso. Wiener Charme strahlt auch das mit dunklem Holz und mit Marmortischchen ausgestattete Literaten-Caffè **San Marco** von 1914 aus.
Der Espresso wird in Triest nicht in der Tasse, sondern im Glas serviert. Stilecht bestellt man ein **»Nero in B«**: »Nero« steht für Espresso, »B« für »bicchiere», ein Glas.

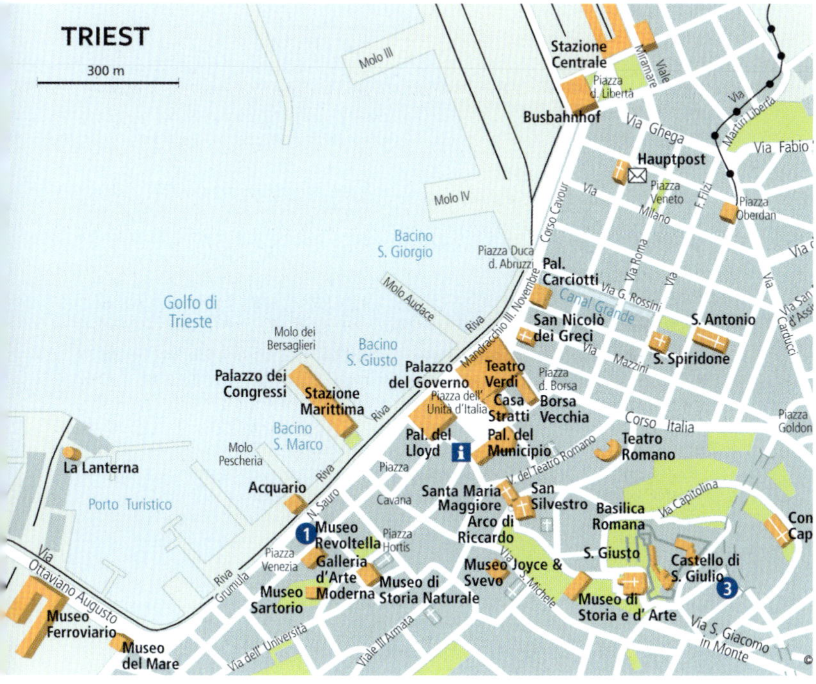

1 Trattoria Nerodiseppia
2 Antica Trattoria Suban 1865
3 Antipastoteca di Mare alla Voliga

1 Victoria Hotel Lettario

TRIEST ERLEBEN

INFOPOINT PROMOTURISMO FVG - TRIESTE

Via dell`Orologio 1, Piazza Unità d`Italia
Tel. 040 347 83 12
www.discover-trieste.it

Triest verfügt über ein gut ausgebautes städtisches Omnibusnetz. **Fahrkarten** gibt es am Kiosk oder am Automaten. Sie gelten auch für die Tram de Opicina (Straßen- und Standseilbahn). Parkplätze und -häuser findet man am Rand der Altstadt, vor allem an der Uferstraße.
Freien Eintritt in die Museen erhält man mit der **Friuli Venezia Giulia Card** (FVG-Card), einer personenbezogenen Chipcard für Touristen (2/3/7 Tage gültig; 18/21/29 €). Viele Museen sind montags geschlossen.
Zeitlich unabhängig ist man mit dem **Audioguide** bei der »Trieste Walking Tour« unterwegs: Zu Fuß geht es an 22 Stationen vorbei (5 €, mit der FVG-Card gratis. Infos: www.turismofvg.it)
Der rote **Hop-On Hop-Off-Bus** verkehrt zwischen März und Okt. Die Tickets berechtigen zu beliebigen Zu- und Ausstiegen innerhalb von 48 St. und kosten 18 €.
Segways vermietet z.B. die Agentur On Wheel, www.on-wheel.com

Gebadet wird am Barcole-Kiesstrand mit lebhafter Promenade und Cafés. Ein wenig ruhiger geht es im Badeort Muggia an der slowenischen Grenze zu.
Ein wenig akrobatisches Geschick sollte man für den **Hochseilgarten** Trieste Adventure Park mitbringen (Duino-Aurisina, Juli – Anf. Sept. Di – So. 10 – Sonnenuntergang, Mitte April – Ende Juni, Sept. – Ende Okt. nur am Wochenende geöffnet, Eintritt: 19 €, www.triesteadventure-park.it).

2. Sonntag im Okt.: Barcolana, größte Segelregatta der Adria mit 2000 Schiffen, Triest
Acht Tage lang durften die Winzer und Bauern ihren Ertrag früher in den Osmize (slowen. osam = acht) verkaufen. Bis heute hat sich die Tradition dieser Besenwirtschaften oder Buschenschänken (ital. frasche) gehalten. Weitere Infos: www.osmize.com, Adressliste beim Tourismusverband.

Triest ist ein Einkaufsparadies für schöne und erschwingliche **Schuhe**, aber auch für italienische **Kleidung**. Viele Geschäfte haben – wie in Italien üblich – eine lange Mittagspause, im Aug. oft verkürzte Öffnungszeiten.

1 GRAN HOTEL DUCHI D'AOSTA €€€

Das 1873 eröffnete, erste Haus vor Ort wirkt so herrschaftlich, als würde gleich der Kaiser hereinspazieren: Unterstrichen wird das behagliche K.-u.-k.-Ambiente der 44 Zimmer und 11 Suiten durch echte Gemälde, dicke Teppiche und natürlich die exklusive Lage. Beim Frühstück fällt der Blick auf den Hauptplatz. Da sieht man gerne über die nicht allzu großen Zimmer hinweg.
Piazza Unità d`Italia 2/1
Triest
Tel. 040 760 00 11
www.duchi.eu

❷ FORVUM BOUTIQUE HOTEL €€€

Von außen macht das zeitlos-elegante Boutique-Hotel, unweit des Canal Grande, einen recht unauffälligen Eindruck. Innen überrascht es mit einem geschmackvollen Material-Mix aus Natursteinwänden, üppigen Polstern und dunklem Parkett. Essenswünsche der Gäste werden individuell erfüllt – auch vegan. Die 12 Zimmer sind zwar nicht allzu groß, dafür umso stilvoller.
Via Valdirivo 30
Triest
Tel. 040 372 08 93
www.forvmboutiquehotel.it

❸ VICTORIA HOTEL LETTARIO €€€

Das ehemalige Wohnhaus von James Joyce nimmt Gäste mit auf eine Zeitreise: Parkettböden, Marmorbad und Klaviermusik in den Gängen schaffen ein stilvolles Ambiente. Dieses wird durch moderne Details in den 44 Zimmern aufgelockert. Ideal für einen entspannten Abend zu zweit ist der kleine Wellnessbereich mit Farbtherapie-Dusche.
Via Alfredo Oriani 2, Triest
Tel. 040 36 24 15
www.hotelvictoriatrieste.com

❶ TRATTORIA NERODISEPPIA €€€€

Die kleine, behagliche Trattoria legt Wert auf tagfrischen Fisch und Meeresfrüchte, die hier innovativ zubereitet werden. Stammgäste schätzen das Fischtatar-Tris von Wirt Giulio Cusma. Seine Frau Valentina empfiehlt den dazu passenden Wein aus dem Friaul, Slowenien oder Kroatien.
Via Luigi Cadorna 23, Triest
Tel. 040 30 13 77
www.trattorianerodiseppia.com
So. und Mo. Ruhetage

❷ ANTICA TRATTORIA SUBAN 1865 €€€

Den Grundstein für diese Trattoria mit langer Familientradition, im Stadtteil San Giovanni, legte Giovanni Suban, nachdem er 1865 bei der Lotterie in Wien fünf Richtige gewonnen hatte. Seither werden hier deftige und regionaltypische Gerichte wie Jota (Eintopf mit Sauerkraut und Bohnen) gekocht.
Via Emilio Camici 2/d, Triest
Tel. 040 5 43 68, www.suban.it
Di. Ruhetag

❸ ANTIPASTOTECA DI MARE ALLA VOLIGA €€

Über die etwas altmodisch wirkende Einrichtung sieht man gerne hinweg, wenn die kleinen Antipasti aus fangfrischem Fisch serviert werden. Sardinenspieße an Polenta und eine sehr gute Fischsuppe sind die Stärken des Restaurants auf dem San Giusto-Hügel. Das Preisniveau ist glücklicherweise auch noch aus vergangenen Tagen.
Via Della Fornace 1, Triest
Tel. 040 30 96 06
Mo. und Di. Ruhetage, Mittagsruhe: 14 – 19 Uhr
www.antipastotecadimare.it

★★ Altstadt

Palazzi an der »Landebahn«

★★ Piazza dell' Unità d'Italia

Für die Einheimischen ist sie nur der »Piazza Grande« und gilt als eine der schönsten im Land: Der weitläufige Platz der Einheit Italiens wird von drei Seiten mit herausgeputzten, neoklassizistischen, teils barocken Fassaden gesäumt. Die vierte Seite öffnet sich hingegen weitläufig zur Adria, wo schmucke Jachten auf dem Wasser schaukeln. Von der Molo Audace, einer 200 m ins Meer hineinragenden Mole aus, wirkt die Piazza besonders schön. Vor allem nachts ist sie stimmungsvoll beleuchtet, mit nostalgischen Laternen, aber auch mit in den Boden eingelassene blau schimmernden Lampen, die von den Einwohnern scherzhaft als »Landebahn« bezeichnet werden. Ein barocker Brunnen von 1750 ziert den Platz, er symbolisiert die damals vier bekannten Kontinente. Schön lässt sich der Platz auch von der Terrasse des historischen **Caffè degli Specchi** beobachten: Der Blick fällt auf den 1905 fertiggestellten, mosaikverzierten Palazzo del Governo (Gouverneurspalast) des Wiener Architekten Emil Artmann an der Nordseite des Platzes. Der Palazzo Modello (1873) von Guiseppe Bruni entworfen, gilt als schönes Beispiel des Historismus (Ecke Capo di Piazza Gianni Bartoli). Die Neorenaissance-Fassade des Palazzo del Municipio (Rathaus), ebenfalls von Bruni (1875) blickt frontal auf das Meer. Hier lassen sich Brautpaare gerne trauen. Der barocke Palazzo Pitteri (1790) daneben ist das älteste Gebäude auf dem Platz. An der Südseite folgt das luxuriöse Grandhotel Duchi d'Aosta mit einer gepflegten Bar im Erdgeschoss. Nebenan erstreckt sich der Palazzo del Lloyd Triestino, der von Architekt Heinrich von Ferstel 1883 errichtet wurde.

Für Opernfreunde

Piazza Verdi (Opernplatz)

Auf dem an die Piazza dell' Unità d'Italia östlich angrenzenden Opernplatz, die Piazza Verdi, erhebt sich das **Teatro Verdi** (1798) im neoklassizistischen Stil. In diesem Opernhaus fanden die Uraufführungen von Giuseppe Verdis »Il corsaro« (Der Korsar, 1848) und »Stiffelio« (1850) statt.

Alter Handelsplatz

Piazza della Borsa

Die **Alte Börse** (Borsa Vecchia), östlich des Opernplatzes, wirkt mit ihren dorischen Frontsäulen fast wie ein Tempel (1806). Auf dem Dach wacht Meeresgott Neptun mit seinem Dreizack. Heute ist hier die Handelskammer der Stadt untergebracht. Ganz in der Nähe erhebt sich die historische Börsenapotheke (Farmacia alla Borsa) mit viel Stuck und einer Nischenfigur an der Fassade. An der Piazza della Borsa erinnert eine Statue an den Habsburger Kaiser Leopold I. Rund um den Platz gruppieren sich Geschäfte und Cafés.

Römische Hinterlassenschaften

Teatro Romano

Das Teatro Romano, ein römisches Amphitheater aus dem Jahr 100 n. Chr., wurde am Fuß des Colle di San Giusto errichtet, östlich der Alten Börse. Das im Halbkreis angelegte Atrium ist noch recht gut erhalten (freier Zugang). Ganz in der Nähe erhebt sich die barocke Jesuitenkirche Santa Maria Maggiore, gegenüber die schlichte romanische Basilika San Silvestro aus dem 12. Jahrhundert. Der Richardsbogen (Arco di Riccardo) hinter den Kirchen gehörte zur römischen Stadtmauer, die im 1. Jh. n. Chr. unter Kaiser Augustus errichtet worden war. Reste der spätrömischen Mauer an der Via Capitelli sind noch erhalten.

Eine Kathedrale für den Schutzpatron

★ Cattedrale di San Giusto

Auf dem recht steilen Colle di San Giusto thront die Kathedrale San Giusto (Justus), die zu den Wahrzeichen von Triest gehört. Sie wurde auf den Grundmauern zweier älterer Kirchen gebaut, die der hl. Jungfrau Maria und dem Schutzpatron der Stadt, dem hl. Justus, geweiht waren. Im 14. Jh. wurden die Außenmauern abgerissen und die beiden Kirchen zur heutigen Kathedrale zusammengefügt. Durch eine Glaswand an der Außenseite des Gotteshauses lassen sich die ursprünglichen Bodenmosaiken und die teils freigelegten Grundmauern der antiken Basilika (1. Jh.) erkennen.

Schloss mit Ausblick

Castello di San Giusto

Nur wenige Schritte neben der Kathedrale erhebt sich das mächtige Schloss von San Giusto, wie die Kathedrale ein Wahrzeichen der Stadt (1470 – 1630). Bereits um 2000 v. Chr. könnte an dieser Stelle ein prähistorisches Kastell gestanden haben. Heute führt eine Zugbrücke hinauf ins **Museum**, das eine umfassende mittelalterliche Waffensammlung präsentiert. In einem Lapidarium (Lapidario Tergestino) werden Steinfragmente mit u. a. römischen Inschriften gezeigt. Der Innenhof dient im Sommer als schmucke Kulisse für Konzerte. Den weitläufigen Platz davor zieren römische Säulenfragmente, die bei Ausgrabungen gefunden wurden. Den Ausblick auf die Stadt sollte man sich nicht entgehen lassen!

Museum: Mitte April – Mitte Okt. Di. – So. 10 – 19, übrige Zeit Di. – So. 10 – 17 Uhr | Eintritt: 3 € | www.castellodisangiustotrieste.it

Nördliche und südliche Innenstadt

Kaffeegenuss am Canal Grande

Borgo Teresiano

Der schachbrettartig angelegte Stadtteil Borgo Teresiano (Theresienvorstadt) erstreckt sich zwischen der Piazza dell' Unità d'Italia und dem Hauptbahnhof; er ist nach Kaiserin Maria Theresia benannt. Im Zuge der Stadterweiterung wurden hier im 18. Jh. Salinen trocken- und das schachbrettartige Straßennetz angelegt. Sehenswert ist der **Canal Grande**, auf dem Kähne schaukeln – er ist jedoch gerade mal 200 m lang. An der Mündung des Kanals liegt der prächtige **Palazzo Carciotti,** 1802 – 1805 im klassizistischen Stil erbaut. Der Vorbau in der Fassadenmitte mit ionischen Säulen trägt eine Brüstung mit Skulpturen aus der griechischen Götterwelt. Am Ende des Canal

Vielleicht nicht ganz Venedig, aber doch ein toller Ort: der Canal Grande von Triest

Grande erhebt sich die auffällige Kirche **Sant' Antonio Nuovo** (1842), deren Vorhalle von sechs neoklassizistischen Säulen getragen wird. Südlich davon, an der Piazza del Ponte Rosso mit spätbarockem Brunnen, steht die serbisch-orthodoxe Kirche **San Spiridone** (1861 – 1866) mit fünf Kuppeln und Tafeln mit altkirchenslawischer Beschriftung. Das auffällige rosafarbene Gebäude gegenüber dem Kanal ist der Hierschel-Palazzo. Den schönsten Blick auf den Kanal hat man von einem der Cafés aus. Im Stella Polare etwa saß **James Joyce** gerne, seine Bronzestatue steht heute gegenüber auf der Brücke – und blickt auf eines seiner ersten Wohnhäuser in Triest, wo er als Berlitz-Lehrer arbeitete.

Die Letzte von fünf

Sinagoga

Die Triester Synagoge (Sinagoga) zählt zu den bedeutendsten in Europa. Mit Bänken und Orgel erinnert sie fast an ein Gotteshaus. Es ist die letzte von einst fünf Synagogen, die es in Triest gab. Die lebendige jüdische Gemeinde umfasst gut 500 Mitglieder, vor gut einem Jahrhundert waren es zehnmal so viele (Via del Monte 5/7).

Mo. – Do. 10 – 11 Uhr | Eintritt: 5 € | www.triestebraica.it

Ein Gruß von Kaiserin Sisi

Piazza Libertà

An der Piazza Libertà vor dem Hauptbahnhof begrüßt seit 1997 ein Denkmal der österreichischen Kaiserin Elisabeth die Besucher. Die Bronzeskulptur war 1912 zu Ehren eines früheren Besuchs von »Sisi« vom Wiener Künstler Franz Seifert entworfen worden, nach dem Zusammenbruch der Donaumonarchie hatte man die Skulptur allerdings für etliche Jahrzehnte ins Magazin des Miramare-Schlosses verbannt.

Museen für jeden Geschmack

Borgo Giuseppino

Das Stadtviertel Borgo Giuseppino (Josephsvorstadt) erstreckt sich vom südwestlich gelegenen Campo Marzio, dem Marsfeld, bis zur Piazza Attilio Hortis südlich der Piazza dell' Unità d'Italia. Wohn- und Verwaltungsgebäude prägen das Viertel, das bei der Stadterweiterung entstand. Das **Museo Ferroviario** (Eisenbahnmuseum) im Bahnhofsgebäude der ehemaligen K.-u.-k.-Staatsbahn präsentiert Eisenbahngeschichte, das kleine **Museo del Mare** begeistert Schiffsmodellliebhaber. In der Villa Sarotio präsentiert das **Civico Museo Sartorio** bildende Kunst (u. a. Gemälde von Tiepolo, Skulpturen) und Keramik (u. a. griechische Vasen) aus dem Besitz der Adelsfamilie. Sehenswert sind die Reste eines 75 Mio. Jahre alten Dinosauriers im **Civico Museo di Storia Naturale** (Naturkundemuseum). Das **Museo Revoltella – Galleria d'Arte Moderna**, die Galerie für Moderne Kunst im ehemaligen Stadtpalazzo des Barons Pasquale Revoltella, gilt als eines der größten und bedeutendsten Museen von Triest. Ausgestellt sind Werke aus dem 19. und 20. Jahrhundert.

Museo Ferroviario: Via Giulio Cesare 1 | wegen Renovierung derzeit geschl. | www.museoferroviariotrieste.it

Civico Museo Sartorio: Largo Papa Gionvanni XXIII 1 | April – Okt. Di. – Do. 10 – 13, Fr. – Sa. 16 – 19, So. 10 – 19 Uhr, im Winter kürzer Eintritt: frei | http://museosartoriotrieste.it

Museo di Storia Naturale: Via Tominz 4 | Mo., Mi., Do., Fr. 10 – 17, Sa. – So. 10 – 18, übrige Zeit Mi. – Mo. 10 – 17 Uhr | Eintritt: 3 € www.museostorianaturaletrieste.it

Museo Revoltella – Galleria d'Arte Moderna: Via Diaz 27 | Mi. – Mo. 10 – 19 Uhr | Eintritt: 7 € | www.museorevoltella.it

Das literarische Triest

Museo Svevo, Museo Joyce

Hier und da weisen kleine Tafeln an den Häusern auf bekannte einstige Bewohner hin: Dichter, Schriftsteller, Literaten. Triest inspirierte vor dem Ersten Weltkrieg auch **James Joyce** (1882 – 1941), der hier als Englischlehrer arbeitete und heute als Bronzefigur über den venezianisch anmutenden Canal Grande flaniert. »La mia anima è a Trieste« (»Meine Seele ist in Triest«), schrieb der Lebemann Joyce 1909 an seine Frau Nora. Auf der Piazza Hortis gedenkt man mit einer Statue dem zu Lebzeiten verkannten Triestiner Autor **Italo Svevo** (1861 – 1928), der die literarische Moderne Italiens prägte. Ein kleines Museum erinnert an Joyce und Svevo. Der ebenfalls in Triest geborene **Umberto Saba** (1883 – 1957) verfasste hier den Gedichtzyklus »Canzoniere«, der zu den schönsten der italienischen Sprache gehört und 1921 im Eigenverlag erschien. Seine Bronzefigur steht in der Via Dante Alighieri.

Im Schloss Duino verfasste **Rainer Maria Rilke** (1875 – 1926) 1912 seine berühmten »Duineser Elegien«; ein Panoramaweg am Meer ist nach ihm benannt. Zu kriminalistischen Ehren kommt Triest in den Romanen von **Veit Heinichen** (geb. 1957) mit Commisario Laurenti.
Museo Svevo & Museo Joyce: Via Madonna del Mare 13/IIp | Mo. bis Sa. 9 – 13, Mi. – Fr. 15 – 19 Uhr | Eintritt: frei | www.museosveviano.it

Rund um Triest

Blau, grün und grau

★ Triestiner Riviera

Triestiner Riviera, so nennt sich der Küstenstreifen zwischen Monfalcone und Triest – er zählt zu den schönsten Panoramastrecken des Mittelmeerraums. Hier führt die Küstenstraße Nr. 14 zwischen dem Wasser und teils bewaldeten Karstfelsen entlang, zum Blau des Meeres gesellen sich das Grün der Wälder und das helle Grau der Felsen.

Umweltfreundlicher Nahverkehr

★ Standseilbahn Tranvia di Opicina

Die historische Straßen- und Standseilbahn »Tram di Opicina« ist Kult: Schon seit 1902 verbindet sie die Piazza Oberdan, nördlich des Zentrums, mit dem Villenvorort Opicina (348 m ü. d. M.) im 20-Minuten-Takt. Die 5 km lange Tram muss 329 m Höhenunterschied und ein Gefälle von bis zu 26 Prozent überwinden. Bergab wird mithilfe einer Seilbahnanlage gebremst. Ab der Haltestelle Obelisco, beim Franz I. von Österreich gewidmeten Obelisken, führt ein 4 km langer, wunderschöner Küstenpanoramaweg ins Dörfchen Prosecco.
Nach einem Unfall im August 2016 ist die Bahn leider bis auf Weiteres außer Betrieb.

Hinunter in die Riesenhöhle

★ Grotta Gigante

Rund 2 km nordwestlich des Vororts Opicina liegt die Grotta Gigante, in die 500 Stufen hinab führen: Die Tropfsteinhöhle hält seit 1995 ihren Eintrag im Guinness-Buch der Rekorde als »Größte Schauhöhle der Welt«. Der riesige Hohlraum mit einem Volumen von 365 000 m^3 könnte den Petersdom von Rom fassen. Entdeckt wurde die Tropfsteinhöhle 1840 von Anton Friedrich Lindner, der auf der Suche nach unterirdischen Quellen für die Wasserversorgung von Triest war. Kurz vor dem Ausgang steht das Skelett eines Höhlenbären.
April – Sept. Di. – So., Juli – Aug. tgl. 10 – 18, Okt. – März 10 – 16 Uhr Führungen stündlich | Eintritt: 12 € | www.grottagigante.it

Habsburgische Sommerfrische

★★ Castello di Miramare

Die Lage ist einfach atemberaubend: Das märchenhaft schneeweiße Schloss Miramare erhebt sich auf einem Felsvorsprung, etwa 8 km nordwestlich von Triest. Mit einem Schloss am Wasser erfüllte sich Erzherzog Maximilian von Habsburg (1832 – 1867) zwar einen Kind-

BAEDEKER ÜBERRASCHENDES

6X GUTE LAUNE

Das hebt die Stimmung

1. KARIBIK-FEELING

Die **Safari-Bar am Kap Kamenjak**, Istriens Südspitze, ist eine Institution: Mit Bambus, Schilf und angespülten Gegenständen dekoriert, kommt in dieser originellen Bar Karibik-Feeling auf. (▶ **S. 195**)

2. KÜSSEN ERWÜNSCHT!

Entlang der **Riviera von Crikvenica** wurde ein Wanderpfad für Liebespaare geschaffen: 10 romantische Orte sind auf einer »Kuss-Landkarte« als Kiss Spots eingetragen – wenn das nicht verlockt! (▶ **S. 70**)

3. ADRENALINKICK

Die dreifache Absicherung schafft Vertrauen: Spätestens, wenn man auf der Zipline hoch über der **Pazinser Schlucht** schwebt, steigt jedoch der Adrenalinspiegel. Die beeindruckende Aussicht entschädigt für den Nervenkitzel. (▶ **S. 150**)

4. RABER TORTE

Die Raber Torte wird schon seit Jahrhunderten mit Mandeln und dem Maraschino (aus der Maraschino-Kirsche) gebacken. Als Souvenir gibt es die Torte z. B. in der **Schaubäckerei Vilma** in Rab-Stadt, Dinka Dokule 2.

5. KARNEVAL AM MEER

Rijeka ist eine Karnevalshochburg, wo traditionelle Glöckner auf moderne Faschingswagen treffen. Zum Abschluss muss die Strohpuppe Pust für alle Sünden büßen. Ein Riesen-Spektakel am Faschingssonntag! (▶ **S. 203**)

6. HIGH HEELS UND CO.

Italien ist für stylische, hübsche **Schuhmode** bekannt – und Triest liegt »fast ums Eck«, wenn Sie in Istrien Urlaub machen. Daher: Rein ins Auto und ab zum Schuhe kaufen **nach Triest**!

heitstraum, konnte sich jedoch nicht lange daran erfreuen: 1859 bezog er das Schloss – ein Stilmix aus Gotik und Neorenaissance – mit seiner Gemahlin, Charlotte von Belgien, er wurde jedoch schon vier Jahre später Kaiser von Mexiko. Von dort kehrte er nicht wieder zurück, da er 1867 standrechtlich von Revolutionären erschossen wurde. Charlotte hingegen verfiel nach seinem Tod in geistige Verwirrung und wurde zeitweilig im kleinen **Gartenschlösschen** (Castelletto) im Schlosspark eingesperrt. Dort hat heute die Umweltschutzorganisation **Riserva Marina Miramare** (www.riseramarinamiramare.it) ihren Sitz. Bis zum ersten Weltkrieg nutzten die Habsburger das Schloss zur Sommerfrische, unter anderem war Kaiserin »Sisi« hier zu Gast. Später ging es an den italienischen Staat über. Im Zweiten Weltkrieg war Miramare von der deutschen Wehrmacht besetzt, bis 1954 diente es den Alliierten als Militärzentrale, ehe es im Folgejahr zum Museum umfunktioniert wurde.
In der **Parkanlage**, 1864 von Carl Junker angelegt, wachsen neben mediterranen Zypressen, Lorbeerbäumen und Myrten auch exotische Pflanzen, die der Erzherzog von Reisen mitbrachte. Für leidenschaftliche Spaziergänger empfiehlt sich die kilometerlange, von Oleanderbüschen und Pinien gesäumte Promenade von Barcola zwischen Triest und dem Castello di Miramare.

Schloss: tgl. 9 – 19 Uhr | Eintritt: 8 €
Park: Juni – Aug. 8 – 19, übrige Zeit bis mind. 15 Uhr | Eintritt: frei
Audioguide (dt.) 3,50 € | www.castello-miramare.it

Erlauchte Gäste

★★ Castello di Duino

La Dama Bianca nennen die Einheimischen einen Felsen unterhalb des Castello di Duino, 15 km nordwestlich von Triest. Mit ein wenig Phantasie wirken die schroffen, hellen Felsklippen, auf denen das Schloss Duino emporragt, auch tatsächlich wie eine weiße Dame. Damit verbunden ist eine schaurige Legende: Ein alter Schlossbesitzer soll seine Gemahlin die schroffen Felsen hinabgestürzt haben. Noch während des Falls verwandelte sich diese jedoch in einen Stein, den der Schlossbesitzer fortan vor Augen hatte. Damit hat die frühere Schlossherrin, Marie von Thurn und Taxis, allerdings wenig gemein: Sie ist vielmehr als Mäzenin des Dichters **Rainer Maria Rilke** bekannt, der hier als Gast seine berühmten »Duineser Elegien« verfasste. Wer den 2 km langen **Rilkeweg**, der sich zwischen Duino und Sistiana entlang der Klippen erstreckt, entlang spaziert, mag dessen Inspiration erahnen: Ein herrlicher Panoramablick auf das Schloss mit seinen zinnenbekrönten Türmen (16. Jh.), und das Meer öffnet sich von hier aus. Überhaupt lohnt allein der Ausblick, etwa vom Balkon des Schlosses, einen Besuch. Als weitere Höhepunkte gelten der gepflegte Schlosspark und ein Bunker aus dem Zweiten Weltkrieg. Im Inneren ist elegantes Interieur zu sehen, aber auch historische Musikinstrumente – etwa das Fortepiano von Franz Liszt, der hier ebenfalls

zu Gast war. Die heutigen Schlossbewohner gehören dem italienischen Zweig der Adelsfamilie Thurn und Taxis an.
April – Sept. Mi. – Mo. 9.30 – 17.30 Uhr, im Winter nur am Wochenende | Eintritt Schloss: 8 €, Park: 2 € | http://castellodiduino.it

UMAG

Höhe: Meereshöhe | **Einwohner:** 13 500 | Kroatien

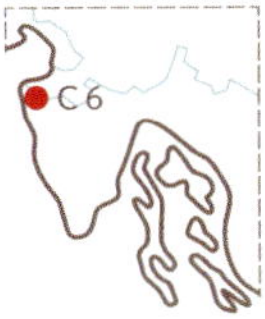

Blitzschnell flitzen die neongelben Filzkugeln über den Platz, von links nach rechts, zurück, ins Netz und .... aus. Ein Raunen geht durch das Publikum, abgelöst von Jubelschreien: Wer nach Umag kommt, hat eine Leidenschaft für den Tennissport – zumindest alljährlich im Juli, wenn das internationale ATP-Turnier Croatian Open das istrische Küstenstädtchen in ein Tennis-Mekka verwandelt. Auch sonst setzt der Ort auf Aktivurlauber: Jedes bessere Hotel hat hier einen Tennisplatz. Der ideale Ausgleich zum Strandleben!

Die Tennishochburg Kroatiens

Auf einer schmalen Landzunge an der Westküste Istriens ragt die Altstadt von Umag (ital. Umago) ins Meer hinein. Die Stadt geht nördlich und südlich in weitläufige Hotelanlagen und Campingplätze über, die sich entlang der flachen Küste erstrecken. Überhaupt ist die Gegend touristisch sehr gut erschlossen, mit großen Ferienanlagen, die **viele Sport- und Freizeitmöglichkeiten** bieten – etwa den Golfplatz bei Savudrija. Skipper freuen sich über die ACI-Marina mit über 500 Liegeplätzen und Kran.
Bereits die alten Römer schätzten die geschützte Lage südlich des Kaps von Savudrija. Nach wechselnden Herrschern übernahmen im Mittelalter die Bischöfe von Triest das Ruder. Umag erhoffte sich durch Verträge mit Venedig besseren Schutz. Im 14. Jh. brannten die Genuesen große Teile der Stadt nieder, wobei auch das Stadtarchiv verloren ging. Mit dem Niedergang Venedigs 1797 fiel Umag, wie ganz Istrien, an die Donaumonarchie. Bis 1954 gehörte der bis heute zweisprachige Ort zu Italien, dann zu Jugoslawien, 1997 erhielt er schließlich das Stadtrecht.

Wohin in und um Umag?

Wo ist der Sonnenuntergang am schönsten?

Uferpromenade

Umag verspricht einen entspannten Urlaub: Tagsüber wird an den schönen Stränden in der Umgebung gebadet, abends entlang der Uferpromenade flaniert. Höhepunkt ist der Sonnenuntergang, der an der Westküste Istriens phantastisch ist! Der wohl schönste Ort, um das romantische Abendglühen zu genießen, ist nicht nur die Promenade, sondern der 404 m lange **Wellenbrecher**: Dieser zieht sich sichelförmig in die Adria hinein und wurde bereits 1825 angelegt.

Entdeckungen in der Altstadt

Altstadt

Schmale Gassen prägen die recht überschaubare Altstadt von Umag, die sich auf einer mit dem Festland aufgeschütteten Insel erstreckt. Auf der heutigen Halbinsel gibt es **schmucke Fassaden** zu entdecken, im Stil von Renaissance, Gotik und Barock. Ältere Spuren finden sich in der Ulica Epifano (Nr. 5): In die vordere Fassade wurde ein **frühchristlicher Sarkophag** aus dem 5. Jh. eingemauert.

Stadtbefestigung gestern und heute

Stadtmauer

Von der mittelalterlichen Wehrmauer ist nur noch ein kleines Stück im Südwesten der Altstadt übrig. Die Reste des Stadttors lassen sich in der Garibaldijeva ulica aufspüren. Nahe der damaligen Stadtmauer, am Eingang zur Altstadt, ist eine **Kirche Sv. Rok** (Rochus) geweiht. In einem noch erhaltenen Turm der Mauer ist das **Stadtmuseum** (Gradski muzej) untergebracht: Interessant sind Amphoren, Grabsteine, Öllampen und Töpferware, die teils aus der nördlich von Umag gelegenen antiken Siedlung Katoro stammen.
Trg Sv. Martina 1 | Juni – Aug. Mo. – Sa. 10 – 13, 18 – 21, So. 10 – 13 Uhr, sonst kürzer | Eintritt: frei | www.mgu-mcu.hr

Sv. Pelegrin - der Stadtheilige von Umag

Pfarrkirche Mariä Himmelfahrt

Die barocke Pfarrkirche Mariä Himmelfahrt (Uznesenje blaženje Djevice Marije) erhebt sich am zentralen Trg Slobode in der Altstadt von Umag. Nebenan ragt der freistehende Glockenturm Sv. Pelegrin (Pellegrinus) empor. Sieben Altäre und wertvolle Gemälde hütet die Kirche. In die hintere Wand wurde eine Kanonenkugel eingemauert, die der Legende nach 1810 auf die Genuesen abgefeuert wurde. Die Orgel von 1776 erklingt insbesondere alljährlich beim großen Festival »Organum Histriae«. Eine öffentliche **Zisterne** von 1677 neben der Pfarrkirche stellte die Wasserversorgung von Umag sicher.

Schicksalshafter Leuchtturm

Kap Savudrija

Die nordwestlichste Landzunge Istriens, das Kap Savudrija (ital. Punta Salvore), schließt mit malerischen Fels- und Kiesstränden die Bucht von Triest im Südwesten ab. Das Wahrzeichen des winzigen Fischerdörfchens ist der älteste, noch aktive Leuchtturm Kroatiens. Der imposante, 36 m hohe Turm wurde 1818 auf Anweisung von Graf Metternich errichtet. Angeblich soll sich dieser auf dem Wiener Opernball in eine wunderschöne kroatische Adelige verliebt haben, die das für sie errichtete Leuchtfeuer jedoch nie zu sehen bekam – denn sie verstarb vor Fertigstellung an einer Lungenentzündung. Der

UMAG ERLEBEN

TOURISTINFORMATION
Trgovačka 6, 52470 Umag
Tel. 052 74 13 63
www.istra.hr/umag
www.coloursofistria.com/umag

Juli: Int. ATP-Tennisturnier Croatia Open (www.croatiaopen.hr)
Juli: Festival der Antike »Sepomaia viva«
Ende Juli: Tomatentag (Šalša-Tomatensauce auf dem Hauptplatz, Wahl der dicksten Tomate, u. a.)

Fahrrad- und E-Bike-Verleih an sechs Stationen (»Park and Ride«).
Der **Hochseilgarten Adrenalin Park Umag** verspricht Nervenkitzel (www.umag-adrenalin-park.com).

Schöne **Kies- und Felsstrände** erstrecken sich bei Savudrija. Beliebt ist der Strand Katoro, nur 500 m von der Altstadt oder der Strand Kanegra, 8 km nördlich von Umag.

RESTORAN TONI €€€€
Das Traditionsrestaurant im Dörfchen Zambratija hat sich der gehobenen Küche verschrieben: Fisch und Meeresfrüchte kommen raffiniert auf den Tisch. Dabei nimmt sich Küchenchef Toni Zeit, um seine Gäste zu beraten.
Siparska ul. 7, Zambratija
Tel. 052 75 95 70
http://restaurant-toni.eu

KONOBA BUŠČINA €€€
Bodenständige istrische Küche aus dem Landesinneren und der Küste verschmelzen in dieser Konoba, 7 km östlich von Umag. Vor allem die Schmorgerichte auf Peka-Art sind ein Genuß. Die Mitgliedschaft in der Qualitätsvereinigung Tartufo Vero spricht für sich: Die Trüffelpasta ist köstlich!
Buščina 18, Umag-Buščina
Tel. 052 73 20 88
www.konoba-buscina.hr
Di. Ruhetag

KONOBA NONO €€€
Bunte Hüte kleben hier an der Decke: Die originell eingerichtete Konoba an der Straße von Umag nach Buje schätzen auch viele Stammgäste. Traditionelle istrische Küche wird hier auf der offenen Feuerstelle zubereitet. Der Nachwuchs vergnügt sich unterdessen auf dem Spielplatz oder im Streichelzoo.
Umaška 35, Umag-Petrovija
Tel. 052 74 01 60
http://konoba-nono.com

PIZZERIA LAV €
Im Dörfchen Valica nahe der slowenischen Grenze werden knusprige und gute Pizzen serviert. Ein guter Tipp ist die Trüffelpizza!
Valica 36, Umag-Valica
Tel. 052 73 21 55

Graf beschloss, den Leuchtturm nie wieder aufzusuchen. In den ersten Jahrzehnten wurde er mit Steinkohledestillat aus den Labiner Stollen angefeuert. Ein Leuchtturmwärter, der hier lebt, betreut die Appartements, die jetzt hier an Touristen vermietet werden. Nochneine Eigenart hat Savudrija: Normalerweise schaukeln Fischerboote meistens auf dem Wasser. Doch hier werden sie an Seilen aus dem Wasser gezogen und aufgehängt – um sie vor Unwettern besser zu schützen. Die Silhouette der Boote, hoch über dem Wasser, gestützt von Holzpfählen, macht bei Sonnenuntergang großen Eindruck.

VODNJAN

Höhe: 135 m ü. d. M. | **Einwohner:** 6000 | Kroatien

Olivenöl gilt seit jeher als »flüssiges Gold« – und war auch im Städtchen Vodnjan so kostbar, dass man damit den Bau der örtlichen Pfarrkirche finanzieren konnte. Dazu musste die Bevölkerung ein Zehntel ihres Jahresertrags an Olivenöl und Wein als sogenannte »Zehnt« spenden. Dass das nicht gerade wenig war, zeigt der imposante Kirchturm: Der Zehnt hat sogar für den höchsten Kirchturm Istriens gereicht. Innen wird es schaurig: Mumien.

Reich, dank Olivenöl

Bekannt ist der Ort auch für die hocharomatische Olivenölsorte Buža Vodnjanska, die schon die alten Römer schätzten. Aufgrund der geringen Ertragsmenge ist das Öl recht hochpreisig. In der liebevoll sanierten alten **Ölmühle Tonin** wird die Kunst der Olivenölgewinnung gezeigt – und selbstverständlich auch verkostet (Istarska 28, Vodnjan, Tel. 052 51 15 99, https://tonin.fullbusiness.com).
Die Bewohner von Vodnjan sprechen eine Mundart, **Istriotisch** oder einheimisch »Bumbaro«. Allerdings gibt es höchstens noch 1000 Sprecher, meist Ältere. Sprachwissenschaftler streiten über die Herkunft: Die meisten halten Istriotisch für einen archaischen venezianischen Dialekt, andere sehen Parallelen zum Dalmatischen.
Die Römer (177 v. Chr.) sprachen eine illyrische Siedlung einem Veteranen namens Attinianum zu. Daher stammt vermutlich der Name Adignani, ital. Dignano, ab. Schriftlich wird Vodnjan erst 1194 als Poponis de Adignanis erwähnt. 1331 entschied sich die Bevölkerung, den Venezianern zu gehorchen, die hier ihr Heer stationierten.

Wohin in und um Vodnjan?

Alte Handwerke

Je mehr sich die 1 km lange Trgovačka ulica (Handelsstraße) mit Schustern, Schneidern und anderen Handwerksläden dem Hauptplatz nähert, desto enger wird sie. Auch wenn die namengebenden

VODNJAN ERLEBEN

TOURISTINFORMATION

Narodni trg 3, 52447 Vodnjan
Tel. 052 51 17 00
www.vodnjandignano.com

Um den 24. Juni: Wahl der schönsten Ziege (»Naj koza«), Svetvinčenat
Ende Juni: Drachenfest, Peroj
3. Juli-Wochenende: Tanz- und Pantomime-Festival
www.svetvincenatfestival.com
2. Sa. im Aug.: Bumbarska fešta, Umzug mit Eselkarren, Vodnjan

RESTORAN VODNJANKA €€

Auch bei Einheimischen ist das Lokal mit istrischer Landküche beliebt: Feiner Rohschinken mit Käse oder Maneštra als Vorspeise, gefolgt von hausgemachten Gnocci mit Rindfleisch oder Beefsteak mit Trüffeln. Als Dessert empfiehlt sich eine ungewohnte, aber köstliche Süßspeise: Vanilleeis mit fruchtigem Olivenöl aus Vodnjan!
Istarska 22b, Vodnjan
Tel. 052 51 14 35, So. Ruhetag

Geschäfte zwischenzeitlich meist verschwunden sind, besitzt die Straße doch einen altertümlichen Charme.

Stilvolle Palazzi

Narodni trg

Der Hauptplatz Narodni trg wird südlich vom ziegelroten Bradamante-Palais im Barockstil (17. Jh.) flankiert. Der Stadtpalast von 1911 weist neogotische Züge auf. Westlich des Platzes besticht der Bettica-Palazzo in venezianischer Gotik (14./15. Jh.) mit Fresken.

Brauchtum live

Ekomuzej

Liebevoll gestaltet ist das kleine **Heimatmuseum** am Hauptplatz: Engagierte Freiwillige haben es sich zur Aufgabe gemacht, Brauchtum zu pflegen – und erzählen Besuchern gerne von den lokalen Traditionen wie der Olivenölherstellung. Im Museum sind eine traditionelle istrische Küche mit offener Feuerstelle zu sehen, alte Möbel, Werkzeug und Haushaltsgegenstände. Falls Ihnen Eselskutschen in Vodnjan aufgefallen sind, die Urlauber durch den Ort fahren – sie gehören ebenfalls zum Museum, das durch **Kutschfahrten** einen Teil seiner Kosten deckt. Im Herbst werden Urlauber gerne zur **Weinlese** und **Olivenernte** mitgenommen (nach Voranmeldung).
Narodni trg | Sommer: tgl. 8 – 22 Uhr | Eintritt: frei | www.istrian.org

Rätselhafte Mumien

★ Mumien von Vodnjan

In Vodnjan ist man stolz auf den höchsten Glockenturm Istriens: Er ist 63 m hoch und gehört zur **Pfarrkirche Sv. Blaž** (Blasius). Er ist dem

Campanile der Markuskirche von Venedig nachempfunden. Bekannt ist die Kirche auch für ihre mittelalterlichen Mumien, die im Altarraum aufgebahrt und erstaunlich gut erhalten sind. Dafür hat die Wissenschaft allerdings keine Erklärung, denn die Mumien waren weder einbalsamiert noch eingeschlossen. Die wertvolle Sammlung sakraler Kunst umfasst Steinreliefs, Handschriften und Gewänder, die ältesten Exponate stammen aus dem 5. Jahrhundert.

Juni – Sept. tgl. 9.30 – 19 Uhr, sonst kürzer | Eintritt: je 50 Kuna, Kombiticket für Mumien und Sammlung 75 Kuna

Kunstvolle Steinhütten

Park Kažuna

Hirten und Landwirte, die Schutz vor Unwetter suchten, fanden überall in winzigen Steinhütten Unterschlupf. Solch ein **Kažun** ist ein überaus interessantes Bauwerk: Ganz ohne Mörtel wurden die Steine

Ein Rätsel bleibt, weshalb die Mumien von Vodnjan so gut erhalten sind. Schauerlich sind sie ohne Frage.

mit Spitzdach in Trockenbautechnik aufeinander gestapelt. Wie das genau funktioniert und wie solch eine Hütte von Innen aussieht, wird im frei zugänglichen Park Kažuna gezeigt: Dort kann man den Bau einer Schutzhütte in vier unterschiedlichen Stadien verfolgen. In der Umgebung von Vodnjan soll es insgesamt noch etwa 3000 Kažuni geben!
1,5 km nördlich von Vodnjan, am Kreisverkehr in Richtung Salvela abbiegen | Eintritt: frei

Neue Veranstaltungen, alte Kulisse

Svetvinčenat

Das Wahrzeichen von Svetvinčenat, 15 km nordwestlich von Vodnjan, überragt seit neun Jahrhunderten den Ortskern: eine **Festung** mit zwei runden und einem eckigen Turm, einem Innenhof sowie angrenzendem Park. Über dem Tor zeugt das Emblem der **Adelsfamilie Grimani**, heute Stadtwappen, von den einstigen Herrschern. Das Bollwerk sollte ursprünglich den Grenzort zur Grafschaft Pazin besser abschirmen und wurde daher im 14. Jh. ausgebaut. Ihr heutiges Aussehen erhielt die Festung nach einem Brand im späten 16. Jahrhundert. Neben dem Kastell finden sich eine Loggia (15./16. Jh.) und schmucke Bürgerhäuser. Die dreischiffige Renaissancekirche Mariä Verkündigung beherbergt eine Sammlung mit Kelchen und Altarkreuzen. Ihre Fensterrosette wurde aufgrund der geringen Deckenhöhe über dem Eingangsportal ungewöhnlich niedrig eingebaut.
Seit einigen Jahren hat Svetvinčenat einen festen Platz in der Kulturwelt mit dem **Tanz- und Pantomime-Festival**. Zudem ist das Örtchen für die Wahl zur **schönsten Ziege** Istriens bekannt: Dabei werden die Tiere mit Tüll, Rüschen, Blumen und Kränzen schön geschmückt.

Ein besonderer Dialekt

Peroj

Eine Pestepidemie hatte das Dörfchen Peroj, 5 km südlich von Vodnjan, entvölkert. 1657 wurden daher montenegrinische Flüchtlinge angesiedelt, die an der Seite Venedigs gegen die Osmanen gekämpft hatten. Deren Nachfahren pflegen bis heute die **montenegrinischen Bräuche** und einen altertümlichen Dialekt. Sehenswert ist die orthoxode Kirche Sv. Spiridon (Spyridon) von 1780 mit einer Ikonostase aus dem 16. Jahrhundert.

Ziel von Wallfahrern

Batvači

Unweit des Dörfchens Batvači, 5 km nördlich von Peroj, erhebt sich mitten auf einer grünen Wiese die dreischiffige, für ihre Fresken bekannte **Wallfahrtskirche Sv. Foška** (Fusca) aus dem 12. Jahrhundert. Gläubige pilgern hierher und bitten um Heilung von Rheuma, Kopfschmerzen und anderen Krankheiten. In der Umgebung stehen wiederum einige Kažuni, die oben vorgestellten steinernen Feldhäuschen.

VRSAR

Höhe: 0 – 60 m ü. d. M. | **Einwohner:** 2200 | Kroatien

Das reizende Hafenstädtchen an Istriens Westküste soll schon den berühmtesten Liebhaber der Weltgeschichte verzaubert haben: In seinen Memoiren schwärmt Giacomo Casanova vom guten Essen und dem rubinroten Refošk-Wein. Auch zwei prallbrüstige Damen haben ihn wohl während seiner Besuche 1743 und 1744 entzückt: Sie wachen bis heute als Nischenfiguren in einer Fassade unweit des Zugangs zur Altstadt – und machen neugierig auf die Bildhauerstadt.

Istriens »Marmor«

Das einstige Fischerdörfchen Vrsar (ital. Orsera), zwischen Rovinj und Poreč, hat zwei Gesichter: Die **beschauliche kleine Altstadt** zieht sich bis zur von einem Kirchturm gekrönten Bergkuppe hinauf. An der Uferpromenade hingegen pulsiert das Leben unter Palmen. Das Pflaster, ein heller Kalkstein, stammt aus den **Steinbrüchen von Vrsar**. Der berühmte »Marmor« ist aber gar keiner, sondern normaler Kalkstein. Aber in Haltbarkeit und Farbe ähnelt der istrische Kalkstein dem Marmor, und auch ihn gibt es in allen möglichen Färbungen, von strahlendem Weiß über Beige und Gold bis zu Grau oder Braun. Bereits die Histrer bauten Festung und Hafen. Der römische Siedlungsname Ursaria stammt wohl von den Quellen (»ur«, im Kroatischen wurde daraus ein »vr« am Wortanfang) in der Umgebung, die viele Schiffe nutzten, um sich mit Trinkwasser einzudecken. Die Bischöfe von Poreč errichteten im 10. Jh. ihre Sommerresidenz in Vrsar, im 17. Jh. verlegten sie ihren Sitz zeitweilig hierher, da in Poreč die Malaria wütete. Das heutige Stadtbild wurde im 19. Jh. geprägt, als Vrsar über seine Stadtmauer hinauswuchs, die im Zuge der Modernisierung weitgehend verschwunden ist.

Wohin in Vrsar?

Bummel durch die Altstadtgassen

Stadttore

Enge Gassen ziehen sich den Altstadthügel hinauf. Dazwischen sieht man immer wieder Reste der einstigen Wehrmauer, von der nur noch zwei Tore erhalten sind: Im Südwesten der Altstadt das **Kleine Tor** (Mala vrata) und im Osten das **Haupttor** (Glavna vrata, 13. Jh.), das ein venezianischer Markuslöwe bewacht.

Östlich des Haupttors fällt das Renaissanceportal der Kirche **Sv. Foška** auf. Das Gotteshaus aus dem frühen 17. Jh. besitzt eine kleine Sammlung sakraler Kunst mit Grabtafeln und einem Gemälde der Märtyrerin hl. Fusca.

VRSAR ERLEBEN

TOURISTINFORMATION
Ul. Rade Končara 46
52450 Vrsar
Tel. 052 44 17 46
http://infovrsar.com

Mitte/Ende Juni: Casanova-Festival der Liebe und Erotik (Konzerte, Filme, erotische Fotografien kroatischer Künstler), Vrsar
Juli/Aug.: Gitarrenfestival »More i gitare« (Meer und Gitarren), Vrsar (www.gitaristra.com)
Sept.: Internationale Bildhauerschule Montraker

Gebadet wird auf der bewaldeten Montraker-Halbinsel gegenüber der Altstadt. Am 3 km lange Kieselstrand Valkanela beim gleichnamigen Campingplatz weht die Blaue Flagge. Dieses Öko-Qualitätssiegel zeichnet auch den bekannten FKK-Strand Koversada südlich aus.
Skipper schätzen die durch die Insel Sv. Juraj geschützte **Marina** der Stadt. Mehrere Anbieter in der Umgebung haben sich auf Windsurfing, Wasserski und Co. spezialisiert. Dier **Fahrradkarte** »VrsarBike«, erhältlich bei der Touristinfo, verzeichnet Touren zum nahe gelegenen Limski kanal (Fahrradverleih: R-Tour, Vrsar, Tel. 052 44 10 46).

HOTEL VISTA €€
Vista heißt auf Italienisch »Ausblick«. Dieser ist wunderschön und fällt auf den Hafen von Vrsar, der sich unterhalb dieses charmanten Hotels öffnet. Das mediterrane Flair wird in den eher minimalistischen, aber modernen 36 Zimmern durch die Farben von Oliven, Lavendel oder dem Meer unterstrichen. Parkplätze sind eher Mangelware, aber von der schönen Terrasse will man sich ohnehin kaum fortbewegen.
Ul. Rade Končara 52, Vrsar
Tel. 052 40 66 20
www.hotelvista.hr

KONOBA BARE €€€
In der rustikalen istrischen Konoba wird mit viel Leidenschaft auf gehobenem Niveau gekocht. Kalb unter der Peka-Schmorglocke schmeckt köstlich, das Tüpfelchen auf dem i aber ist der warme Schokoladenkuchen – mit flüssigem Kern, der auf der Zunge zergeht!
Kamenarija 4, Funtana
Tel. 052 44 51 93
Mi. Ruhetag

RESTORAN HISTRIA €€€
Das populäre, familiengeführte Restaurant mit überdachter Terrasse hat viele Stammgäste. Vor allem die Fisch- und Fleischplatten sind großzügig bemessen. Ein selbstgebrannter Schnaps rundet das Essen ab.
Istarska 22, Funtana
Tel. 052 44 53 93
www.histria-damario.hr

RESTORAN TROŠT €€€
Die vermutlich besten Fischgerichte in der Stadt genießt man auf der großen Terrasse, mit schönem Blick auf den Hafen. Tipp: Der Wolfsbarsch im Salzmantel ist schön zart, aber auch andere fangfrische Fische aus dem Ofen – in mitgegartem Gemüse – schmecken köstlich.

Obala Maršala Tita 1a, Vrsar
Tel. 052 44 51 97
www.restoran-trost.hr
Di. Ruhetag, ab 10 Uhr geöffnet

CAFÉ L' ANGELIQUE €€

In dem freundlichen kleinen Café neben der Pfarrkirche wird der wohl beste Kuchen – hausgemacht! – vor Ort serviert, dazu schmeckt der viel gelobte Bio-Kaffee. Zur sehr guten Weinauswahl lokaler Spitzenwinzer passen Oliven und Trüffelsalami als Finger-Food perfekt.
Orlandova 47, Vrsar
Tel. 052 44 12 96
www.cafeangelique.com
Di. – So. 8.30 – 14, 16 – 19 Uhr

Lohnender Aufstieg

Sv. Martin

Ganz oben auf dem Hügel sitzt die Pfarrkirche Sv. Martin, die schon von Weitem sichtbar ist: Zwar wurde ihr Fundament bereits 1804 auf der früheren Stadtmauer errichtet, die Fertigstellung zog sich jedoch tatsächlich bis 1935 hin, und dann war immer noch nicht Schluss: Das jüngste Bauteil ist der **Kirchturm** von 1991. An alten Kirchenglocken vorbei, die vor fast 100 Jahren in Triest gegossen wurden, führen darin 88 Stufen hinauf. Die Mühe lohnt sich, denn der Ausblick reicht bis zum Limski kanal und nach Rovinj.
Sommer tgl. 9 – 21 Uhr, sonst kürzer | Eintritt: 10 Kuna
www.zupavrsar.com

Wohnen im einstigen Bischofssitz

Kaštel Vergottini

Das teilsanierte, hellgelbe Kaštel Vergottini nebenan wirkt wie eine stolze Trutzburg über der Altstadt. An einem der beiden Türme prangt eine Sonnenuhr. Im Mittelalter diente es u. a. den Bischöfen von Poreč als Sommersitz, heute werden hier Apartments vermietet.

Casanova lässt grüßen

Vidikovac »Casanova«

Die weitläufige Casanova-Aussichtsplattform oben in der Altstadt gibt den Blick auf die Marina und die vorgelagerte Insel Sveti Juraj frei. Eine aus istrischem Stein gefertigte Bank, die zwei Verliebte als Lehne abbildet, lädt zum Ausruhen ein – mit einem wundervollen Ausblick! Über große Stufen und eine parkähnliche Anlage gelangt man zum öffentlichen Parkplatz und dem Hafen hinunter.

Stadt der Bildhauer

Skulpturen-workshop

Im verlassenen Steinbruch auf der Landzunge Montraker, am Ende der Halbinsel, treffen sich internationale Künstler seit 1991 alljährlich im September zu einem **Workshop**, um ihre Ideen in Stein zu verwirklichen. Die Skulpturen erhält die Stadt geschenkt, um ihre Promenaden und den Montraker-Park damit zu verschönern. Lange Zeit nutzen die Römer, später die Venezianer den »Marmor« aus Vrsar: Der rot-weiße Kalkstein fand in Venedig Verwendung beim Bau von Kirchen, Palazzi und Brücken.

Rund um Vrsar

Skulpturen im Park

★ Dušan-Džamonija-Park

Dušan Džamonija (1928 – 2009), einer der bedeutendsten kroatischen Bildhauer, hat sein Lebenswerk im weitläufigen Park seiner Sommervilla hinterlassen. Auf dem Rasen stehen etliche Skulpturen aus Stahl, Eisen oder dem marmorähnlichen Kalkstein – meist im Miniatur-Format, da sich die Originale in ganz Kroatien, aber auch im Ausland befinden. Džamonija war einer von Titos bevorzugten Bildhauer, weshalb er zu sozialistischen Zeiten auch mit der Schaffung einiger Partisanen-Denkmäler beauftragt wurde.

2 km nördlich von Vrsar Richtung Poreč | Juni – Aug. tgl. 9 – 20 Uhr, übrige Zeit kürzer | Eintritt: frei

Hier dürfen auch Hunde an den Strand

Funtana

Der beliebte Badeort, wegen seiner Süßwasserquellen als Fontana Girogiana erstmals 1330 erwähnt, ist ganz auf Touristen eingestellt, an einem Strand sind auch Hunde erlaubt. Ein Bimmelbähnchen verkehrt zwischen der ACI-Marina und der Badebucht Bijela Uvala (10 Kuna). Im **Dino-Park**, der vor allem den Nachwuchs begeistert, dreht sich alles um die Urzeitriesen: Bewegliche Dinosaurier mit einer Größe von bis zu 16 m, Stuntshows und Fahrgeschäfte versetzen kleine und große Besucher ins Staunen.

Dino-Park: Istarska 16 | April – Okt. tgl. 10 – 18 Uhr | Eintritt: 120 Kuna | http://dinopark.hr

H

HINTER-GRUND

Direkt, erstaunlich, fundiert

Unsere Hintergrundinformationen beantworten (fast) alle Ihre Fragen zu Istrien.

Man trifft sich am Sergier-Bogen in Pula. ►

DIE REGION UND IHRE MENSCHEN

Schon bei der Ankunft in Istrien weckt der Duft von würzigem Rosmarin und salzigem Meerwasser südliche Lebenslust: Ein Sprung in die kristallklare Adria, ein Bummel durch die malerischen Gassen alter Fischerdörfer, der Blick hinab von winzigen Wehrstädtchen, die auf Bergspitzen thronen – welch wunderbare Einstimmung! Spätestens nach Sonnenuntergang, bei hausgemachtem Wein und regionalen Spezialitäten, erliegen die meisten Reisenden dem Charme der Region!

Landschaften

Blau und Grün

Istrien ist blau, aber auch grün! Das so genannte blaue Istrien erstreckt sich entlang des Küstenstreifens, mit seinen vorgelagerten kleinen Inseln. Vor allem an der Westküste reihen sich viele schmucke Badeorte wie die Perlen einer Kette aneinander. Die **zerklüftete Küste** schneidet sich stellenweise so tief ins Landesinnere, dass z. B. der Limski kanal gar an einen Fjord erinnert. Dahinter wellt sich das grüne Istrien, wie das **hügelige Hinterland** werbewirksam genannt wird: Die malerische Landschaft durchziehen Weinberge, Olivenhaine und sanfte Hügel, auf denen mittelalterliche Bergstädtchen wie aufgetupft wirken. Istrien erstreckt sich auf einer Fläche, die etwa so groß wie Berlin und das Saarland zusammen ist.

Halbinsel mit zwei Grenzen

Aus der Vogelperspektive ragt die größte Halbinsel in der nördlichen Adria herzförmig ins Meer hinein. Im Westen wird sie vom Golf von Triest flankiert, im Osten mündet sie bei Opatija in die Kvarner-Bucht. Nach Norden hin schirmen Karstausläufer, die im Hinterland von Triest beginnen, Istrien vor kalten Winden ab.

Phänomen Karst

Überhaupt gilt der **Karst** (► Baedeker Wissen, S. 178) als imaginäre Nordgrenze Istriens. Das Kalkgebirge beeindruckt mit einer weit verzweigten Höhlenwelt. Diese entsteht durch eindringendes Regenwasser, das das wasserlösliche Kalkgestein ausspült. Zu den größten und bekanntesten weltweit zählen die Tropfsteinhöhlen von Postojna (Postojnska jama) im Hinterland der slowenischen Küste. Auch kleinere Grotten wie etwa die Jama Baredine warten darauf, entdeckt zu werden. Der Karst – abgeleitet vom slowenischen Kalksteingebirge Kars – ist auch für seine **Dolinen** (slawisch, etwa »Tal, Niederung«) bekannt. Diese entstehen, wenn unterirdische Hohlräume einstürzen. Größere Löcher werden **Polje** (slawisch, »Feld«) genannt und

Istrien in Blau und Grün: die Küste am Kap Kamenjak (oben) und die Schlucht von Pazin (unten)

landwirtschaftlich genutzt – etwa die Lika im Hinterland der Kvarner-Bucht, eine der weltgrößten Poljen. Berühmt ist der Karst auch für seine Schlucklöcher **(Ponore)**, in denen Flüsse verschwinden, um ihren Lauf unterirdisch fortzusetzen. Das lässt sich in der Schlucht von Pazin besonders gut beobachten, wo die Pazinčica ins Erdinnere fließt.

Geschützte Küste

Überquert man, von Norden her kommend, die waldreiche Hochebene **Gorski kotar** im Hinterland von Rijeka, erstreckt sich die **Kvarner-Bucht** (Kvarnerski zaljev) entlang der Küste. Diese beginnt in der Nähe von Opatija im Westen und geht bei Senj im Osten nach Norddalmatien über. Bestens geschützt ist die Kvarner-Bucht nicht nur durch den Gorski kotar, sondern auch durch das **Učka-Massiv**, das die Riviera von Opatija überragt. Weiter südlich auf dem Festland schließt sich das **Velebit-Gebirge** an. In der Kvarner-Bucht sind vor allem die vier größten Inseln – Krk, Cres, Lošinj und Rab – aufgrund ihres milden Klimas beliebte Urlaubsdestinationen. Ruhiger geht es hingegen auf den kleinen Inseln wie Susak, Illovik oder Unije zu.

National-parks

Zu den Nationalparks gehören die vor der istrischen Westküste liegenden Brijuni-Inseln, der Risnjak mit seinem gleichnamigen höchsten Gipfel (1528 m) im Hinterland von Rijeka sowie der 30 km lange Nordteil des Velebit-Massivs, Sjeverni Velebit (Nördlicher Velebit). Im Hinterland locken die Plitwitzer Seen, die in den 1960er-Jahren Winnetou-Drehort waren. Einen Überblick über alle Nationalparks erhält man unter www.parkovihrvatske.hr.

Naturparks, Naturschutz-gebiete

Der Prirodni park Učka, zwischen Istrien und der Kvarner-Bucht, ist einer von elf kroatischen Naturparks. An der slowenischen Küste besitzen die Salinen von Sečovlje diesen Status. Zu den bekanntesten Landschaftsschutzgebieten in Kroatisch-Istrien gehört der fjordähnliche Limski kanal. Ganz in der Nähe erstreckt sich der Waldpark Kontija, zwischen Vrsar und Lim, mit 140 Jahre alten Weißbuchen. Der Motovuner Eichenwald ist für seine Trüffeln berühmt, und im ornithologischen Reservat Palud bei Rovinj leben etwa 210 Vogelarten. Pinien, Zypressen und Aleppokiefern im Waldpark Šijana bei Pula stammen noch aus Zeiten der Donaumonarchie. Das Kap Kamenjak an der Südspitze Istriens lädt zum Baden und wandern ein. Unter Schutz stehen zudem mehrere Tropfsteinhöhlen und auch das Karst-Schluckloch in Pazin.

Klima

Sonnen-region

»Fahren Sie zur Kur nach Opatija«, riet Sigmund Freud seinen Patienten. Wer es sich während der Donaumonarchie leisten konnte, verbrachte die Wintermonate an der Kvarner-Bucht. Zu Recht, denn selbst die kalte Jahreszeit ist hier überaus mild: Schnee fällt (fast) nur im Hinterland, etwa im Gorski kotar, wo auch Skifahren möglich ist. Während auf dieser Hochebene typisches Gebirgsklima herrscht, ist das Küstenland mit den Inseln **mediterran** geprägt – mit teils sehr heißen und trockenen Sommern: Die Sonne lacht hier mehr als 2400 Stunden im Jahr, im Hochsommer klettert das Thermometer oftmals auf über 30 °C, Wassertemperaturen von 22 bis 25 °C sind ideal für einen Badeurlaub!

Winde

Bekannt ist die Region für ihren kalten, böigen Fallwind – die **Bora**. Diesen nennen die Kroaten Bura, die Slowenen Burja. Sie ist an vielem schuld, vergleichbar mit dem Föhn in München. Im Sommer weht sie nur gelegentlich. Im Winter hingegen kann die Bora schon mal zwei Wochen am Stück pusten. Dann fegt sie von den Alpen über das Karstgebiet aufs Meer und sorgt für schönes Wetter. Triest nennt sich gar die Stadt der Winde, so fest gehört die Bora dort zum Leben. Berüchtigt ist allerdings die oft plötzlich auftretende Bora am Velebit-Kanal, am Fuß des gleichnamigen Gebirges im Süden der Kvarner-Bucht, am Übergang nach Norddalmatien. Wenn sie besonders intensiv bläst, können die Brücke auf die Insel Krk oder die Autobahn streckenweise gesperrt werden – das gilt vor allem für Autos mit Anhänger, Busse oder Lkw. Vielerorts hat die Bora die dem Festland zugewandten Inselhälften blank geschliffen, sie wirken oft wie Mondlandschaften.

Der warme, feuchte Südwind **Jugo** (»der Südliche«), auch als Scirocco bekannt, weht in der Nordadria vor allem im Frühjahr – ziemlich heftig sogar. Allerdings setzt er im Gegensatz zur Bora langsam ein, mit Windstille als Vorzeichen.

Der milde **Maestral** weht nachmittags am stärksten: Er wirkt bei Sommerschwüle erfrischend und bringt schönes Wetter mit sich.

Pflanzen und Tiere

Mediterrane bis alpine Flora

Unverwechselbar ist der Duft an der Adria: Vielerorts riecht es nach Rosmarin, Lavendel oder Lorbeer. Die Uferpromenaden und Parkanlagen säumen oftmals Palmen, Oleanderbüsche und Agaven. In ganz Istrien und der Kvarner-Bucht überziehen ausgedehnte Olivenhaine, Weingärten und Feigenbäume die Landschaft und verleihen der Gegend ein ausgesprochen südliches Flair. Alpine Flora gedeiht in den Gebirgsregionen. Im Učka-Gebirge blühen Orchideen, aber auch die **Tommassini-Glockenblume** (Campanula Tommasiniana), die nur dort vorkommt.

Macchia

Immergrün präsentiert sich die Macchia, die sich nach der Rodung der Wälder ausbreitete. Das in der Küstenregion und auf den Kvarner-Inseln weit verbreitete **Buschwerk** kann bis zu 2 m hoch emporragen. Im

Frühjahr leuchtet der Ginster Goldgelb, im Sommer wechseln die Farbtöne von Grün bis Braun, während sie im Herbst wieder bunter werden. Typisch sind Baumheide, Wacholder, Steineiche und Erdbeerbaum.

Wald Ein Drittel Istriens ist bewaldet, was bereits die Venezianer zu schätzen wussten, die hier Holz gewannen. Den Gorski kotar bedecken größere Waldflächen, die Wanderern im Sommer Schatten spenden. Berühmt sind die Esskastanien bei Lovran, die an den Učka-Ausläufern gedeihen und Anlass für das Maroni-Fest im Herbst sind. Entlang der Küste ziehen sich großflächig angelegte Nadelwälder mit Aleppokiefern, Pinien oder Zypressen hin, etwa bei Mali Lošinj. Häufig sieht man Stein- und Flaumeichen, Schwarzkiefern und in höheren Lagen Buchen. Im Sommer grassieren häufig verheerende Waldbrände!

Landtiere Mit ein wenig Glück lassen sich seltene Tiere erspähen, die ganz bestimmte Lebensräume mögen: Dazu gehört der endemische **Grottenolm**, ein pigmentloser, blinder Schwanzlurch, der in den dunklen Karsthöhlen zu Hause ist. Da der ungewöhnliche Zeitgenosse sehr scheu ist, wird er in der Höhle von Postojna in einem Vivarium gezeigt – wo er sich 2016 erstmals vermehrt hat, was in solch einer Umgebung nur selten vorkommt.

Im Gorski kotar leben, unter anderem im Naturpark Risnjak, Luchse (kroat. ris), Wölfe und Bären. Stößt Meister Petz etwas zu, wird dessen Nachwuchs im Bärenrefugium in Kuterovo von Freiwilligen aufgepäppelt. Das gilt auch für die in Europa extrem selten gewordenen weißköpfigen **Gänsegeier**, die man auf Cres und dem gegenüberliegenden Festland erspähen kann. Kranke Greifvögel werden im Grifon centar, südlich von Senj, gepflegt.

In Acht nehmen sollte man sich im Dickicht vor giftigen Hornvipern und Kreuzottern!

Meerestiere Die nördliche Adria ist für ihren **guten Fischbestand** bekannt: In Küstennähe tummeln sich Adriasardinen, in der Kvarner-Bucht Scampi, im Limski kanal werden Austern und Muscheln gezüchtet. Viele essbare Fischarten wie Wolfsbarsch, Gemeine Goldbrasse, Zahnbrasse, Seezungen, Zander, Seeteufel, Großer Drachenkopf und Makrelen werden gefischt und in den Restaurants angeboten: Die Schattenseite des zunehmenden Tourismus der vergangenen Jahre ist eine Überfischung, um die große Nachfrage zur Urlaubszeit zu decken. Vor allem Thunfisch ist in der Adria selten geworden und wird in größeren Mengen in Aquafarmen gezüchtet.

Vor Cres und Lošinj kann man mit ein wenig Glück **Delfine** entdecken: Eine Schutzstation kümmert sich um die Erfassung der etwa 200 Tümmler, die gegen eine Spende auch adoptiert werden können. Vor Cres wurde vereinzelt auch die Mittelmeer-Mönchsrobbe gesichtet, die seit einem halben Jahrhundert in dieser Region ei-

Auf Cres sorgt eine Kolonie Gänsegeier für Sauberkeit: Sie ernähren sich von Schafskadavern.

gentlich als ausgestorben gilt. Für den Menschen ungefährlich sind Katzenhaie, die bis zu 1 m lang werden können. In der Kvarner-Bucht überwintern zudem gerne **Meeresschildkröten**, die sich leider oftmals in den Fangnetzen der Fischer verheddern – und in Pula versorgt werden.

Bevölkerung

Großes Regionalbewusstsein

»Ich bin Istrier« – diesen Satz hört man häufig, sei es auf Kroatisch, Slowenisch oder Italienisch. In Kroatien wird den rund 215 000 Bewohnern der Halbinsel oft nachgesagt, das ausgeprägteste Regionalbewusstsein im ganzen Land zu haben. Zwar ist Istrien politisch und durch Grenzverläufe seit einem Jahrhundert zerissen, doch grenzüberschreitende EU-Projekte bemühen sich um das gemeinsame kulturelle Erbe.

Gelebte Toleranz

Das Miteinander verschiedener Völker ist in ganz Istrien und der Großstadt Rijeka gelebte Tradition. Dadurch, dass der jüngste Krieg (1991 – 1995) hier nicht direkt wütete, gibt man sich toleranter als anderswo in Kroatien, vor allem gegenüber der serbischen Bevölkerungsgruppe. Spurlos ging der Krieg jedoch nicht an der Region vor-

Lage:
13° – 14° östliche Länge
44° – 45° nördliche Breite

Fläche:
Istrien: **3476 km²**,
davon 88 % Kroatien,
10,9 % Slowenien und
1,1 % Italien (Region um Muggia)
Kvarner-Bucht mit
Hinterland: **3950 km²**,
davon entfallen
ca. 1100 km² auf die Inseln

Einwohner:
insgesamt **525 000**
Istrien **215 000**
Kvarner-Bucht **310 000**
Kroatien gesamt **4,26 Mio.**
Im Vergleich:
Berlin **3,5 Mio.**

Bevölkerungsdichte:
Istrien **72 Einw./km²**
Kvarner-Bucht **84 Einw./km²**

▶ Staat

Parlamentarische Demokratie,
Präsidentin: Kolinda Grabar-Kitarović (Nationalkonservative/HDZ),
Amtsantritt Januar 2015
Regierungschef: Andrej Plenković (Nationalkonservative/HDZ),
Amtsantritt Oktober 2016

▶ Verwaltung

Kroatien unterteilt sich in 21 Verwaltungsbezirke, Gespanschaften genannt. Istrien und die Kaverner Bucht gehören zu 3 Gespanschaften.

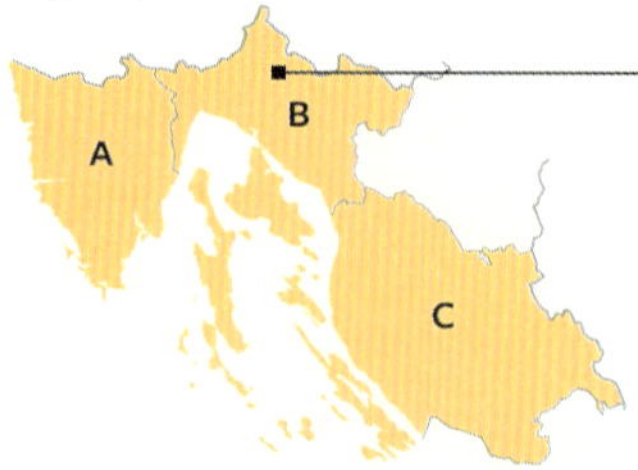

Istrien und Kvarner-Bucht
3 Gespanschaften

A: Gespanschaft Istrien,
Verwaltungszentrum Pazin

B: Gespanschaft Primorje-Gorski kotar
Verwaltungszentrum Rijeka

C: Gespanschaft Lika-Senj
Verwaltungszentrum Gospic

▶ Wirtschaft Kroatien

Bruttoinlandsprodukt (BIP):
45,8 Mrd. € (2015)
BIP je Einwohner: 10 751 €

Außenhandel: EU 73 %

Arbeitslosenquote (2016): 13,1 %
Jugendarbeitslosigkeit: 31 %

Tourismus (2016):
15,6 Mio. Touristen, davon 2,27 Mio. Deutsche

Klima

Hauptsaison ist in den Monaten Juli und August, durchschnittliche Tagestemperaturen von 25 bis 30 °C. Im Süden und im Hinterland kann es noch wärmer werden. Die Adria erwärmt sich auf 20 bis 25 °C. Sehr schöne Reisezeiten sind Mitte Mai bis Ende Juni, dann blüht der Ginster, und der September, da klingt die Sommerhitze ab und die Adria ist noch angenehm warm.

Adressen

Die ersten beiden Ziffern der Postleitzahlen sind zugleich die telefonische Vorwahl der Gespanschaft (mit einer Null davor), z. B. 51000 Rijeka hat die Vorwahl 051.

Größte Inseln

Krk: **405 km²**
Cres: **405 km²**
Rab: **94 km²**

Klimastation Pula

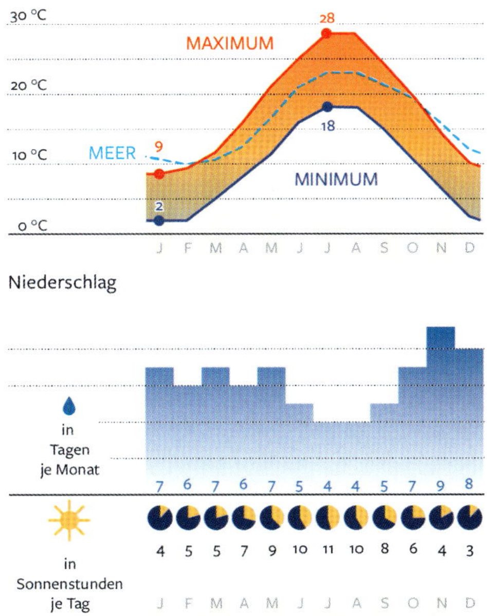

Küstenwinde

Istrien und die Kvarner-Bucht sind Regionen, in denen starke Winde aufkommen können.

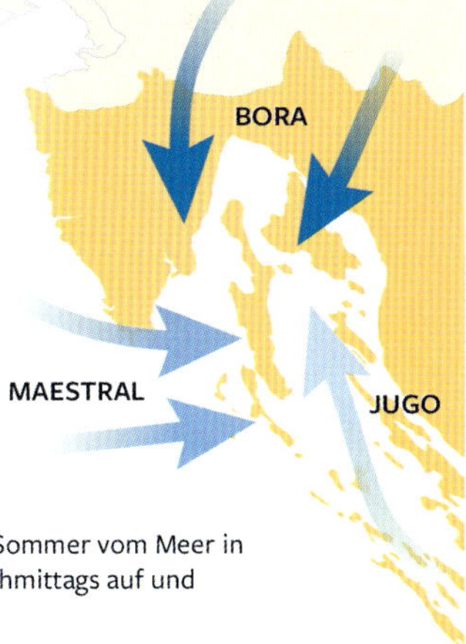

Der kalte, trockene und böige Fallwind **Bora** kommt von Nordosten und bringt schönes Wetter. Im Sommer weht er nur tageweise, im Januar bis zu zwei Wochen. Besonders berüchtigt für die oft plötzlich auftretende Bora ist der Velebit-Kanal. Bläst der Wind besonders intensiv, werden Autobahnen und Brücken gesperrt.

Der ganzjährige warme, feuchte Südwind **Jugo** weht in der Nordadria hauptsächlich im Frühjahr. Er setzt langsam ein, Windstille ist ein Vorzeichen. Sturmstärke erreicht der Jugo oft erst am dritten Tag.

Der milde **Maestral**, ein Fallwind aus Nordwesten, weht im Sommer vom Meer in Richtung Festland und bringt schönes Wetter. Er frischt nachmittags auf und wirkt oft erfrischend bei Sommerschwüle.

bei: Hotels und touristische Unterkünfte boten lange Zeit Flüchtlingen aus anderen Landesteilen Jugoslawiens ein Zuhause, und im Hinterland, etwa rund um die Plitwitzer Seen, lieferten sich Serben und Kroaten blutige Kampfgefechte.

Italienische Minderheit

Wer in Novigrad ankommt, wird von der Ortstafel auch mit »Cittanova« begrüßt: Kroatisch und Italienisch gelten in der »neuen Stadt« offiziell als **gleichberechtigte Sprachen.** Wie vielerorts in Istrien lebt hier eine größere italienische Minderheit. Diese pflegt mit politischen Vertretern, Verbänden, Kindergärten, Schulen und einer in Rijeka erscheinenden eigenen Tageszeitung, La voce del popolo (»Stimme des Volkes«), das italienische Erbe in der Region. In Capodistra, auf Slowenisch Koper, sendet sogar ein TV- und Radiosender auf Italienisch – denn auch in Slowenien ist Italienisch eine offizielle Minderheitensprache und die Küstenorte sind zweisprachig.
Zwar leben die meisten Menschen mit italienischen Wurzeln an der Westküste, im Nordwesten von Kroatisch-Istrien und in Rijeka, doch fast überall wird Italienisch verstanden. Heute haben ca. 20 000 Bewohner Istriens noch italienische Wurzeln: In Grožnjan geben sogar zwei Drittel der rund 750 Bewohner Italienisch als Muttersprache an.

Istrorumänen

Eine eigene, wenig bekannte Volksgruppe sind die Istrorumänen oder Tschitschen (kroat. Ćiribirci, Eigenbezeichnung: Rumâri). Sie stammen von Wanderhirten aus der Walachei ab, die zur Zeit der Osmaneneinfälle angesiedelt wurden. Heute beherrschen nur noch höchstens 1000 zumeist ältere Menschen die dem Rumänischen sehr ähnliche Sprache. Diese ist nur mündlich überliefert, etwa im Dörfchen Žejane, südlich des Učka-Gebirges.

Religion

Die kroatische Bevölkerung ist **überwiegend katholisch** (88 Prozent), ein kleiner Teil (etwa 4 Prozent) ist serbisch-orthodox. Agnostiker und Atheisten machen etwa fünf Prozent aus, Muslime rund 1 Prozent. Kleine jüdische Gemeinden gibt es u. a. in Rijeka, der Rabbi für die slowenischen Juden hat seinen Amtssitz in Triest. Obwohl Kroatien ein säkularer Staat ist, ist die Meinung der Kirche zu politischen Themen von großer Bedeutung für die Bevölkerung.

Politik

Politische Gliederung

Drei Staatsflaggen wehen in dem altösterreichischen Kronland: Der weitaus größte Teil Istriens gehört zu **Kroatien**, der mittlere umfasst die **slowenische Küste** (Primorska) mit malerischen Hafenorten wie Portorož, Piran und Izola. Ein winziger Abschnitt ganz im Norden, um die Bucht von Muggia herum, liegt auf **italienischem Staatsgebiet**. Die Ostküste Istriens mündet hingegen bei der K.-u.-k.-Rivera von

Opatija in die Kvarner-Bucht mit der quirligen Hafenstadt Rijeka. Das wirtschaftliche und kulturelle **Herz Istriens** pocht in Pula, am Südzipfel. Regional verwaltet wird die Halbinsel jedoch vom Städtchen Pazin aus, das ziemlich genau in der geografischen Mitte Istriens liegt.

Wirtschaft

Tourismus im Wandel

Vom Meer umspülte Fischerstädtchen sowie die geografische Nähe locken seit Jahrzehnten viele Autotouristen aus Italien, Österreich oder Süddeutschland auf die Halbinsel. Unter Tito wurden große Ferienanlagen und preisgünstige Campingplätze, vor allem an der Westküste Istriens, ausgebaut. Das zog viele Bewohner aus dem Landesinneren zur Arbeit in die Küstenstädte. Viele Dörfer im Landesinneren wurden entvölkert. Heute besinnt man sich auf das ländliche Erbe, fernab der ohnehin sehr beliebten Küste: **Nachhaltiger Tourismus,** auf Kroatisch »agroturizam«, hat sich in den vergangenen Jahren zum Trend in Istrien entwickelt – hier ist die Region sogar in ganz Kroatien federführend. Erzeuger-Höfe im Hinterland bieten Unterkunft auf ihrem Anwesen und versorgen ihre Gäste mit hausgemachtem Wein, Olivenöl oder Marmelade. Verfallene Natursteinhäuser im Landesinneren wurden längst schon zu luxuriösen Villen ausgebaut und werden vermietet. Dazu kommt der Ausbau von Radwegen und Radfahrer-Unterkünften. Einige luxuriöse Hotels im Nordwesten von Istrien setzen mit Glücksspiel und Casino vor allem auf italienische Gäste, die Fortuna gerne herausfordern.

Landwirtschaft

Der sanfte Tourismus hat viele Traditionen wiederbelebt oder gar neu hervorgebracht: Innovative junge Winzer widmen sich zunehmend dem qualitativen Anbau von **Wein**, viele Familien bieten köstliches **Olivenöl** zum Verkauf an. Überhaupt wird traditionell großen Wert auf selbst angebaute Lebensmittel (»domaće«) gelegt, auch **Bio-Produkte** sind zunehmend im Kommen. Vielerorts besinnt man sich mit Naturprodukten wie Trüffeln, Maroni, Kirschen oder Wildspargel auf die Vielfalt, die das fruchtbare Land hergibt. Mit Erfolg: Durch Gastro-Aktionen wird die Tourismussaison vielerorts in Istrien verlängert und dauert vom Frühjahr bis spät in den Herbst hinein.
Bei der Viehzucht wurde das autochthone **Boškarin-Rind** wiederentdeckt. Auf Cres werden bis heute viele Schafe gehalten. Viele Familien entlang der Küste sichern sich mit dem Fischfang zumindest ein Nebeneinkommen – allerdings ruft die hohe Nachfrage nach Adriafisch durch Urlauber auch Umweltschützer auf den Plan.

Industrie

Größere Fabriken haben sich noch unter Tito um Rijeka, Pula und Pazin herum angesiedelt. Neben der Herstellung von **Baumaterial** (Kalk, Ziegel, Steine, Zement und Dämmstoffe) und den **Raffinerien**

Kunst meets Schwerindustrie: Lichtkünstler Dean Skira illuminiert die Uljanik-Werft in Pula.

in der Kvarner-Bucht spielt die Nahrungsmittelproduktion eine Rolle. Istrien und die Kvarner-Bucht sind von Meer umgeben, daher hat der **Schiffsbau** eine lange Tradition Die großen Werften in Rijeka und Pula sichern viele Arbeitsplätze, beziehen zugleich jedoch **hohe staatliche Subventionen**.

Auch der Fährbetreiber Jadrolinija, der fast alle lokalen Küstenverbindungen auf die Inseln betreibt, ist noch in staatlicher Hand. Das ist vor allem der Europäischen Union ein Dorn im Auge, da die Privatisierung längst schon abgeschlossen sein sollte. Von der Europäischen Staatengemeinschaft profitieren auch die Seehäfen, allen voran der slowenische Adriahafen Koper, der sich aufgrund seiner Bahnanbindung für die österreichische Wirtschaft mit Abstand als wichtigster Hafen in den vergangenen Jahren etabliert hat – noch vor den übrigen Häfen in der nördlichen Adria, vor Triest und Rijeka.

Wie anderswo in Kroatien sind auch Istrien und die Kvarner-Bucht nicht von den Folgen der globalen Wirtschaftskrise verschont geblieben: Nach einer mehrjährigen Rezession verzeichnete das kleine Adrialand erstmals 2015 ein Wirtschaftswachstum – die öffentliche Verschuldung ist jedoch enorm. Das sorgt dafür, dass die Einführung des Euro in Kroatien – der in Slowenien längst schon Zahlungsmittel ist – noch in weite Ferne rückt. Viele Privathaushalte sind ebenfalls hoch verschuldet. Hinzu kommt eine hohe Arbeitslosigkeit: Jeder Sechste ist in Kroatien ohne Job, unter jungen Menschen gar jeder Zweite. Daher wandern viele, vor allem gut ausgebildete Kroaten, ins Ausland ab. Der Tourismus schafft in Istrien und der Kvarner-Bucht zwar Arbeitsplätze, aber nur saisonal.

Wirtschaft in der Krise

GESCHICHTE

Der Nordwesten Kroatiens hat wie die anderen Gebiete des ehemaligen Jugoslawien eine ausgesprochen bewegte Geschichte mit zahlreichen Fremdherrschaften und Kriegszeiten.

Von der Steinzeit bis zu den Römern

Versteckt am fjordartigen Limski kanal bietet die Romuald-Höhle schon den Menschen in der Altsteinzeit Schutz. Das belegen vermutlich **14 000 Jahre alte Funde** menschlicher Gebeine.

Steinzeitliche Besiedlung

Um 1200 v. Chr. lassen sich indoeuropäische Stämme an der Adriaküste nieder. Dazu gehören die Histrier, die späteren Namensgeber der Halbinsel Istrien. Um das heutige Gebiet von Opatija herum siedeln die Liburner. Nach ihnen ist die Liburnische Riviera benannt, wie der nördliche Abschnitt der Ostküste Istriens auch genannt wird. Histrier und Liburner knüpfen erste Handelsbeziehungen mit griechischen Kolonisten in Dalmatien. Griechische Kaufleute gründen im 3. Jh. v. Chr. den **Handelsstützpunkt Aegida** (Koper) in der nördlichen Adria.

Histrier und Liburner

Die Römer erlangen 177 v. Chr. nach der Schlacht bei Nesactium, damals Hauptstadt der Histrier, die Kontrolle über Istrien. Mit dem Fall von Liburnien fällt die gesamte Halbinsel 50 v. Chr. an die Römer. Unter römischer Herrschaft wird die **Infrastruktur** ausgebaut: Aus Militärlagern entstehen Städte wie Piranum (Piran), eine Villenkultur (z. B. Pula, Brijuni), römische Straßengrundrisse wie in Poreč oder die Arena in Pula, die nach dem Kolosseum in Rom die zweitgrößte im römischen Reich ist.

Römische Herrschaft

EPOCHEN

VON DER STEINZEIT BIS ZU DEN RÖMERN

12 000 v. Chr. Erste Nachweise menschlicher Besiedlung in Istrien (Romuald-Höhle).
Ab 1200 v. Chr. Die Region wird von den Stämmen der Histrier, Japo den und Liburner besiedelt.
3. Jh. v. Chr. Die Griechen gründen Aegida (Koper).
177 v. Chr. Die Römer erobern Nesactium.

VÖLKERWANDERUNG UND STAATSGRÜNDUNG

476 n. Chr. Untergang des Weströmischen Reichs, Istrien kommt unter die Herrschaft der Ostgoten.
Ab 538 Istrien gehört zu Byzanz.
789 Karl der Große stellt die Region unter fränkische Feudalmacht.
925 Tomislav wird kroatischer König, die Kroaten haben erstmals einen eigenen Staat.

VENEDIG, FRANKOPANEN, HABSBURG, NAPOLEON

Ab 1150 Venedig, bereits Schutzmacht istrischer Küstenstädte, setzt sich allmählich in Istrien fest.
Ab 14. Jh. Den Venezianern erwächst Konkurrenz durch die Habsburger.
1671 Eine Verschwörung kroatischer Fürsten gegen Habsburg wird aufgedeckt, deren Anführer werden hingerichtet.
1797 – 1814 Napoleon erobert die venezianischen Gebiete und installiert die Illyrischen Provinzen.
1814 Durch die Beschlüsse des Wiener Kongresses fällt das Gebiet an Österreich.

20. UND 21. JAHRHUNDERT

1918 Gründung des Königreichs der Serben, Kroaten und Slowenen.
1919 Putsch in Rijeka: Istrien, Cres, Lošinj und Triest gehen an Italien.
1941 – 1943 Istrien gehört zum Unabhängigen Staat Kroatien unter der faschistischen Ustaša-Regierung von Ante Pavelić; Titos Partisanen kämpfen gegen die Machthaber.
Nach 1945 Die Volksrepublik Jugoslawien entsteht, Istrien gehört zur Teilrepublik Kroatien.
1991 – 1995 Krieg in Jugoslawien, der Vielvölkerstaat zerfällt.
1991 Slowenien und Kroatien erklären ihre Unabhängigkeit.
2004 Slowenien wird Mitglied der EU.
2013 Kroatien wird Mitglied der EU.
2017 Im Grenzstreit um die Bucht von Piran scheitert Kroatien vor einem EU-Schiedsgericht: Die Bucht gehört zum großen Teil zu Slowenien.

Völkerwanderung und Staatsgründung

Ostgoten, Byzantiner

Nach dem Zerfall des Imperium Romanum 395 n. Chr. kommen Istrien und die Kvarner-Bucht zum **Weströmischen Reich**. Nach dessen Untergang nehmen die Ostgoten Istrien ein, werden jedoch 538 vom **Oströmischen Reich** (Byzanz) verdrängt.

Slawen

Die Völkerwanderung führt slawische Volksstämme aus dem Dnjepr-Gebiet ab dem 6. Jh. bis nach Istrien. Die Slawen bauen neue Städte, leben von Ackerbau und Viehzucht.

Karolinger

Die Langobarden erobern Istrien, werden jedoch von den Franken unter Karl dem Großen besiegt und 789 **Teil des Frankenreichs**. Slowenien, Istrien und die Kvarner-Bucht werden in Grafschaften aufgeteilt, die Oberhoheit halten u. a. die Patriarchen von Aquileia, später auch der deutsche Adel.

Staatsgründung

925 gelingt es **König Tomislav,** die kroatischen Gebiete erstmals zu einem eigenen Königreich zu vereinigen – dazu gehören auch der Osten Istriens und die Kvarner-Bucht. Nur wenige Jahre später fallen die Gebiete jedoch erneut an Byzanz.

Diese Hinterlassenschaften der Römer sind heute in der Arena von Pula ausgestellt.

Venedig, Frankopanen, Habsburg, Napoleon

Venezianische Herrschaft

Viele istrische Küstenstädte schließen ab dem 10. Jh. **Schutzverträge** mit Venedig, das mit seiner Flotte Piratenangriffe abwehren soll. Ab dem 12. Jh. nimmt Venedig zunehmend Istrien ein.

Habsburgische Ansprüche

Triest verbleibt hingegen bis 1382 unter den Habsburgern, die auch die Grafschaft Mitterburg (Pazin) 1374 durch Erbvertrag erhalten und Rijeka (ital. Fiume) 1465 von den Grafen Waldsee erwerben. Im ausgehenden 15. Jh. greifen die **Osmanen** mehrmals Istrien an, Städte ohne Mauern werden verwüstet. 1509 wird Rijeka/Fiume von den Venezianern geplündert. Ab 1526 untersteht die Stadt Ungarn und erhält ab 1719 wie Triest den Status eines Freihafens. Vom 12. Jh. bis 1918 gehört Rijeka/Fiume – abgesehen von der kurzen napoleonischen Herrschaft – immer zum österreichischen oder/und ungarischen Reich.

Mächtige Adelsgeschlechter

Die beiden **Herrscherfamilien Frankopan** und **Zrinski** gelten als die mächtigsten Adelsgeschlechter Kroatiens. Das Fürstentum der Frankopanen kontrolliert die Kvarner-Bucht ab 1288, ehe sich die Venezianer auch diese Region wenige Jahre später zum Ausbau von Exporthäfen in der östlichen Adria einverleiben. Eine Verschwörung

Habsburger, Venezianer und Frankopanen haben sich fast überall in Stein verewigt, auch wenn die Pracht gelegentlich bröckelt.

gegen die Habsburger unter Kaiser Leopold I. scheitert, die beiden Anführer werden 1671 in Wiener Neustadt hingerichtet: Heute gelten der kroatische Banus (Ban) Petar Zrinski, höchster Repräsentant des Monarchen, und Fran Krsto Frankopan als Kämpfer für die kroatische Unabhängigkeit und Nationalhelden.

Napoleons Zwischenspiel

Napoleon erobert 1797 die Venezianische Republik. Später fallen die Kvarner-Inseln kurzfristig wieder an Österreich, nach dem Sieg von Austerlitz (1805) muss Österreich die Region erneut an die Franzosen zurückgeben. Ab 1807 gehören unter anderem Triest, Istrien und Dalmatien zu den sogenannten **Illyrischen Provinzen,** Territorien von französischen Gnaden, Hauptstadt ist Laibach (Ljubljana). Mit dem Wiener Kongress 1814 fallen die Gebiete in Slowenien, Istrien, Venetien und Dalmatien erneut an das Habsburger Reich.

Unter der K.-u.-k.-Monarchie

Der Ausbau von Triest und Rijeka als Seehäfen beginnt, Pula wird wichtigster K.-u.-k.-Marinestützpunkt. **Poreč avanciert zu Istriens Hauptstadt,** hier tagt seit 1861 der Landtag (Sabor). Ab 1867 ist **Rijeka der Haupthafen** für ungarische Waren, erhält eine Straßenbahn und eines der größten Theater in Europa. Ölraffinerien und eine Torpedofabrik beflügeln das Wirtschaftsleben. Die Bedeutung der Stadt in dieser Zeit lässt sich auch an den 22 Konsulaten ablesen. Die K.-u.-k.-Monarchie baut die Eisenbahnverbindung nach Rijeka und Triest sowie das Straßennetz aus und kurbelt ab den 1880er-Jahren den Fremdenverkehr in den Kurorten Abazzia/St. Jakobi (Opatija), Crikvenica, auf Lošinj und im slowenischen Seebad Portorož an.

20. und 21. Jahrhundert

Erster Weltkrieg

Kroatische Abgeordnete fordern in der **Resolution von Rijeka** 1905 einen unabhängigen Nationalstaat der Südslawen. Im Ersten Weltkrieg (1914 – 1918) kämpfen Kroaten an der Seite von Österreich-Ungarn.

Zwischen den Kriegen

Nach dem Zerfall der Doppelmonarchie entsteht 1918 das **Königreich der Serben, Kroaten und Slowenen** (SHS). Gleichzeitig beansprucht Italien Istrien für sich, das mit dem Vertrag von Saint-Germain 1919 Teil der italienischen Region Friaul-Julisch Venetien wird. Im selben Jahr besetzen italienische Freischärler unter Führung des von Mussolini unterstützten italienischen Nationalisten **Gabriele d’Annunzio** Fiume/Rijeka. Mit dem Grenzvertrag von Rapallo (1920) werden Istrien, Cres und Lošinj dem Königreich Italien zugeschlagen. Fiume/Rijeka bleibt mitsamt dem Hinterland ein unabhängiger Freistaat, der jedoch 1924 aufgelöst wird: Der östliche Stadtteil Sušak verbleibt beim Königreich SHS, der westliche kommt zu Italien.

Im istrischen Labin protestieren Bergarbeiter 1921 gegen die schlechten Arbeitsbedingungen. Die in Zuge der Rebellion ausgerufene **Republik Labin** existiert gerade einmal 36 Tage, dann wird sie vom italienischen Militär blutig niedergeschlagen.

Neues Königreich

Durch einen Staatsstreich wird die Verfassung 1929 aufgehoben. König Alexander I. regiert das in **Königreich Jugoslawien** umbenannte Land von Belgrad aus.

Zweiter Weltkrieg

Im Frühjahr 1941 nehmen deutsche und italienische Truppen Jugoslawien ein, das Land zerfällt in einzelne Republiken. Ante Pavelić (1889 – 1959), der die national-radikale kroatische Ustaša-Bewegung anführt, ruft im April 1941 den **Unabhängigen Staat Kroatien** (NDH) aus – ein faschistisches Marionettenregime, das von der Duldung Italiens und Deutschlands abhängt.
Josip Broz Tito (1892 – 1980), seit 1937 Chef der illegalen Kommunistischen Partei, führt einen Partisanenkrieg gegen die Besatzer. Nach Kriegsende und den ersten Wahlen im November 1945 ruft Tito die **Föderative Volksrepublik Jugoslawien** aus.

Neue Grenzziehung

Der **Friedensvertrag von Paris** im Februar 1947 zieht die Grenzen ganz neu: Der größte Teil Istriens, Rijeka sowie Teile von Friaul-Julisch Venetien werden Jugoslawien zugeschlagen. Über die Stadt Triest und den Nordwesten Istriens kann man sich nicht einigen: Triest wird als Freistaat der Zone A, der Nordwesten Istriens bis zum Fluss Mirna als Zone B unter **UNO-Verwaltung** gestellt. Erst 1954 kommt die Zone A mit 300 000 Einwohnern zu Italien, die größere Zone B mit 70 000 Bewohnern zu Jugoslawien. Die Staatsgrenze wird erst 1975 mit dem Vertrag von Osimo von beiden Seiten anerkannt, einige kleinere Grenzkorrekturen inklusive.

Titos Jugoslawien

Tito führt schon bald einen **»jugoslawischen Sozialismus«** ein: Die geplante Kollektivierung der Landwirtschaft wird schon 1951 aufgegeben, private Kleinbauern bewirtschaften rund die Hälfte der landwirtschaftlichen Flächen. Überhaupt geht Tito seinen eigenen Weg: 1948 bricht er mit der Sowjetunion und setzt mit **Blockfreiheit und Neutralität** auf einen Mittelweg zwischen Ost und West. 1953 wird er Staatspräsident auf Lebenszeit.
Bei der Konferenz der blockfreien Staaten mit 20 Teilnehmerländern auf den Brijuni-Inseln 1956 unterzeichnet Tito zusammen mit dem indischen Präsidenten Nehru und dem ägyptischen Staatschef Nasser die sogenannte **Brioni-Deklaration** zur Blockfreiheit und zu den Grundsätzen der Kooperation.
1963 erfolgt die Umbenennung des Vielvölkerstaates in »**Sozialistische Föderative Republik Jugoslawien«** (SFRJ). Unter Tito beginnt der touristische Ausbau der Küste sowie der Adria-Magistrale.

Die Binnenmigration nimmt erheblich zu: Einwohner aus dem wirtschaftlich schwächeren Süden, etwa aus dem Kosovo oder Bosnien, zieht es nach Istrien und in die Kvarner-Bucht. Dort blühen Industrie und Tourismus auf.

Jugoslawiens Ende

Die Idee Jugoslawiens wird noch vom charismatischen Tito und dem Partisanenkult getragen. Unter der Oberfläche gärt es jedoch: Eine von Belgrad dominierte Politik, bei der die Serben in offiziellen Positionen begünstigt werden, nie aufgearbeitete nationalistische Tendenzen und die immens hohe Staatsverschuldung bringen den Staat nach Titos Tod im Mai 1980 beträchtlich ins Wanken.

Unabhängigkeit für Slowenien und Kroatien

Der politische Umbruch in Osteuropa bestärkt auch die Kroaten und Slowenen, die ihre Republiken beide am 25. Juni 1991 für unabhängig erklärten. Zuvor haben 93 Prozent der wahlberechtigten Kroaten für ein souveränes Kroatien gestimmt, in Slowenien votieren immerhin 88 Prozent für einen eigenen Staat.

Krieg in Kroatien

Bereits an Ostern 1991 kommt es in der Nähe des beliebten Touristenziels Plitwitzer Seen zu blutigen Unruhen. Die Jugoslawische Volksarmee liefert sich mit serbischen und kroatischen Freischärlern bis 1995 einen blutigen Krieg in Kroatien. In Slowenien wird der sogenannte Zehn-Tages-Krieg, der 56 Tote fordert, mit einer auf den Brijuni-Inseln unterzeichneten Deklaration rasch beigelegt.
Die **völkerrechtliche Anerkennung** von Kroatien und Slowenien erfolgt im Januar 1992, im darauffolgenden Mai werden beide Staaten Mitglieder der Vereinten Nationen. Fast ein Drittel des kroatischen Territoriums ist zu diesem Zeitpunkt von der Jugoslawischen Volksarmee besetzt. Direkte Kampfhandlungen in Istrien und der Kvarner-Bucht bleiben zwar aus, aber Zehntausende von Flüchtlingen aus Slawonien, Dalmatien, der Lika sowie Bosnien und Herzegowina suchen bei Verwandten Schutz, in den Hotels und auf Campingplätzen eine Bleibe.
Im August 1995 erobert Kroatien die serbisch besetzten Gebiete mit der umstrittenen Operation Sturm (Oluja) in der Krajina unter Führung des damaligen Generals Ante Gotovina (geb. 1955) zurück – was insbesondere im Ausland als »ethnische Säuberung« kritisiert wird.

Schrittweise in die EU

Slowenien startet nach der Unabhängigkeit durch: 2004 wird das kleine Adrialand EU-Mitglied. Seit 2007 zahlt man dort mit dem Euro, im selben Jahr noch gehört Slowenien zur Schengen-Zone.
Anders verläuft die Entwicklung in **Kroatien**. Der politisch konservative Autokrat Franjo Tuđman (1922 – 1999) führt das Land bis zu seinem Tod 1999 in die internationale Isolation. Seinen Nachfolgern gelingt die Annäherung an die Europäische Union nur zögerlich. Zwar wird schon 2001 ein **Assoziierungsabkommen** mit der Staatenge-

DER ZERFALL JUGOSLAWIENS

Jahrzehnte lang hielt Josip Broz Tito die Fäden des Vielvölkerstaats fest in seiner Hand. Nach seinem Tod 1980 spitzten sich die nationalen Spannungen zu. Dazu gesellte sich Unmut über die serbische Vormachtstellung in öffentlichen Positionen und das wirtschaftliche Nord-Süd-Gefälle im Staat, begleitet von einer Hyperinflation. Das Ganze eskalierte im blutigen Zerfall Jugoslawiens.

▶ **Bevölkerung Jugoslawiens 1991**

Als »Bosniaken« wurde eine Volksgruppe aus slawischen Muslimen bezeichnet.

▶ **Aufstieg und Fall des Jugoslawischen Traums**

Im Zweiten Weltkrieg einte Tito die Partisanen Jugoslawiens im Kampf gegen Deutschland und Italien. Geeint durch den siegreichen Widerstand entstand Jugoslawien 1946 neu. Auf der kommunistischen Seite des Eisernen Vorhangs schlug Titos Jugoslawien einen eigenen, blockfreien Weg ein, unterstützt vom besonderen Rückhalt in der Bevölkerung. Dennoch wurden die Konflikte zwischen den jugoslawischen Völkern nie vollständig gelöst. Als nach dem Zusammenbruch der kommunistischen Systeme nationalistische Separatisten in den Teilrepubliken an die Macht kamen, begann der unaufhaltsame Zerfall.

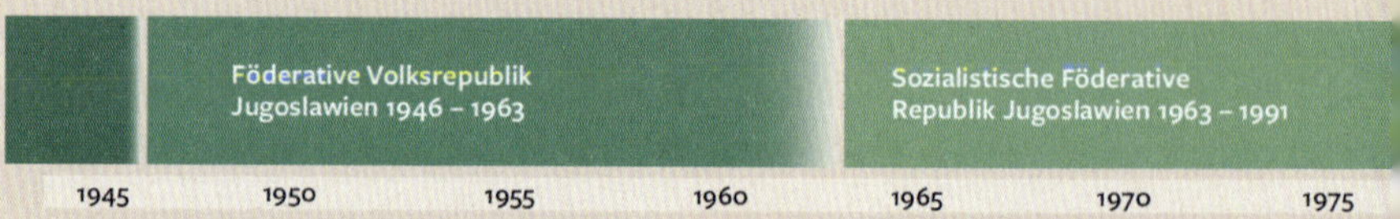

Bevölkerung heute Das ehemalige Jugoslawien ist in sieben Staaten zerfallen. Viele territoriale Konflikte sind nach wie vor ungelöst.

Heute ist der Kosovo von 85 der 193 UN-Mitgliedstaaten anerkannt, wird aber von der UN nach wie vor als Teil Serbiens bezeichnet. Serbien erkennt die Souveränität des Kosovo hingegen nicht an.

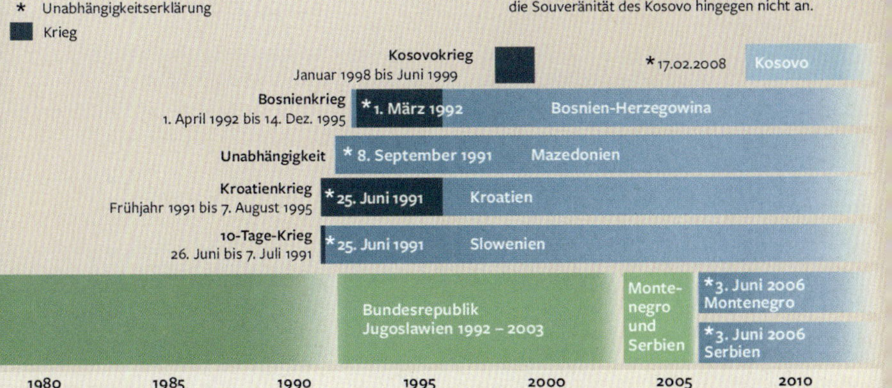

meinschaft unterzeichnet, allerdings fordert Brüssel zunächst die Auslieferung von Ex-General Gotovina. Dieser wird erst 2005 festgenommen und muss sich vor dem UN-Kriegsverbrechertribunal in Den Haag verantworten. Als einem von drei Generälen wird Gotovina vorgeworfen, für Morde, Plünderungen und die Vertreibung von 90 000 Serben bei der Rückeroberung der Krajina 1995 verantwortlich zu sein. Der Protest ist groß und spaltet Kroatien bis heute: Viele Menschen sehen in Gotovina keinen Kriegsverbrecher, sondern einen Nationalhelden. Der Freispruch der Generäle wird 2012 in Kroatien stürmisch gefeiert, während Serbien empört ist.
Kroatien ist seit 2009 **Vollmitglied der Nato**. Die Verhandlungen mit der Europäischen Union werden jedoch wieder zeitweilig auf Eis gelegt, da EU-Mitglied Slowenien ein Veto einlegt. Zankapfel ist der nie genau festgelegte Grenzverlauf in der Bucht von Piran: Davon hängt ab, ob Slowenien Zugang zu internationalen Gewässern hat. Das Tauziehen dauert 16 Jahre, dann entscheidet ein europäisches Schiedsgericht im Juni 2017: Die Bucht gehört mehrheitlich zu Slowenien! Kroatien findet sich mit dem Urteil nicht ab, der Streit geht weiter ...

Bewegte Zukunft

Im Januar 2012 stimmen zwei Drittel der Kroaten für den **EU-Beitritt**, doch ist die Wahlbeteiligung bei dem Referendum mit nur 43 Prozent recht niedrig. Am 1. Juli 2013 wird Kroatien der 28. EU-Mitgliedsstaat. Das Land erhält umfangreiche Finanzmittel, um Infrastruktur und Landwirtschaft zu modernisieren. Dabei werden in Istrien länderübergreifende Euroregion-Projekte mit Slowenien und Italien umgesetzt. 2017 droht Slowenien seinem Nachbarn mit einer EU-Klage, da Kroatien ebenfalls die geschützte Weinbezeichnung »Teran« international nutzen möchte.

KUNST UND KULTUR

Die Handschriften vieler fremder Herren verschmelzen in Istrien und der Kvarner-Bucht miteinander: Byzantinische Baukunst, venezianische Palazzi und K.-u.-k.-Stilelemente prägen die Region. Charakteristisch sind längere Übergangsperioden von einer Epoche zur nächsten.

Prähistorische Zeit

Steinzeit

Die ältesten Zeugnisse stammen noch aus der Steinzeit. Meist handelt es sich um Gefäße, Schmuck und Arbeitsgeräte aus Knochen oder Stein. Charakteristisch für das Neolithikum bzw. die Jungsteinzeit sind kleine, fensterlose Wohnhäuser aus Trockenmauern, sogenannte **Kažuni** oder Bunje.

Bronze- und Eisenzeit

Die Liburner und Histrier errichteten Wallburgen in Trockenbauweise, **Gradine** genannt, auf Hügelkuppen. Etwa 400 Gradine in Istrien sind bekannt; die Standorte Picugi bei Poreč, Monkodonja bei Rovinj und Nesactium/Nezakcij (▶ Pula) gehören zu den am besten erhaltenen. Bei Ausgrabungen in Nesactium, der ehemaligen Histrier-Hauptstadt, wurden wertvolle Keramikgefäße mit Spiralmustern zutage gefördert, die im Archäologischen Museum in Pula bewundert werden können. Eine weitere Hinterlassenschaft der Illyrer und Kelten sind verzierte Bronzegefäße, sogenannte Situlen.

Die Römer in Istrien

Thermen, Tempel, Mosaike

Die Römer errichteten **zahlreiche Städte und Siedlungen,** umgaben sie mit Befestigungen, bauten Kanalisationssysteme und Straßen, der Handel florierte. Thermen, Tempel und Foren dienten auch als gesellschaftliche Treffpunkte. Die meisten Siedlungen aus der Bronzezeit wurden zu militärischen Stützpunkten ausgebaut. Von etlichen römischen Villae rusticae sind noch die Grundmauern erhalten. Als eine der repräsentativsten Ausgrabungen dieser Art gilt der Ruinenkomplex in der Verige-Bucht auf Veli Brijun (▶ Brijuni). In der Sepen-Bucht bei Omišalj auf ▶ Krk wurden die Reste der Römerstadt Fulfinum und des im 5. Jh. entstandenen frühchristlichen Komplexes Mirine freigelegt. In manchen Städten wie ▶ Poreč erinnert die Anlage der Altstadt bis heute an die Römer, die ihre Siedlungen in der Regel um ein Straßenkreuz anlegten: mit einer Hauptachse in Nord-Südrichtung (Cardo) und einer querenden Achse in Ost-West-Richtung (Decumanus). Die Altstadt von ▶ Pula wurde dagegen in Form eines Spinnennetzes angelegt. Die meisten seiner römischen Denkmäler stehen nah beieinander, wie etwa das sehr gut erhaltene, imposante Amphitheater für Gladiatorenkämpfe, das römische Theater, der Augustustempel oder der prachtvoll verzierte Sergier-Bogen. In Krk-Stadt wurde bei Renovierungsarbeiten vor wenigen Jahren in einem Café ein römischer Mosaikfußboden freigelegt, der den Meeresgott Triton abbildet. Architekturfragmente aus römischer Zeit wie Säulentrommeln oder Steinblöcke wurden beim Bau der Pfarrkirche von ▶ Buje verwendet (sogenannte Spolien).

1999 wurde auf dem Meeresgrund vor der Insel ▶Lošinj eine **antike Bronzestatue** von unschätzbarem Wert geborgen: Die vollständig erhaltene Skulptur stellt einen Athleten dar, der nach dem Wettkampf im Begriff ist, sich mit einem Schaber den Schweiß und Schmutz von der Haut zu schaben (ein sogenannter Apoxyomenos).

Nach jahrelangen Restaurationsarbeiten ist dem Jüngling seit 2016 ein eigenes Museum in Mali Lošinj gewidmet.

Frühchristliche Kunst

Byzantinische Einflüsse

Im Oströmischen Reich etablierten sich Basiliken als Gotteshäuser. Nach dem Fall des Weströmischen Reichs im 6. Jh. n. Chr. setzte Kaiser Justinian seine Expansionspolitik von Konstantinopel bis Ravenna fort. Unter byzantinischer Herrschaft entstanden in Istrien mehrere **Basiliken**, darunter die mit Marmor- und Stuckornamenten geschmückte Basilika Sv. Marija Formosa in Pula, deren Name sich mit »wunderschöne heilige Maria« übersetzen lässt. Byzantinische Bauart zeigt sich auch in der winzigen Kirche Sv. Elizej (Elisäus) bei Fažana (6. Jh., ▶ Brijuni, Umgebung) mit schlichter Außenfassade und Transennenfenstern (mit Steinornamenten vergitterte Fenster). Glanzstück ist zweifelsohne die Euphrasius-Basilika (6. Jh.)

Im Lapidarium der Euphrasius-Basilika in Poreč sind Architekurfragmente aus vielen Epochen versammelt.

in Poreč mit wertvollen Mosaiken im Stil der Kirchen von Ravenna. Die floralen Muster und das altchristliche Fischmotiv zeugen von einer frühen Christianisierung. Die Mosaiken bestechen durch große Kunstfertigkeit und kräftige Farben.

Altkroatische Kunst (9. – 11. Jh.)

Sakralbauten

Charakteristisch für die altkroatische Kunst sind viele kleinere Sakralbauten mit eher bescheidenen Dimensionen. An den Altarschranken und Fensterportalen sind meist die Namen der Fürsten und Stifter und der Heiligen eingemeißelt, denen das Gotteshaus geweiht war. Ornamentale **Flechtbandmotive** waren oft die auffälligste Verzierung der einschiffigen Gotteshäuser. Von dieser Zeit zeugt das Kirchlein Sv. Donat auf Krk, an der Abzweigung nach Punat. Es wurde vermutlich im 9. Jh. errichtet. Aus derselben Epoche stammt die Pfarrkirche Sv. Pelagij in ▶ Novigrad. Einschiffige Kirchen mit halbrunden Apsiden findet man u. a. in Rakotule (▶ Motovun, Umgebung), Draguć (▶ Buzet, Umgebung), Roč (▶ Hum, Umgebung) und Lovran (▶ Opatija, Umgebung), während die Kirche Sv. Foška bei Peroj (▶Vodnjan, Umgebung) dreischiffig errichtet wurde. Bei Kanfanar (▶ Limski kanal) birgt die altkroatische Kirche Sv. Agata seltene frühromanische Fresken, die im 11. Jh. entstanden und noch von byzantinischer Malkunst beeinflusst sind.

Romanik (11. – 13. Jh.)

Architektur

Schwere Formen und quadratische Proportionen prägen die romanische Baukunst. Ab dem 12. Jh. setzte eine **rege Bautätigkeit** von Kirchen und Klöstern ein. Viele der dreischiffigen Kirchen mit Apsiden, Säulen, Arkaden und Holzdecken wurden von Benediktinern errichtet, die aus Italien gekommen waren. Die Kathedrale in Krk-Stadt stammt aus dem frühen 12. Jh., wurde später jedoch mehrfach umgebaut. Die Kathedrale in Rab-Stadt besitzt ein Mittelschiff mit Säulen, der frei stehende Glockenturm gilt als einer der schönsten dieser Epoche. Aus romanischer Zeit erhalten ist der Kreuzgang des Klosters von Sv. Petar u Šumi (Hl. Peter im Walde) bei ▶ Pazin. Zu den schönsten romanischen Sakralbauten in Istrien gehört auch die Pfarrkirche Sv. Marija in Vrsar (12. Jh.).
Charakteristisch für die romanische Profanarchitektur sind **Zwillings- und Drillingsfenster**, grobe Steinquader prägen die Gebäude. Der weiße Kalkstein aus Istrien, oft als »Marmor« bezeichnet, wurde dafür gern verwendet. Sehenswert sind etwa in Poreč das Kanonikerhaus und das Romanische Haus (jeweils 13. Jh.) mit auffälligem Holzbalkon und Biforium.

Malerei und Skulptur Bedeutend sind die Fresken von ► Hum. In der dortigen Friedhofskapelle Sv. Jeronim (12. Jh.) lassen sie noch byzantinischen Einfluss erkennen. Weit verbreitet waren auch Flechtornamente als typisch (vor-)romanisches Element.

Gotik (13. – 15. Jh.)

Architektur Mit der venezianischen Herrschaft begann im 14. und 15. Jh. eine rege Bautätigkeit in den Küstenstädten an der nördlichen Adria: Paläste, Wehrmauern, Stadtloggien, Kirchen und Campanile entstanden, von denen viele bis heute mit dem **Markuslöwen**, dem Hoheitssymbol der Venezianer, geschmückt sind. Die sogenannte venezianische Gotik, die bereits Renaissance-Elemente enthält, prägte die städtische Architektur der istrischen Küstenstädte besonders nachhaltig. Schöne Beispiele sind etwa der Prätorenpalast in ► Koper (spätes 15. Jh.), aber auch in ► Pula, ► Portorož, ► Piran, ► Vodnjan und anderen Städten entstanden schmucke Palazzi, teilweise mit symmetrischen Doppelfenstern. Charakteristisch für diese Epoche ist zudem der Ausbau der Befestigungsanlagen.
Ab dem 13. Jh. ließen sich **Franziskaner** in der Region nieder. Deren Kirche Sv. Franjo in Pula gilt als eines der schönsten frühgotischen Bauwerke in Istrien. Meisterlich ist der vergoldete Altaraufsatz. Die Pfarrkirche Sv. Silvestar in Kanfanar (► Limski kanal) birgt hingegen eine frühgotische Steinkanzel mit Reliefplatten auf schlanken Säulen, die von den Bewohnern der aufgegebenen Ruinenstadt Dvigrad mitgebracht worden war. Die gotische Kirche Sv. German auf Veli Brijun (► Brijuni, 1481) bewahrt Kopien der bekanntesten istrischen Fresken und glagolitischen Inschriften.

Malerei In dieser Zeit entstanden auch die meist großflächigen Fresken in Sakralbauten, teils mit glagolitischen Inschriften. Gotische Malerei aus dem 14. Jh. prägt etwa die Friedhofskirche Sv. Nikola in Rakotule (► Motovun, Umgebung). Aus der zweiten Hälfte des 15. Jh.s sind viele Zyklen heimischer Meister erhalten. Zu den bekanntesten gehört Vincent von Kastav, der die Fresken in Beram (►Pazin, Umgebung) schuf (1475), während Ivan/Janez (Johannes) von Kastav die Wandmalereien im slowenischen Hrastovlje (► Koper, Umgebung) zuzuordnen sind. Zahlreiche Malereien, vor allem im Landesinnern, lassen sich Albert von Konstanz zuschreiben, wie etwa diejenigen in der Kirche Sv. Juraj in Plomin (1475,► Labin, Umgebung), aber auch Fresken in Brseč (► Mošćenice, Umgebung) und Lovran (► Opatija, Umgebung). Um 1460 gestalteten Maler aus dem Kreis um Leonard aus Brixen (Südtirol) in der Pfarrkirche von Pazin einen großen Freskenzyklus. Zentrales Motiv in Beram und Hrastovlje ist der Totentanz, ein populäres Motiv, das die Menschen an ihre Endlichkeit erinnern soll. Fast der gesamte Kirchenraum ist in bunten Farben ausgemalt. Bedeutend sind auch die Wandmalereien in der Kirche Sv. Antun in Žminj (▶ Pazin, Umgebung).

Renaissance (15./16. Jh.)

Architektur

Die Renaissance in Istrien ist durch die Verwendung **antiker Stilelemente** wie etwa osmanischer Kuppeldecken oder reichlich verschlungener Dekorbänder gekennzeichnet. Fenster mit halbrunden Bögen finden sich an der Pfarrkirche Sv. Marija in Svetvinčenat (16. Jh., ▶ Vodnjan, Umgebung), gelegentlich sieht man auch zweibogige Fenster (sogenannte Biforen, ▶ Buje, ▶ Labin). Die Kirche Sv. Marija Velika (Rab-Stadt) schmückt ein Renaissanceportal mit einer spätgotischen Pietà.

Malerei und Skulptur

Viele Renaissancekunstwerke Istriens stammen aus **Venedig**. Auch Flügelaltäre oder Wandmalereien wurden von Künstlern wie Tizian oder Tintoretto beeinflusst. Als Meisterwerk dieser Epoche gilt das Polyptychon der Franziskanerkirche in ▶ Pula (um 1480). Der Wandermaler Anton aus Padua arbeitete in der Kirche Sv. Rok in Draguć (1529, 1537, ▶ Buzet, Umgebung). Umgekehrt waren Maler aus Istrien wie Julije Klović (1498 – 1578) in Italien tätig. Mit seinen Miniaturen prägte er die italienische Renaissance maßgeblich, war zudem ein Lehrer von El Greco (▶ S. 74).

Barock (17./18. Jh.)

Architektur

Vielerorts in Istrien wurden bereits bestehende Gebäude lediglich mit **barocken Elementen** versehen, etwa in der Innenstadt von ▶ Koper. Barocke Stilmittel findet man auch an der Kathedrale Uznesenje Blažene Djevice Marije (Mariä Himmelfahrt) in ▶ Pula sowie in der Pfarrkirche Sv. Nikola in ▶ Pazin oder am Balbi-Bogen in ▶ Rovinj (1680). Für eine barocke Blütezeit fehlte es aufgrund der langen Pestepidemie, aber auch wegen der kriegerischen Auseinandersetzung zwischen Habsburgern und Venezianern zum einen am schöpferischen Tatendrang, zum anderen aber auch schlichtweg an den finanziellen Mitteln dafür.
Die Küste blieb bis ins 18. Jh. hinein unter venezianischem Einfluss. In den österreichisch verwalteten Landesteilen in Zentralistrien und der Kvarner-Bucht zeigt sich hingegen auch mitteleuropäischer Barock. So trägt etwa die einstige Jesuitenkirche Sv. Vid in ▶ Rijeka mit ihrem oktagonalen Grundriss frühbarocke Züge (1638 – 1659). Schöne Barockarchitektur findet sich auch im Paulinerkloster in Sv. Petar u Šumi (▶ Pazin, Umgebung).

MAGISCHE ZEICHEN

Möglicherweise fällt es einem beim Bezahlen mit einer 100-Kuna-Banknote einmal auf: Rätselhafte Zeichen, die mit der heutigen Lateinschrift der Kroaten überhaupt nichts zu tun haben, prangen auf der Vorderseite. Sie erinnern ein wenig an stilisierte Kreuze, Kreise und Dreiecke. Bei den ungewöhnlichen Buchstaben handelt es sich um die Glagoliza, die älteste slawische Schrift. Sie ist heute so angesagt, dass sie sogar Designer-Taschen ziert.

Zugegeben, mit ihren Formen sieht die alte Schrift der Kroaten schon ein wenig magisch aus. Die einen sagen, dass die heiligen Formen Kreis, Kreuz und Dreieck zur Glagoliza abgewandelt wurden; die anderen halten dagegen, dass auch armenische und griechische Elemente auftauchen.
Nur in einem ist man sich einig: Gemeinhin wird angenommen, dass die Slawenapostel Konstantin, später **Kyrill** genannt, und **Method**, die aus dem griechischen Saloniki stammten, diese Schrift Mitte des 9. Jh.s entwickelt haben. Die beiden Missionare hatten die Aufgabe, die slawische Bevölkerung für das Christentum zu gewinnen und ihnen die Inhalte des Alten und Neuen Testaments näher zu bringen. Aus der Notwendigkeit heraus, über eine eigene Schriftsprache zu verfügen, die der Sprache des Volkes möglichst nahekam, entstand vermutlich die glagolitische Schrift.

Laut- und Zahlenwerte

Ursprünglich hatte die Glagoliza 38 Buchstaben, die zunächst rund und später eckig waren. Diese hatten nicht nur einen Lautwert, sondern auch einen Zahlenwert. Das war in vielen alten Schriften üblich, in denen es keine eigenen Zahlzeichen gab. Während die Glagoliza anderswo schon früh durch die kyrillische Schrift abgelöst wurde, hielt sie sich in Kroatien noch mehrere Jahrhunderte. Dort verlor sie allerdings ab dem 16. Jh. zugunsten des Lateinischen

an Bedeutung. Nur in der kirchlichen Liturgie hielt sie sich sogar bis ins 19. Jh. hinein.

Symbol der kulturellen Identität

Für die Geschichte Kroatiens sind die ungewöhnlichen Zeichen sehr bedeutsam, da die ältesten Schriftdenkmäler in der Glagoliza verfasst wurden. Dazu gehört das wohl berühmteste und am beste erhaltene: Die **Tafel von Baška** (Bašćanska ploča) aus der Zeit um 1100, die in Jurandvor auf der Insel Krk entdeckt wurde. Die Inschrift dieser Steintafel besagt in 13 Zeilen, dass Zvonimir König der Kroaten war. Vor diesem Hintergrund hat die Glagoliza im unabhängigen Kroatien eine ganz besondere Bedeutung erhalten – als ein Symbol der nationalen und kulturellen Identität. Eine Replik der Tafel ist in der Staatsbibliothek zu Berlin ausgestellt.
In der Kvarner-Bucht sieht man die Glagoliza auch auf der **Steintafel von Valun** (Valunska ploča), die noch aus dem 11. Jh. stammen soll: Neben glagolitischen Elementen wurde sie dazu in lateinischer Schrift verfasst und besagt, dass hier drei Generationen einer Familie liegen. Sie wird an ihrem Fundort Valun auf der Insel Cres aufbewahrt. In der Kirche Sv. Juraj Stari in Plomin wird die **Inschrift von Plomin** (Plominski natpis) gehütet.
Als Gipsabguss oder Magnet wird die Tafel von Baška in vielen Souvenirläden angeboten. Auf Glagoliza-Fragmente hat sich die Zagreber Etno-Butik Mara spezialisiert: Damit sind die durchaus bürotauglichen, zeitlos-eleganten Kleider, Blusen und Hemden bestickt. Aufmerksamkeit dürfte damit garantiert sein: Denn wer kann schließlich schon behaupten, einen Auszug aus dem ersten gedruckten Buch in glagolitischer Schrift – der Missale von Fürst Novak, die 1483 in Roč gedruckt wurde – spazieren zu tragen? (Webshop: http://etnobutik-mara.com).

Auf der Tafel von Baška ist eine Schenkung König Zvonimirs an die hl. Luca festgehalten.

Malerei und Skulptur

Eine Schlüsselfigur der spätbarocken Sakralmalerei ist ein Slowene mit französischen Wurzeln: Janez Valentin Metzinger (1699 – 1759). Er schuf mehr als 300 Gemälde. Viele prunkvolle Barockaltäre in Kroatien und Slowenien stammen ebenfalls aus dieser Epoche.

19. – 21. Jahrhundert

Architektur

Der **Historismus** im späten 19. Jh. zeigt sich etwa in Pula in der Kirche Gospa od mora, die eine Mischung aus Neobyzantismus und Neoromanik darstellt. Der Neorenaissance zuzurechnen ist beispielsweise das Kroatische Nationaltheater in ▶ Rijeka, ein Bau des Wiener Architektenduos Fellner & Helmer.

Die Wiener Secession hat ihre Spuren vor allem in den Seebädern entlang der Riviera von ▶ Opatija hinterlassen. Mondäne **Jugendstil**-Villen und Hotels mit ornamentalen Stuckfassaden beeindrucken die Urlauber bis heute. Vor allem die Krainische Baugesellschaft aus Laibach (Ljubljana) war hier aktiv. Als bedeutendster Jugendstilarchitekt in Rijeka gilt Emilio Ambrosini (1850 – 1912), dessen Handschrift mehrere Palazzi tragen. An der Westküste Istriens dominierte die italienische Spielart des Jugendstils, **Liberty** genannt.

Der italienische **Rationalismus** der 1920er- und 1930er-Jahre findet sich vor allem in ▶ Pula. Damals entstanden viele Wohngebäude. Das Hauptpostamt mit einer futuristischen Wendeltreppe gilt als wichtigstes Baudenkmal dieser Zeit in Istrien, es wurde 1935 nach Plänen von Angiolo Mazzoni (1894 – 1979) gebaut. In der Zwischenkriegszeit prägte der österreichisch-italienische Architekt Max Fabiani (1865 bis 1962) das slowenische Karststädtchen Štanjel (▶ Postojnska jama) maßgeblich – u. a. mit dem Ferrari-Garten.

Die Architektur nach dem Zweiten Weltkrieg musste sich der **Ideologie** unterordnen. Anonyme Massenbauten kennzeichneten die staatliche Baupolitik des Sozialismus – Hochhäuser an den Stadträndern von ▶ Rijeka und ▶ Pula erinnern bis heute daran. Nicht gerade schön, dafür funktional, waren auch viele Hotelanlagen, die ab den 1960er-Jahren mit dem Aufkommen des Massentourismus entstanden, z. B. bei ▶ Poreč. Die zeitgenössische Architektur seit Mitte der 1990er-Jahren konzentriert sich vor allem auf Wohnbauprojekte, Einkaufszentren und touristische Infrastruktur.

Skulptur, Bildhauerei

Zu Titos Lieblingskünstlern gehörte der Bildhauer Dušan Džamonija (1928 – 2009). Er schuf viele monumentale Partisanendenkmäler. Seine neutralen Skulpturen sind in einem Skulpturenpark bei ▶ Vrsar frei zugänglich. Aleksandar Rukavina (1934 – 1985) entwickelte mit Gleichgesinnten in den 1960er-Jahren das fast entvölkerte ▶ Grožnjan zu einem Künstlerstädtchen. In ▶ Crikvenica ist man stolz auf das Erbe von Zvonko Car (1913 – 1982). Sein bekanntestes Werk

ist das **Mädchen mit der Möwe**, heute Wahrzeichen von ▶ Opatija. Die Glagolitische Allee zwischen Roč und ▶ Hum wurde von Želimir Janeš (1916 – 1996) zwischen 1977 und 1983 geschaffen. Der zeitgenössische istrische Bildhauer Ljubo de Karina (geb. 1948) ist in seinem Heimatort Brseč (▶ Mošćenice, Umgebung) tätig,, seine Steinmetzarbeiten finden sich unter anderem in Form glagolitischer Buchstaben in der Umgebung von Baška auf Krk.
Internationale Bildhauer-Symposien finden alljährlich in ▶ Vrsar, in Dubrava bei Labin und auf der slowenischen Halbinsel Seča bei Portorož statt.

Malerei

Ein bedeutender kroatischer Maler und Grafiker der zweiten Hälfte des 20. Jh.s ist **Edo Murtić** (1921 – 2005), ein Vertreter vor allem des abstrakten Expressionismus. Als einer der wichtigsten slowenischen Nachkriegsmaler gilt der in Triest geborene **Lojce Spacal** (1907 bis 2000); seine Linol- und Holzschnitte sind von istrischen Motiven inspiriert. Diese verarbeitete auch der Maler und Grafiker **Vjekoslav »Vojo«Radoičić** (1930-2017) in einem unverkennbaren farbenfroh-naiven Stil. Zur jungen Szene in Istrien gehört der in Pazin lebende **Elvis Berton** (geb. 1970).

VOLKSKUNST UND FOLKLORE

Das Brauchtum lebt vor allem an Feiertagen in der Region auf: Dann werden aufwändig gefertigte Trachten oder Karnevalsmasken aus dem Schrank geholt und traditionelle Flöten, Dudelsäcke oder Klapa-Chöre sorgen für gute Laune.

Karnevalsmasken

Farbenfroh und fröhlich geht es vor allem in der Karnevalszeit zu: Vor dem Beginn der Fastenzeit streifen die berühmten **Glöckner** (Zvončari) mit ihren fratzenhaften Holzmasken und zottigen Tierfellen durch die Straßen der Karnevalshochburg Rijeka und durch die Dörfer. Die Masken der Glöckner von Halubje, in der Nähe von Kastav, wurden 2009 in die UNESCO-Liste des immateriellen Weltkulturerbes aufgenommen.

Volkstanz

Klassische **Patronatsfeste** mit Kirchprozessionen erinnern vielfach an Volksfeste. Dabei wird gerne getanzt: Der Balun ist Istriens berühmtester **Volkstanz**, dabei drehen sich Paare um die eigene Achse im großen Kreis. Auf der Insel Krk wird der Reigentanz Krčki tanec zu zweit oder zu dritt innerhalb einer kreisförmigen Tanzgruppe aufgeführt.

Zumindest bei Festen trägt man noch Tracht wie dieser Armbrustschütze in Rab-Stadt.

Trachten Zum Volkstanz gehören traditionelle Trachten: Istrische Frauenkleider aus dunkler Schafswolle werden durch weiße Dreieckstücher am Hinterkopf ergänzt, während sich die Männer in Istrien mit einer flachen Kappe schmücken oder auf der Insel Krk Kniehosen überziehen. Ungewöhnlich ist die farbenfrohe Frauentracht auf der Insel Susak: Deutlich über dem Knie endende, glockenförmige Miniröcke werden zu dicken Wollstrümpfen in der Signalfarbe Pink getragen!

Traditionelle Musik

Šurle, Mih, Sopile, Roženice Achten Sie bei einem Volksfest oder Gastro-Event doch einmal auf die Instrumente! Manche sind nur in der Region verbreitet. Dazu gehört etwa die istrische **Sackpfeife** Mih aus Ziegenleder, Blasrohr und einem Mundstück mit fünf Löchern. Diese wird oft, etwa beim Reigentanz Balun, von der **Holzflöte** Šurle begleitet, die aus zwei Rohren besteht, die durch das Mundstück miteinander verbunden sind. An eine Schalmei erinnert unterdessen die hölzerne Hirtenflöte, die auf Krk Sopile heißt, anderswo auch Roženice – und in vielen Souvenirgeschäften angeboten wird.

Istrische Tonleiter Einzigartig ist die Istrische **Skala** (Istarska ljestvica), eine verminderte oktatonische Tonleiter, bei der sich Ganz- und Halbtonschritte abwechseln. Sie klingt recht ungewohnt. Kroatien versucht, die Tonleiter als immaterielles UNESCO-Weltkulturerbe anerkennen zu lassen.

Klapa

Die Liebe zur Heimat, zum Meer oder zur Herzensdame werden unterdessen traditionell von **A-capella-Chören** besungen. Solche mehrstimmigen Männerchöre, Klapa genannt, waren ursprünglich nur in Dalmatien verbreitet – doch längst schon sind sie in ganz Kroatien populär. Die strenge Tradition – fünf bis acht Männer, keine Instrumente – hat sich in den vergangenen Jahrzehnten gelockert: Längst schon singen Frauengruppen, begleitet von der mandolinenartigen Tamburica die überaus beliebten, sentimentalen Klapa-Gesänge. Diese hört man oft in traditionellen Tavernen, den Konobas.

Schlager, Rock, Pop

Beliebte Musiker

Die Kroaten lieben ihre Stars: Ob Pop, Rock oder Schlager – bevorzugt in der eigenen Landessprache wird man in den meisten Restaurants und Cafés beschallt. Schon seit 50 Jahren wird das »Festival der Unterhaltungsmusik« im Hotel Kvarner in Opatija gepflegt. Silvester treten Popstars gerne auf öffentlichen Plätzen auf, etwa in Pula. Von dort stammt auch die Pop- und Folk-Sängerin **Alka Vuica** (geb. 1961) mit ihrer rauchig-markanten Stimme. Die vielseitige Ethno-Jazz-Sängerin **Tamara Obrovac** (geb. 1962) feiert mit ihrem Transhistria-Ensemble auch auf internationalen Bühnen Erfolge. Sie stammt wie der für Blues bekannte **Bruno Krajcar** (geb. 1972) aus Pula. Kult-Status in Istrien hat die aus Vodnjan stammende Band **Gustafi**, die seit 1980 den istrisch-čakavischen Dialekt mit Folkmusik, Rock und Blues untermalt. Die 1986 gegründete Rockband **Let 3** aus Rijeka ist hingegen für ihre radikal-provokativen Bühnenauftritte beim jüngeren Publikum beliebt – überhaupt gilt Rijeka bis heute als eine der Hochburgen der alternativen Rockszene in Kroatien.

INTERESSANTE MENSCHEN

Meister der roten Farbe: Vittore Carpaccio

um 1460 – 1525/1526
Maler

Kräftige warme Rottöne kennzeichnen seine Gemälde. Die abgebildeten Momente werden lebhaft erzählt – bevorzugt aus dem Leben Heiliger. Auffällig an den Bildern des italienischen Renaissance-Malers Vittore Carpaccio sind zudem orientalische Elemente, sei es in der Landschaft oder der Kleidung der abgebildeten Personen. Carpaccios Stil ist eher konservativ, wird jedoch von der italienischen Renaissance beeinflusst. Als Meisterwerk gilt ein Gemäldezyklus, der in neun Bildern **das Leben der hl. Ursula** abbildet. Geboren wurde Carpaccio in Venedig als Sohn eines Pelzhändlers istrischer Herkunft, gestorben ist er in Koper. Übrigens ist die Vorspeise Carpaccio, in hauchdünne Scheiben geschnittenes rohes Rindfleisch mit einer Sauce und gehobeltem Parmesan, die 1950 in Harry's Bar in Venedig aus der Taufe gehoben wurde, nach dem Maler benannt – aufgrund der intensiven roten Farbgebung seiner Werke, die damals in einer großen Ausstellung in Venedig zu sehen waren.

Engagierter Geistlicher: Juraj Dobrila

1812 – 1882
Bischof und Vorkämpfer für Kroatien

Den in Veli Ježenj (bei Tinjan) geborenen späteren Bischof kennt in Kroatien fast jeder. Zumindest sein Porträt, denn Juraj (Giorgio) Dobrila ist auf der Vorderseite des Zehn-Kuna-Scheins abgebildet. Das hat der Geistliche seinem Engagement zu verdanken: Er setzte sich für die **Einführung der slawischen Sprache im öffentlichen Leben** ein, forderte kroatische und slowenische Schulen – zu einer Zeit, als die Österreicher das Zepter in der Hand hielten. Seine Überzeugung ging so weit, dass er Kindern die Ausbildung im kroatischsprachigen Teil der Donaumonarchie auf eigene Kosten finanzierte. Ab 1861 vertrat er im Istrischen Landtag die kroatischen Interessen gegenüber Wien. Zu dieser Zeit war Dobrila Bischof von Poreč-Pula (1857 – 1875), später von Triest-Capodistria (1875 – 1882). Die 2006 in Pula gegründete Universität trägt seinen Namen.

Viel beachtete Autorin: Slavenka Drakulić

geb. 1949
Schriftstellerin

Slavenka Drakulić, 1949 in Rijeka geboren, gilt als eine der bekanntesten kroatischen Gegenwartsautorinnen im Ausland, ihre Werke wurden in mehr als 20 Sprachen – darunter auch ins Deutsche – übersetzt. In ihren Romanen und Essays geht es immer wieder um den Übergang Kroatiens in eine neue Ära (»Wie wir den Kommunismus überstanden – und dennoch lachten«), aber auch um das Leiden, das die neu gewonnene Unabhängigkeit mit sich brachte (»Keiner war dabei: Kriegsverbrechen auf dem Balkan vor Gericht«). Der internationale Erfolg setzte in den frühen 1990er-Jahren ein, als die Autorin ihre Heimat verließ. Slavenka Drakulić lebt mit ihrem Ehemann, dem schwedischen Journalisten Richard Swartz (»Ein Haus in Istrien«), abwechselnd in Schweden und Istrien.

Verfolgter Protestant: Matthias Flacius Illyricus

1520 – 1575
Reformator

Im istrischen Labin wurde der spätere lutherische Reformator Matthias Flacius (kroatisch: Matija Vlačić) geboren. Zunächst kam Flacius, der nach seiner Heimat den Beinamen Illyricus (»der Illyrer«) bekam, als Student nach Venedig, Basel, Tübingen und 1541 nach Wittenberg, wo er die hebräische Sprache lehrte. Dort machte er Bekanntschaft mit den Reformatoren Martin Luther und Philipp Melanchthon. Flacius verschrieb sich der **Verbreitung der lutherischen Lehre**. Sein Schaffen prägen rund 250 Bücher und Streitschriften. Clavis Scripturae Sacrae (»Der Schlüssel zur Heiligen Schrift«) sowie die Magdeburger Centurien, die erste Kirchengeschichte aus protestantischer Sicht, zählen zu seinen bekanntesten Werken. Flacius wurde aufgrund seines Eintretens für den Protestantismus verfolgt.

Ein Leben für das Ballett: Carlotta Grisi

1819 – 1899
Tänzerin

Sie war erst sieben Jahre alt, als sie an der Tanzakademie der Mailänder Scala eingeschrieben wurde. Bereits drei Jahre später tanzte Carlotta Grisi im Corps de Ballet der Scala. Die spätere italienische Primaballerina, als Caronne Adele Maria Giuseppina Grisi im istrischen Vižinada geboren, widmete ihr Leben dem Tanz. Auch ihr Lebenspartner, der französische Tänzer und Choreograf **Jules Perrot** (1810 bis 1892), gehörte zu den besten Ballettkünstlern seiner Zeit. Er schrieb ihr die gesamte Choreografie des romantischen Balletts »Giselle« praktisch auf den Leib, während sich der französische Ballettmeister Jean Coralli (1779 – 1854) um die übrigen Rollen kümmerte. Carlotta Grisi war die erste Giselle überhaupt. Nach der Uraufführung in der Pariser Oper 1841 wurde sie als Superstar gefeiert.

Verehrter Theologe: Hieronymus

347 – 420
Kirchenvater, Bibelübersetzer

Die maßgebliche Bibelübersetzung ins Lateinische, die sogenannte Vulgata, stammt vom Philosophen und Theologen Hieronymus, **einem der vier spätantiken Kirchenväter**. Sie löste die bis dahin in verschiedenen Versionen vorliegenden Bibeltexte als einzige verbindliche Variante ab. Geboren wurde Hieronymus in Stridon. Einige Wissenschaftler gehen davon aus, dass sich dieser Ort zwischen Rijeka-Trsat und Ilirska Bistrica im heutigen Slowenien befand, andere nehmen an, dass Stridon im istrischen Hinterland zwischen den römischen Provinzen Dalmatia und Pannonia gelegen hat.
Hieronymus war der Sohn wohlhabender christlicher Illyrer, wurde jedoch erst während seines Studiums der Grammatik, Rhetorik und

OBEN: Carlotta Grisi war die erste »Giselle«.
LINKS: Giuseppe Tartini grüßt in seinem Geburtsort Piran.

Philosophie in Rom getauft. Papst Damasus I. ernannte ihn zu seinem Sekretär, von Damasus stammt der Auftrag zur Bibelübersetzung. Hieronymus übertrug die Bibel aus den hebräischen und griechischen Urtexten ins Lateinische. Darüber hinaus verfasste er zahlreiche religiöse Schriften und andere Übersetzungen, daher wird er als Urvater und Schutzpatron der Übersetzer bezeichnet. Sein Todestag, der 30. September, ist heute sogar **Weltübersetzertag**.

Bedeutender Miniaturenmaler: Julije Klović

1498 – 1578
Maler

Julije Klović gilt als einer der besten Miniaturmaler überhaupt. Geboren wurde der besser unter seinem italienischen Namen Giulio Clovio bekannte Künstler in Grižane bei Crikvenica. 1516 ging er zunächst nach Venedig, viel später arbeitete er in Florenz, Rom und Budapest. Mit großem Erfolg pflegte er die Miniaturenmalerei, unter anderem für Kardinal Alessandro Farnese in Rom, und war mit Michelangelo befreundet. Brueghel d. Ä. arbeitete in Rom mit ihm zusammen, El Greco war sein Schüler. Sein Grab ist in Rom. Von Zvonko Car stammt das lebensgroße Denkmal des Malers in Drivenik im Vinodol-Tal.

Erfinder des Valiums: Leo Sternbach

1908 – 2005
Chemiker

Die kleinen, gelben Pillen waren unter der verharmlosenden Bezeichnung »Mother's little helper« in den USA der späten 1960er- und 1970er-Jahre weit verbreitet. Der stark beruhigende Hauptwirkstoff **Diazepam** ist unter seinem Handelsnamen weitaus bekannter: Valium. Entwickelt wurde der 1963 patentierte Arzneistoff von Leo Sternbach, einem Chemiker und Pharmazeuten, der 1908 in Abbazia, dem heutigen Opatija, geboren wurde. Sternbachs Vater, der aus einer polnisch-jüdischen Familie stammte, betrieb dort eine Apotheke. Leo Sternbach studierte in Krakau Pharmazie und Medizin, arbeitete dort als Assistent und forschte ab 1937 in der Schweiz beim Pharmakonzern Roche. 1941 siedelte er – weiterhin für den Konzern tätig – in die USA über. Ingesamt entwickelte er mehr als 240 patentreife Arzneimittel. Bei seiner Pensionierung 1973 ging ein Fünftel aller Roche-Patente auf ihn zurück. Heute erinnert eine Tafel in Opatija daran, dass Sternbach hier seine Kindheit verbrachte.

Musik im Blut: Giuseppe Tartini

1692 – 1770
Geigenvirtuose,
Komponist

Giuseppe Tartini empfängt die Gäste in seinem Geburtsort Piran als Skulptur – mit Violine und Bogen in der Hand. Damit ist schon angedeutet, womit Tartini vor allem berühmt wurde, nämlich mit einer neuen Geigenspieltechnik, die als Basis der modernen Spieltechnik überhaupt gilt. Leopold Mozart griff in seiner »Gründlichen Violinschule« auf diese Grundlagen zurück. Tartini verbrachte den größten Teil seines Lebens in Padua, wo er eine in ganz Europa anerkannte Musikschule leitete. Auch als Komponist war er außerordentlich fleißig, zahlreiche Violinsonaten und -konzerte sowie Sinfonien stammen aus seiner Feder. Überdies machte er durch musiktheoretische Abhandlungen von sich reden. So beschäftigte er sich näher mit den sogenannten Differenz- oder **Tartini-Tönen**: Diese entstehen beim gleichzeitigen Spielen zweier Töne, ihre Frequenz beträgt genau die Differenz der Frequenz der beiden gespielten Töne (z. B. eingestrichenes a = 440 Hz, zweigestrichenes e = 660 Hz, Differenzton: kleines a = 220 Hz). Die Differenz- oder Tartini-Töne sind wichtig beim Stimmen von Instrumenten.

Klassiker istrianischer Literatur: Fulvio Tomizza

1935 – 1999
Autor

In seinen Romanen und Erzählungen geht es immer wieder um das multikulturelle Zusammenleben in der K.-u.-k.-Monarchie, einem Reich mit vielen Sprachen, Kulturen und Schicksalen. Dafür wurde der bei Umag geborene italienische Schriftsteller Fulvio Tomizza, der stets seine istrische Herkunft betonte, mehrfach mit internationalen Literaturpreisen, u. a. dem Großen Österreichischen Staatspreis für europäische Literatur, ausgezeichnet. 1954 übersiedelte er – wie 200 000 weitere Italiener aus Istrien – **nach Triest**, wo er zunächst journalistisch tätig war und schließlich seinen literarischen Durchbruch mit dem Roman **»Materada«** (1960) erlebte. Etliche seiner Werke wurden ins Deutsche übersetzt, z. B. »Franziska« und »Die fünfte Jahreszeit«.

Filmkarriere schon mit 15 Jahren: Alida Valli

1921 – 2006
Schauspielerin

Für die ganz große Hollywood-Karriere sollte es nie richtig reichen. Dennoch prägte sich die italienische Schauspielerin Alida Valli ins internationale Filmgedächtnis ein – als weibliche Hautdarstellerin in Carol Reeds Thriller **»Der dritte Mann«** (1949) an der Seite von Orson Welles und Joseph Cotten. Geboren wurde die Baronesse Alida Maria Laura Altenburger von Marckenstein und Frauenberg, so ihr voller Name, 1921 im damals noch italienischen Pola (Pula). Bereits mit 15 Jahren stand sie in Rom vor der Kamera und avancierte in den 1940er-Jahren zu Italiens Superstar. Ihre Karriere legte sie vorerst auf Eis, um nicht für faschistische Propagandafilme eingesetzt zu werden, so ihre Begründung. 1947 folgte sie dem Ruf Hollywoods, spielte die Mordverdächtige in Alfred Hitchcocks »Der Fall Paradin« und eben in »Der dritte Mann«. Es folgten einige Misserfolge, woraufhin »die Valli« Hollywood den Rücken kehrte und nach Italien ging. 1954 beeinträchtigte ein öffentlicher Skandal, bei dem sie als Zeugin aussagen musste, ihre Karriere – die Geschichte soll übrigens Fellini zu seinem Film **»La dolce vita«** inspiriert haben. Trotz Rückschläge spielte Alida Valli weiter. Fast 130 Filme drehte sie bis zu ihrem Tod 2006 in Rom. Zwei Jahre später wurde das städtische Kino in Pula nach ihr benannt, aufgrund einiger Kontroversen allerdings nur »Valli«.

Noten über Noten von Ivan Zajc

1832 – 1914
Komponist und Dirigent

Ivan Zajc wurde in Rijeka geboren, wo das Nationaltheater seinen Namen trägt. Seine Ausbildung erhielt er zunächst am Konservatorium in Mailand, dann kehrte er jedoch in seine Heimatstadt zurück und war später auch in Wien und Zagreb tätig. Er lebte überaus dispzipliniert: Angeblich stand er jeden Morgen um vier Uhr auf. Anders hätte er eine derartige Fülle an Werken vermutlich auch nicht bewerkstelligt: Zajc hinterließ 1200 Stücke für Orchester und Klavier, 19 Opern, 26 Operetten, 50 Kantaten und anderes mehr. Als die bis heute populärste kroatische Oper gilt sein Werk »Nikola Subić Zrinjski« (1876), eine musikalische Trilogie mit reichlich nationalen Elementen.

Der Erfinder des Reiseführers: Karl Baedeker

1801 – 1859
Verleger

Als Buchhändler kam Karl Baedeker viel herum, und überall ärgerte er sich über die »Lohnbedienten«, die die Neuankömmlinge gegen Trinkgeld in den erstbesten Gasthof schleppten. Nur: Wie sollte man sonst wissen, wo man übernachten könnte und was es anzuschauen gäbe? In seiner Buchhandlung hatte er zwar Fahrpläne, Reiseberichte und gelehrte Abhandlungen über Kunstsammlungen. Aber wollte man das mit sich herumschleppen? Wie wäre es denn, wenn man all das zusammenfasste? Gedacht, getan: Zwar hatte er sein erstes Reisebuch, die 1832 erschienene »Rheinreise«, noch nicht einmal selbst geschrieben. Aber er entwickelte es von Auflage zu Auflage weiter. Mit der Einteilung in »Allgemein Wissenwertes«, »Praktisches« und »Beschreibung der Merk(Sehens-)würdigkeiten« fand er die klassische Gliederung des Reiseführers, die bis heute ihre Gültigkeit hat. Bald waren immer mehr Menschen unterwegs mit seinen **»Handbüchlein für Reisende, die sich selbst leicht und schnell zurechtfinden wollen«**. Die Reisenden hatten sich befreit, und sie verdanken es bis heute Karl Baedeker. Istrien beschreibt er erstmals im 1842 erschienen Band »Handbuch für Reisende in Deutschland und dem Österreichischen Kaiserstaat«.

»

Im Sommer fährt Mittwoch und Samstag in 7-8 St. ein Dampfboot von Triest nach Pola. [...]
Die Landreise ist für den Freund von Ungewöhnlichem merkwürdig; man berührt fast die Grenzen europäischer Gesittung.

»

Deutschland und der Österreichische Kaiserstaat«, 1. Auflage 1842

E

ERLEBEN & GENIESSEN

Überraschend, stimulierend, bereichernd

Mit unseren Ideen erleben und genießen Sie Istrien.

Kulinarisch macht Istrien durchaus etwas her. ▸

60,00 Kn.
8 €

BEWEGEN UND ENTSPANNEN

Kristallklares Wasser umspült Istrien und die Region Kvarner. Entsprechend drehen sich die beliebtesten Freizeitaktivitäten rund ums Meer: Segler, Motorbootfahrer, Windsurfer, Taucher und Sonnenanbeter lieben die Wasserwelt Kroatiens. Während anderswo in Europa noch Schnee liegt, wird hier bereits Tennis oder Golf gespielt. Das hügelige Hinterland zieht Paraglider, Freeclimber, Mountainbiker und Wanderer an.

Auf und unter Wasser

Rund ums Baden

In Istrien und in der Kvarner-Bucht gibt es felsige, sandige, mit Kiesel aufgeschüttete oder sogar betonierte Badestrände (▶ Baedeker Wissen S. 294). Sandstrände sind eher die Ausnahme, in der Regel kann man sein Badetuch auf großen **Felsplatten** ausbreiten oder an **Kieselstränden**, die im Meer teilweise in Sandboden übergehen. Die meisten öffentlichen Strände können kostenfrei genutzt werden, allerdings wird eine Gebühr für Liegen und Sonnenschirme erhoben. Die Badesaison erstreckt sich von Mai bis September, im Hochsommer wird das Wasser bis zu 26 °C warm. Die Wasserqualität ist gut, im kroatischen Teil Istriens werben derzeit mehr als 40, im slowenischen Teil fünf Strände mit dem Öko-Gütesiegel **Blaue Flagge**.

Segeln

Segler und Motorbootfahrer schätzen die Küste und Inselwelt Kroatiens. Entsprechend hat sich in den vergangenen Jahren eine **gute Infrastruktur** mit mehreren Marinas in Istrien und der Kvarner-Bucht entwickelt, die vom Adriatic Croatia International Club (ACI) betrieben werden. Die Ausstattung reicht von einfach bis ausgezeichnet. Beliebte Stützpunkte für Jachtcharter sind ▶ Pula und Punat (▶ Krk), wo Skipper und Crew gleich mitgebucht werden können.

Wind- und Kitesurfing, SUP, Kajak

Wind- und Kitesurfer treffen sich am Kap Kamenjak, der Südspitze Istriens bei **Premantura** (▶ Pula), wo Wind und Meeresströmung beste Bedingungen garantieren. Kräftig bläst der Wind beim Leuchtturm von **Savudrija** (▶ Umag, Umgebung). Angesagt ist auch die Bucht Ravni bei **Rabac**, an der Ostküste Istriens. In der Kvarner-Region ist die Bucht von Preluk bei **Volosko** (▶ Opatija) frühmorgens beliebt, wenn der Tramontana-Wind für hohe Wellen sorgt. Kurse werden vielerorts auch auf Deutsch angeboten, etwa in der Surfschule Sunbird in Mali Lošinj.

Die Gegend um Premantura, ganz im Süden von Istrien, schätzen auch Anhänger von Stehpaddeln (SUP) und Kajakfahren.

Wasserski, Wakeboarding

Wer einmal auf Wasserskiern oder beim Wakeboarden seine Runden drehen will, findet in **Krk** und **Poreč** entsprechende Lifte. Trauen Sie sich ruhig: Laut Betreiber sind neun von zehn Gästen Anfänger!

Tauchen

Taucher stoßen vor Istriens Küste auf alte Wracks oder Riffe und auf den Brijuni-Inseln sogar auf einen Unterwasserlehrpfad, den es mit Funk-Schnorchel zu entdecken gilt.

In den Bergen

Wandern und Bergsteigen

Wer lieber auf dem Trockenen bleibt: Das Landesinnere von Istrien ist ideal zum Wandern! Vorbei an Hügelstädtchen, durch Eichenwälder und Olivenhaine führen viele ausgeschilderte Routen. Bei der Trockenmauer-Trasse ab **Tinjan** geht der 13 km lange Pfad entlang der landestypischen Abgrenzungen, die Schutz vor Wind und Schafen bieten. Im Herbst leuchtet der gebirgige **Naturpark Učka** im östlichen Istrien in allen Schattierungen. Im Hinterland der Kvarner-Bucht spendet die waldreiche Hochebene Gorski kotar mit dem **Nationalpark Risnjak** in den heißen Sommermonaten Abkühlung. Das gilt auch für den **Nationalpark Plitwitzer Seen**, wo Bretterpfade zu imposanten Wasserfällen führen. Für Bergwanderungen empfiehlt sich der **Nationalpark Nördliches Velebit**, durch den der Premužić-Fernwanderweg führt. Mit Blick auf das Meer lässt sich auf der Insel Krk, entlang des Tramuntana-Öko-Lehrpfads von Cres oder im slowenischen Karst, wunderbar über hügeliges Terrain wandern. Auf der Insel Rab geht es vorbei an einsamen Buchten. Leichtere Wanderrouten führen auch auf dem Kvarner-Festland direkt am Meer entlang, etwa die kilometerlangen Spazierpromenaden bei Crikvenica oder Opatija. Die besten Wanderrouten in Istrien gibt es online (mit GPS-Koordinaten, auf Deutsch): www.istria-trails.com.

Klettern

Die tiefe Schlucht im Rücken haben Kletterer nahe der Ruinen von **Dvigrad** (Limski kanal), am Zlatni rt bei **Rovinj** und im Heilbad Istarske Toplice (▶ Motovun, Umgebung). Am Fuß des Učka-Bergmassivs (▶ Opatija, Umgebung) ragen Felstürme in der Schlucht **Vranjska Draga** empor.

An Land und in der Luft

Radfahren und Biken

Istrien hat in den vergangenen Jahren sein Netz an Radwegen ausgebaut: Gut 60 ausgeschilderte Routen ziehen sich über 2600 km. Da-

STRÄNDE UND TAUCHREVIERE

BAEDEKER WISSEN

Istrien besitzt felsige, sandige, mit Kiesel aufgeschüttete oder in tristen Beton gegossene Badestrände, die den 539 km langen Küstenstreifen säumen. Sandstrände sind allerdings eher die Ausnahme. Was in den Hotelprospekten so aussieht, ist eher eine feinere Kieselsorte oder der Sand wurde künstlich aufgeschüttet. Am häufigsten sind große Felsplatten, auf denen Sonnenanbeter ihr Badetuch bequem ausbreiten können, oder Kieselstrände, die im Meer in einen Sandboden übergehen.

▶ AUSGEWÄHLTE STRÄNDE

⌖ Lage ⓘ Besonderheiten

❶ Bijeca	❷ Maslinica	❹ Bucht von Klimno
⌖ Bei Medulin gelegen	⌖ In der Nähe von Rabac	⌖ Im Norden der Insel Krk gelegen
ⓘ Familienfreundlicher, 1 km langer Sandstrand mit Wasserrutsche und Pinienhainen	ⓘ Familienfreundlicher, 500 m langer Sandstrand mit Wasserrutsche und Pinienhainen	ⓘ Familienfreundlicher Strand mit flachem Wasser, leider keine Schattenplätze

❺ Punat	❽ Rajska plaža	❾ Sunčana uvala
⌖ Im Norden der Insel Krk gelegen	⌖ »Paradiesstrand« auf der Insel Rab	⌖ »Sonnenbucht« etwa 1 km vor Mali Lošinj
ⓘ Idyllisch gelegene Inselbucht, beliebt bei FKK-Anhängern	ⓘ 2 km langer Sandstrand: einer der schönsten an der kroatischen Adria, flach abfallend mit schattigen Pinienhainen, sehr belebt	ⓘ Familienfreundlicher Strand, flach abfallend, Schatten durch Pinienhaine

▶ TAUCHREVIERE

⌖ Lage ⛵ Wrack

① HMS Coriolanus	② Baron Gautsch	③ Numidia
⌖ Westlich von Novigrad gesunkenes Kriegsschiff der Britischen Königsmarine	⌖ In einer Tiefe von etwa 40 m zwischen der Insel Sveti Ivan und Brijuni gelegen, sechs Meilen von Rovinj entfernt	⌖ Im Zweiten Weltkrieg vor dem Leuchtturm von Savrudrija gesunken
⛵ Ein auf eine Mine aufgelaufener Minensucher der Royal Navy, in 30 m Tiefe gelegen. Tauchen ist nur über Tauchzentren möglich.	⛵ Der Passagierdampfer fuhr 1914 auf eine Mine auf und sank. Tauchen ist nur über Tauchzentren möglich.	⛵ Tauchtiefen zwischen 17 und 40 m erfordern große Erfahrung. Abhängig vom Stromgang kann die Sichtbarkeit des Wracks stark variieren.
28 – 40 m	5 – 48 m	17 – 40 m

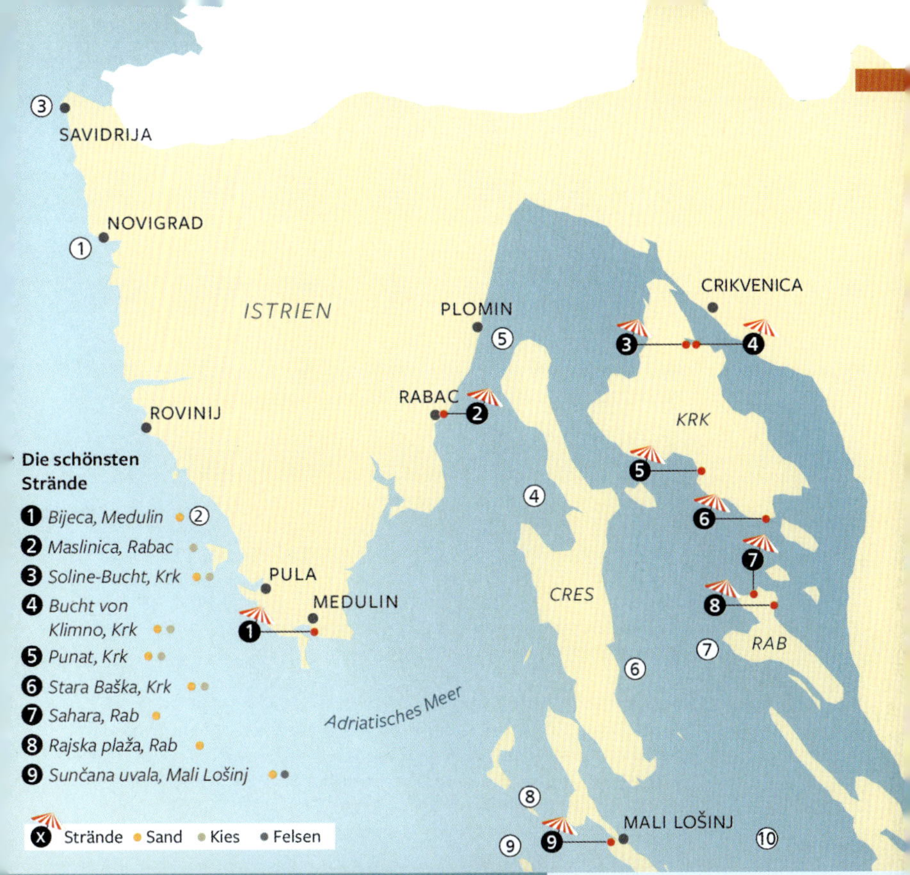

④ Lina

Kenterte im Jahr 1914 bei einem Schneesturm vor der Insel Cres

Tauchgänge zum 90 m langen, aufrecht stehenden Schiff sind über Tauchzentren buchbar.

27 – 55 m

⑤ Vis

Einige Hundert Meter vom Ufer entfernt, auf halbem Weg vom Kap Bobina zum Eingang in die Plominbucht

Das Abtauchen erfolgt bis zum Schornstein in 37 m Tiefe entlang des Bojenseils. Das Hauptdeck ist 10 m vom Grund entfernt, die Sicht ist daher oft gut.

10 – 52 m

Die Tauchreviere

Wracks

① *HMS Coriolanus*
② *Baron Gautsch*
③ *Numidia*
④ *Lina*
⑤ *Vis*

Tauchgebiete

⑥ *Margarina Susak*
⑦ *Mali Ćutin*
⑧ *Male Srakane*
⑨ *Katedrala*
⑩ *Cutin*

von sind zwei Drittel **Feld- und Schotterwege**, die sich nur für Mountainbiker eignen. Zu den schönsten gehört die Trasse, auf der einst die Parenzana-Schmalspurbahn zwischen Triest nach Poreč verkehrte (▶ Baedeker Wissen, S. 36). Für Radfahrer bieten sich **Bike & Bed-Unterkünfte** an. Weitere Infos: www.istria-bike.com.
Im Kvarner gibt es – inklusive Inseln und Bergland – 19 ausgeschilderte Fahrradrouten mit einer Gesamtlänge von 1300 km.
Fahrräder und E-Bikes werden in vielen Hotels und Ferienorten verliehen. Aufgrund der Hitze und der stark befahrenen Küstenstraßen empfiehlt sich für Radtouren eher die **Vor- und Nachsaison**.

Golf

Er hat nur neun Löcher, doch nostalgischen Charme: Der Golfplatz auf der Insel Veli Brijun, dessen Gras von freilaufenden Rehen kurzgehalten wird, erstreckt sich direkt am Meer. Hier spielte schon der altösterreichische Adel Golf. Vor wenigen Jahren kam Konkurrenz hinzu: Der 18-Loch-Championship-Platz der Hotelkette Kempinski in der Nähe von Savudrija. Übungsplätze gibt es in Umag (Stella Maris), Motovun, Poreč (Zelena laguna) und Pula. Weitere Golfplätze sollen in den kommenden Jahren in ganz Istrien entstehen, allerdings regt sich der Widerstand der Naturschützer.

Tennis

Umag ist das Mekka des kroatischen Tennis: Beim alljährlichen ATP-Turnier Croatia Open verfolgen auch viele internationale Fans das Gefecht um den kleinen Filzball. Wer sich selbst einmal in der berühmten Tennis-Hochburg versuchen möchte: Fast 70 Tennisplätze hält Umag bereit, ganz Kroatisch-Istrien rund 430. Die österreichischen Sportreise-Veranstalter Zischka und Wagner-Tennis haben sich auf deutschsprachige Tennis-Camps spezialisiert.

Paragliding

Das hügelige Landesinnere Istriens lässt sich aus der Vogelperspektive besonders schön betrachten: Tandem-Drachenfliegen (Paragliding) ist in der Nähe von **Motovun** möglich – auch ohne Vorkenntnisse, denn ein Trainer fliegt mit! Weitere beliebte Treffpunkte sind das Učka-Gebirge und die Inseln Cres und Krk.

SPORTANGEBOTE

MARINAS

ADRIATIC CROATIA INTERNATIONAL CLUB (ACI)
Opatija, Tel. 051 27 12 88
www.aci-marinas.com/de

WASSERQUALITÄT

www.izor.hr/bathing/bathing.html

TAUCHEN

KROATISCHER TAUCHERVERBAND
www.diving-hrs.hr
www.diving.hr

ZEUS-FABER
SC Valeta, Lanterna, Tar-Vabriga
www.zeus-faber.com

BLUE LAGOON DIVING
Hotel Galijot, Ferienkomplex Plava Laguna, Poreč
www.plava-laguna-diving.hr

STARFISH DIVING CENTER
Autokamp Porto Sole, Vrsar
www.starfish.hr

DIVING CENTER PUNTIZELA
Campingplatz Puntizela, Pula
www.relaxt-abgetaucht.de

SHARK DIVING
Autocamp Medulin
Osipovica 33, Medulin
www.diving-shark.hr

WIND-/KITESURFING, KAJAK, SUP

SUNBIRD WINDSURF- & KATAMARANSCHULE
Čikat-Bucht, Mali Lošinj
www.sunbird.de

WINDSURFING STATION KAP KAMENJAK/PREMANTURA
www.windsurfingstation.com

WASSERSKILIFTE
www.wakeboarder.hr (zwischen Krk und Punat)
www.skiliftporec.com (bei Poreč)

SEGELN
www.skippertipps.de
www.adriaticsailor.com
www.revierinfo.at
www.sailingcroatia.com
www.sunbird.de

RADFAHREN
www.mojbicikl.hr
www.kvarner.hr/biciklizam
www.istria-bike.com/de
www.parenzana.com
www.parenzana.net

MOUNTAINBIKING

I.D. RIVA TOURS
www.kroatien-idriva.de

WANDERN
www.central-istria.com (Wanderwege)
www.istria-trails.com

TENNIS
www.croatiaopen.hr

ATP TENIS CENTAR UMAG
Tel. mobil 091 2 37 62 45
www.tennisacademyumag.com

ZISCHKA SPORTREISEN
Tel. 0316 2 86 31 80 (A)
www.zischka.at

WAGNER TENNIS
Tel. 03127 4 21 25 (A)
www.wagnertennis.at

PARAGLIDING
Tandem-Segelfliegen
www.istraparagliding.com

ESSEN UND TRINKEN

Ein frischer Wind weht seit einigen Jahren durch Istriens Gastro-Szene: Mediterrane Gerichte werden raffiniert zubereitet, darüber werden gerne schwarze oder – noch feiner! – weiße Trüffeln gehobelt. In der Region vermengen sich Mittelmeer, Balkan und alte K.-u.-k.-Nostalgie zu einem kulinarischen Potpourri – und das hat sich längst schon unter Gästen herumgesprochen, die unverfälschtes, regionales Essen auf hohem Niveau schätzen.

Für Feinschmecker

Es ist längst schon kein Geheimnis mehr: In Istrien und der Kvarner-Bucht hat sich in den vergangenen Jahren eine **gehobene Gastronomieszene** etabliert, die viele anspruchsvolle Genießer anzieht. Preisgekrönte Spitzenrestaurants finden sich nicht nur in den Ferienorten, sondern auch im winzigen Dörfchen Livade. Hier betreibt der kroatische **Trüffelkönig**, Giancarlo Zigante, das bekannteste Trüffelrestaurant des Landes und mehrere Trüffelgeschäfte. Doch auch anderswo steht die teure Edelknolle, die im mittleren Istrien prächtig gedeiht, auf der Speisekarte. Immerhin soll es gut 2000 Trüffelsucher (Tartufai) mit Lizenz auf der Halbinsel geben. Wer den reinen Geschmack kennenlernen möchte, sollte sich einen Teller Pasta mit Trüffeln bestellen, die darüber gehobelt werden – die weißen sind natürlich Premium. Bis zu 3000 Euro werden für ein Kilo schon einmal bezahlt. Doch auch die schwarzen Trüffeln sind köstlich.

Ausgezeichnetes Öl

Ein weiteres Aushängeschild Istriens ist das erstklassige, meist kräftige **Olivenöl**, das schon in der Antike geschätzt wurde. Viele kleine Erzeuger, die viel Liebe und Arbeit in die Herstellung stecken, wurden in den vergangenen Jahren mit internationalen Preisen ausgezeichnet. Eine Olivenöl-Straße führt im kroatischen Teil Istriens zu über 100 Qualitätserzeugern.

Edle Tropfen

Auf Spitzenniveau bewegen sich auch die **Weine** junger, dynamischer Winzer, die mit viel Leidenschaft weißen **Malvazija** und rubinroten **Teran** keltern – etwa Franc Arman in Vižinada. Auf der Kvarner-Insel Krk und um Crikvenica wird Weißwein aus der autochthonen Sorte Žlahtina ausgeschenkt. Wer über die istrische Gastronomie mehr wissen und über spezielle Veranstatungen informiert werden möchte oder nach Geschäften für Olivenöl oder Wein sucht, wird fündig unter www.istria-gourmet.com. Für die Kvarner-Bucht ist die Website www.kvarner-gourmet.com empfehlenswert (beide auf Deutsch).

Regionale Spezialitäten

Zu den berühmtesten Gerichten Istriens zählt die **Maneštra**, ein eingedickter Gemüseeintopf mit Kartoffeln und Bohnen, Mais, Fenchel oder Kichererbsen, je nach Jahreszeit und Rezept. Nicht minder be-

Das Olivenöl von Claudio Ipšas …
… macht aus Garnelen und Trüffeln erst recht ein Gedicht.

TYPISCHE GERICHTE

Istarski pršut (Istrischer Rohschinken): Traditionell werden Gäste in Istrien mit Käse und luftgetrocknetem Rohschinken, Pršut (Prosciutto), bewirtet. Für Letzteren wird roher Schweineschinken eine Zeitlang in Salzlake gelegt und dann im Windfang getrocknet. Oft wird ein Weinfass daneben gestellt, damit das Fleisch zusätzliche Aromen erhält. In feine Scheiben geschnitten, entfaltet der köstliche Rohschinken seinen Geschmack am besten.

Maneštra: Wer bei Maneštra an Minestrone denkt, liegt nicht ganz verkehrt, aber östlich der Adria gehören Kartoffeln und Bohnen in den Eintopf, je nach Jahreszeit junger Mais, Fenchel oder Kichererbsen. Abgeschmeckt wird der Eintopf mit Pešt, einer Mischung aus fein gehacktem Speck, Knoblauch und Petersilie. Oft wird ein Schinkenknochen mitgekocht. Rezepte gibt es vermutlich so viele, wie es Köchinnen und Köche gibt!

Nudeln mit Trüffeln: Trüffeln sind auch in Istrien keineswegs billig, aber doch in vielen Restaurants deutlich erschwinglicher als anderswo. Wer den reinen Geschmack kennenlernen möchte, sollte sich einen Teller Nudeln mit Trüffeln bestellen: Die Nudeln werden einfach in Butter geschwenkt, dann werden Scheiben der harten Edelknolle darübergehobelt. Dazu passt ein kräftiger Wein aus der Gegend.

Omelett mit Wildspargel: Eine Delikatesse im Frühjahr ist der wild wachsende Spargel, der vornehmlich in feuchten Böden im Wald und auf Feldern wächst. Er ist leicht bitter und passt hervorragend zum Omelett. Die grünen Stangen werden in Olivenöl gedünstet, dann folgen die verquirlten, mit Salz und Pfeffer gewürzten Eier. Das Ganze muss stocken und innen noch cremig sein, wenn es auf den Tisch kommt.

Fuži: Der italienische Einfluss in der istrischen Küche ist unübersehbar: Feine Teigwaren dominieren! Als bekannteste regionaltypische Sorte gelten Fuži: Eier, Mehl und Wasser werden zu einem Teig vermischt, der ausgewalzt und in ca. 4 x 4 cm große Stücke geschnitten wird. Dann legt man die gegenüberliegenden Spitzen übereinander und formt so eine Art Röllchen. Fuži genießt man am besten im Restaurant, denn zu kaufen gibt es sie nur ganz selten.

Sardinen mit Mangold und Kartoffeln: Im Hinterland dominieren Gemüse und Fleisch, an der Küste natürlich Fisch, der fangfrisch auf den Teller kommt. Eines der beliebtesten Gemüse ist der Mangold, der mit seinem kräftigen Geschmack wunderbar zu Sardinen passt. Dafür in Streifen geschnittene Mangoldblätter, ähnlich wie frischer Spinat, mit etwas Wasser im Topf zusammenfallen lassen, mit Salz und Pfeffer würzen. Die ausgenommenen Sardinen werden in Mehl gewendet und in reichlich Öl einige Minuten gebraten.

rühmt ist der **Istarski pršut**, Istrischer luftgetrockneter Rohschinken, der auf Krk auch als Krčki pršut bekannt ist. Wenn's herzhaft sein soll, ist der Karree-Schinken **Ombolo** auch eine Empfehlung.
Überhaupt ist jede Region in Istrien für ihre eigene Spezialität bekannt: **Scampi** (Škampi), auch Kaisergranat genannt, aus der Kvarner-Bucht, genießen den allerbesten Ruf. Wer frische **Jakobsmuscheln** (Jakobova kapica) kosten möchte, fährt zu den Muschelbänken an den Limski kanal und nach Novigrad, während Medulin für seine **Seespinnen** (Morski pauk) berühmt ist, die geschmacklich an Krabben erinnern. Seezungen (List) aus der Bucht von Tar bei Novigrad gelten als besonders köstlich, da hier eine ganz bestimmte Mischung aus Salz- und Süßwasser gegeben ist. Der leicht bittere grüne **Wildspargel** (Divlja šparoga), der vielerorts als Gastro-Event gefeiert wird, ist im Frühjahr eine Delikatesse und schmeckt hervorragend zu Omelett (Fritaja). Dazu passen Wildkräuter, die traditionell eine große Rolle spielen. Das **Lammfleisch** (Janjetina) auf Cres ist von Haus aus würzig, da sich die Tiere hauptsächlich von Kräutern ernähren. Zubereitet wird Lamm bevorzugt mit reichlich Gemüse auf Peka-Art, also unter einer gusseisernen Schmorglocke, der Čkripnja, die mehrere Stunden in die Holzkohleglut geschoben wird. Diese Zubereitungsart war seinerzeit vor allem praktisch, weil die Bauern während der Feldarbeit keine Zeit zum Kochen hatten. Heute gilt sie als kulinarisches Highlight, muss aber immer vorbestellt werden.

Fisch und Fleisch

Fangfrisch kommt der Fisch an der Küste auf den Teller. Zwar gelten sie als Arme-Leute-Essen, aber köstlich sind in Mehl geschwenkte winzige Ährenfische (Girice) mit frischem Weißbrot allemal! Das gilt auch für Sardinen (Srdele) mit dem entlang der Küste beliebten Mangold (Blitva) als Beilage. Generell muss man bei frischem Fisch einen vergleichsweise hohen Preis einkalkulieren: Ein Kilo kostet im Restaurant zwischen 250 und 500 Kuna, je nach Urlaubsort und Fischart. Ein Bruchteil davon wird hingegen für klassisch jugoslawische Relikte wie Čevapčići berechnet, die den politischen Wandel – zumindest in den Touristenhochburgen – unbeschadet überstanden haben, zur Freude durchaus vieler Urlauber.

Fremde Einflüsse

Überhaupt spürt man den kulinarischen Einfluss vieler früherer Herrscher noch heute deutlich: Wie in der italienischen Küche wird in Istrien gerne hausgemachte **Pasta** gegessen. Als istrische Nationalnudeln gelten die röllchenförmigen Fuži und Pljukanci – die oftmals mit Wildgulasch serviert werden. Auch Pizza, Risotto und Ravioli gibt es überall – eine gute Alternative für Vegetarier. Aus den Zeiten der Donaumonarchie stammen die beliebten **Palatschinken** (Pfannkuchen), Schaumrollen oder Cremeschnitten – die Sahnetorten sind zweifelsohne K.-u.-k.-Relikte. Das Rezept für die berühmte **Rapska**

torta (Raber Torte), mit Mandeln und Orangenaroma, stammt noch von wohlhabenden venezianischen Familien.

Mehrere Arten von Restaurants werden unterschieden: In der rustikalen, (ursprünglich) eher einfachen **Konoba** werden regionale Zutaten, etwa Fisch oder Lamm, nach traditionellen Rezepten zubereitet, etwa auf einer Feuerstelle oder unter der Schmorglocke nach Peka-Art. Die meisten Konobas sind mit Natursteinwänden, altem Fischergerät oder Weinfässern ausgestattet und erinnern an alte Traditionen.
Der Übergang zwischen einer Konoba und einem Restaurant ist fließend: Ein **Restoran** (Slowenisch: restavracija) ist meist größer, weniger rustikal und das Angebot an Speisen oftmals internationaler – eine Regel gibt es allerdings nicht. Günstiger und einfacher ist hingegen die **Gostiona**/Gostionica oder das Buffet (in Slowenien: Gostilna, Bife oder Okrpčevalnica), das mit einer italienischen Osteria vergleichbar ist: Hier kommen Snacks und einfache Hausmannskost auf den Tisch, ohne Schnickschnack. In einer Caffe Bar, in Kroatien nur **Kafić** genannt, ist schon am frühen Morgen etwas los: Bei einer Kava, kräftigem Espresso, wird gerne stundenlang geplauscht oder Zeitung gelesen. Eine **Kavana** ist hingegen ein Kaffeehaus in K.-u.-k.-Manier.
Wer mit dem Auto im Hinterland von Slowenisch-Istrien und Triest unterwegs ist, sollte eine **Osmica** (Osmizza) aufsuchen: So werden die typischen Bauernwirtschaften genannt, ähnlich einer Besen- oder Buschenwirtschaft, die höchstens 59 Tage pro Jahr geöffnet haben. Grüne Zweige als Logo weisen den Weg. Die Öffnungszeiten findet man online: www.osmize.com.

Öffnungszeiten

Restaurants haben gewöhnlich **von Mittag bis etwa 23.00 Uhr** geöffnet, in der Hauptsaison meist ohne Ruhetag und Mittagspause. Viele Lokale sind hauptsächlich auf Touristen ausgerichtet und schließen in den Wintermonaten komplett, insbesondere außerhalb größerer Ortschaften. Auch im Frühjahr und Herbst kann man vor verschlossener Tür stehen, insofern empfiehlt es sich gerade im Hinterland, sich vorher zu erkundigen.

Wer zahlt?

Einzelrechnungen sind in Kroatien unüblich: Mal zahlt einer der Anwesenden, das nächste Mal ein anderer. Oder jeder legt großzügig einen Geldschein auf die Restaurantrechnung. Zehn Prozent des Rechnungsbetrags als **Trinkgeld** werden als angemessen betrachtet, sofern man mit dem Service zufrieden war.

Je später, desto üppiger

Das **Frühstück** spielt in Kroatien, wie eigentlich im gesamten Mittelmeerraum, keine so große Rolle, mit Ausnahme der Hotels natürlich, wo man für Touristen oft gut bestückte Frühstücksbuffets aufbaut.

SPITZENQUALITÄT AUF ROTEN BÖDEN

BAEDEKER WISSEN

Wein hat in Istrien eine lange Tradition. Vor allem die alten, autochthonen Sorten – Malvazija und Teran, oder dessen Verwandte, Refošk, erleben seit einigen Jahren eine Renaissance, ambitionierte Winzer setzen auf Qualität.

Knorrige Rebstöcke wurzeln in den sanften Hängen Istriens, die tiefrot gefärbt sind: Die berühmte Terra Rossa, ein eisenhaltiger Lehmboden mit Kalksteingehalt, ist ideal für den Weinanbau, der hier eine **lange Tradition** hat: Bereits die Phönizier und Griechen schätzten den istrischen Wein, auch die K.-u.-k.-Monarchie war angetan davon und stockte die Anbauflächen auf. Im 19. Jh. setzte die Reblaus hier, wie anderswo in Europa auch, dem Weinbau ein jähes Ende: Viele Erzeuger wanderten auf der Suche nach einer neuen Existenzgrundlage ab. Zu sozialistischen Zeiten wurde nicht allzu großer Wert auf Qualität gelegt, man konzentrierte sich eher auf in großen Mengen industriell hergestellte Einheitsweine.

Neue Weinkultur

In den letzten Jahren hat sich die Weinkultur in Istrien allerdings spürbar gewandelt: Alte, vor allem hier heimische Rebsorten wurden verfeinert, perfektioniert und neu vermarktet. Dies ist vor allem den jungen, ambitionierten Winzern zu verdanken, von denen einige auch im Ausland einen guten Ruf genießen, etwa Moreno Cornica. Er produziert beispielsweise einen recht ungewöhnlichen **Gran Malvazija**, einen im Barriquefass ausgebauten Malvasier-Weißwein – zwar in alter Familientradition, doch mit modernster Technologie. Dieses Zusammenspiel von Tradition und Moderne ist auch dem Weingut Kozlović gelungen: Das neue Anwesen mit Weinkeller wurde bestens in die Landschaft integriert. Dem Experimentieren der ambitionierten Winzer sind keine Grenzen gesetzt: Auf dem Weingut Kabola wird die Rebsorte Malvazija sieben Monate lang mit Traubenschalen in Amphoren fermentiert, die in die Erde eingegraben werden. Der goldfarbene Wein wird anschließend in Fässern aus slawonischer Eiche gelagert – und erhält dadurch ein leichtes Cognac-Aroma. Überhaupt spürt und schmeckt man bei einer Verkostung die Leidenschaft und die Liebe zum Wein! Ob eine Weinsorte bestimmten Standards genügt, erkennt man übrigens am **Gütesiegel IQ (Istrian Quality)**.

Sorten

Zur meistgetrunkenen Sorte in Istrien gehört die weiße Rebsorte **Malvazija istarska** (Malvasia istriana). Diese gilt als sehr ertragreich und widerstandsfähig gegen Krankheiten. Zu den leichten Weißweinen zählt Malvazija mit einem Alkoholgehalt von 11,5 bis 13,5 Vol.-Prozent allerdings eher nicht.
Ebenfalls charakteristisch für Istrien ist der **Teran** (ital. Terrano), ein fruchtiger, recht dunkler Rotwein mit betonter Säure, dem das Bodenständige anhaftet. Die alte Rebsorte Refošk ist eine Untergattung des Teran, die weniger ergiebig ist und früher reift. Sie wächst vornehmlich im slowenischen Karst.

Beim Anblick des Teran wird verständlich, warum die Kroaten ihren Rotwein »schwarzen Wein« (Crno vino) nennen.

In den vergangenen Jahren hat der Teran allerdings für Zwist gesorgt: Slowenien hatte sich die Bezeichnung schon beim EU-Beitritt 2004 schützen lassen. Daher darf Kroatien, seit 2013 ebenfalls EU-Mitglied, die Bezeichnung »Teran« international nicht mehr verwenden. Die Traube sei jedoch kroatischen Ursprungs, so das Argument der Kroaten. Slowenien hat seinem Nachbarn 2017 gar mit einer Klage gedroht, nun muss die Europäische Union den Streit schlichten.

Einen guten Ruf genießt auch der eigenwillige **Muškat**, der auf einem kleinen Gebiet um Momjan gedeiht. Bereits Kaiser Franz Joseph soll die strohgelbe, liebliche Sorte, die ein guter Begleiter zu Desserts ist, sehr geschätzt haben.

Für Kroaten gehört die Kava zum Tagesbeginn unbedingt dazu, vielleicht mit einem Gebäck (Pecivo). Erst danach kann der Tag richtig beginnen! Zu **Mittag** begnügt man sich eher mit einem kleinen warmen Gericht, etwa Fritaja (Omelett) oder einer Maneštra. Am **Abend** werden Fisch- oder Fleischgerichte gerne üppig aufgetischt und von einer guten Flasche Wein begleitet.

EINIGE ADRESSEN

WWW.ISTRIEN-GOURMET.COM
Der Tourismusverband Istriens stellt Wein- und Olivenölrouten als Download und als App bereit. Am letzten Sonntag im Mai öffnen über 90 Erzeuger ihre Keller.

WWW.ISTRA.COM
Virtueller Wein- und Gourmetwegweiser für Istrien.

FRANC ARMAN
Tipp: Malvazija.
Narduči 5
52447 Vižinada
Tel. 052 446 22 66
www.francarman.hr

FAMILIE CATTUNAR
Bekannt für Teran Barrique und den weißen Muškat Bijeli.
Nova Vas 94
52474 Brtonigla
Tel. 052 72 04 96
www.vina-cattunar.hr

MORENO DEGRASSI
Vor allem Cabernet Sauvignon und Muškat.
Podrumarska 3
52474 Savudrija-Bašanjija
Tel. 052 75 92 50
www.degrassi.hr

MORENO CORONICA
Erstklassige Malvazija-Weine.
Koreniki 86, 52470 Umag
Tel. 052 73 03 57
www.coronica.com

VINA KABOLA
Drei Sorten Malvazija, Schaumwein, Olivenöl-Degustation.
Kanedolo 90
52462 Momjan
Tel. 052 77 92 08
www.kabola.hr

VINA KOZLOVIĆ
Interessant ist der Momjaner Muškat als süßer Aperitif.
Vale, 78
53462 Momjan
Tel. 052 77 91 77
www.kozlovic.hr

VINA MATOŠEVIĆ
Exzellenter Malvasier, feine weiße und rote Cuvées.
Krunčići 2
52448 Sv. Lovreč
Tel. 052 44 85 58
www.matosevic.com

RADOVAN
Spritziger Malvazija, Chardonnay und sehr guter Teran.
Radovani 14
52463 Višnjan
Tel. 052 46 21 66

ROXANICH
Praktisch alle gängigen istrischen Weine in hoher Qualität.
Kosinožići 26
52446 Nova Vas
Tel. mobil 091 617 07 00
www.roxanich.hr

FEIERN

Viele Feste in Istrien und der Kvarner-Bucht haben einen religiösen Hintergrund wie die Patronatsfeste, bei denen die Schutzheiligen geehrt werden, oder der Karneval. Hinzu kommen diverse Musik-, Tanz- oder Film-Festivals, die bisweilen internationale Prominenz anziehen – und kulinarische Thementage.

Karneval

Mit zotteligen Tierfellen und grimmigen Holzmasken versuchen in ▶ Rijeka die Glöckner (Zvončari) den Winter in der Kvarner-Region zu vertreiben. Bei diesem Karnevalsumzug mit 10 000 Aktiven und 120 000 Zuschauern geht es besonders hoch her. Längst schon gehört der **Straßenumzug** zu den größten in ganz Südosteuropa. Wie in ▶ Opatija, Krk, Crikvenica, Lovran, Bakar oder Novi Vinodolski verläuft der Zug direkt am Meer entlang. Zum Abschluss wird im Hafen der Pust, eine Strohpuppe, angezündet und so der Winter symbolisch verbrannt. Närrisch geht es aber nicht nur in der kalten Jahreszeit zu: Beim **Sommerkarneval** in Rabac (▶ Labin, Umgebung), ▶ Novi Vinodolski ▶ oder Senj stehen ebenfalls farbenfrohe Kostüme im Mittelpunkt. .

Patronats- und Volksfeste

Jede noch so winzige Ortschaft feiert traditionell ihren **Schutzheiligen**: Dessen Patronatstag ist meist mit einem Volksfest verbunden. Zu den sehenswertesten gehört das Fest des hl. Jakob am 25. Juli in Kanfanar (▶ Limski kanal), mit einer Schau der schönsten Boškarin-Rinder. Am selben Tag wird der hl. Christophorus beim mittelalterlichen Armbrustschützenfest Rabska Fjera auf ▶ Rab geehrt. Auch an kirchlichen Festtagen wie Mariä Himmelfahrt (15. August) wird überall gefeiert, oft mit einer großen Wallfahrt wie in Rijeka-Trsat. Und wenn im Sommer gerade mal kein Feiertag anfällt, findet sich ein anderer Anlass zum Feiern: beispielsweise die fröhlich-bunten **Fischerfeste**, etwa in Selce (▶ Crikvenica, Umgebung), ▶ Novigrad oder Fažana (▶ Brijuni, Umgebung), bei denen an der Uferpromenade getanzt wird.

Erntefeste im Herbst

Im Herbst wird die Ernte gefeiert: Die größten Trüffelpilze werden etwa in Buzet oder Livade gekürt, die berühmten Esskastanien von Lovran kommen bei der Marunada als Kuchen oder Maronipüree auf den Tisch und hausgemachter Wein in vielen Ortschaften Istriens. Vielerorts segnet Sankt Martin am 11. November die Weinernte. In der übrigen Zeit werden regionale Saisonprodukte gefeiert: In Novigrad sind das etwa Muscheln, Spargel oder Seezungen.

Kulturveranstaltungen

Für Liebhaber der Klassik gelten die **Musiksommer** von Grožnjan und Osor (▶ Cres) seit Jahrzehnten als Muss. Jazz steht in Opatija im Mittelpunkt, Blues in Kastav. Wer sich für Filme begeistert, sollte Tickets für die **Filmfestivals** von Pula oder Motovun besorgen. **Theater**freunde genießen das Ulysses-Festival auf den Brijuni-Inseln in freier Natur. Und das Örtchen Svetvinčenat sichert sich derzeit mit modernem **Tanz und Pantomime** einen festen Platz in der internationalen Festivallandschaft.

VERANSTALTUNGSKALENDER

GESETZLICHE FEIERTAGE IN KROATIEN

1. Januar:
Neujahr (Nova godina)
6. Januar:
Dreikönigstag (Sveta tri kralja)
März/April:
Ostermontag (Uskrsni ponedeljak)
1. Mai:
Tag der Arbeit (Praznik rada)
Mai/Juni:
Fronleichnam (Tjelovo)
22. Juni:
Tag des Antifaschistischen Kampfs (Dan antifašističke borbe)
25. Juni:
Staatsfeiertag (Dan državnosti)
5. August:
Tag des Sieges und der nationalen Dankbarkeit/Rückeroberung der Krajina 1995 (Dan pobjede i domovinske zahvalnosti)
15. August:
Mariä Himmelfahrt (Velika Gospa)
8. Oktober:
Unabhängigkeitstag (Dan neovisnosti)
1. November:
Allerheiligen (Svi sveti)
25./26. Dezember:
Weihnachten (Božićni blagdani)

IN SLOWENIEN

1./2. Januar:
Neujahr (Novo leto)
8. Februar:
Tag der Kultur (Prešernov dan)
März/April:
Ostersonntag und -montag (Velika noč/Velikonočni ponedeljek)
27. April:
Tag des Widerstands im Zweiten Weltkrieg (Dan upora proti okupatorju)
1./2. Mai:
Tag der Arbeit (Praznik dela)
Mai/Juni:
Pfingstsonntag (Binkošti)
25. Juni:
Nationalfeiertag (Dan državnosti)
15. August:
Mariä Himmelfahrt (Marijino vnebovzetje)
31. Oktober:
Reformationstag (Dan reformacije)
1. November:
Allerheiligen (Dan spomina na mrtve)
25. Dezember:
Weihnachten (Božič)
26. Dezember:
Tag der Unabhängigkeit und Einheit (Dan samostojnosti in enotnosti)

VERANSTALTUNGEN

FEBRUAR/MÄRZ

Karneval
Rijeka (www.ri-karneval.com.hr)

APRIL

Spargelfest: Riesenomelett aus 1000 Eiern und 30 kg Wildspargel
Lovran (www.tz-lovran.hr)

Beim Subotina-Fest wird immer ein gigantisches Omelett angerührt.

JUNI

Sommerkarneval
Rabac (www.rabac-labin.com)

JULI

Liburnia Jazz Festival
(1. Juli-Wochenende)
Opatija (www.liburniajazz.hr)
Sommerkarneval (1. Sa. im Juli)
Novi Vinodolski (www.tz-novi-vinodolski.hr)
Pula Filmfestival in der Arena
(2. Monatshälfte)
Pula (www.pulafilmfestival.hr)
Musiksommer (Juli – Aug.)
Grožnjan (www.hgm.hr)
Sommertheater Ulysses (Mitte Juli – Ende Aug.)
Brijuni (www.ulysses.hr)
Open-Air-Filmfestival (Ende Juli)
Motovun (www.motovunfilmfestival.com)
Festival des Tanzes und der Pantomime (3. Juli-Wochenende)
Svetvinčenat
(www.svetvincenatfestival.com)
Musikabende von Osor (Ende Juli – Ende Aug. Di., Do. und So.)
Cres (www.osorfestival.eu)
Rabska Fjera: Mittelalterliches Stadtfest (25. – 27. Juli)
Rab-Stadt (www.rab-visit.com)

AUGUST

Blues-Festival
(1. August-Wochenende)
Kastav (www.kastavbluesfest.com)
Sommerkarneval
Senj (www.tz-senj.hr)

SEPTEMBER
Subotina-Festival mit Riesen-Trüffelomelett
Buzet (www.tz-buzet.hr)

OKTOBER
Marunada (Maroni-Fest; Mitte – Ende Okt.)
Lovran (www.tz-lovran.hr)

Trüffeltage (Okt. – Nov.)
Buzet (www.tz-buzet.hr)
Weinsegnung, teils mit Prozession und Volksfest (11. Nov.)
Momjan, Sveti Martin, Tar u. a. (www.istra.hr)
Trüffelmesse (jedes Wochenende Mitte Sept.–Ende Okt.)
Livade (www.sajamtartufa.com)

SHOPPEN

Köstliche Liköre, fruchtige Feigenmarmelade und sonnenverwöhnte Weine: Kulinarisches zählt sicher zu den schönsten Mitbringseln. Doch auch Handwerkskunst und andere lokale Erzeugnisse helfen, den Urlaub zu Hause noch ein wenig zu verlängern.

Wein, Schnaps und Öl

Mit einer Flasche gutem Wein als Mitbringsel kann man wenig falsch machen. Viele Winzer verkaufen direkt: Probieren Sie die für Istrien typischen Rebsorten wie den weißen **Malvazija** (Malvasier) oder den roten **Teran**! Entlang der ausgeschilderten Weinstraßen werden die Rebsäfte direkt in den Weinkellern und Gasthöfen verkostet, in Kroatien (www.istra.com/vino) sowie im slowenischen Karst (www.vinskacestakras.si).

Wenn es im Magen zwickt, der Hals kratzt oder die Fenster streifenfrei glänzen sollen, schwören viele Kroaten auf ein Allheilmittel - **Rakija**. Der selbstgebrannte Schnaps darf in keinem Haushalt fehlen! In formschönen Geschenkflaschen wird er gerne als Trester (Lozovača/Loza) oder klassischer Zwetschgenbrand (Šljivovica) an Markt- und Souvenirständen verkauft. Wem der Selbstgebrannte zu feurig ist, kann aus vielen süßen Likören und Schnäpsen wählen: In Istrien sind **Biska** (Weiße Mistel) oder **Medica** (Med = Honig) beliebte Sorten – die meisten Erzeuger lassen Sie vor dem Kauf probieren.

In dekorativen Flaschen wird an solchen Ständen auch **Olivenöl** angeboten – auch mit Rosmarin oder Knoblauch verfeinert. Das Olivenöl aus Istrien gilt als qualitativ sehr hochwertig. Der internationale Olivenöl-Führer Flos Olei kürte Istrien wiederholt zur besten Olivenöl-Region weltweit! Entlang der Olivenöl-Straße wird man beim Erzeuger direkt fündig, aber auch in Feinkostgeschäften. Zu den besten Sorten gehören die Öle der Familie Ipša. Doch auch Trüffelkönig Zigante (Motovun, Umgebung) hat sich mit seinem Bio-Olivenöl schon einige Preise gesichert (►S. 130).

URLAUB ZU HAUSE

Sie haben das Spa in den Salinen von Sečovlje genossen (► S. 18)? Und möchten das zu Hause wiederholen? Dann nehmen Sie aus dem Salzshop doch ein Säckchen Fleur de Sel mit, handgeschöpft und in Bio-Qualität. Dazu ein Meersalz-Peeling für die straffe Haut – und schon weitet sich über der heimischen Badewanne der blaue Himmel, die Möwen kreischen. Jetzt noch etwas von der Zartbitterschokolade mit Salznote ...

Kulinarisches

In Zigantes Läden, aber auch in anderen Feinkostgeschäften, gibt es köstliche **Trüffelprodukte** wie getrüffelte Salami vom istrischen Ur-Rind Boškarin oder Honig mit Trüffeln.
Generell ist **Honig** ein schönes Mitbringsel, dass sich auch bei Sommerhitze prima lagern lässt. Regionale Erzeuger bieten erstklassige Sorten wie Efeu-, Löwenzahn- oder Salbeihonig – meist aus Kleinregionen ohne Spritzmittel am.
Wer es gerne süß mag, findet auf Bauernmärkten auch hausgemachte **Feigenmarmelade**. Diese gibt es recht günstig auch im Supermarkt, mit Orangen- oder Kakaonote verfeinert und in Bio-Qualität.

Mal ein anderes Mitbringsel: Ketten aus getrockneten Feigen

Dekorativ sind auch getrocknete Feigenketten mit frischen Lorbeerblättern. Auf den Märkten wird man fündig!

Handwerkliches

Wein wird in Istrien gerne in der **Bukaleta** serviert, einem meist mit Rebenmotiven bemalten Keramikkrug. Darin wird übrigens auch die Istarska Supa aus Rotwein, Olivenöl und geröstetem Brot angerichtet. Charakteristisch für Istrien sind **Kažuni**, winzige Feldhäuschen im Trockenbaustil. Sie boten den Hirten und Bauern Schutz bei Unwettern, außerdem wurde dort Werkzeug aufbewahrt. Heute gibt es in fast jedem Souvenirgeschäft Miniaturen dieser Häuschen aus unterschiedlichsten Materialien zu kaufen.
Das Wahrzeichen von ▶ Rijeka ist der **Morčić**, ein schwarzes Köpfchen mit rot-weißem Turban. Die traditionelle Figur gibt es als Ohrring, Anhänger oder Brosche. Ursprünglich sollte der Morčić als Talisman Seefahrer auf ihren Reisen beschützen, erinnert aber auch an die Bedrohung durch die Osmanen.

Kunstobjekte

Im Künstlerdörfchen ▶ Grožnjan säumen zahlreiche Kunstgalerien die malerischen Gassen. Gemälde, Skulpturen, Keramik und Schmuck warten auf Käufer. Ein sehr spezielles Souvenir ist sicher ein Abguss der Tafel von Baška mit glagolitischer Inschrift. Auf der Suche nach ausgefallener Handwerkskunst oder Schmuck wird man auch in den Souvenirläden von Museen oder in der Altstadtgasse Grisia in ▶ Rovinj fündig.

ÜBERNACHTEN

Istrien und die Kvarner-Bucht bieten nicht nur eine Vielfalt an Übernachtungsmöglichkeiten, sondern gehen mit der Zeit. Statt einfachem Camping wie in früheren Zeiten wird heute bequemeres Glamping angeboten; nachhaltiger Agrotourismus beim Olivenöl- oder Weinerzeuger ist überaus gefragt und selbst Leuchttürme weisen nicht mehr nur Schiffen den Weg, sondern beherbergen auch müde Urlauber, die auf eine ganz besondere Art Übernachtung aus sind.

Breites Spektrum

Das Gute vorweg: Istrien hält für (fast) jeden Geschmack und für jedes Budget die passende Unterkunft bereit. Als Klassiker gelten vor allem Privatunterkünfte, aber natürlich auch Hotels, und Campingplätze gibt es genügend. In allen Bereichen hat sich einiges getan in den vergangenen Jahren! Wer es individueller oder ungewöhnlich mag, wird ebenfalls fündig – im wildromantischen Hinterland oder gleich auf einer Insel!

Hotels

Klasse statt Masse: In den vergangenen Jahren sind zahlreiche kleine **Boutique-Hotels** entstanden, inhabergeführt, mit familiär-herzlicher Atmosphäre und geschmackvollem Design. Die Westküste Istriens ist bekannt für ihre großen **Ferienanlagen**, mit Hotels und Bungalows, die mehr oder weniger luxuriös sind. In manchen älteren Häusern hat man – trotz Modernisierung – den Eindruck, dass sich seit der Tito-Ära, außer dem Preis, nicht viel verändert hat. Andere Hotels glänzen hingegen mit Designermöbeln, bemerkenswerter Architektur, Casino oder eigenem Golfplatz!

Privatzimmer und Apartments

Große Schilder in den Vorgärten weisen auf freie Betten hin: **Sobe** (Zimmer) oder **Apartmani** (Appartements) stehen traditionell hoch im Kurs und stellen fast die Hälfte aller Übernachtungsmöglichkeiten in Istrien. Wer den Plausch mit dem Hausherren sucht, der oftmals nebenan wohnt und meist gerne den Grill für seine Gäste anwirft, ist hier gut aufgehoben. Preise und Ausstattung können erheblich schwanken: Je näher am Meer, desto teurer – im Juli und August ohnehin. In der Saison sollte man unbedingt vorher reservieren. Für Last-Minute-Urlauber: Manche Anbieter warten auch an Busbahnhöfen und Fährhäfen mit entsprechenden Schildern in der Hand. Kommerzielle Touristikagenturen vermitteln ebenfalls Zimmer vor Ort. In der Hauptsaison vermieten viele Anbieter allerdings nur wochenweise. Sinnvoll ist es, auf das **Qualitätszertifikat** »Domus Bonus« zu achten, mit dem sich viele Anbieter in Istrien schmücken. Es garantiert bestimmte Standards wie Klimaanlage oder einen separaten Eingang.

SICH BETTEN IM GRÜNEN

Während an der Küste sich ein Urlaubsort an den anderen reiht, locken im grüne Hinterland typische Dörfer und ruhige Städtchen. Es gibt gute Gründe, warum es nicht immer eine Unterkunft mit Meerblick sein muss.

Wer nach Kroatien fährt, macht meist Urlaub am Meer. Dort, wo der feine Kies unter den Füßen knirscht und der Blick morgens vom Balkon aufs tiefblaue Wasser fällt. Was für viele Urlauber zunächst paradiesisch klingt, hat aber auch seine Kehrseite. In der Hauptsaison geht es mancherorts wie im Taubenschlag zu: Dann reihen sich – zumindest gefühlt – alle Hotelgäste zeitgleich am Buffet ein, und am Strand findet sich kaum mehr Platz für ein Badetuch.

Geruhsames Hinterland

Immer mehr Urlauber haben in den vergangenen Jahren das Hinterland Istriens für sich entdeckt. Dort, wo **beschauliche Hügelstädtchen** den Blick aufs Meer höchstens aus der Ferne freigeben. Was nicht weiter tragisch ist, denn selbst das abgeschiedenste Dörfchen ist kaum mehr als eine Stunde von der Adria entfernt: Hier geht es auf alle Fälle ruhiger und ein wenig individueller als an der Küste zu.
Schon seit einiger Zeit geht der aber verstärkt Trend hin zu **familiären Landhotels**, die oftmals in liebevoll restaurierten Natursteinhäusern oder romantischen Palazzi im Hinterland untergebracht sind: Sie locken Gäste auch mit **besonderen Freizeitangeboten** wie Kochkursen oder Trüffelsuche.

Istrische Landhäuser

Wer mehr Komfort wünscht, mietet sich eine eigene, **luxuriöse Villa** im Hinterland – viele verfügen über einen eigenen Swimmingpool im Garten, Whirlpool oder Sauna. In manchen Häusern können Privatköche, Zimmermädchen und Kinderfrauen gleich mitgebucht werden: Gegen entsprechend

Bares wird den Gästen hier fast jeder Wunsch erfüllt. Das hat natürlich seinen Preis. In der Hauptsaison können schon mal 5000 Euro pro Woche anfallen, dafür haben gelegentlich sogar bis zu einem Dutzend Gäste Platz, was den Preis relativiert. In der Nebensaison gehen solche Luxusvillen preislich auch für ein Drittel weg. Einige Landhäuser mit Kamin sind sogar winterfest.
Es geht jedoch auch schlichter. Gemeinsam haben alle Häuser, die im Hinterland vermietet werden, dass es sich meist um denkmalgeschützte istrische **Steinhäuser** handelt. Dazu gehören auch acht nebeneinander liegende Häuser im winzigen Dörfchen Kotli, das noch vor wenigen Jahren fast verlassen war – und nun auch Übernachtungsgäste am romantischen Flusslauf der Mirna beherbergt.

Agrotourismus

Landwirtschaftliche Gehöfte bieten im Rahmen des Agroturizam-Konzepts Gästen nicht nur Unterkunft, sondern verköstigen sie auch mit ihren hausgemachten Produkten und verkaufen diese als Direktvermarkter: Olivenöl, Wein, hausgemachte Marmelade, Schinken, Käse, Liköre und andere Köstlichkeiten! Schilder mit **agroturizam, seljački turizam, seoski turizam** oder **stancija** zeigen den Weg. Dabei kann man den Vermietern vielerorts auch bei der Ernte helfen. Agroturismus-Gehöfte sind oft in alten istrischen Steinhäusern untergebracht. Hier und da findet man außergewöhnliche Haustiere: Bei Familie Sinković in Sveti Mauro bei Momjan beispielsweise leben mit Gigi und Pepa zwei vietnamesische Hausschweine als Maskottchen, die einst zur Trüffelsuche angeschafft wurden und die Besucher mit einem freundlichen Grunzen willkommen heißen. Die Suche haben sie allerdings längst den Trüffelhunden überlassen, da diese die edle Knolle – im Gegensatz zu Trüffelschweinen – nicht selbst verputzen ...

Informationen und Broschüren über Privatunterkünfte mit dem Gütesiegel »Domus Bonus« und für Agrotourismus-Betriebe gibt es unter:
www.istra.hr

Das Anwesen der Familie Sinkovič bei Romjan

Ferien auf dem Land

Seit einigen Jahren sind Ferien auf regionaltypischen Landgütern **(agroturizam)** in Istrien auf dem Vormarsch. Meist handelt es sich um alte Landhäuser, in denen Gäste mit eigenem Obst, Gemüse, Olivenöl, Wein oder Käse verwöhnt werden und die Erzeugnisse auch kaufen können. Wer mag, kann vielerorts bei der Oliven- oder Weinernte mit anpacken.

Radfahrer-Unterkünfte

Nicht nur Fahrradwege wurden in den vergangenen Jahren in Istrien ausgebaut, sondern auch Übernachtungsmöglichkeiten für Radler: Rund 100 Objekte, meist Privatzimmer und Pensionen, aber auch komfortablere (Boutique-)Hotels tragen das Zertifikat **»Istra Bike&Bed«.** Um dieses zu erhalten, müssen abschließbare Räume für Fahrräder, Pannensets, Kartenmaterial und Sonstiges, was Radfahrer während einer Tour benötigen, von den Unterkünften bereitgestellt werden. Infos: www.istria-bike.com

Jugendherbergen, Hostels

Offizielle Jugendherbergen gibt es gerade mal eine Handvoll, etwa in Rijeka, Pula und Mali Lošinj (www.hfhs.hr). In den vergangenen Jahren wurden jedoch einige moderne private Hostels, ebenfalls in Rijeka und Pula sowie in Piran oder Koper eröffnet. Dort werden in der Regel auch Doppelzimmer vermietet, oft mit Dusche/WC auf dem Stockwerk.

Camping in allen Variationen

Urlaub mit dem Wohnmobil oder Zelt ist traditionell beliebt: Die meisten Campingplätze erstrecken sich an der Küste. Im Norden von Istrien, in der Gegend von ▶ Umag, gibt es einige **weitläufige Anlagen** für mehrere Tausend Gäste wie Lanterna und Camping Park Umag.

Die Ausstattung ist höchst unterschiedlich: Vom ruhigen, familiären Platz bis zur Luxusanlage mit eigenem Strand, Kinderanimation, Pools, Abendveranstaltungen wird so ziemlich alles geboten.

Längst schon hat auch **»Glamping«**, die exklusivere Camping-Variante in der Region Einzug gehalten. Das Kunstwort aus »glamorous Camping« steht für luxuriöse Mobilheime oder komplett ausgestattete Lodgezelte auf dem Campingplatz. Das Camping Resort Lanterna bietet solche Mobilheime auch als »Happy Dog Village« an: Hundebesitzer finden Strände, Spielplätze und Tierhandlung für Vierbeiner vor.

FKK-Anhänger können ebenfalls aus einem großen Angebot an Campingplätzen wählen, Koversada bei ▶ Vrsar war der erste seiner Art in Europa und ist bis heute einer der größten.

Ungewöhnliche Unterkünfte

Ungewöhnlich sind Apartments in **Leuchttürmen**, die in der Saison meist nur wochenweise vermietet werden. In Istrien kann man sich vorwiegend entlang der Westküste in den Leuchttürmen Savudrija (▶ Umag, Umgebung), Sveti Ivan na pučini, Rt Zub oder auf dem In-

BAEDEKER ÜBERRASCHENDES

6X TYPISCH

Dafür fährt man nach Istrien

1. NATIONAL-NUDEL

Die istrische **Nationalnudel Fuži** erkennt man an ihrer gleichmäßigen Röllchenform. Zu kaufen gibt es sie nur selten, aber in manchem Restaurant kann man sie probieren.

2. NOSTALGIE-TRAM

Die **Standseilbahn von Triest** ist Kult: Quietschend befördert sie Ausflugsgäste in den Villenvorort Opicina – seit 1902 ist sie schon in Betrieb. (▶ **S. 236**)

3. BESENSCHÄNKE MIT MEERBLICK

Im Hinterland von Triest wird köstlicher Wein gekeltert – und in kleinen, **Osmica** genannten Wirtschaften ausgeschenkt. Diese Besenschänken haben nur wenige Wochen im Jahr geöffnet.

4. TRÜFFELN MAL ANDERS

Istrien ist ein Trüffelparadies, in dem die kostspielige Knolle (noch) recht erschwinglich ist: Meist kommt diese auf hausgemachter Pasta oder Steak daher. Probieren Sie mal etwas anderes: **getrüffeltes Eis** mit ein wenig Olivenöl, ein Genuss!

5. JUGEND-STIL-AMBIENTE

Gekachelte, kühle Fischhallen? Fehlanzeige! Die **Fischmärkte von Rijeka, Pula oder Mali Lošinj** sind architektonische Highlights mit K.-u.-k.-Jugendstilambiente, die man sich unbedingt anschauen sollte.

6. HALSBINDE

Die kroatische Kavallerie trug stilvolle Schalbinden, die auf besondere Art gebunden waren: »à la croate.« Bis heute gilt daher Kroatien als **Heimatland der Krawatte**. Träger der Halsbinden werden in den »Crata«-Boutiquen in größeren Städten fündig.

Eine Legende unter den Hotels: das Kvarner Palace in Crikvenica

selchen Porer, auf der Halbinsel Marlera, in Veruda und Crna Punta einquartieren.

Im italienischen Teil Istriens ist der **Pescaturismo** im Kommen: Dabei können Gäste bei Fischern übernachten, werden verköstigt und dürfen mit zum Fischen – vergleichbar wie beim Agrotourismus in landwirtschaftlichen Gehöften.

Nebensaison nutzen

Wer nicht im Juli oder August fährt, zahlt deutlich weniger, denn im Hochsommer sind viele Unterkünfte um ein Mehrfaches (!) teurer. Das liegt auf der Hand, denn die Saison ist kurz: Sie beginnt ab Ostern, meist erst im Mai und endet oftmals schon im September, spätestens im Oktober. In nur wenigen Wochen müssen Hoteliers und Vermieter ihren Hauptumsatz erwirtschaften. Am Samstag, dem klassischen An- und Abreisetag im Hochsommer, staut sich der Verkehr auf den Straßen, an den Grenzübergängen und in den Fährhäfen. Bei der Übernachtung wird in Kroatien eine Kurtaxe in Höhe von 7 Kuna pro Erwachsenem und Nacht in der Hauptsaison fällig, in Slowenien sind es bis zu 1,27 €.

EINIGE INFORMATIONEN

PREISKATEGORIEN FÜR EIN DOPPELZIMMER

inklusive Frühstück in der Hauptsaison (Juli/August):

€€€€	über 200 EUR
€€€	150 bis 200 EUR
€€	100 bis 150 EUR
€	bis 100 EUR

ONLINE-BUCHUNGSPORTALE

www.trivago.de
www.booking.com
www.swoodoo.com
www.kroati.de
www.bellevue-ferienhaus.de
www.airbnb.com

CAMPING

KROATISCHER CAMPINGVERBAND

Pionirska 1
52440 Poreč
Tel. 052 45 13 24
www.camping.hr

LEUCHTTÜRME

PLOVPUT

Tel. 021 39 06 09 (HR)
www.lighthouses-croatia.com

LIGHTHOUSE CROATIA

Tel. mobil 098 182 07 19 (HR)
www.lighthouse-croatia.com

P

PRAKTISCHE INFOS

Wichtig, hilfreich präzise

Unsere Praktischen Infos helfen in allen Situationen in Istrien weiter.

KURZ & BÜNDIG

ELEKTRIZITÄT
220 Volt Wechselspannung, kein Adapter erforderlich

NOTRUFE

ALLGEMEINER NOTRUF
Tel. 112 (landesweit)

TAUCHUNFÄLLE
Poliklinik für Baromedizin Oxy, Pula
Tel. 052 21 56 63
Notdienst: Tel. 098 21 92 25

PANNENHILFE
Tel. 00 385 19 87

ADAC-NOTRUF IM AUSLAND
Tel. 00 49 89 22 22 22
www.adac.de

ADAC-NOTRUF IN ZAGREB
Tel. 01 3 44 06 66

SPERRNOTRUF FÜR VERLORENE KREDIT-, BANK- ODER HANDYKARTEN:
Tel. 00 49 116 116

DRK-FLUGDIENST
Tel. 04 92 11 91 74 99 39
www.drkflugdienst.de

ÖFFNUNGSZEITEN
Apotheken:
Mo. – Sa. 8.30 – 17.30 Uhr
Banken:
Mo. – Fr. 9 – 16 Uhr

TELEFONVORWAHLEN
Kroatien: 00 385
Slowenien: 00 386
Italien: 00 39

WAS KOSTET WIE VIEL?
3-Gänge-Menü: ab 200 Kuna
Einfache Mahlzeit: ab 50 Kuna
Espresso: ab 7 Kuna
Ein Softgetränk: ab 12 Kuna
Benzin (1 l): Super ca. 1,25 € (9,37 HRK), Diesel ca. 1,21 € (9,07 HRK)
Doppelzimmer (privat): ab 200 Kuna

ZEIT
Mitteleuropäische Zeit, Sommerzeit Ende März – Ende Oktober

ANREISE · REISEPLANUNG

Mit dem Flugzeug

Die nationale Fluggesellschaft **Croatia Airlines** verbindet den deutschsprachigen Raum mit den Flughäfen in Pula und dem Flughafen von Rijeka, auf der Insel Krk. Direktflüge werden im Sommer z. B. ab Berlin, Düsseldorf, Frankfurt am Main, München und Wien angeboten, außerhalb der Saison meist mit Zwischenstopp in Zagreb. Ganzjährig gibt es Linienflüge zwischen Zagreb und Pula. Ab Zagreb-Flughafen verkehrt zudem ein Shuttle-Bus von Croatia Airlines nach

Rijeka. Urlaubsziele im Süden der Kvarner Bucht lassen sich auch ab dem Flughafen Zadar erreichen, der örtliche Bus ab Zadar-Zentrum benötigt z. B. nach Senj 3 Std. Fahrtdauer. Alternative Flughäfen sind zudem Triest (I) und Ljubljana (SLO). Die slowenische nationale Fluggesellschaft **Adria Airways** bietet Shuttle-Busse von Ljubljana-Flughafen nach Portorož und Triest an.
Längst schon haben die **Low-Cost-Airlines** auch Pula und Rijeka/Insel Krk (nahe Omišalj) in ihr Streckennetz aufgenommen, in der Regel aber nur in den Sommermonaten. Anbieter und Flugplan wechseln fast jede Saison. Auf den Webseiten von Eurowings, Ryanair oder Easyjet wird man fündig. Die Ferienflieger-Airline Edelweiss Air bindet Zürich an Pula an. Flugsuchportale wie www.opodo.de, www.expedia.de oder www.swoodoo.com listen alle Verbingungen auf.

Mit dem Auto

In der **Schweiz, Österreich und in Slowenien** benötigt man für die Nutzung von Autobahnen eine **Vignette**. Diese gibt es bei den Automobilclubs, an grenznahen Tankstellen und an der Grenze. Hinzu kommen mautpflichtige Strecken wie der Tauern-/Katschbergtunnel und der Karawankentunnel (Grenze zu Slowenien) – hier spart man sich mit dem Erwerb von Videomautkarten (z. B. bei den Automobilclubs) den Stopp am Kassenhäuschen.
In Italien werden entfernungsabhängige **Autobahngebühren** (Pedaggio) fällig. Die **slowenische Vignette** (Vinjeta) für Pkw bis 3,5 t ist eine Woche (15 €), einen Monat (30 €) oder ein Jahr gültig (110 €). Wer bei einer Kontrolle ohne sie erwischt wird, muss mit einer empfindlichen Geldstrafe rechnen (www.dars.si). Achtung: Vignettenpflicht gilt auch für das Autobahnteilstück von Triest nach Koper. Auch **Kroatische Autobahnen** sind gebührenpflichtig. Dies gilt auch für das so genannte Istrische Ypsilon, den Učka-Tunnel, das Mirna-Viadukt und die Brücke von Krk. Die Mautgebühr (Cestarina) ist nach Entfernung und Fahrzeuggröße gestaffelt. Bei der Auffahrt zieht man eine Karte, beim Verlassen der Autobahn wird anhand dieser Karte abgerechnet. Bezahlt werden kann mit gängigen Kreditkarten, Kuna oder Euro (Rückgeld nur in Kuna!). Für Kartenzahler gibt es eine Extra-Spur (Automatenzahlung). Die Streckenpreise sind auf den Webseiten der Autobahnbetreiber aufgeführt: Hrvatske Autoceste (www.hac.hr), Autocesta Rijeka-Zagreb (www.arz.hr) und auf dem Istrischen Ypsilon (www.bina-istra.com). Praktisch ist auch der Online-Routenplaner des ADAC, der die genauen Autobahnkosten für die Anreise ausrechnet.

Mit der Bahn

Das Eisenbahnnetz in Istrien ist nur dürftig ausgebaut: Die einzige Trasse führt von Divača über Buzet nach Pula – mit Umsteigen. Gute 9 Stunden Fahrtzeit sollte man von München nach Rijeka einplanen, mit Umstieg in Ljubljana. Die slowenische Hauptstadt ist direkt an Koper angebunden (2,5 Std.). Von München nach Triest benötigt man 9 Stunden, mit Zugwechsel in Verona. Eine **Fahrradmitnahme** ist in kroatischen Zügen nur in Gepäckwagen möglich. Die genauen **Abfahrtszeiten** aller Züge sind abrufbar unter www.hzpp.hr.

Mit dem Bus

Fernbusse (Eurolines/Touring, Flixbus) fahren recht preisgünstig von Deutschland nach Pula, Rijeka, Crikvenica, Senj und in andere Orte. Die Fahrt von München nach Rijeka dauert 7,5 Std. Tickets gibt es online, bei den Agenturen von Eurolines/Touring oder in Reisebüros.

Mit dem Schiff

Die kroatischen Fähren sind fast alle in der Hand der staatlichen **Reederei Jadrolinija**. Diese bekommt nur auf wenigen Linien Konkurrenz, z. B. durch Rapska Plovidba auf die Insel Rab. Unterschieden wird zwischen **Trajekt** (Fähre, mit Autotransport) und **Katamaran** (Personenschnellboot). Für die lokalen Küstenfähren können zwar Online-Tickets gekauft werden, die für das angegebene Datum gelten, allerdings sind keine Reservierungen möglich. Wer mit dem Auto unterwegs ist, sollte daher frühzeitig im Fährhafen sein, um noch einen Platz zu bekommen. In der Hauptsaison wird es in der Regel samstags recht eng, dem klassischen An- und Abreisetag. Die Agentur für den Küstenschiffsverkehr informiert über den aktuellen Linienverkehr in kroatischen Gewässern (www.agencija-zolpp.hr). Tagesausflüge mit dem Schiff sind ab Pula, Rovinj, Piran und anderen Städten nach Venedig (www.venezialines.com) oder Triest (www.triestelines.it) möglich.
Wer mit dem **eigenen Segel- oder Motorboot** unterwegs ist, hat viele Marinas zur Auswahl, an der slowenischen Küste etwa in Koper (www.marina-koper.si), Izola (www.marinaizola.com) und Portoroz (www.marinap.si). Entlang der nordkroatischen Küste in Novigrad, Umag, Cervar-Porat, Poreč, Vrsar, Pula, Pomer (Medulin), Ičići, Opatija, Punat (Krk), Cres, Mali Lošinj, Rab und Supetarska Draga.

Reisedokumente

Einreisebestimmungen

Kroatien ist seit 2013 zwar ein **Mitgliedsstaat der Europäischen Union**, gehört allerdings noch nicht zum grenzfreien Schengen-Raum. Das bedeutet, dass die Reisedokumente (Personalausweis oder Reisepass) an der slowenisch-kroatischen Grenze noch strikt kontrolliert und mit einschlägigen Datenbanken abgeglichen werden. Kinder benötigen ein eigenes Ausweisdokument. EU-Bürger, die sich bis zu 90 Tagen in Kroatien aufhalten, müssen sich nicht mehr bei der örtlichen Polizei anmelden.
Wer mit eigenem Wagen oder Motorrad nach Kroatien reist, muss den **nationalen Führerschein** und den **Kfz-Schein** mit sich führen.

Krankenversicherung

Die **Europäische Krankenversicherungskarte (EHIC)** der gesetzlichen deutschen Krankenkassen ist in Kroatien und Slowenien gültig,

FLUGGESELLSCHAFTEN

ADRIA AIRWAYS
Tel. 01 369 10 10 (SLO)
www.adria.si

AUSTRIAN AIRLINES
Tel. 05 17 66 10 01 (A)
www.austrian.com

CROATIA AIRLINES
Tel. 069 9 20 05 20 (D),
Tel. 044 2 61 08 40 (CH),
Tel. 01 66 76 555 (HR)
www.croatiaairlines.com

EASYJET
Tel. 0180 6 060 606 (D)
www.easyjet.com

EUROWINGS
Tel. 0180 6 32 03 20 (D)
www.eurowings.com

LUFTHANSA
Tel. 069 86 799 799 (D)
www.lufthansa.com

RYANAIR
Tel. 0900 1 16 05 00 (D)
www.ryanair.com

EDELWEISS
Tel. 0848 33 35 93 (CH)
www.flyedelweiss.com

FLUGHÄFEN IN KROATIEN

MALI LOŠINJ
6 km von Mali Lošinj, internationaler Sport- und Charterflughafen; auch Taxi- und Panoramaflüge
Tel. 051 23 16 66
www.airportmalilosinj.hr

ZRAČNA LUKA RIJEKA
30 km südöstlich der Stadt auf der Insel Krk, direkte Busverbindung nach Rijeka und Opatija
Tel. 051 84 20 40
www.rijeka-airport.hr

ZRAČNA LUKA PULA
6 km östlich der Stadt in Ližnjan, direkte Shuttle-Busse nach Pula, Medulin, Fažana, Rovinj, Poreč, Novigrad, Umag und Rabac
Tel. 052 55 09 26
www.airport-pula.hr

ZRAČNA LUKA FRANJO TUĐMAN ZAGREB
15 km südlich von Zagreb in Velika Gorica, direkte Busverbindung zum Omnibusbahnhof Zagreb und Shuttle-Busse nach Rijeka
Tel. 01 6 56 22 22
www.zagreb-airport.hr

IN SLOWENIEN

AERODROM LJUBLJANA
26 km nördlich der Stadt in Brnik
Tel. 04 2 06 19 81
www.lju-airport.si

AERODROM PORTOROŽ
6 km südöstlich der Stadt in Sečovlje, internationaler Sport- und Charterflughafen
Tel. 05 6 17 51 40
www.portoroz-airport.si

IN ITALIEN

AEROPORTO FRIULI VENEZIA GIULIA,
33 km nordwestlich von Triest
Tel. 0481 77 32 24
www.triesteairport.it

BAHN

DEUTSCHE BAHN (DB)
Tel. 01806 99 66 33* (D)
www.bahn.de

ÖSTERREICHISCHE BUNDESBAHNEN (ÖBB)
Tel. +43 (0) 5 17 17
(A, landesweit zum Ortstarif)
www.oebb.at

SCHWEIZERISCHE BUNDESBAHNEN (SBB)
Tel. 0900 30 03 00* (CH)
www.sbb.ch

HRVATSKE ŽELJEZNICE (HŽ)
HŽ Putnički prijevoz
(Kroatische Eisenbahnen)
Tel. 060 33 34 44* (HR)
www.hzpp.hr

SLOVENSKE ŽELEZNICE (SŽ)
Slowenische Eisenbahnen
Tel. 01 29 13 391 (SLO)
www.slo-zeleznice.si

BUS

EUROLINES/TOURING
Tel. 061 9 62 07 85 01 (D)
www.eurolines.de

FLIXBUS
www.flixbus.de

AUTOTRANS RIJEKA
Tel. +385 (0)51 660 660
www.autotrans.hr

AUTOBUSNI KOLODVOR ZAGREB
Busbahnhof Zagreb
Tel. 060 31 33 33* (HR) und
00385 1 6 11 27 89
(aus dem Ausland)
www.akz.hr

AVTOBUSNA POSTAJA LJUBLJANA
Busbahnhof Ljubljana
Tel. 1991 (SLO) und
00386 1 23 44 601
(aus dem Ausland)
www.ap-ljubljana.si

SCHIFF

JADROLINIJA
Zentrale in Rijeka
Tel. 051 66 61 11 (HR)
www.jadrolinija.hr

RAPSKA PLOVIDBA
Tel. 051 72 41 22 (HR)
www.rapska-plovidba.hr

VENEZIA LINES
Tel. 052 42 28 96 (HR)
www.venezialines.com

LIBERTY LINES (ROVINJ, PULA, PIRAN – TRIEST)
Tel. 0923 87 38 13
www.triestelines.it

---

meist muss die Arztrechnung aber vor Ort bezahlt werden. Die gesetzlichen Krankenkassen erstatten den Betrag (zumindest anteilig) in der Regel problemlos zurück, nach Vorlage einer detaillierten Rechnung. Der Abschluss einer privaten Krankenversicherung, die den Rücktransport sichert, wird empfohlen.

Impfungen, Gesundheitsvorsorge

Besondere Impfungen sind nicht vorgeschrieben. Das Auswärtige Amt empfiehlt dennoch grundsätzlich einen Impfschutz gegen **Tetanus, Diphtherie und Hepatitis A.** Wer länger im Land bleibt, sollte sich gegen Hepatitis B, unter Umständen auch gegen Tollwut und Frühsommer-Meningoenzephalitis (FSME) impfen lassen.

Haustiere

Mitreisende Haustiere (Hunde, Katzen, Frettchen) benötigen zur Einreise nach Slowenien und Kroatien einen **EU-Heimtierausweis,**

Mikrochip-Kennzeichnung oder ein tierärztliches Zeugnis, zudem müssen sie gegen **Tollwut** geimpft sein. Nicht alle Hotels und Vermieter gestatten Tiere. Daher sollte man sich unbedingt bei der Buchung erkundigen. Meistens wird eine kleine Zusatzgebühr fällig. An öffentlichen Stränden sind Hunde nicht erlaubt, Hundestrände sind als solche gekennzeichnet.

Einreise nach Slowenien/ Kroatien

Innerhalb der EU gilt der freie Warenverkehr: Gegenstände des persönlichen Bedarfs können eingeführt werden. Auflagen gibt es bei Alkohol und Tabak. Die Ein- und Ausfuhr von mehr als 10 000 Euro muss innerhalb der EU mündlich angemeldet werden. Auskunft erteilen die Zollbehörden Sloweniens (www.fu.gov.si) und Kroatiens (https://carina.gov.hr).

Wiedereinreise in die Schweiz

Personen ab 17 Jahren dürfen folgende Freimengen in die Schweiz einführen: 2 l alkoholische Getränke bis 15 % Vol. und 1 l über 15 % Vol. sowie 200 Zigaretten oder 50 Zigarren. Nähere Auskünfte erteilt die schweizerische Zollverwaltung (www.ezv.admin.ch).

AUSKUNFT

Tourismus-, Reisebüros

In den touristisch wichtigen Küstenorten haben viele Touristinformationen lange Öffnungszeiten. In der Hauptsaison sind sie in der Regel täglich von 8 – 21/22 Uhr besetzt. Außerhalb der Hochsaison haben sie meist nur am Vormittag geöffnet.

IN DEUTSCHLAND

KROATISCHE ZENTRALE FÜR TOURISMUS
Hesseloherstrasse 9
80802 München
Tel. 089 22 33 44

Stephanstraße 13
60313 Frankfurt am Main
Tel. 069 2 38 53 50
www.croatia.hr

SLOWENISCHES FREMDENVERKEHRSAMT
Maximiliansplatz 12 a
80333 München
Tel. 089 29 16 12 02
www.slovenia.info

ÖSTERREICH

KROATISCHE ZENTRALE FÜR TOURISMUS
Liechtensteinstraße 22a
1090 Wien
Tel. 01 5 85 38 84, http://croatia.hr

SLOWENISCHES TOURISMUSBÜRO
Opernring 1/R/4/447
1010 Wien
Tel.: 01 715 40 10
www.slovenia.info

IN KROATIEN

KROATISCHE ZENTRALE FÜR TOURISMUS

Hrvatska turistička zajednica
Iblerov trg 10/IV
10000 Zagreb
Tel. 01 4 69 93 33, www.htz.hr

TOURISMUSVERBAND DER GESPANSCHAFT ISTRIEN

(Turistička zajednica Istarske županije)
Pionirska 1, 52440 Poreč
Tel. 052 88 00 88
www.istra.hr

TOURISMUSVERBAND DER GESPANSCHAFT PRIMORJE-GORSKI KOTAR (KVARNER)

(Turistička zajednica Primosko-goranske županije)
Nikole Tesle 2, 51410 Opatija
Tel. 051 27 29 88
www.kvarner.hr

IN SLOWENIEN

SLOWENISCHE TOURISMUSZENTRALE

(Slovenska turistična organizacija)
Dimičeva 13, 1000 Ljubljana
Tel. 01 589 85 50
www.slovenia.info

IN ITALIEN

TOURISMUSZENTRALE DER REGION FRIAUL-JULISCH VENETIEN

(Agenzia Turismo Friuli Venezia Giulia)
Via Carso 3
33052 Cervignano del Friuli
Tel. 0431 38 71 30
www.turismofvg.it

INTERNET

WWW.KROATI.DE

Kommerzieller Anbieter von Unterkünften, mit praktischen Tipps für den Urlaub in Kroatien.

WWW.METEO.HR

Amtliche kroatische Wetterprognose für die kommenden sieben Tage (englisch).

WWW.FORUM-KROATIEN.DE

Reger Austausch von begeisterten Kroatien-Anhängern zu allen Fragen rund um den Urlaub.

WWW.ADRIAFORUM.COM

Beliebtes deutschsprachiges Forum.

WWW.SURFMUSIK.DE/LAND/KROATIEN.HTML

Live-Stream kroatischer Radiosender.

WWW.HAK.HR

Infos zur Verkehrslage in Kroatien auf Deutsch, Download der App Croatia Traffic Info.

WWW.REISEINFO-KROATIEN.COM

Erster Überblick zu Land und Leuten, mit Sehenswürdigkeiten.

WWW.SKIPPERTIPPS.DE

Deutschsprachiges Portal für Nautiker und Skipper, kostenloser Newsletter.

WWW.SLOVENIA.INFO

Gut gemachte offizielle Website des slowenischen Tourismusverbands mit kostenlosen Broschüren.

WWW.SLOVENIAN-ISTRIA.SI
WWW.ALPE-ADRIA-MAGAZIN.AT

Tipps zu Unterkünften, Ausflügen oder Gastro-Highlights.

WWW.SURFMUSIK.DE/LAND/SLOVENIEN.HTML

Links zu slowenischen Radiosendern mit Live-Stream.

WWW.FORUM-SLOWENIEN.DE

Hier treffen sich Slowenien-Freunde im virtuellen Raum.

BAEDEKER ÜBERRASCHENDES

6x ERSTAUNLICHES

Hätten Sie das gewusst? Überraschen Sie Ihre Reisebegleitung!

1. ISTRISCHES HOLLYWOOD

Das Städtchen **Dragué** in Istrien schmückt sich mit dem Beinnamen »Hollywood Istriens«. Seit den 1970er-Jahren wurden hier schon ein Dutzend Filme gedreht, unter anderem mit Nastassja Kinski, Karl Malden und Gerard Depardieu. (► **S. 60**)

2. NICHT GANZ GERADE

Einen schiefen Turm gibt es nicht nur in Pisa. Der **Campanile von Rijekas Mariä Himmelfahrtskirche** neigt sich ebenfalls zur Seite: Die Abweichung beträgt rund 40 cm! (► **S. 210**)

3. ISTARSKA SUPA

Suppen sind nichts für Autofahrer? Zumindest die typische **Istarska supa** eher nicht, die hauptsächlich aus (stark erhitztem!) Rotwein besteht und mit Olivenöl, Zucker und geröstetem Brot verfeinert wird. In diesem Sinne: Prost!

4. DREI MARDER BITTE

Die Kroaten bezahlen mit Marder (Kuna) und Linden (Lipa)! So heißt die **offizielle Währung** übersetzt: 100 Linden sind 1 Marder. Der Name kommt aus der Zeit, als Marderfelle als Währung getauscht wurden. Ein Marder-Denkmal in Osor auf der Insel Cres erinnert daran.

5. UNTERIRDISCHE WELTEN

Pula war einst zentraler K.-u.-k.-Marinehafen. Das hat Spuren hinterlassen: Ein ca. 10 km langes Netz von unterirdischen Gängen verbindet die wichtigsten strategischen Punkte der Stadt miteinander. Ein Teil der Gänge wurde freigelegt und kann in der Zerostraße besichtigt werden. (► **S. 192**)

6. 45. BREITENGRAD

Cres liegt genau zwischen Äquator und Nordpol am 45. Breitengrad. Dieser verläuft 6 km nördlich der Inselhauptstadt, ein Denkmal weist darauf hin. (► **S. 100**)

ETIKETTE

Trinkgeld Trinkgeld von etwa **10 Prozent des Rechnungsbetrags** gilt als angemessen – sofern man mit dem Service zufrieden war. Natürlich freuen sich auch Hotelangestellte, Reiseleiter und Taxifahrer über ein Trinkgeld.

Politik Bestimmte politische Themen sollte man in Gesprächen besser gar nicht oder nur mit sehr viel Sensibilität diskutieren. Obwohl Istrien vom jüngsten Krieg nur indirekt betroffen war – hier fanden Tausende von Flüchtlingen aus Dalmatien, Slawonien und der Bergregion Lika Unterschlupf –, ist der Zerfall Jugoslawiens noch nicht verarbeitet. Mit der Unabhängigkeit der beiden ehemaligen sozialistischen Teilrepubliken Slowenien und Kroatien 1991 kam es zu Streitigkeiten um die nördliche Seegrenze in der Bucht von Piran. In Jugoslawien war der Verlauf nicht genau festgelegt; die Schlichtung durch ein Schiedsgericht dauert an.

Homosexualität Kroaten sind Homosexuellen gegenüber nicht tolerant eingestellt. Vor allem in ländlichen Gegenden trifft man oft auf strikte Ablehnung, was v. a. dem Einfluss der katholischen Kirche geschuldet ist.

Rauchen In Kroatien herrscht ein **gesetzliches Rauchverbot** in öffentlichen Einrichtungen. In kleineren Cafés und Restaurants bis 50 m² darf mancherorts geraucht werden, in größeren Gaststätten gibt es gelegentlich abgetrennte Raucherräume. Auch im slowenischen und italienischen Istrien haben Raucher in Lokalen, Verkehrsmitteln und öffentlichen Einrichtungen das Nachsehen. Raucherzimmer gibt es nicht in allen Restaurants.
Ausgetretene Zigaretten können in der freien Natur gefährlich werden: Vor allem im Sommer ist die **Waldbrandgefahr** groß!

GELD

Kuna und Euro Die kroatische Landeswährung heißt **Kuna** (»Marder«). Der internationale Währungscode ist HRK, die Abkürzung Kn ist vor allem in Geschäften geläufig. 1 Kuna entspricht 100 Lipa (»Linde«). Banknoten sind zu 5, 10, 20, 50, 100, 200, 500 und 1000 Kuna erhältlich. Münzen sind zu 1, 2 und 5 Kuna sowie zu 1, 2, 5, 10, 20 und 50 Lipa in Umlauf. Selten werden Sondermünzen zu 25 Kuna aufgelegt. Der **Wechselkurs** ist seit Jahren recht stabil und liegt bei etwa 7,50 Kuna für 1 €. Bis der Euro in Kroatien eingeführt wird, werden noch einige Jahre verstreichen. An Autobahnmautstellen (Rückgeld in Kuna!) und gelegentlich auch in Hotels und Privatunterkünften kann in Euro gezahlt werden. Da der Wechselkurs in Kroatien günstiger ist, empfiehlt sich der Bargeldumtausch vor Ort. In einer **Mjenjačnica**, wie Wechselstuben in Kroatien heißen, gibt es meist bessere Umtauschkurse als in Banken (Banka) oder Hotels. Gelegentlich wird eine Kommission fällig. Banken öffnen meist zwischen 7 und 9 Uhr und schließen zwischen 16.30 und 18 Uhr, mit einer Mittagspause (12 – 14 Uhr), Wechselstuben haben oftmals bis spät am Abend geöffnet. Slowenien und Italien gehören zur Eurozone.

Kreditkarten

Kreditkarten (Kreditna kartica) wie Visa, American Express, Eurocard/Mastercard oder Diners Club werden von den meisten kroatischen und slowenischen Hotels, Restaurants, Geschäften, an Tankstellen, von Mietwagenverleihern und an kroatischen Autobahnmautstellen akzeptiert. Mit einer ausländischen EC- Maestro-Card oder Kreditkarte lässt sich in der Regel problemlos Bargeld an Geldautomaten (Bankomat) abheben. Gebühren und Tageslimit beachten! **Bei Verlust** können Bank- und Kreditkarten telefonisch gesperrt werden: Tel. 0049 116 116 (Kartennummer bereithalten!).

GESUNDHEIT

Medizinische Versorgung

Die medizinische Versorgung in den kroatischen Touristenzentren ist gut. Viele Ärzte sprechen Deutsch oder Englisch. Während es in den Städten Gesundheitszentren (Dom zdravlja; slowenisch: Zdravstveni dom) gibt, findet sich auf den Inseln oder in kleineren Ortschaften meist nur eine Ambulanz (Ambulanta). In größeren Orten finden Sie moderne private Polikliniken und staatliche Krankenhäuser. Bei Tauchunfällen ist die Poliklinik für Baromedizin Oxy (Poliklinika za baromedicinu Oxy) in Pula zuständig (www.oxy.hr).

Apotheken

Apotheken (Ljekarna) in **Kroatiens Küstenorten** sind in der Regel Mo. – Fr. von 7/8 bis 19/20 Uhr geöffnet, Sa. nur am Vormittag. Man erkennt sie am grünen Kreuz. Welche Apotheke Notdienst hat (Dežurna ljekarna), steht in den kroatischen Tageszeitungen oder an Anschlagtafeln. In Pula (Ulica Giardini 14) und Rijeka (Riva 18) gibt es Apotheken, die 24 Stunden geöffnet sind.
In **Slowenien** haben die meisten Apotheken (Lekarna) ähnliche Öffnungszeiten; rund um die Uhr gibt es in Koper (Kidričeva ulica 2) Medikamente.

LESETIPPS

Bildband

DuMont Bildatlas Kroatische Adriaküste. DuMont Reiseverlag, 2016. Ein schönes Porträt der kroatischen Küste in Wort und Bild weckt Vorfreude auf das Urlaubsland.

Andreas Braun (Autor), Josip Madracevic (Fotograf): Reise durch Kroatien. Stürtz Verlag, 2014. Die kroatische Küste, ein Paradies für Skipper, und der Karst, ein Land voller Schönheit.

Zeitgeschichte

Norbert Mappes-Niediek: Kroatien. Ein Länderporträt. Ch. Links Verlag, 2012. Der Südosteuropa-Korrespondent gibt teils recht kritische Einblicke in die Geschichte, Kultur, Politik und Mentalität des jungen Staates und seiner Bevölkerung.

Belletristik

Alida Bremer (Hrsg.): Literarisch Reisen: Istrien. Gedanken, Phantasien, Erinnerungen zeitgenössischer Autorinnen und Autoren. Drava, 2008. Einblicke von innen und außen in 23 Reisereportagen, Skizzen und Gedanken.

Veit Heinichen, Ami Scabar: Triest: Stadt der Winde. Insel Taschenbuch, 2012. Der deutsche Krimiautor mit Wahlheimat in Triest und seine Lebensgefährtin, die Triestiner Star-Köchin Ami Scabar, haben sich zusammengetan. Herausgekommen ist ein wunderbares Lesebuch mit vielen Hintergrundinformationen, das Lust auf die Kaffeehäuser und den Charme von Triest macht. Mit authentischen Rezepten, die den Triest-Urlaub zu Hause verlängern.

Silvija Hinzmann: Der Duft des Oleanders: Prohaskas erster Fall in Istrien. Wtb Wieser Taschenbuch, 2015. Ein frühpensionierter Kriminalhauptkommissar aus Stuttgart, der sich bei Rovinj niedergelassen hat, stellt eigenmächtige Ermittlungen an. Eine temporeiche Handlung, die mit atmosphärisch gelungenen Beschreibungen Lust auf Istrien macht. Die Autorin und Übersetzerin, in Kroatien geboren, lebt übrigens auch in Stuttgart, wie ihr Romanheld.

Lidija Klasić: Noch 172 Tage bis zum Sommer: Eine istrische Reise. Folio, 2017. Die Autorin, die zeitweise in Rovinj lebt, nimmt den Leser mit zu Land und Leuten in Istrien mit einem bunten Potpourri an Geschichten und Momenten, die auf den Urlaub einstimmen.

Nenad Popović (Hrsg.): Kein Gott in Susedgrad. Schöffling, 2008. Eine junge, urbane Autorengeneration führt mit Kurzgeschichten in das neue Kroatien nach Krieg und politischem Wandel ein.

REISEZEIT

Sommer

Im Sommer liegt die **Durchschnittstemperatur** bei 24 bis 28 °C, an manchen Tagen ist es jedoch deutlich wärmer. Im gebirgigen Hinterland bleibt es dagegen immer ein wenig kühler. Das **Wasser der Adria** erwärmt sich auf 20 – 26 °C. Die Sonnenscheindauer auf der Insel Rab liegt bei knapp 2500 Sonnenstunden pro Jahr. Zum Vergleich: In Deutschland sind es 1300 bis 1900 Stunden. Die Küstenwinde Bora und Jugo sorgen gelegentlich für Abkühlung, begleitet von Regen und hohen Wellen, vor allem rund um die Inseln. Der Schönwetterwind Maestral weht von Frühjahr bis Herbst.
Wer seinen Urlaub nicht mit vielen italienischen Touristen verbringen möchte, meidet den Zeitraum um den 15. August herum, wenn die Italiener den Feiertag Mariä Himmelfahrt nutzen, um ihren Jahresurlaub zu nehmen. Auch Kroaten, Bayern und Österreicher fahren in dieser Zeit gerne ans Meer – die Staukolonne erreicht ihren Höhepunkt. Schon ab dem Wochenende darauf wird es etwas ruhiger. Mitte Juli bis Mitte August ist **Hauptreisezeit**, vor allem an den Samstagen ist daher mit langen Kolonnen an den Grenzen und Fährhäfen zu rechen.
Auch im Hochsommer braucht eine warme Jacke, wer eine **Tropfsteinhöhle** besuchen will. Dort liegen die Temperaturen in der Regel jeweils konstant bei 8 bis maximal 14 °C!

Herbst

Im September ist das Meer noch angenehm warm, die Touristen werden weniger, die Hitze hat nachgelassen, und die Hotelpreise pendeln sich wieder auf Normalniveau ein. Mit ein wenig Glück kann man jetzt ein ebenso schönes wie preisgünstiges Hotel finden. Ab Oktober wird es in reinen Touristenorten noch ruhiger, viele Restaurants und Hotels schließen. Für Feinschmecker empfiehlt sich nun eine **Gourmettour** durch Istrien: In Nordwestistrien werden weiße Trüffeln ausgegraben, und in vielen Dörfern segnet Sankt Martin am 11. November den jungen Wein.

Winter

Im Herbst und Winter weht oftmals der kalte Küstenfallwind Bora, dennoch sind die Winter in Istrien und der Kvarner-Bucht **vergleichsweise mild**. An der Küste gehen die Temperaturen nur selten in den Minusbereich. Im Gorski kotar, dem Bergland, schneit es in der Regel. Außer um Silvester herum (Opatija) und zu Karneval (Rijeka, Riviera von Opatija) sind Touristen bis Ostern nur vereinzelt anzutreffen.

Frühjahr

Zum **Wandern oder Radfahren** eignen sich Mai und Juni (oder natürlich der Herbst) sehr gut. Im Frühjahr blüht die Mittelmeerflora aufs Prächtigste, die Temperaturen liegen bei 22 bis 25 °C, auch wenn es gelegentlich regnet. Im Juni ist die Luft zwar schön warm, allerdings kann das Meer noch ein wenig kühl sein.

SICHERHEIT

Bora Auch wenn sie im Sommer nur selten bläst, die Bora darf nicht unterschätzt werden: Dann wird das Meer stürmisch. Kleine Boote sollten sofort geschützte Buchten anlaufen, Schwimmer unverzüglich ans Ufer zurückkehren.

Landminen Landminen aus dem jüngsten Krieg (1991 – 1995) kommen trotz intensiver Bemühungen der Räumkommandos noch vereinzelt im Hinterland von Senj, im (südlichen) Velebit-Gebirge und im Gorski kotar vor. Hinweisschilder sollten unbedingt beachtet werden! Das kroatische Minenräumzentrum informiert über den aktuellen Zustand (www.hcr.hr).

Waldbrände Trockene Macchia begünstigt im Sommer großflächige Waldbrände, vor allem auf den Inseln und im Velebit-Gebirge. Starker Wind trägt zur raschen Ausbreitung bei. Niemals brennende **Zigaretten oder Glas**, das bei entsprechender Sonneneinstrahlung wie ein Brennglas wirkt, in die Natur werfen! **Offene Feuer** sind von Juni bis Oktober an der gesamten Küste **verboten**!

SPRACHE

Verständigung Sprachlos wird man in Istrien kaum bleiben: Die meisten Kellner, Hotelmitarbeiter oder Mitarbeiter in den Tourismusbüros sprechen zumindest einige Sätze Deutsch. In den Touristenzentren sind viele **Speisekarten** entweder mit Bildern versehen oder auf Deutsch, das gilt auch für **Hinweistafeln** auf freie Zimmer oder **touristische Landkarten.** Nicht wenige Kroaten haben im deutschsprachigen Raum gearbeitet oder sind dort öfter auf Verwandtenbesuch und kennen die Sprache ein wenig.

Aussprache Auf einigen Buchstaben thronen Striche oder Haken, sogenannte diakritische Zeichen, die dazu führen, dass der Buchstabe anders ausgesprochen wird als ohne Zeichen:
c wird grundsätzlich »z« gesprochen (wie Zentrum)
č wird »tsch« gesprochen (wie Tscheche)
ć wird »tch« gesprochen (wie im italienischen ciao)
đ wird »dj« gesprochen (wie im italienischen buon giorno)
dž wird »dsch« gesprochen (wie Ingenieur)
h wird »ch« gesprochen (wie machen)

š wird »sch« gesprochen (wie Schule)
z wird als stimmhaftes »z« gesprochen (wie Rose)
ž wird als stimmhaftes »sch« gesprochen (wie Journal)

SPRACHFÜHRER KROATISCH

ZAHLEN

nula	**0**	sedamnaest	**17**
jedan	**1**	osamnaest	**18**
dva	**2**	devetnaest	**19**
tri	**3**	dvadeset	**20**
četiri	**4**	trideset	**30**
pet	**5**	četrdeset	**40**
šest	**6**	pedeset	**50**
sedam	**7**	šezdeset	**60**
osam	**8**	sedamdeset	**70**
devet	**9**	osamdeset	**80**
deset	**10**	devedeset	**90**
jedanaest	**11**	sto	**100**
dvanaest	**12**	dvije stotine/dvjesto	**200**
trinaest	**13**	jedna tisuća/tisuću	**1000**
četrnaest	**14**	deset tisuća	**10 000**
petnaest	**15**	polovina	**½**
šesnaest	**16**	četvrtina	**¼**

WOCHENTAGE

ponedjeljak	**Montag**	utorak	**Dienstag**
srijeda	**Mittwoch**	četvrtak	**Donnerstag**
petak	**Freitag**	subota	**Samstag**
nedjelja	**Sonntag**	praznik/blagdan	**Feiertag**
radni dan	**Werktag**		

MONATSNAMEN

siječan	**Januar**	veljača	**Februar**
ožujak	**März**	travanj	**April**
svibanj	**Mai**	lipanj	**Juni**
srpanj	**Juli**	kolovoz	**August**
rujan	**September**	listopad	**Oktober**
studeni	**November**	prosinac	**Dezember**

AUF EINEN BLICK

da / ne	**ja / nein**
molim / hvala	**bitte / danke**
oprostite!	**Entschuldigung!**
ne razumijem Vas / te	**Ich verstehe Sie / dich nicht**
dobro jutro	**Guten Morgen**
dobar dan	**Guten Tag**

dobra večer	**Guten Abend**
do viđenja	**Auf Wiedersehen**
kako ste/si?	**Wie geht es Ihnen / dir?**
zovem se ...	**Ich heiße ...**
imate li ...?	**Haben Sie ...?**
danas / sutra	**heute / morgen**
od ... do	**von ... bis**

UNTERWEGS

desno / lijevo / ravno	**rechts / links / geradeaus**
blizu/daleko	**nah / weit**
Molim Vas, gdje je ...?	**Bitte, wo ist ...?**
kola	**Wagen**
motocikl / skuter	**Motorrad / Motorroller**
bicikl	**Fahrrad**
zraćna luka	**Flughafen**
kolodvor	**Bahnhof**
vlak	**Zug**
dolazak / odlazak	**Ankunft / Abfahrt**
autobusni kolodvor	**Busbahnhof**
autobusna postaja	**Bushaltestelle**
luka	**Hafen**
trajekt	**Autofähre**
katamaran	**Personenfähre**
lađa / brod	**Schiff**
grad	**Stadt**
ulica / cesta	**Straße**
trg	**Platz**
centar (grada)	**(Stadt-)Zentrum**
jezero	**See**
dolina	**Tal**
otok	**Insel**
zaljev / uvala / draga	**Bucht**
plaža	**Strand**
crkva	**Kirche**
samostan	**Kloster**
muzej	**Museum**

RUND UMS AUTO

benzinska stanica	**Tankstelle**
motorni benzin/super/dizel	**Motorenbenzin/Super/Diesel**
gorivo	**Kraftstoff**
Napunite, molim!	**Volltanken, bitte!**
ulje	**Öl**
popravak	**Reparatur**
automehaničar	**Werkstatt**
Imam kvar / Imam probušenu gumu	**Ich habe eine Panne/Reifenpanne**
kola, automobil	**Wagen, Automobil**
nezgoda	**Unfall**
policija	**Polizei**

EINKAUFEN

Koliko košta ...?	**Was kostet ...?**
Gdje mogu naći ...?	**Wo finde ich ...?**
trgovina prehranom	**Lebensmittelgeschäft**
pekara / pekarnica	**Bäckerei**
drogerija	**Drogerie**
tržnica	**Markt(-platz)**
banka	**Bank**
pošta	**Post**
mesnica	**Metzgerei**
ribarnica	**Fischgeschäft**
vinoteka	**Weinhandlung**
trgovački centar	**Einkaufszentrum**

ARZT UND APOTHEKE

liječnik	**Arzt**
ljekarna	**Apotheke**
bolnica	**Krankenhaus**
bolnička kola	**Krankenwagen**
prehlada	**Erkältung**
opekotina od sunca	**Sonnenbrand**
proljev	**Durchfall**
povraćanje	**Erbrechen**
zubar	**Zahnarzt**

ÜBERNACHTEN

hotel	**Hotel**
soba	**Zimmer**
jednokrevetna soba	**Einzelzimmer**
dvokrevetna soba	**Zweibettzimmer**
soba s bračnim krevetom	**Doppelzimmer**
noćenje s doručkom	**Übernachtung mit Frühstück**
jedna noć	**eine Nacht**
Imam rezervaciju	**Ich habe eine Reservierung**
ključ	**Schlüssel**
dizalo	**Lift**
privatna kupaonica	**eigenes Badezimmer**
autokamp	**Campingplatz**
doručak	**Frühstück**
polupansion	**Halbpension**
jednu noć	**eine Nacht**
jedan tjedan	**eine Woche**
Imate li slobodnih soba?	**Haben Sie noch Zimmer frei?**
jednokrevetna soba	**Einzelzimmer**
dvokrevetna soba	**Doppelzimmer**
račun	**Rechnung**

IM RESTAURANT

restoran	**Restaurant**

konoba	**landestypisches Gasthaus/Taverne**
slastičarna	**Konditorei**
caffe bar, kafić	**Café**
kavana	**Kaffeehaus**
račun	**Rechnung**
doručak	**Frühstück**
ručak	**Mittagessen**
večera	**Abendessen**
jelovnik	**Speisekarte**
vinska karta	**Weinkarte**
pića	**Getränke**
predjela	**Vorspeisen**
glavna jela	**Hauptgerichte**
desert	**Dessert**
Imate li nešto vegetarijansko?	**Haben Sie etwas Vegetarisches?**
Ne jedem meso	**Ich esse kein Fleisch**
vegetarijanac (m.)/ vegetarijanka (f.) sam	**Ich bin Vegetarier/-in**
veganska/vegetarijanska jela	**vegane/vegetarische Speisen**
alergičan (m.)/alerična (f.) sam na gluten/pšenicu/kravlje mljeko	**Ich habe eine Allergie gegen Gluten/ Weizen/Kuhmilch**
organski uzgoj	**Bio-Anbau**
kava za van	**coffee to go**
dio za (ne-)pušače	**(Nicht-)Raucherbereich**

FISCH

riba	**Fisch**
riblja juha	**Fischsuppe**
riblji pladanj	**Fischplatte**
bakalar	**Kabeljau**
cipal	**Meeräsche**
dagnje	**Miesmuscheln**
hlap	**istrischer schwarzer Hummer**
hobotnica	**Krake**
inćun	**Sardelle**
jastog	**Hummer/Languste**
kozice	**Garnelen**
lignje	**Tintenfisch**
list	**Seezunge**
losos	**Lachsforelle**
luben	**Barsch**
morski plodovi	**Meeresfrüchte**
orada	**Goldbrasse**
oštrige/kamenice	**Austern**
pastrva	**Forelle**
rak	**Krebs**
sipa	**Tintenfisch**
skuša	**Makrele**
srdela	**Sardine**
tuna	**Thunfisch**
škampi	**Scampi, Kaisergranat**

školjke	**Muscheln**
tuna	**Tunfisch**
zubatac	**Brasse**

FLEISCH/GEFLÜGEL

meso	**Fleisch**
perad	**Geflügel**
kobasice	**Würstchen**
govedina	**Rindfleisch**
janjetina	**Lammfleisch**
teletina	**Kalbfleisch**
svinjetina	**Schweinefleisch**
piletina	**Hühnchen**
mješano meso	**gemischte Fleischplatte**
pljeskavica	**Hacksteak**
čevapčići	**Hackfleischbällchen**

BEILAGEN

blitva	**mangold**
riža	**Reis**
krumpir	**Kartoffeln**
pomfrit	**Pommes Frites**
mješana salata	**gemischter Salat**
zelena salata	**grüner Salat**
kruh	**Brot**
umak	**Sauce**
sol	**Salz**
papar	**Pfeffer**
ocat	**Essig**
ulje / maslinovo ulje	**Öl / Olivenöl**

GELD

banka	**Bank**
mjenjačnica	**Wechselstube**
tečajna lista	**Wechselkurs**
provizija	**Provision**
novac	**Geld**
gotovina	**Bargeld**
plaćanje gotovinom	**nur Barzahlung**
kreditna karta	**Kreditkarte**
bankomat	**Geldautomat**
tipkovnica	**Tastenfeld**
zaslon	**Bildschirm**

POST/TELEKOMMUNIKATION

poštanska marka	**Briefmarke**
razglednica	**Postkarte**
telefonska kartica	**Telefonkarte**

SIM kartica	**SIM-Karte**
mobilni uređaj	**mobiles Endgerät**
pametni telefon/smartphone	**Smartphone**
mobilni telefon/mobitel	**Handy**
fiksni telefon	**Festnetztelefon**
pristup internetu	**Internetzugang**
surfanje uz bonove	**mit einer Prepaid-Karte im Internet surfen**
tarifna opcija	**Tarifoption**
društvene mreže	**Social Media**

TELEKOMMUNIKATION · POST

Telefon

Das **Mobilfunknetz** in Kroatien und Slowenien ist sehr gut ausgebaut. Da beide Länder zur Europäischen Union gehören, werden seit Sommer 2017 keine Roaming-Gebühren mehr fällig. Wer sich allerdings dauerhaft im EU-Ausland aufhält, kann von seinem Mobilfunk-Anbieter dennoch zur Kasse gebeten werden. Guthabenkarten für Handys (Bon za mobitel) sind eine Alternative.
Öffentliche Telefonzellen (Javna telefonska govornica) sind in den letzten Jahren seltener geworden, Telefonkarten (Telefonska kartica) können in Slowenien und Kroatien in Postämtern und an Zeitungskiosken erworben werden.

Internet

Wer mit dem Smartphone, Tablet oder Laptop unterwegs ist: **Prepaid-Karten** für das Internet (Internet SIM kartica) kroatischer Anbieter sind eventuell günstiger, können aber nicht zum Telefonieren verwendet werden. Guthabenkarten für das Internet (Bon za surfanje) sind am Kiosk oder in Postämtern erhältlich. Touristentarife ohne Vertragsbindung können tage- oder wochenweise aktiviert werden.
WLAN-Verbindungen gibt es in vielen Innenstädten (z. B. Rijeka), Marinas, Jachthäfen, Hotels und Cafés, teilweise sogar kostenlos. Schilder mit der Aufschrift »Free WiFi« weisen auf einen kostenlosen Hotspot zum Einwählen hin, die Kennung muss in der Regel erfragt werden. Öffentliche Internetcafés und Computerterminals in Hotels sind eine Alternative, um im Internet zu surfen.

Post

Postämter (Pošta) erkennt man in Kroatien an gelben Schildern mit blauem HPT-Logo. Eine Postkarte (Razglednica) ins europäische Ausland kostet derzeit 5,80 Kuna und ist ungefähr eine Woche unterwegs. Briefmarken (Poštanska markica) erhält man in Postämtern, in Souvenirläden und am Kiosk. Postämter sind in der Regel werktags zwischen 7 und 19 Uhr geöffnet, in kleineren Orten nur am Vormittag. In Slowenien weist ein PIT-Schild auf das Postamt (Pošta) hin. Auf eine Postkarte (Dopisnica) gehört eine Briefmarke (Znamka) im Wert von 1 €.

VERKEHR

Dokumente

Ausländische **Führerscheine** werden anerkannt, die Zulassungsbescheinigung ist mitzuführen. Die **Grüne Versicherungskarte** wird in anderen EU-Ländern zwar nicht benötigt, die Automobilclubs empfehlen das Mitführen dennoch.

Verkehrsregeln

In Kroatien und Slowenien gelten folgende **Höchstgeschwindigkeiten**: Auf Autobahnen 130 km/h, auf Kraft- und Schnellstraßen 110 km/h (Slowenien: 100 km/h), auf Landstraßen 90 km/h, innerhalb geschlossener Ortschaften 50 km/h. In Slowenien muss ganzjährig mit Abblendlicht gefahren werden, in Kroatien nur im Winterhalbjahr. **Winterreifen** sind in Slowenien vom 15. November bis 15. März Pflicht. In beiden Ländern sind maximal 0,5 Promille am Steuer erlaubt. Verbandskasten, Warndreieck und Warnwesten (für alle Insassen!) müssen im Wagen sein. In Kroatien ist außerdem ein Ersatzlampenset erforderlich, ausgenommen sind Xenon- und LED-Leuchten. Linienbusse haben Vorrang, Schulbusse dürfen beim Ein- und Aussteigen von Passagieren nicht überholt werden. Der Blinker muss während des gesamten Überholvorgangs eingeschaltet bleiben. Am Steuer darf nur mit Freisprechanlage telefoniert werden.

Parken

Von Juni bis September muss in touristischen Orten mit Parkgebühren gerechnet werden, daher Kleingeld bereithalten für die Parkautomaten. Falschparker werden oftmals abgeschleppt oder durch eine Wegfahrsperre am Wegfahren gehindert. Einige kommunale Parkplatz-Betreiber (z. B. Pula Parking) lassen Forderungen aus Parkverstößen auch in Deutschland und Österreich eintreiben, mithilfe notarieller Vollstreckungsbeschlüsse aus Kroatien. Die Automobilclubs geben in solchen Fällen Auskunft. Behindertenparkplätze sind in der Regel überall vorhanden.

Unfall

Jeder Unfall sollte der Polizei gemeldet werden: Diese stellt eine **Schadensfeststellung** (kroat. Potvrda, slow. Potrdilo) aus, die bei der Ausreise vorgelegt werden muss.

MIETWAGEN

AVANTCAR
Tel. 01 589 08 50 (SLO)
www.avantcar.si

AVIS
Tel. 01806 21 77 02* (D)
www.avis.de

EUROPCAR
Tel. 040 5 20 18 00 00 (D)
www.europcar.de

HERTZ
Tel. 01806 33 35 35* (D)
www.hertz.de

HOLIDAY AUTOS
Tel. 120 609 24 94 (A)
www.holidayautos.de

ORYX
Tel. 01 290 03 33 (HR)
www.oryx-rent.hr

SIXT
Tel. 0180 6 66 66 66* (D)
www.sixt.de

AUTOMOBILCLUBS

ADAC (ZENTRALE)
Tel. +49 89 22 22 22
ADAC-Notruf in Zagreb
(deutschsprachig)
Tel. 01 3 44 06 66
www.adac.de

ACE-NOTRUFZENTRALE
Tel. +49 711 530 34 35 36
www.ace-online.de

ÖAMTC (ÖSTERREICH)
Tel. 120 * (A)
Schutzbrief-Nothilfe
Tel. +43 1 25 120 00
www.oeamtc.at

ACS (SCHWEIZ)
Tel. +41 44 628 88 99
www.acs.ch

HAK (KROATIEN)
Tel. (+385) 1987
www.hak.hr
AMZS (Slowenien)
Tel. 1987
www.amzs.si

Benzin, Tankstellen Die Kraftstoffpreise in Slowenien und Kroatien sind nahezu identisch und ein wenig günstiger als in Deutschland. Das Tankstellennetz auf den Inseln ist mitunter recht dünn, lieber auf dem Festland nochmals volltanken! Autogas-Tankstellen (LPG) gibt es meist in größeren Städten. Tankstellen haben meist von 7 – 20 Uhr geöffnet, in größeren Ortschaften länger, in Autobahnen rund um die Uhr.

Straßenzustand Die wichtigsten Straßen im Land sind meist in gutem, die Autobahnen in sehr gutem Zustand. **Fernab der Touristenpfade** sind die Straßen schlechter ausgebaut, auf den Inseln mitunter recht eng. Hier und im Hinterland gibt es auch abenteuerliche Schotterpisten mit tiefen Schlaglöchern. Die kurvigen Landstraßen Kroatiens verlocken zu schnittiger Fahrweise. Die **Bora** kann eine Geschwindigkeit von bis zu 200 km/h erreichen, dann werden ganze Autobahnabschnitte und Brücken für Gespannfahrer gesperrt!

Mietwagen Die meisten **internationalen Autovermieter** haben sich auch in Kroatien und Slowenien niedergelassen, hinzu kommen in größeren

Städten und touristischen Zentren lokale Anbieter wie Oryx (Rovinj, Pula, Rijeka). Es genügt der nationale Führerschein sowie ein, zwei Jahre Fahrpraxis (je nach Verleiher). Fahrer von Mietwagen müssen in der Regel 21 Jahre alt sein. Die günstigsten Angebote gibt es unter www.autoeurope.de oder www.billiger-mietwagen.de.

Busverbindungen

Die Busnetze sind in Kroatien und Slowenien landesweit sehr gut ausgebaut, mit erschwinglichen Fahrpreisen. Fahrpläne und Online-Tickets gibt es auf den Webseiten der beiden größten Busbahnhöfe in Zagreb (Autobusni kolodvor, www.akz.hr) und Ljubljana (Avtobusna postaja, www.ap-ljubljana.si) sowie beim regionalen Busbetreiber Autotrans in Rijeka (www.autotrans.hr).

Lokale Fähren

Festland und Inselwelt verbinden ganzjährig viele Fähren. Die staatliche **Reederei Jadrolinija** hat den Markt fest im Griff. Nur wenige lokale Fährlinien werden von anderen Anbietern bedient. Unterschieden wird zwischen dem **Trajekt** (Autofähre) und dem schnelleren **Katamaran** (Personenfähre). Tickets werden direkt an der Anlegesteller verkauft oder online (www.jadrolinija.hr). Im Juli und August ist mit längeren Wartezeiten zu rechnen. Die lokalen Fährlinien sind im Reiseführer bei der Beschreibung der jeweiligen Inseln aufgeführt.

REGISTER

BILDNACHWEIS

Adobe Stock/fotolia/Kaspars Grinvalds S. 237
Adobe Stock fotolia/Luftbildfotograf S. 317
Adobe Stock/fotolia/Aleš Nowák S. 50
Adobe Stock /fotolia/C. Schüßler S. 77
Bacher S. 300 links, 301 unten
Dumont Bildarchiv/Frank Heuer S. 2, 3 oben u. unten, 5, 7, 8/9, 24/25, 29, 37, 43, 61, 63, 66, 73, 80, 91, 94/95, 101, 106, 112/113, 121 unten, 125, 132/133, 137, 146 oben u. unten, 151, 158, 180, 190, 193, 197, 211, 215, 251, 253 oben u. unten, 257, 262, 282, 299 oben, 303, 318, U 7
Dumont Bildarchiv/Hans Madej S. 48, 53, 55, 70, 162/163, 167, 274, 291, 299 unten, 312, 314/315
Dumont Bildarchiv/Kammerhof S. 321
Dumont Bildarchiv/Ernst Wrba S. 234
getty images/ andresr S. 17, 18
getty images/Jurc Makovec S. 20/21
Glowimages/ Martin Benik S. 305
Glowimages/© Eye Ubiquitous S. 309
Glowimages/Hall S. 301 oben
Glowimages/© Radius Images S. 86
Glowimages/Stock Connection S. 286 links
Glowimages/Stuart Black S. 265
Glowimages/Superstock S. 286 rechts
Frank Heuer/laif S. 15, 213
Huber-Images/Franco Cogoli S. 300 oben u. unten, 301 links
imago/blickwinkel S. 225,
imago/sepp spiegl S. 10 unten, 244
Istra/Infozentrum Istrien S. 10 oben
Karl Baedeker Verlag U 7
LookatSciences/laif S. 23
Martin/Le Figaro Magazine/laif S. 121 oben
mauritius images/ib/Dr. Wilfried Bahnmüller S. 93
Dorothea Schmid/laif S. 12/13, 27
Ernst Stankiewicz S. 266
Wagner S. 278/279
Titelbild: Frank Heuer/laif

VERZEICHNIS DER KARTEN UND GRAFIKEN

IMPRESSUM

Ausstattung:
91 Abbildungen, 23 Karten und grafische Darstellungen, eine große Reisekarte

Text:
Veronika Wengert

Bearbeitung:
Baedeker-Redaktion
(Dorothee Kern)

Kartografie:
Christoph Gallus, Hohberg;
Franz Huber, München
Klaus-Peter Lawall, Unterensingen
MAIRDUMONT Ostfildern
(Reisekarte)

3D-Illustrationen:
jangled nerves, Stuttgart

Infografiken:
Golden Section Graphics GmbH, Berlin

Gestalterisches Konzept:
RUPA GbR, München

Chefredaktion:
Rainer Eisenschmid,
Baedeker Ostfildern

7. Auflage 2018
Völlig überarbeitet und neu gestaltet

Anzeigenvermarktung:
MAIRDUMONT MEDIA
Tel. +49 711 450 20
Fax +49 711 450 23 55
media@mairdumont.com
http://media.mairdumont.com

Trotz aller Sorgfalt von Redaktion und Autoren zeigt die Erfahrung, dass Fehler und Änderungen nach Drucklegung nicht ausgeschlossen werden können. Dafür kann der Verlag leider keine Haftung übernehmen.
Kritik, Berichtigungen und Verbesserungsvorschläge sind jederzeit willkommen. Schreiben Sie uns, mailen Sie oder rufen Sie an:

Verlag Karl Baedeker / Redaktion
Postfach 3162
D-73751 Ostfildern
Tel. 0711 4502-262
info@baedeker.com
www.baedeker.com

Printed in China

FSC www.fsc.org MIX Papier aus verantwortungsvollen Quellen FSC® C124385

BAEDEKER VERLAGSPROGRAMM

Viele Baedeker-Titel sind als E-Book erhältlich:
shop.baedeker.com

A
Algarve
Allgäu
Amsterdam
Andalusien
Australien
Australien · Osten

B
Bali
Barcelona
Bayerischer Wald
Belgien
Berlin · Potsdam
Bodensee
Brasilien
Bretagne
Brüssel
Budapest
Burgund

C
China

D
Dänemark
Deutsche Nordseeküste
Deutschland
Deutschland · Osten
Dresden
Dubai · VAE

E
Elba
Elsass · Vogesen

F
Finnland
Florenz
Florida
Franken
Frankfurt am Main
Frankreich
Frankreich · Norden
Fuerteventura

G
Gardasee
Golf von Neapel
Gomera
Gran Canaria
Griechenland
Großbritannien

H
Hamburg
Harz
Hongkong · Macao

I
Indien
Irland
Island
Israel
Istanbul
Istrien · Kvarner Bucht
Italien
Italien · Norden
Italienische Adria
Italienische Riviera

J
Japan
Jordanien

K
Kalifornien
Kanada · Osten
Kanada · Westen
Kanalinseln
Kapstadt · Garden Route
Kenia

Köln
Kopenhagen
Korfu · Ionische Inseln
Korsika
Kos
Kreta
Kroatische Adriaküste · Dalmatien
Kuba

L
La Palma
Lanzarote
Leipzig · Halle
Lissabon
London

M
Madeira
Madrid
Maldavien
Mallorca
Malta · Gozo · Comino
Morrokko
Mecklenburg-Vorpommern
Menorca
Mexiko
Moskau
München

N
Namibia
Neuseeland
New York
Niederlande
Norwegen

O
Oberbayern
Oberitalienische Seen · Lombardei · Mailand
Österreich

P
Paris
Polen
Polnische Ostseeküste · Danzing · Masuren
Portugal
Prag
Provence · Côte d'Azur

R
Rhodos
Rom
Rügen · Hiddensee
Rumänien

S
Sachsen
Salzburger Land
Sankt Petersburg
Sardinien
Schottland
Schwarzwald

Schweden
Schweiz
Sizilien
Skandinavien
Slowenien
Spanien
Spanien · Norden · Jakobsweg
Sri Lanka
Stuttgart
Südafrika
Südengland
Südschweden · Stockholm
Südtirol
Sylt

T
Teneriffa
Tessin
Thailand
Thüringen
Toskana
Tschechien
Türkische Mittelmeerküste

U
USA
USA · Nordosten
USA · Nordwesten
USA · Südwesten
Usedom

V
Venedig
Vietnam

W
Weimar
Wien

Z
Zürich
Zypern

Meine persönlichen Notizen

Meine persönlichen Notizen

Monfalcone
ITALIA
Aurisina
A4
Grado
Golfo di Trieste
Trieste
Golfo di Venezia
Dutovlje
Vipava
H4
Postojnska jame
Postojna
212
A1
SLO
Lož
Cerkniško jezero
Iga Vas
213
Babno Polja
Mašun
A3
Sežana
Lipica
Škocjanske jame
Pivka
A1
Kozina
Straza 758
6
Mùggia
Koper
Izola
Piran
Portorož
Savudrija
111
7
Slavnik 1028
1082
Glavičorka
Zabiče
Jelen
1122
Šmarje
Hrastovlje
Gradin
Umag
300
Buje
Buzet
8
Klana
Platak
A7
Gorsk
Brtonigla
21
Grožnjan
44
Hum
Matulji
Kastav
A6
Istra
Novigrad
A9
Motovun
Opatija
Lanterna
Višnjan
A8
Lovran
Rijeka
Sv. Marija na Škriljinama
Ucka 1401
21
66
Riječki Zaljev
Poreč
Beram
Pazin
Mošćenička Draga
302
48
64
Vrsar
Limski Kanal
Dvigrad
Vozilici
Krk
Limski Zaljev
Žminj
Porozina
Srednja Vrata
Rovinj
303
Krmed
Labin
Beli
3
Barban
104
Valbiska
Krk
Bale
A9
66
21
Rakalj
Merag
Nacionalni park Brijuni
Vodnjan
Koromačno
Cres
Fažana
Kvarner
Veli Brijun
Lubenice
HR
Vransko Jezero
Cres
Pula
Šišan
100
Martinsćica
Premantura
Belej
Zeča
Rt. Kamenjak
Kva
Osor
Jadransko More
Unije
Unije
Punta Križa
Lošinj
Mali Loši
Veli L
Susak
Ilovik
20 km
© BAEDEKER